本成果受到中国人民大学 2019 年度
"中央高校建设世界一流大学（学科）和特色发展引导专项资金"支持

柯水发 ◎ 等著

改革开放以来的中国林业发展评价与展望

中国财经出版传媒集团

经济科学出版社
Economic Science Press

图书在版编目（CIP）数据

改革开放以来的中国林业发展评价与展望/柯水发等著.
—北京：经济科学出版社，2019.11
　（人大农经精品书系）
　ISBN 978 - 7 - 5218 - 1071 - 4

　Ⅰ.①改…　Ⅱ.①柯…　Ⅲ.①林业经济 - 经济发展 -
研究 - 中国　Ⅳ.①F326.29

中国版本图书馆 CIP 数据核字（2019）第 254374 号

责任编辑：申先菊　赵　悦
责任校对：靳玉环
版式设计：齐　杰
责任印制：邱　天

改革开放以来的中国林业发展评价与展望

柯水发　等著
经济科学出版社出版、发行　新华书店经销
社址：北京市海淀区阜成路甲 28 号　邮编：100142
总编部电话：010 - 88191217　发行部电话：010 - 88191522
网址：www. esp. com. cn
电子邮件：esp@ esp. com. cn
天猫网店：经济科学出版社旗舰店
网址：http：//jjkxcbs. tmall. com
北京季蜂印刷有限公司印装
787 × 1092　16 开　27.75 印张　360000 字
2019 年 11 月第 1 版　2019 年 11 月第 1 次印刷
ISBN 978 - 7 - 5218 - 1071 - 4　定价：98.00 元
（图书出现印装问题，本社负责调换。电话：010 - 88191510）
（版权所有　侵权必究　打击盗版　举报热线：010 - 88191661
QQ：2242791300　营销中心电话：010 - 88191537
电子邮箱：dbts@ esp. com. cn）

编著成员

柯水发　赵铁珍　乔　丹　严如贺　张晓晓

冯琦雅　郝　缘　张　沛　李乐晨　郭乃铭

阿丝别特·吐尔逊别克　　方皓雯　陈　琳

陈文文　杨　蕾　甘庆伟　孙菁泽　郑明珠

前 言

改革开放 40 多年来，中国林业在林业产值增长、林产工业发展、非木质林产品生产、森林资源数量和质量增长、森林有效治理等多方面都取得举世瞩目的卓越成就，为全球森林治理和世界林业发展作出了突出的贡献。

改革开放 40 多年来，中国林业法制化逐步推进，中国已建立起适应市场经济的林产品生产、销售和服务的现代产业体系，实现林业产业发展模式由资源主导型向自主创新型、经营方式由粗放型向集约型、产业升级由分散扩张向龙头引领转变，产业结构呈现"一二三"向"二三一"演变的趋势，林业产业结构升级优化加快。森林旅游业异军突起，森林康养业方兴未艾。中国已成为世界上主要的林产品进出口国，多渠道、多层次、多形式的开放新局面正在形成。总体来说，林业发展由弱到强、由传统到现代、由植树护林到"生态优先、产业并重"林业多元化发展转变的 40 多年，是打造青山绿水就是金山银山的 40 多年。

林业日新月异的变化受到诸多因素的影响，开放稳定的社会和市场化的不断深入为林业发展创造了良好的环境；时代的进步、经济发展水平的提高、多渠道的投资融资都为林业发展提供了重要的基础；产权的变革、集体林权制度改革和国有林区、国有林场的改革为林业发展提供了制度保障。

中国林业改革已取得了诸多辉煌成就，但同时仍存在一些问题。如集体林权制度配套改革不到位，国有林区富余职工安置问题亟待解决，采伐限额管制仍待优化。林产品贸易还处于初级加工产品贸易阶段，是世界的"加工厂"或者说"生产车间",且过度依赖于进口国家。现行的林业经济体制还存在条块分割、政企职责分离难、产权和经营权不清、企业经营自主权不足等问题。中国仍然缺林少绿,国民的生态需求还不能完全有效满足,国家对生态建设的投入力度仍然不充分等。

当前,中国林业已进入高质量发展和现代化建设的新阶段,中国林业要注重绿色发展、均衡发展、持续发展和高质量发展,理清林业发展的生产关系,循序渐进推动改革,切忌一蹴而就,揠苗助长。在全面深化改革的浪潮中,政府在注重基层实践创新的基础上,适时进行适度的宏观调控,抓住社会变革大潮流,把握好前进大方向,继续开展好林权制度改革,在重视生态效益的同时,将林区人民长期民生福祉问题考虑进去,实现可持续发展。同时,还要注重林业多元化经营,实现林业一二三产业融合并举。还要利用大数据时代打造智慧林业,完善林业系统化和精准化体系。此外,随着全球贸易的不断加深,要继续深化林业市场化,加快林业国际化进程。全球生态治理对林业发展提出更高要求,追求绿色生态化林业发展也是必然趋势。

过去,中国走出了一条颇具中国特色的林业高速发展之路;当前,中国的林业改革还在不断深化之中;未来,中国林业将持续呈现高质量发展态势,其发展所带来的国际影响值得期待。

本书共包括上下两篇14章,上篇为综合篇,共6章;下篇为专题篇,共8章。第1章主要介绍了世界背景下的中国林业,主要介绍了林业的地位与作用,世界林业发展对中国林业的影响,以及中国林业对世界的影响和贡献;第2章主要介绍了中国林业与农村发展的辩证关系;第3章分析了改革开放40多年来的林业发展状况、驱动因素及存在的问题;第4章专门针对中国非木质林产品利用状况和存在问题进行了分析;第5章回顾和展望了中国林业经营主体的历史变迁;第6章分析了新时代的中国林业的新形势、新矛盾、新任务和新业态;第7章回顾了中国林业生态建设中的人工造林 40 多年的历程与变化；第 8 章回顾了中国林业产业发展 40 多年的变化状况；第 9 章回顾了集体林改革发展 40 多年历程；第 10 章回顾了国有林区改革发展 40 多年历程；第 11 章回顾了林业投资 40 多年的历程与变化；第 12 章回顾了森林采伐管理与木材生产 40 多年的历程与变化；第 13 章回顾了中国森林公园建设发展的历程与变化；第 14 章回顾了中国林产品国际贸易 40 多年的演进变化。

本书的主要贡献：一是较为系统地整体回顾了改革开放以来中国林业发展所取得的成就、经验及存在的问题；二是针对林业发展的各个专题回顾了其发展历程，并对发展前景进行了展望；三是基于"中国林业统计年鉴""中国林业发展报告""中国林业网"等，较为系统地搜集和整理了中国林业发展的 40 多年数据。此外，本书还较为系统地阐述了世界林业与中国林业的相互关系，中国林业与农村发展的辩证关系等。本书内容信息丰富，数据资料充实，具有较强的可读性。

本书由中国人民大学农业与农村发展学院的柯水发老师策划并组织撰写。选修本科课程"林业经济学"和研究生课程"高级林业经济学"的学生们参与了书稿文献资料的搜集、整理和加工，在此向他们的付出表示感谢！

本书的出版得到了中国人民大学农业与农村发展学院的有力支持，得到了中国人民大学"双一流"建设经费的大力支持，得到了经济科学出版社的大力支持，在此诚挚地一并致谢！

本书可作为农林经济管理专业学生的参考用书，也可作为林业行业政府人员、商界人士和研究人员的参考书籍。希望本书的出版能够对中国林业发展的总结和未来发展有所贡献。由于编著者水平有限，书中难免有疏漏之处，敬请广大读者批评指正！

本书著者
2019 年 8 月

目　录

上篇　综合篇

第1章　世界背景下的中国林业／3

1.1　全球和中国森林资源概况 ·············· 3

1.2　林业的经济、生态和社会地位与作用 ·············· 7

1.3　林业在中国国家战略实施中的地位与作用 ·············· 11

1.4　世界林业发展对中国林业的影响 ·············· 17

1.5　中国林业对世界的影响和贡献 ·············· 28

1.6　结论与展望 ·············· 44

第2章　中国林业与农村发展／51

2.1　引言 ·············· 51

2.2　文献综述 ·············· 54

2.3　林业与农村发展关系的机理分析 ·············· 61

2.4　乡村林业发展概况 ·············· 68

2.5　中国林业在乡村振兴中大有可为 ·············· 73

2.6　结论与展望 ·············· 78

第3章　改革开放40多年来中国林业发展状况、驱动因素及存在的问题／82

3.1　引言 ·············· 82

3.2 中国森林资源变化状况 ·· 84

3.3 林业产业发展状况 ·· 88

3.4 森林生态建设状况 ·· 98

3.5 林业发展的驱动因素分析 ··· 103

3.6 林业发展经验 ··· 112

3.7 存在问题 ··· 116

3.8 结论与展望 ··· 128

第4章 中国非木质林产品利用状况、问题及建议／134

4.1 非木质林产品利用的意义 ··· 134

4.2 非木质林产品的理论分析 ··· 136

4.3 非木质林产品利用的效益 ··· 142

4.4 非木质林产品利用状况 ··· 144

4.5 非木质林产品存在的问题 ··· 147

4.6 结论与展望 ··· 149

第5章 中国林业经营主体变迁与未来展望／151

5.1 中国林业经营主体历史变迁分析 ····································· 151

5.2 当前中国新型林业经营主体状况及特征 ······························ 165

5.3 结论与展望 ··· 171

第6章 新时代的中国林业／177

6.1 新形势 ··· 177

6.2 新矛盾 ··· 183

6.3 新时代的林业现代化建设任务 ······································· 185

6.4 新时代下的林业新业态 ··· 192

6.5 结论与展望 ··· 196

下篇　专题篇

第 7 章　中国林业生态建设中人工造林 40 多年回顾与展望／199

7.1　基本概念及范畴界定 ………………………………………… 200

7.2　相关研究综述 ………………………………………………… 201

7.3　林业生态建设 40 多年的历程演进 …………………………… 202

7.4　人工造林 40 多年变化的统计分析 …………………………… 206

7.5　结论与展望 …………………………………………………… 209

第 8 章　中国林业产业发展 40 多年回顾与展望／212

8.1　基本概念及范畴界定 ………………………………………… 213

8.2　相关研究综述 ………………………………………………… 215

8.3　中国林业产业 40 多年的历程演进 …………………………… 216

8.4　中国林业产业 40 多年变化的统计分析 ……………………… 221

8.5　结论与展望 …………………………………………………… 239

第 9 章　中国集体林改革发展 40 多年回顾与展望／241

9.1　基本概念及范畴界定 ………………………………………… 242

9.2　相关研究综述 ………………………………………………… 242

9.3　集体林改革 40 多年的历程 …………………………………… 244

9.4　结论与展望 …………………………………………………… 251

第 10 章　中国国有林区改革发展 40 多年回顾与展望／255

10.1　基本概念及范畴界定 ………………………………………… 255

10.2　相关研究综述 ………………………………………………… 256

10.3　国有林区改革 40 多年的历程 ………………………………… 258

10.4 国有林区改革的主要路径 ·················· 262

10.5 结论与展望 ·················· 266

第 11 章　中国林业投资 40 多年回顾与展望／267

11.1 基本概念及范畴界定 ·················· 267

11.2 相关研究综述 ·················· 268

11.3 中国林业投资 40 多年的历程演进 ·················· 270

11.4 中国林业投资 40 多年变化的统计分析 ·················· 272

11.5 结论与展望 ·················· 281

第 12 章　中国森林采伐管理与木材生产 40 多年回顾与展望／283

12.1 基本概念及范畴界定 ·················· 283

12.2 相关研究综述 ·················· 284

12.3 森林采伐管理 40 多年的历程演进 ·················· 285

12.4 木材产量与采伐限额 40 多年变化的统计分析 ·················· 288

12.5 结论与展望 ·················· 293

第 13 章　中国森林公园建设发展 40 多年回顾与展望／296

13.1 基本概念及范畴界定 ·················· 296

13.2 相关研究综述 ·················· 298

13.3 森林公园 40 多年发展的历程演进 ·················· 299

13.4 森林公园 40 多年变化的统计分析 ·················· 303

13.5 结论与展望 ·················· 311

第 14 章　中国林产品国际贸易 40 多年回顾与展望／314

14.1 基本概念及范畴界定 ·················· 314

14.2 相关研究综述 ·················· 315

14.3　中国林产品国际贸易 40 多年的历程演进 …………………… 317

14.4　林产品贸易 40 多年变化的统计分析 ……………………… 319

14.5　结论与展望 …………………………………………………… 326

附录　改革开放以来中国林业发展大事记（1978—2019 年） …… 328

参考文献 …………………………………………………………… 398

上篇　综合篇

第 1 章

世界背景下的中国林业

林业是指保护生态环境、保持生态平衡、培育和保护森林以取得木材和其他林产品并利用林木的自然特性以发挥防护作用的生产部门，是国民经济的重要组成部分之一。林业是从事培养、保护、利用森林资源，充分发挥森林的多种效益，且能持续经营森林资源，促进人口、经济社会、环境和资源协调发展的基础性产业和公益性事业。当前，在中国生态文明建设的背景下，林业的公益性更显突出，林业的生态地位更加显著。

1.1 全球和中国森林资源概况

森林是林业保护、利用和经营的主要对象。森林是陆地生态系统的主体，是人类社会赖以生存和发展的物质基础，在满足人们生产生活需要、改善人类居住环境、维护全球生态平衡、保障国土生态安全中发挥着不可替代的作用。1992 年世界环境与发展大会提出了国际森林问题，通过了《关于森林问题的原则声明》。森林问题已成为相关国际公约的重要内容和林业可持续发展的焦点问题，全球森林资源的保护与发展越来越受到国际组织、各国政府及社会公众的广泛关注。

1. 全球森林资源概况

1946 年以来，联合国粮食及农业组织（Food and Agriculture Organization，FAO）每 5 ~ 10 年开展一次世界森林资源调查工作，并向全世界公布相关的数据和统计。2015 年 4 月，联合国粮食及农业组织公布了《2015 年全球森林资源评估》，这是迄今为止最为全面的一次评估，共收集和分析了来自 233 个国家或地区，涉及 1990 年、2000 年、2005 年、2010 年和 2015 年五个时间点的信息，重点关注了可持续森林管理所取得的进展和发展趋势。这份报告显示，全球森林面积为 39.99 亿公顷，占全球陆地面积 30.6%，平均年度植树造林量 2700 万公顷，森林蓄积量 5310 亿立方米。

2010—2015 年，森林面积年损失量为 760 万公顷，年增长量为 430 万公顷，结果呈现为森林面积每年净减少 330 万公顷。

1990—2015 年，天然林面积每年净损失 650 万公顷。相较于 1990 年至 2000 年的每年 1060 万公顷，天然林面积的年度净损失量有所下降。

人工林面积自 1990 年以来，整体增加数量不少于 1.05 亿公顷。1990—2000 年的年均增长量为 360 万公顷。2000—2005 年达到 590 万公顷的年均增长顶峰，随后欧洲、北美、东亚、南亚和东南亚减少种植人工林，2010—2015 年增长减缓，年均为 330 万公顷。

2015 年，大约 31% 的森林被主要划分为用材林，与 1990 年相比减少了 1340 万公顷。此外，将近 28% 的森林被划分为多用途林并在 1990—2015 年减少了 3750 万公顷。2011 年以前对木质燃料依赖性仍然很强，尤其是在低收入国家。

自 1990 年以来，用于保护目的的林地面积增加了 1.5 亿公顷。划分用于水土保持的森林面积也有所增加，目前占报告国家的森林面积的 31%。具体情况，如表 1 - 1 所示。

表 1 - 1　　　　　　　　　　2000—2015 年世界森林状况

年份	森林面积（百万公顷）	占全球陆地面积比重（%）	天然林面积（百万公顷或占比）	人工林面积（百万公顷或占比）	木材采伐量（百万立方米）	用于生物多样性保护的森林面积（百万公顷或占比）	用于水土保持和生态系统服务的森林面积（百万公顷或占比）
2015	3999	30.6	3695	291	2997	524	2178
2010	4015.7	30.73	36%	264	3400	460	—
2005	4032.7	30.86	36.4%	3.8%	—	11%	9.3%
2000	4055.6	31.03	3682	187	1460	—	—

资料来源：2015 年、2010 年、2005 年、2000 年全球森林资源评估报告。

世界森林资源最丰富的五个国家，即俄罗斯、巴西、加拿大、美国和中国，占有森林总面积的一半以上。前五个国家的森林面积排名与 10 年前一样。表 1 - 2 展示了 6 个国家的部分具体数据。

表 1 - 2　　　　　　　　2015 年世界部分国家森林资源状况

国家	森林面积（百万公顷）	立木蓄积量（亿立方米）	森林覆盖率（%）	用于生物多样性保护的森林面积（百万公顷）
中国	208.321	160.02	21.66	10.433
美国	310.095	406.99	33	64.763
巴西	493.538	967.45	57.2	46.969
德国	11.419	36.63	32.8	3
日本	24.958	46.99	68.5	—
俄罗斯	814.931	814.88	49.8	0

资料来源：2015 年全球森林资源评估报告。

2. 中国森林概况

中国地域辽阔，区域自然地理、生物和气候资源的差异巨大，为林业发展提供了多种多样的条件。但是，中国森林资源分布极不均衡，从地理分布上看主要位于东北和西南地区，而西北、华中和华东覆盖率较低。中华人民共和国成立至改革开放前，经历了国民经济的三年恢复、"一五"和"大跃进"等时期，中国林业有发展也有破坏。1978 年以后，中国林业进入全面恢复振兴期。

在全球森林资源持续减少的大背景下，中国实现了森林面积和蓄积量的双增长，中国森林增长面积连续居世界第 1 位；全国森林面积由1992 年的 1.34 亿公顷增加到目前的 1.95 亿公顷，净增近 6100 万公顷，居世界第 5 位；森林覆盖率由 13.92% 增加到 20.36%，净增 6.44 个百分点；森林蓄积量由 101 亿立方米增加到 137 亿立方米，净增 36 亿立方米，居世界第 7 位；人工林保存面积 6188 万公顷，居世界首位，占世界发展中国家人工林总面积的近 50%；总碳储量 78.11 亿吨，年生态服务功能价值达 10 万亿元。与此同时，沙化面积由 20 世纪末的年均扩展 3436 平方公里，下降到目前的年均缩减 1717 平方公里；国际重要湿地数量达 41 处，约 50% 的自然湿地得到有效保护；林业系统建设管理占全国 80% 的自然保护区，面积达到 1.23 亿公顷，占国土面积的12.77%；90% 的陆地生态系统类型、85% 的野生动物种群和 65% 的高等植物群落得到有效保护，保护区内森林面积居世界第 4 位（印红，2012）。

据国家林业局资料显示，虽然我国森林资源总量位于世界前列，但人均占有量很低。我国人均占有森林面积相当于世界人均占有量的21.3%，人均森林面积排在世界第 119 位。此外，我国森林每公顷蓄积量也低于世界平均水平，人均蓄积量是世界最低之一，人均森林蓄积量只有世界人均蓄积量的 1/8。

1.2　林业的经济、生态和社会地位与作用

1. 经济发展方面的地位与作用

首先，在林业总产值方面，近 20 年来，林业总产值在国民生产总值的比重具有下降趋势，从 2000 年的 0.93% 下降至 2017 年的 0.61%。详细数据见表 1-3。

表 1-3　　　　　　　　林业总产值占国民生产总值的比例

年份	林业总产值（亿元）	总产值（亿元）	林业产值占比（%）
2000	936.50	100280.10	0.9339
2001	938.75	110863.10	0.8468
2002	1033.50	121717.40	0.8491
2003	1239.93	137422.00	0.9023
2004	1327.12	161840.20	0.8200
2005	1425.54	187318.90	0.7610
2006	1610.81	219438.50	0.7341
2007	1889.93	270092.30	0.6997
2008	2180.31	319244.60	0.6830
2009	2324.39	348517.70	0.6669
2010	2575.03	412119.30	0.6248
2011	3092.44	487940.20	0.6338
2012	3406.97	538580.00	0.6326
2013	3847.44	592963.20	0.6488
2014	4189.98	641280.60	0.6534
2015	4358.45	685992.90	0.6353
2016	4635.90	740060.80	0.6264
2017	4980.55	820754.30	0.6068

资料来源：国家统计局网站。

其次，在生态产品供给方面，中国共产党第十八届中央委员会第五次全体会议（简称十八届五中全会）通过的《中共中央关于制定国民经济和社会发展第十三个五年规划的建议》强调，坚持绿色富国、绿色惠民，为人民提供更多优质生态产品，协同推进人民富裕、国家富强、中国美丽。生态产品主要指维系生态安全、保障生态调节功能、提供良好人居环境的自然要素，包括清新的空气、清洁的水源和宜人的气候等。当前社会中出现了许多基于生态产品供给的生态旅游、生态康养等产业，促进了经济发展。大自然是整个人类的生命支持系统，正是它产出的生态产品哺育了人类，促进了人类的起源、生存与发展。人们须臾离不开空气、水源和食物等生态产品，它是我们赖以生存的条件和基础。生态产品是生产之源。保护环境就是保护生产力，改善环境就是发展生产力（英剑波，2016）。

此外，由于我国人口众多，木质和非木质林产品的消耗量也很大。木材能够在我们生活的多个层面发挥作用，大到房屋、小到铅笔，都离不开木材的使用。所以，我国木材的消耗速度非常快。与此同时，森林还是一种清洁安全的生物能源，它的清洁性和安全性是得到全世界公认的，能够有效推动社会经济的发展。但是，随着社会的发展，人们越来越意识到，对于木材的大量消耗将会对我国的生态环境造成恶劣的影响（罗祖平，2018）。因此，中国林业在木质和非木质林产品的可持续供给方面起到重要作用。

2. 生态安全方面的地位与作用

生态安全是指生态系统的完整性和健康的整体水平，尤其是指生存与发展的不良风险最小以及不受威胁的状态。构成生态安全的内在要素包括：充足的资源和能源、稳定与发达的生物种群、健康的环境因素和食品。换言之，如果一个国家其各种生物种群多样稳定、资源与能源充足、空气新鲜、水体洁净、近海无污染、土地肥沃、食品无公害，那么该国家的生态环境是安全的。反之，该国的生态环境就是受到了威胁。而林业对资源的提供、生物多样性的保护、水源的涵养等方面起到了很大的积极作用，由此可见，林业在保障生态安全方面起到了举足轻重的作用。

当前生态安全面临许多挑战：一是生态空间遭受过度挤压和持续威胁；二是生态系统质量和服务功能较低；三是水环境质量差和水资源严重短缺；四是生物多样性加速下降的趋势尚未得到有效遏制；五是城乡人居环境恶化；六是气候变化可能造成重大影响；七是在维护生态安全的体制机制和管理上还存在突出问题（吴昊，2019）。

当前林业在生态安全上起到重要作用。2016 年 5 月，《林业发展"十三五"规划》出台。规划中提到，森林覆盖率将超 23%，林业将保障国土生态安全屏障更稳固。

3. 社会方面的地位与作用

森林在保持水土、维护生物多样性安全、净化空气等方面具有决定性作用，对我国生态安全的重要性不言而喻，这也使林业的健康发展成为关乎我国生态文明建设成败的关键问题，发挥林业生态文化在生态文明社会建设中的作用十分重要。生态文化的基本内涵有广义和狭义之分。广义上，生态文化主要指人类在历史发展过程中所创造的物质财富和精神财富的总和。狭义上，则指人与自然和谐发展、共存共荣的生态意识和价值取向。文化是民族的血脉与灵魂，是国家发展、民族振兴、文明进步的重要支撑。作为文化的一种具体类型，生态文化是从人自身需要出发对生态意识、价值和适应的认识，是站在人与自然和谐相处的角度，将人看作为与自然共生的一种精神追求。林业生态文化则更加具体，即将林业这种特殊客体放在人与自然和谐相处的语境中来考量（余涛，齐鹏辉，2016）。

林业发展可以促进社会就业，在此以森林公园发展为例加以说明。随着改革开放以来旅游业的萌芽并快速发展，森林公园及国家公园的建设应时而生。近年来，更是蓬勃发展，在森林公园推动旅游业发展的同时，也为社会提供了就业岗位，促进社会福利。柯水发等（2011）通过使用投入产出法进行测算，认为森林公园旅游业持续发展的就业前景可观。2011—2020年森林公园旅游业的总体就业量为512.1万人，其中直接和间接就业量分别为238.5万人和273.6万人。另据国家林业局测算，2012年我国林业主要产业就业总量为5247万人，其中，林业系统职工162万人，系统外就业人员5085人。

林业可以促进减贫。"精准扶贫"一直是实施乡村振兴战略的重要措施之一，中国林区大部分在山区、沙区、荒漠区等与贫困地区相互交叉区域，作为中国扶贫工作的一个主战场，林业充分发挥其生态产业优势，积极助力乡村扶贫。第一是产业扶贫。目前，中国因地制宜特色扶贫，在南疆等发展特色林果业地区推行林下经济示范基地补贴，拓宽林业信贷资金和其他投资渠道等多种财政支持，以加快其林果业发展，增加农民林业收入，推动脱贫攻坚。通过发展林下经济、木本油料、森林旅游、特色林果等绿色富民产业带动5200多万人就业，山区贫困人口纯收入20%左右来自林业，重点地区超过50%。第二是工程扶贫。通过陆续实施各类防护林工程、天然林保护工程、京津风沙源治理工程等进行投资扶贫。第三是政策扶贫。包括在北京郊区、甘孜藏族自治州等有大片公益林林区，实施林业生态补偿脱贫，即通过实施生态护林员政策，将建档立卡贫困人口转变为生态护林员，优先为贫困户提供造林护林等相关工作，为其提供收入保障。目前，中国陆续在贫困地区选聘了50万名生态护林员，精准带动180万贫困人口增收脱贫。第四是项目扶贫。通过实施贴息贷款项目、农业综合开发项目，重点向贫困地区倾斜。湖南湘西作为一个贫困山区，通过建立林业生态工程虽对于当地整体经济发展水平作用不太显著，但是对当地特困户生活改善有一定贡献。第五是科技扶贫。大力推进林业科技创新脱贫，组织选派林业专家、科技特派员，与贫困户实现"一对一"精准对接帮扶，培训新型职业林农，提升贫困人口技能，为贫困地区持续输送林业实用科技成果。

《中共中央、国务院关于打赢脱贫攻坚战的决定》中提到基本原则之一是"坚持保护生态，实现绿色发展。牢固树立绿水青山就是金山银山的理念，把生态保护放在优先位置，扶贫开发不能以牺牲生态为代价"。我国有近90%的林业资源分布在基础设施落后、交通不便、自然灾害频发的山区，山区历来是贫困人口聚集地，2016 年我国 592 个国家级贫困县中，有半数以上分布在林业资源丰富的山区。林业是重要的公益事业，更是关键的基础产业，在绿色减贫中作用独特。利用森林资源发展绿色富民产业，可以有效地发挥林业在吸纳贫困人口就业增收，增加林产品有效供给，改善生态状况中的作用，在促进生态保护与脱贫增收协调发展中实现绿色减贫、绿色脱贫，实现脱贫不返贫。因此，在贫困地区，充分利用当地林业资源增强地区内生发展动力，走绿色减贫、绿色脱贫的创新之路，实现林业生态建设和精准脱贫的双赢，不仅是贫困地区推进精准扶贫、破解能源资源瓶颈制约、加快脱贫致富步伐的必然选择，更是实现生态文明建设和美丽中国目标的重要基础（董玮，秦国伟，2017）。

1.3　林业在中国国家战略实施中的地位与作用

中国的林业经历了漫长的发展和转变过程。在古代，林业主要是开发利用森林，以取得燃料、木材及其他林产品；中世纪以来随着人口增加及森林资源渐次减少，人们开始重视森林培育，保护森林和植树造林逐渐成为林业的重要内容；近代西方自然科学传入我国，国人开始重视森林资源的永续利用，开始主张森林开发利用与培育保护并重；现代林业逐渐摆脱单纯生产和经营木材的传统观念，重视森林的生态和社会效益；当前，生态文明已经成为全世界发展的共同主题，在推进生态文明建设的历史进程中，林业肩负着更加光荣的使命，承担着更加重大的任务（李莉，李飞，2017）。

2017年6月8日，国家林业局局长张建龙在全国森林资源管理工作会议上提出：培育、保护和管理森林资源，对于维护国家生态安全具有战略性、决定性作用。森林资源是林业现代化建设的物质基础，在林业工作全局中具有基础性、根本性地位，始终是林业建设的核心任务，任何时候、任何地方都不能有丝毫放松。要以高度的责任感和使命感，整体谋划、系统布局、扎实推进，全面加强森林资源管理工作，不断推进林业现代化建设，为全面建成小康社会、建设生态文明和美丽中国作出新的更大贡献（张建龙，2017）。

1. 林业在可持续发展中的地位和作用

1996年3月5～17日在北京举行了第八届全国人民代表大会第四次会议，批准的《国民经济和社会发展"九五"计划和2010年远景目标纲要》，确定将在我国实施可持续发展战略。时任总书记江泽民在党的十四届五中全会闭幕时的讲话中也明确提出："在现代化建设中，必须把实现可持续发展作为一个重大战略。"这说明我国已把实施《中国21世纪议程》，走可持续发展之路，摆上了重要的议事日程。林业既是国民经济的重要基础产业，又是关系生态环境建设的公益事业，肩负着优化环境与促进发展的双重使命。

《中国21世纪议程——中国21世纪人口、环境与发展白皮书》（1994）提出："农业与农村的可持续发展，是中国可持续发展的根本保证和优先领域。"具体可表现为：首先，林业改善生态环境，为农业生产提供天然屏障；其次，防风固沙，防止水土流失，保护耕地；最后，发展本地粮油，减轻粮食缺口的压力。

生物多样性锐减是全球性的重大环境问题之一，每个国家都将生物多样性保护作为可持续发展的重要内容。联合国环发大会通过的《关于森林问题的原则声明》提出："森林对经济发展和维护各种形式的生命是重要的。应该认识到各种森林在地方、国家和全球各级上维护生态平衡的重要作用。特别是保护脆弱的生态、水域和淡水资源方面的作用，作为生物多样性和生物资源的丰富仓库以及用来产生生物技术产品的遗传材料和光合作用的来源的作用。"森林大面积消失所带来的物种濒危和灭绝、生物多样性锐减，将给人类的未来带来难以挽回的损失，并使生物圈的稳定性变得十分脆弱而最终危及人类自身的生存。

2. 林业在全面建设小康社会中的地位与作用

党的十六大把生态建设作为全面建设小康社会的一项重要目标，即可持续发展能力不断增强，生态环境得到改善，资源利用效率显著提高，促进人与自然的和谐，推进整个社会走上生产发展、生活富裕、生态良好的文明发展道路。全面建设小康社会的重点在农村，难点在山区。山区的发展，林业承担着重要的任务。林业是一项社会公益事业，发挥着巨大的生态效益，也是一项产业，有着巨大的经济效益。林业在全面建设小康社会中的地位和作用不可替代，在很多地方已成为农民脱贫致富的支柱产业（柏章良，1997）。

3. 林业在生态文明建设中的地位和作用

文明的起源、文明的延续以至文明的衰亡，大都与支撑文明的生态有着密不可分的关系，森林扮演了至关重要的角色。

首先，文明需要靠森林生态系统来养育和支撑。世界上没有一种自然资源能够像森林那样在人类文明的生活里具有如此广泛和深刻的影响。在生产力极端低下的情况下，森林生态的优越、水资源的便利和有利耕地的沃土，产生了古巴比伦、古埃及、古印度和古中国等文明古国。

其次，森林破坏具有生态代价延期支付的特征，必须高度重视森林保护与经济发展两者之间的协调。人类的经济活动是一柄"双刃剑"：

一面是征服自然，推动经济发展；一面是侵犯大自然，又不断遭到大自然的报复。而大自然对破坏森林的报复并不是马上兑现的，而是有个若干年的潜伏期。

最后，切实保护和培育森林资源必须树立生态文明发展观。生态与经济协调发展的目的是经济社会的可持续发展，而可持续发展要以生态文明建立为基础。建立生态文明的前提是树立生态文明发展观。生态文明发展观是在生态良性循环和自然持续供应前提下的生产力持续发展，是人类继续生存下去的需要（黄洁嫦，2018）。

4. 林业在绿色经济中的地位和作用

林业在"绿色经济"中有着怎样的地位？按照联合国环境规划署（United Nations Environment Programme，UNEP）报告中所给出的定义：林业是发展绿色经济的基础和关键。从经济角度来看，林业发展得以提供丰富多彩的农产品和工业原材料；从社会角度来看，林业发展为全球近10亿人口提供了生计，有利于增加就业、提高收入、提高居民健康水平等，促进人类福利的增加，同时作为一种绿色资产，森林能够发挥储蓄和保险等方面的价值；从生态角度看，林业发展具有涵养水源、防风固沙、应对气候变化、保持生物多样性等多方面的作用（UNEP，2011）。

在联合国环境规划署关于绿色经济的总报告中，将林业作为绿色经济的十大支柱部门提出，其定位已经脱离传统属于农业下子类的地位而成为独立的经济部门。随后，UNEP又专门针对林业在绿色经济中的新定位发布报告（UNEP，2011），强调林业作为绿色经济的支柱部门，其价值绝不仅仅局限在有限的私人和短期收益上，应该将林业资产核算放到更为宏观的位置，考虑其在绿色经济中所扮演的全局性和长远性角色。

在"绿色经济"这一概念被提出伊始，林业发展通过保护和可持续地使用自然资源对绿色经济所做出的贡献就已经被认识（Pearce et al.，1989）。同时，林业在减少贫困、增加收入、应对全球气候变化等方面对绿色经济都具有十分突出的贡献。由于依靠森林生存的人口往往与贫困人口相重合，因而发展高效可持续的林业就能够有效地帮助依靠其生存的人们摆脱贫困。据 FAO（2006）统计，林业的贡献约 4680 亿美元，是 2006 年全球 GDP 的 1%；从 2009 年报告采集的 54 个案例中，森林的平均年收入总额占家庭收入的 22%。森林还是提供现金的重要来源，特别是在粮食歉收时能够发挥重要的替代性作用。国际林业研究中心（CIFOR，2010）的研究表明，超过 10 亿人依赖森林的收入和就业，这些就业大部分集中在非正规部门。随着应对气候变暖成为全球共同行动，林业在固碳方面的贡献被广泛认识。许多研究者开始从碳汇角度评估森林的价值，如伊莱亚斯奇（Eliasch，2008）认为需要重新计算树的价值，特别是其在固碳方面的价值，建立可操作的标准，使碳汇能够在金融系统中实现交易。

联合国环境规划署（UNEP，2011）对林业对绿色经济的贡献方面进行了全面总结：经济的进步和人类的福祉都依赖于健康的森林。森林提供碳汇、稳定全球气候、调节水的循环，并为生物多样性提供栖息地，同时保存了遗传资源。

2011 年 9 月 6 日，时任总书记胡锦涛在首届亚太经合组织林业部长级会议上发表讲话，指出"森林在推动绿色增长中具有重要功能。森林是陆地生态系统的主体和维护生态安全的保障，对人类生存发展具有不可替代的作用。森林是重要而独特的战略资源，具有可再生性、多样性、多功能性，承载着潜力巨大的生态产业、可循环的林产工业、内容丰富的生物产业。森林是陆地上最大的碳储库，减少森林损毁、增加森林资源是应对气候变化的有效途径。"[①] 认为在区域林业发展和合作方面，应该在把林业列入经济社会发展总体布局、突出生态建设的前提下

① 新华社. 胡锦涛在首届亚太经合组织林业部长级会议上的致辞［EB/OL］.（2011－09－06）［2019－08－10］. http：//www. forestry. gov. cn/portal/main/s/3307/content－500191. html.

加强林业建设、发挥森林多种功能、深化区域合作。并进一步强调中国在增加林业投资，加强森林、湿地、荒漠三大生态系统建设和生物多样性保护等方面做出的重要贡献①。

早在 2005 年 8 月，时任浙江省委书记的习近平在浙江省安吉县余村考察时首次提出："我们过去讲既要绿水青山，又要金山银山，实际上绿水青山就是金山银山"。②

2017 年 5 月 26 日，习近平总书记在《在十八届中央政治局第四十一次集体学习时的讲话》中指出："推动形成绿色发展方式和生活方式，是发展观的一场深刻革命。这就要坚持和贯彻新发展理念，正确处理经济发展和生态环境保护的关系，像保护眼睛一样保护生态环境，像对待生命一样对待生态环境，坚决摒弃损害甚至破坏生态环境的发展模式，坚决摒弃以牺牲生态环境换取一时一地经济增长的做法，让良好生态环境成为人民生活的增长点、成为经济社会持续健康发展的支撑点、成为展现我国良好形象的发力点，让中华大地天更蓝、山更绿、水更清、环境更优美。"③ 2015 年 4 月 3 日，习近平参加首都义务植树活动时指出："植树造林是实现天蓝、地绿、水净的重要途径，是最普惠的民生工程。要坚持全国动员、全民动手植树造林，努力把建设美丽中国化为人民自觉行动。"④

5. 在"一带一路"中的地位

随着经济全球化的迅猛发展，生态外交空前活跃，已完成从国际关

---

① 新华社. 胡锦涛在首届亚太经合组织林业部长级会议上的致辞［EB/OL］.（2011 - 09 - 06）［2019 - 08 - 10］. http：//www. forestry. gov. cn/portal/main/s/3307/content - 500191. html.

② 梁佩韵."绿水青山就是金山银山"有哪些丰富内涵？［N］. 中国环境报，2019 - 03 - 28.

③ 习近平. 坚持绿色发展是发展观的一场深刻革命［EB/OL］.（2017 - 05 - 06）［2019 - 08 - 10］. http：//www. chinanews. com/gn/2018/02 - 24/8453596. shtml.

④ 霍小光，罗宇凡. 习近平：植树造林是最普惠的民生工程［EB/OL］.（2015 - 04 - 03）［2019 - 08 - 10］. http：//news. eastday. com/eastday/13news/auto/news/china/u7ai3731413_K4. html.

系边缘向中心的转移，成为主流的外交形态。因此在当前国际舞台上，生态外交对于中国来说十分重要。例如，当前实施的"一带一路"政策彰显了中国的生态外交实力和更大林业空间。"一带一路"建设是"十三五"规划中我国对外开放的重要战略布局，强调打造相关各国共同发展繁荣的"命运共同体"，对推进我国新一轮对外开放具有重大意义。生态外交综合实力提升已成为"一带一路"建设过程中的重要一环（田新程等，2016）。

1.4　世界林业发展对中国林业的影响

1.4.1　国际组织的理念与思想影响

1. 可持续发展理念

1987 年世界环境与发展委员会发布《我们共同的未来》，提出可持续理念。1992 年世界环境与发展委员会大会召开后，可持续发展思想被许多国家作为行动纲领或者政策指南，可持续发展的思想开始由理念付诸实践。2012 年在里约热内卢举行的联合国可持续发展会议中提出可持续发展目标（SDGs），为世界林业的发展方向提供指引。

2. 多中心治理

多中心治理理论强调多层级主体的平等互动、伙伴关系和多样性制度安排的重要性，找到适应不同物理、社会和经济条件的方式来解决森林资源管理问题（Ostrom，2007；Nagendra & Ostrom，2012）。在奥斯特罗姆多中心治理理论的基础上，安德森（Andersson，2004）等发展一个了以地方政府为决策单位的分析框架，从纵向和横向两个方面研究中央政府和社会参与对地方森林治理变迁的影响。他们在拉丁美洲（玻利瓦尔、秘鲁、危地马拉）的研究发现，中央政府的财政转移和监督、分权，以及社会组织的有效参与有利于提高地方政府提供森林公共服务的水平（Andersson，2004；Andersson & Gibson，2006；Andersson & Ostrom，2008）。

3. 民主分权

民主分权框架认为，地方森林的良好治理需要具备两个关键的条件：充分的自由裁量权和良好的对下问责制度（Agrawa & Ribot，1999；Ribot et al.，2006）。现实中，这种理想的制度状态在发展中国家森林分权中没有完整地出现过（Tacconi，2007）。中央政府没有向地方政府和社区转移充分的自由裁量权，且经常发生分权和集权的往复行为，地方政府和社区只获得了部分森林或退化森林，甚至是森林的部分管理权能（Pulhin & Dressler，2009）。由于缺乏对下问责制和公众的参与，地方政府官员的行为难以有效监督，改革收益被地方精英所俘获，社区和居民往往被边缘化（Nygren，2005）。

4. 能动性、可持续发展和创新——以德国 GTZ 组织为例

德国技术合作公司（The Deutsche Gesellschaft für Technische Zusammenarbeit，GTZ）创建于 1975 年，总部设在法兰克福（美茵河畔）附近的埃施波恩，是一个在全世界范围内致力可持续发展、进行国际合作的联邦制服务性企业，属德国联邦政府所有。其发展使命是改善伙伴国人民的生活水平和未来发展前景，并保障生命赖以存在的自然资源的安全。2010 年 7 月，GTZ、德国发展服务公司（Abu Dhabi Department of Economic Development，DED）、德国国际培训与发展协会（Internationale Weiterbildung und Entwicklung，InWEnt）三家公司合并为"德国国际合作公司"（The Federally owned Deutsche Gesellschaft für Internationale Zusammenarbeit，GIZ）。此次改革的目的是提高德国技术合作的工作效率，增强对外发展政策合作的力度。

GTZ 与中国政府合作始于 1988 年，其在中国开展业务已经有 20 多年的历史。合作领域包括可持续的经济发展、环境保护与能源以及自然资源保护与扶贫。2002 年，中华人民共和国农业部和 GTZ 合作开展"中国华北地区集约化农业的环境战略"项目；2005 年 GTZ 代表德国政府与中华人民共和国住房和城乡建设部合作"中国既有建筑节能改造"项目；2006 年 6 月 14 日，中国商务部与 GTZ 在北京共同组织召开了中国生物质能源研讨会；2007 年 GTZ 代表德国联邦经济合作与发展部（BMZ）实施中德贸易可持续发展与企业行为规范项目；2009 年 4 月，国家电网公司和 GTZ 就中德能效合作项目去河南焦作万方调研，并对如何降低能耗提出建议；2010 年，中华人民共和国住房和城乡建设部与 GTZ 联合实施中国城市可持续发展项目。2017 年 6 月 1 日，"中德创新合作发展论坛"在德国柏林举行，中国国务院总理李克强和德国总理默克尔出席论坛，大家围绕"共塑创新"的主题进行交流；2019 年 3 月 7 日，GIZ 到访 51VR 公司，就自动驾驶方针、智慧城市产品以及技术创新升级等进行深入交流，积极推进中德工业 4.0 新合作。

通过该组织与中国历年合作项目，可以发现 GIZ 最初更多的是帮助中国走上可持续化道路，近几年更多涉及推动创新的领域。不管是哪种，GIZ 都是通过转移和交流技术及专业知识，并通过改善将采用这些技术和专业知识的环境，最终增强个人和组织的工作能力，使他们能通过自己的努力改善生活条件。目前 GIZ 在全球 130 多个国家开展 2700 多个发展合作项目。此外，它与国际组织和机构（如世界银行、欧盟、联合国开发计划署、亚洲开发银行）的合作也在日益加强。

1.4.2　世界林业经营模式的影响路径

1. 在中国设立试点项目

20 世纪 80 年代以来，世界组织便以项目的形式对我国林业的管理、经营、技术等提供丰富的实践经验。1990 年，我国林业系统利用世界银行贷款所执行的国家造林项目（national afforestation project, NAP）首次实施科研推广项目，通过对 NAP 科研推广管理样本的实证分析评价，探讨了科研推广管理运行的内在规律，并提出了现代管理模式，即以服务总体项目、提高科技含量为目标，按照科技生产产业化思路，设计具有市场经济机制、科学管理制度、一体化管理方式的特征，运用高新技术装备的高效、协调运转的系统模式（陈京华，1998）。

1985 年，我国利用世界银行贷款 4500 万美元，在 14 个省（区、市）开展人工造林，正式拉开了我国与国际金融组织项目合作的序幕。目前，我国林业共利用世界银行项目 9 个、亚洲开发银行项目 4 个、欧洲投资银行项目 8 个，贷款共计 19.43 亿美元，受贷省份 23 个，人工造林 1.19 亿亩（温雅莉，2017）。

截至 1998 年我国林业部门已同世界上 1/3 的国家或地区，以及几十个国际组织建立了工作联系和合作关系，加入了 11 个国际组织，同 22 个国家签订了部门间林业合作协议。1992 年以来，我国积极实施《联合国防治荒漠化公约》《湿地公约》《联合国生物多样性公约》等，初步形成多层次、宽领域的中国林业国际合作格局。通过合作与交流，争取到一些优惠贷款和无偿援助项目。据不完全统计，近年来我国林业共利用外资约 23 亿美元，其中外国政府贷款近 2 亿美元，世界银行贷款 8 亿多美元，外商投资 8 亿多美元，无偿援助约 5 亿美元（张蕾，1999）。

30 年来，我国林业利用国际金融组织贷款项目从小到大、从少到多、从单一到多元，逐步规模化、集约化和常态化，贷款规模稳中有增，建设范围不断拓展，内外资融合发展初具雏形（温雅莉，2017）。

项目建设从最初以用材林建设为主，逐步拓展至国家储备林、林业生物质能源、森林碳汇、自然保护区建设、木本油料、经济林建设、林产品储藏加工、近自然森林经营试点示范、城乡绿化一体化建设、生物多样性保护设施恢复重建、生态公益林补偿机制研究与配套政策、服务体系建设等，从营造纯林向营造混交林、修复现有纯林转变，从注重新造林向森林可持续经营转变，项目布局也从东部沿海经济发达省份向中西部生态较为脆弱地区转移，更多向中东部、西南、西北、东北地区倾斜，代表性和影响力更加广泛（温雅莉，2017）。

2. 派遣考察团来中国

自改革开放以来，我国林业对外的合作不仅极大增加而且形式多样。国外林业发达国家也会通过派遣考察团来华实地实践考察的方式，直接对我国的森林经营模式提出意见和建议。例如 2017 年 4 月 9～10 日，德国复兴信贷银行评估考察团到四川省平昌县评估考察德国政府财政贷款四川省林业可持续经营管理项目的年度进展情况。评估考察团先后深入笔山镇星斗村、江口镇大运村实地察看项目外业施工进展情况，并认为平昌县在项目建设过程中做了很多工作，取得了一定成绩，但也存在目标树标记不足，干扰木、竞争木采伐强度不够，小班中的施工作业不完全、不均匀等现象。目前，平昌县已累计提取贷款 89.82 万欧元，提取率为 58.1%，项目外业施工完成 51%。通过创新经营机制，开展抚育、间伐等森林经营活动，有力地提高了森林质量和效益，达到"青山常在、永续利用"的目标。

专栏 1 – 1　"人工林可持续经营"项目
考察团调研茂源林业

2016 年 3 月 16 日，世界自然基金会（World Wide Fund for Nature，WWF）项目官员 Afsoon Namini、Keila Hand、黄文彬和中国林科院、国家林业局、湖南省林业厅、美国苹果公司等相关领导和专家一行组成的考察团，来到湖南茂源林业有限责任公司调研"人工林可持续经营"项目。

中国林科院资源信息所书记王宏向湖南茂源林业有限责任公司颁发了"WWF支持中国人工林可持续经营项目试点示范单位"证书，感谢茂源林业对"人工林可持续经营"项目的技术支持，希望茂源林业再接再厉，争取向项目示范单位进军。

湖南茂源林业有限责任公司（简称"茂源林业"）设立于2005年，目前是岳阳林纸股份有限公司的全资子公司，是"林纸一体化"战略的专营林业公司，是中国诚通控股集团有限公司林浆纸板块（中国纸业投资有限公司）的重要组成部分。

岳阳林纸一直坚持走"林浆纸一体化"之路，长期以来致力于资源供给的探索，茂源林业在这方面取得了长期有益的实践探索。当前，岳阳林纸在人工林可持续经营方面有着丰富的经验与智慧，还在林业经营产业链上不断探索，正向生态环保、园林景观的产业链延伸。

本次考察团采取"实地调研＋开座谈会"方式，收集茂源林业在人工林可持续经营方面最具代表性、共性的优秀实践案例，从而为编制《中国人工林最佳经营指南》提供案例，为国家天然林停伐后人工林经营提供可操作的标准与有效指导。

考察团一行参观了君山林业科研中心，对茂源林业杨树种质基因库、杨树生产基地、杨树萌芽林定向经营、杨树林下复合经营模式等情况进行了实地调研，对茂源林业森林经营方面取得的成效给予了赞扬和肯定。随后，考察团听取了茂源林业公司简介、森林经营情况及人工林培育实践6个案例的介绍，共同探讨了生态环境保护、人工林可持续经营等方面的内容。

考察团成员们针对人工林可持续经营发展的实际，提出了相关发展项目意向，对推动茂源林业发展具有较大的意义。同时，希望茂源林业继续加强与有关国际合作单位的交流与联系（刘志坚，2016）。

3. 国内赴国外学习经验

德国是世界上林业发达的国家之一。德国作为高度工业化和人口密集的国家，却占有30%的森林覆盖率。德国驻华大使馆经济合作部顾问沃尔夫冈凯斯特（Wolfgang Koester）先生指出，过去几个世纪里一直采用可持续的方式进行森林经营让森林的多功能在德国得以实现。其成功的森林经营理论和实践，特别是近百年来形成的人工森林生态系统经营理论和方法，可以为中国建立可持续的森林经营体制提供非常宝贵的经验和做法（许勤，2008）。中德两国政府在林业领域的合作经过30多年的发展，已经在植树造林、病虫害防治、森林可持续利用及培训教育等领域取得了成功的经验，合作项目的实施对培养林业技术和管理人才、提高林业的技术和管理水平、促进林业发展起到了重要的推动作用。

2008年4月9日，中国国家林业局（State Forestry Administration，SFA）与德国技术合作公司（The Deutsche Gesellschaft für Technische Zusammenarbeit，GTZ）开展的中德技术合作"中国森林可持续经营政策与模式"项目正式启动。根据项目安排，中德技术合作项目组于2010年5月17日至5月26日赴德国、捷克重点考察森林经营思想、经营组织及政策支持等方面内容。该考察团总结了两国森林可持续经营的经验，主要包括可持续经营思想落实到具体经营管理活动中，经营组织形式以适应社会经济发展需求为导向，政策扶持与森林可持续经营具体措施相配套。这些为我国森林可持续经营提供了两点借鉴和启示：一是制订林业行动计划和目标是落实森林可持续经营的技术保障；二是选择与国情林情相适应的林业组织形式是森林可持续经营的组织保障。德国、捷克两国关于森林可持续经营的基本情况见表1-4（刘东生等，2010）。

表 1 – 4　　　　　　德国、捷克关于森林可持续经营基本情况

森林多功能经营	经营形式组织	经营主体	政策扶持
在欧盟林业政策可持续发展原则指导下经营，追求三大功能统一，即森林履行经济、环境和社会功能	森林资源所有制	总体上主要分为三种：私有林、共有林或社团林、国有林（分为联邦所有林和州所有林）	国家林业项目补贴政策
	私有林主协会	由私有林主组成的非营利会员制民间组织，是私有林管理的民间力量。当前已形成由国家林主协会、国内各区域林主协会、基层林主协会组成的从中央到地方三级管理组织机构	欧盟支持项目援助政策
	林业专业合作组织	实质是经营协作联合体，联合小规模私有林主共同开展经营合作，包括森林经营、林产品销售与流通等领域合作。共有股份制合作和联户合作两种形式	

资料来源：刘东生，林少霖，黄东，蔡兴旺，刘志斌，周月华，许忠坤. 强化合作组织建设和政策扶持推进森林可持续经营进程——赴德国、捷克考察报告［J］. 林业经济，2010（10）：115 – 118.

1.4.3　世界林业技术的影响

1. 资本控股

1979 年 7 月我国正式颁布了《中华人民共和国中外合资经营企业法》，开始允许外商直接投资进入中国。1992 年邓小平南方谈话后，社会主义市场经济建设法律体系的完善为外商直接投资创造了良好的经济环境。2001 年我国加入 WTO 后，为跨国公司进入中国市场提供了能够符合世贸规则和国际惯例的运营环境。

在上述背景下，我国对林业利用外商直接投资也越来越重视。2003年 6 月 25 日发布的《中共中央国务院关于加快林业发展的决定》提出了进一步扩大林业对外开放，充分利用国内外两个市场、两种资源，加

快林业发展。针对我国林业基础薄弱、建设任务繁重的情况，要加大引进力度、着力引进资金、资源、良种、技术和管理经验。在 2007 年国家发改委和商务部修订的《外商投资产业指导目录》中，许多与林业相关的领域在外商投资方面有税收等优惠。

目前，我国对林业利用外商直接投资的研究比较少，不过整体来看观点分为两派。蒋海（2003）以广东省为案例，分析了外商直接投资对广东林业发展的促进作用。认为外商直接投资初步缓解了资金瓶颈的制约，有效弥补了广东省林业发展中的资金不足问题，加快了广东省的林业发展。同时还提高了广东省集约化经营水平，推动林业科技进步。此外还促进了广东省林产品进出口贸易，增强了国际竞争力。不过外商资本控股也存在一些问题。齐宏伟、李富（2007）对我国林业引资的风险进行了研究，认为我国林业引入外资会面临经济利益短期追逐、人工纯林的自然灾害、还贷问题、利用国内资金问题以及地区林业外资失调等风险。张鑫（2011）利用新古典增长理论模型来计算林业利用外商直接投资的技术溢出效应，发现我国林业利用外商控股的产业目标取向与外商投资的价值取向存在偏离，即设想中我国林业希望利用自身的资源、市场、劳动力等要素优势，换取国际上先进的技术和管理，从而促进国内产业结构升级的想法，实际上外商来华投资多是看重广阔市场和丰富廉价的劳动力，以此谋求高额利润和市场份额。换句话说则是投资更偏向传统技术，先进技术的转移非常之少。

2. 直接的技术经验

早在 20 世纪末，我国便从世界林业中学到很多经验与技术，例如来自日本的培育彩色树木、鉴别树种新装置和白衣探测器；来自法国的树木听诊器；来自美国的激光测量森林蓄积、丸式非草隆除草剂促树木生长；来自德国的计算机透视树木、"绿树灵"医活枯死树等。

随着经济的发展和社会的进步，林业技术越来越往高科技方向发展。目前国际上林业发达国家已实现林业生产经营集约化，营造林生产作业、经济林种植都由单工序机械化向多工序联合机械化发展；林区木材生产、木材加工、人造板生产、林产化工技术装备都已高度自动化；林副产品加工实现了工厂化、标准化、机械化生产；林业灾害防御技术已实现了遥感、卫星监测和计算机智能控制等高新技术现代化。

专栏 1-2 寄托能源替代的新希望——林业生物质能源

森林作为一种十分重要的生物质能源，就其能源当量而言，是仅次于煤、石油、天然气的第四大能源，而且具有清洁安全、可再生、不与农争地、不与人争粮等优点，被称为"未来最有希望的新能源"。目前，生物质能源战略已成为许多发达国家的重要能源战略，利用现代科技发展生物质能源，已成为解决未来能源问题的重要出路，被认为是解决全球能源危机的重要途径之一。中国每年产生 2 亿多立方米的采伐、加工剩余物，同时林区还可生产抚育间伐材和薪炭材 2 亿多立方米，这些都成为生物质能源和化学品的重要原料。目前，国家林业局已将"生物质能源多联产发展工程"列为推进林业产业可持续发展的发力点。

2006 年 6 月 14 日，中国商务部与德国技术合作公司（Deutsche Gesellschaft fur Technische Zusammenarbeit，GTZ）在北京共同组织召开了中国生物质能源研讨会。2016 年 10 月，国家能源局制定下发《生物质能发展"十三五"规划》。2016 年底，国家林业局组织召开了第三届全国林业产业大会，张建龙局长特别强调要做大林业生物质新材料、生物质能源、生物制药和生物提取物等新兴产业。

当前，国际林业生物质能源发展的新动向主要有以下几点。在政策方面，世界上大多数国家都在寻求林业生物质能源发展之道，出台了各种扶持政策，并制定了林业生物质能源利用规划。在技术方面，一是世界上许多国家都在开展能源植物及其栽培技术的研究，通过引种栽培建立新的能源基地，如"石油植物园""能源农场"等，并提出"能源林业"的新概念。二是在生物燃料技术方面，除了传统的燃料乙醇、生物发电、颗粒燃料之外，木质纤维素生物化学转化、生物炼制转化、热化学转化、化学转化等先进技术的研发，为林业生物质能源拓展了更广阔的发展空间。

中国在林业生物质能源发展方面潜力巨大。我国现有森林面积2.08 亿公顷，生物质总量超过 180 亿吨，林业生物质能源发展潜力巨大。我国可利用的林业生物质能源资源主要有三类：一是木质纤维原料。包括薪炭林、灌木林和林业"三剩物"等，总量约有 3.5 亿吨。二是木本油料资源。我国林木种子含油率超过 40% 的乡土植物有 150 多种，其中油桐、光皮树、黄连木等主要能源林树种的自然分布面积超过100 万公顷，不仅具有良好的生态作用，还可年产 100 万吨以上果实，全部加工利用可获得 40 余万吨的生物柴油。三是木本淀粉植物。如栎类果实、菜板栗、蕨根、芭蕉芋等，其中栎类树种分布面积达 1610 万公顷，以每亩产果 0.1 吨计算，每年可产果实 2415 万吨，全部加工利用可生产燃料乙醇约 600 万吨。这些丰富的林业生物质资源，不仅可以为林业生物能源可持续发展提供良好的物质基础，而且可利用空间很大，可为缓解国家能源危机、调整和优化能源结构、实现能源可持续供给提供有力的资源保障。

虽然目前林业生物质能源的发展还面临着一些挑战，如林地分散以及投资回收周期较长、生产成本较高、资源的可利用性及竞争性利用、可能引起与人争地或争粮、商业化发展带来的不确定的环境影响以及相关碳计量问题等，但林业生物质能源的开发已成为一个全球性的热点。①

1.5　中国林业对世界的影响和贡献

1.5.1　生态贡献

中国林业对世界生态的重大贡献主要得益于我国的林业工程带动战略。从20世纪80年代开始，我国先后启动实施了天然林资源保护工程、退耕还林工程、京津风沙源治理工程、三北及长江流域等重点防护林体系建设工程，以及野生动植物保护及自然保护区建设工程、湿地保护与恢复工程、岩溶地区石漠化综合治理工程等重点林业工程。这些工程几乎覆盖了全国所有省（区、市），不仅为亿万亩国土披上绿装，而且也为生态保护修复、生态安全提供了保障。在构建世界生态安全保障体系这条路上，中国作出了重大贡献。

1. 增加生态供给

美国国家航天局（National Aeronautics and Space Administration，NASA）官网（https：//www.nasa.gov/）介绍，地球如今每年新增绿化面积超过200万平方英里（1平方英里＝2.59平方公里），与2000年相比，地球绿叶面积增加了5%，相当于一个亚马逊热带雨林面积。美国

---

① 资料来源：国家林业和草原局，http：//www.forestry.gov.cn/main/72/content – 1081011. html。

波士顿大学教授兰加·迈内尼和他的团队们一直研究 NASA 卫星数据中地球绿化的一系列数据变化，他们发现中国是全球绿化增长最快的国家。这些科学家指出，中国的植树计划和集约化农业对地球绿化作业非常明显，同时中国在沙漠化治理方面更是成果突出，中国的绿化在科学技术方面十分先进。

从 1998 年开始实施的天然林资源保护工程、退耕还林工程等林业生态建设工程，使得中国森林覆盖面积在 2000—2010 年已实现净增长。在过去的 1/4 世纪中，全世界的森林面积已减少约 3.19 亿英亩（约 1.3 亿公顷）。像中国开展的此类森林保护项目已开始逆转这种趋势。从长期看，中国可持续的森林治理方式对全世界其他地区至关重要。在世界范围内，森林保护的现状仍不太令人乐观，但有报告显示全球砍伐森林的速度正在放缓。FAO 的数据表明，20 世纪 90 年代，全世界每年平均丧失 0.18% 的森林，但在 2010—2015 年，该数字已降至 0.08%（FAO，2015）。

全球从 2000—2017 年新增的绿化面积中，约 1/4 来自中国，中国贡献比例居全球首位。这要得益于我国对林业的重视。在"十二五"规划中，森林覆盖率、森林蓄积量明确被纳入可持续发展的 24 个约束性指标中。近 20 年来，通过深入实施重点工程，广泛开展全民义务植树，扎实推进部门绿化和社会造林，不断加强草原生态保护，中国森林面积和蓄积量持续"双增长"，成为全球森林资源增长最多的国家。第八次全国森林资源清查结果显示，中国森林面积达到了 2.08 亿公顷，人工林面积达 11.8 亿亩，稳居世界首位；森林蓄积 151.37 亿立方米，森林覆盖率 21.63%。全国天然草原面积近 60 亿亩，草原综合植被覆盖度达 55.3%（国家林业局资源司，2014）。中国国土绿化进程的快速推进，得益于改革开放以来的林业工程带动战略，这为其他国家提供了良好借鉴。下面分别以三北防护林体系工程、退耕还林工程为例，展现我国对世界生态供给的贡献。

（1）三北防护林体系工程。改革开放前，我国长期处于"一把锄头造林、百把斧头砍树"的状态，造成森林资源减少，风沙危害与水土流失严重，生态平衡失调。因此，大力植树造林，加快造林绿化步伐，是实现社会经济全面发展的必然选择。1979年，国家批准三北防护林体系工程的建设。三北地区即西北、华北和东北，东起黑龙江宾县，西至新疆的乌孜别里山口，北抵北部边境区域面积，南沿海河、永定河、汾河、渭河、洮河下游、喀喇昆仑山，包括新疆、青海、甘肃、宁夏、内蒙古、陕西、山西、河北、辽宁、吉林、黑龙江、北京、天津13个省（区、市）和559个县（区、市、旗），总面积406.9万平方千米，占中国陆地面积的42.4%。这些地区风沙化土地面积占全国风沙化土地面积的85%，水土流失面积高达55.4万平方千米。该工程时间跨度从1979年到2050年，历时71年，分三个阶段、七期工程进行，规划造林5.35亿亩。截至2018年11月，三北工程已建设40多年，启动第五期工程建设，累计完成造林保存面积3014.9万公顷，工程区森林覆盖率由1979年的5.05%提高到13.59%，活立木蓄积量由7.4亿立方米提高到33.3亿立方米（常钦，2018）。

（2）退耕还林工程。为应对严重的水土流失和风沙危害，频频发生的洪涝、干旱、沙尘暴等自然灾害，我国于1999年在四川、陕西、甘肃三省率先开展退耕还林试点，即针对水土流失严重的耕地，沙化、盐碱化、石漠化严重的耕地及粮食产量低而不稳定的耕地，有计划有步骤地停止耕种，因地制宜造林种草，恢复植被。2002年，在北京、天津、河北、山西、内蒙古、辽宁、吉林、黑龙江、安徽、江西、河南、湖北、湖南、广西、海南、重庆、四川、贵州、云南、西藏、陕西、甘肃、青海、宁夏、新疆25个省（区、市）和新疆生产建设兵团，共1897个县（区、市、旗）全面启动退耕还林工程。截至2018年，退耕还林工程累计造林4.47亿亩，工程区森林覆盖率平均提高3.6个百分点（张建龙，2018）。

2. 生态修复与生态安全

20 世纪 90 年代以后，我国连续发生了几次特大洪涝灾害，特别是 1998 年我国南方和松花江流域发生了历史上罕见的洪涝灾害，给国家和人民财产造成了巨大损失。随后几年，北方又连续出现强烈的沙尘暴天气，严重影响了人民的生产生活。在这种情况下，中共中央、国务院对林业的重视程度明显提高，确定了以生态建设为主的林业发展战略，保证林业建设向纵深发展。以 1998 年天然林保护工程的实施为标志，我国林业建设步入了全面发展的新阶段（崔海兴等，2009）。

之后先后实施京津风沙源治理、湿地恢复等重大生态修复工程，治理区植被盖度稳步提高，荒漠化石漠化得到有效遏制，国土生态状况明显改善。全国荒漠化和沙化土地面积连续 3 个监测期"双缩减"，土地沙化面积由 20 世纪 90 年代末年均扩展 3436 平方千米转变为目前年均缩减 1980 平方千米，实现了由"沙进人退"到"绿进沙退"的历史性转变。下面分别以天然林资源保护工程和京津风沙源治理工程第一期（2002—2012 年）为例加以展现。

（1）天然林资源保护工程。以 1998 年洪灾为背景，中共中央、国务院提出全面停止长江、黄河流域中上游的天然林采伐。之后，国家林业局编制了《长江上游、黄河上中游地区天然林资源保护工程实施方案》和《东北、内蒙古等重点国有林区天然林资源保护工程实施方案》。经过两年试点，于 2000 年 10 月国家正式启动了天然林资源保护工程，简称"天保工程"。工程范围为长江上游地区（以三峡库区为界）——包括云南、四川、贵州、重庆、湖北、西藏 6 省（区、市），黄河上中游地区（以小浪底库区为界）——包括陕西、甘肃、青海、宁夏、内蒙古、河南、山西 7 省（区、市）。东北、内蒙古等重点国有林区，包括内蒙古（含内蒙古森工集团公司）、吉林、黑龙江（含龙江森工集团公

司和大兴安岭林业集团公司）、海南、新疆（含新疆生产建设兵团），共
17 个省（区、市），涉及 724 个县、160 个重点企业、14 个自然保护区
等。其目标主要是解决天然林的休养生息和恢复发展问题，最终实现林
区资源、经济、社会的协调发展。截至 2018 年，天然林保护工程实施 20
年中约有 19.44 亿亩天然林得到有效保护（张建龙，2018）。

（2）京津风沙源治理工程。20 世纪 90 年代中国沙尘暴发生次数高
达 23 次，特别是 2000 年春季，我国北方地区连续 12 次发生较大的浮
尘、扬沙和沙尘暴天气，其中有多次影响首都。其频率之高、范围之
广、强度之大，为 50 年来所罕见。为固土防沙、治理土地沙化，于
2002 年启动一期工程，工程期到 2012 年。工程范围西起内蒙古的达茂
旗，东至内蒙古的阿鲁科尔沁旗，南起山西的代县，北至内蒙古的东乌
珠穆沁旗，涉及北京、天津、河北、山西及内蒙古 5 个省（区、市）
的 75 个县（旗）。治理区国土总面积为 45.8 万平方千米，其中沙化土
地面积 10.18 万平方千米。根据 2012 年数据，第一期工程建设累计完
成营造林 752.61 万公顷（其中退耕还林 109.47 万公顷），草地治理
1.4 亿亩，暖棚 1100 万平方米，饲料机械 12.7 万套，小流域综合治理
1.54 万平方千米，节水灌溉和水源工程共 21.3 万处，异地搬迁 18 万
人，初步建成四条生态防护林带——浑身达克沙地南缘防护林带、阴山
北麓防护林、冀蒙边境地区防风固沙林带、毛乌素沙地东缘防护林带。
工程区内 8 个沙尘暴预警监测站、22 个气象站连续 10 年的监测数据显
示，86% 的监测站监测到的就地起尘扬尘呈减少趋势，其中 45% 监测
站呈明显减少趋势（张云龙，陈莹莹，2012）。

3. 构建生态安全保障体系

随着经济的发展和全球化的深入，大气臭氧层破坏、土地沙漠化、
生物多样性减少等气候变化引起了一系列全球性经济、社会、资源和环
境重大问题。联合国于 1992 年 6 月在巴西里约热内卢召开了世界环境

和发展首脑会议，通过了《里约环境与发展宣言》《21 世纪议程》《关于森林问题的原则声明》等文件，开放签署了《气候变化公约》和《生物多样性公约》。时任总理李鹏代表中国政府做出了履行《21 世纪议程》等文件的承诺，从此，中国的林业建设开始步入可持续发展的新阶段（崔海兴等，2009）。生物多样性资源保护、森林资源保护被放到了突出的位置。

1992 年 6 月 11 日中国签署《生物多样性公约》，作为最早签署和批准这一公约的缔约方之一，逐步形成有关生物多样性的政策和法规体系，相继出台了《野生动物保护法》《环境保护法》《自然保护区条例》等法律法规，为保护生物多样性以及可持续发展提供了法律保障。中国是野生动植物种类最为丰富的国家，保护生物多样性已纳入国家战略计划内。下面以全国野生动植物保护及自然保护区建设工程和林业碳汇为例加以展现。

（1）全国野生动植物保护及自然保护区建设工程。为进一步加大野生动植物及其栖息地的保护和管理力度，提高全民野生动植物保护意识，同时呼应国际大气候、树立中国良好国际形象，2001 年 6 月国家林业局编制的《全国野生动植物保护及自然保护区建设工程总体规划》出台，这标志着中国野生动植物保护和自然保护区建设新纪元的开始。该生态保护工程具有多项战略意义，工程内容包括野生动植物保护、自然保护区建设、湿地保护和基因保存，重点内容为物种拯救工程、生态系统保护工程、湿地保护和合理利用示范工程、种质基因保存工程等。工程共规划 8 个分区，即东北山地平原区、蒙新高原荒漠区、华北平原黄土高原区、青藏高原高寒区、西南高山峡谷区、中南西部山地丘陵区、华东丘陵平原区和华南低山丘陵区。工程实施以来取得了显著成效。截至 2017 年底，共建立各种类型、不同级别的自然保护区 2249 个，其中国家级 375 个。自然保护区总面积达到 147 万平方千米，约占全国陆地面积的 14.84%（国家林业局，2018）。截至 2018 年底，共建立自然保护区、森林公园、湿地公园、风景名胜区、地质公园、海洋特别区（海洋公园）等各类自然保护地 1.1 万多处，占全国陆地面积的 18%，有效保护了全国 90% 的陆地生态系统类型、85% 的野生动物种群、65% 的高等植物群落、50.3% 的天然湿地。实施野生动植物拯救保护工程，近 200 种极度濒危野生动物物种得到抢救性保护，近百种极小种群野生植物、全国 60% 的极小种群野生植物主要分布区得到有效保护，珍稀濒危物种野外种群数量稳中有升（张建龙，2018）。

（2）林业碳汇。为缓解全球气候变暖趋势，1997 年 12 月，由 149 个国家或地区的代表在日本京都通过的《京都议定书》于 2005 年 2 月 16 日在全球正式生效，由此形成国际碳排放权交易制度，简称碳汇。森林被广泛认为是重要的碳汇，可以捕获和储存大气中的大量二氧化碳。中国森林面积的增加极大提高了碳汇的能力和贡献。以 2016 年为例，我国碳强度较 2005 年下降 43%，已经超额完成了到 2020 年碳强度下降 40%~45% 的目标任务（施韶宇，2017）。这其中，我国林业每年大约形成 5 亿~6 亿吨的碳汇，为落实应对全球气候变化的目标做出了贡献（施韶宇，2017）。

1.5.2 经济贡献

1992 年以来，中国林业产业呈现强劲发展势头，松香、人造板、木质竹藤家具、木地板产量已跃居世界第一；森林生态旅游、木本粮油等产业快速发展。林业年总产值从 1993 年的 994 亿元增加到 2018 年的 7.33 万亿元，年均增速超过 20%；同期，林产品进出口贸易额由 75 亿美元增加到 1600 亿美元，成为世界林产品生产、加工和贸易大国。林业产业每年创造 4500 多万个就业岗位，占农村剩余劳动力的 37.5%。林业产业的发展有力地促进了区域发展和农民脱贫致富（国家林业局，2017）。

1. 林产品供给

林产品通常包括林木产品、林副产品、林区农产品、苗木花卉、木制品、木工艺品、竹藤制品、艺术品、森林食品、林化工产品，以及与森林资源相关的产品。我国林产品国际贸易在多种因素的作用下，近年来一直处于稳定的发展中，在世界林产品贸易中的地位不断提高，中国已经成为世界主要林产品贸易国。以 2016 年为例，林产品进出口贸易总额为 1351.03 亿美元，其中林产品出口 726.77 亿美元，占全国商品出口额的 3.46%；林产品进口 624.26 亿美元，占全国商品进口额的 3.93%，林产品贸易顺差为 102.51 亿美元（国家林业局，2017）。

从产品结构来看，2016 年，林产品进出口贸易总额中木质林产品和非木质林产品分别占 70.92% 和 29.08%；在林产品出口额中木质林产品占 74.33%，在林产品进口额中木质林产品占 66.95%（国家林业局，2017）。可见，林产品进出口贸易中木质林产品仍占绝对比重。我国出口的木质林产品，近 75% 为木家具、纸及纸浆类产品。非木质林产品主要指果类，林化产品，菌、竹笋、山野菜类，茶、咖啡类，竹、藤、软木类等（国家林业局，2017）。

从主要市场来看，2016 年我国林产品贸易仍维持亚洲、北美洲和欧洲市场为主的格局。林产品出口总额中各洲所占份额：亚洲 48.63%、北美洲 2.00%、欧洲 15.83%、非洲 0.06%、大洋洲 3.52%、拉丁美洲 2.95%；林产品进口总额中各州所占份额为亚洲 33.91%、北美洲 19.60%、欧洲 22.22%、拉丁美洲 1.52%、大洋洲 8.57%、非洲 4.16%（国家林业局，2017）。

从主要贸易伙伴看，出口市场以美国为主，进口则维持以美国、东盟国家、俄罗斯、加拿大为主的市场格局。前五位出口贸易伙伴依次是美国、中国香港地区、日本、越南和英国，这五个贸易伙伴占据了 47.44% 的林产品出口市场份额；前五位进口贸易伙伴依次是美国、泰国、印度尼西亚、俄罗斯和加拿大，它们占据 45.28% 的林产品进口份额（国家林业局，2017）。

2. 林业新兴产业发展

近年来，我国林业产业结构逐步优化，第一产业和第二产业稳中有进，以森林生态旅游和森林康养为代表的第三产业加速成长。2018 年，林业第三产业产值增速达 19.28%，全国森林旅游和康养超过 16 亿人次，同比增长超过 15%，创造社会综合产值近 1.5 万亿元。[①] 下面以森林康养产业发展为例加以展现。

19 世纪 40 年代，德国创立了世界上第一个森林浴基地，形成了最初的森林康养概念。之后流行于美国、欧盟、日本、韩国等发达国家。我国的森林康养行业最早发展于四川、湖南地区。20 世纪 90 年代，成都周边山区就出现了依托农家乐开展森林康养的民间自发形态。近年，河北、北京、陕西、黑龙江等地就森林康养相关建设进行了有益的探索，开始着手建立森林康养基地试点，积极推动以森林康养为中心的新产业经济。中国政府也开始关注森林康养。2015 年 10 月十八届五中全会上提出"健康中国"口号。2019 年 2 月 14 日，国家林草局与民政部、国家卫生健康委员会、国家中医药管理局联合印发了《关于促进森林康养产业发展的意见》（以下简称《意见》）。《意见》提出，到 2022 年建设国家森林康养基地 300 处，到 2035 年建设 1200 处，向社会提供多层次、多种类、高质量的森林康养服务，满足人民群众日益增长的美好生活需要。

亲子游和自然教育是森林康养的一个非常具有发展潜力的巨大市场，大众化的产品体系是项目获取盈利的主要方式。此外，一些项目利用夜间特有的自然现象打造"夜经济"，即利用动植物只有夜晚才会产生的声响和行为习性来打造其夜间体验的产品体系的亮点，比如发出超

---

① 资料来源：中国日报网，https：//baijiahao. baidu. com/s？ id = 1622957675205183620&wfr = spider&for = pc。

声波响的蝙蝠，还有只听到脚步声的夜行动物。以四川巴中森林康养旅游为例，2018 年全市成功创建森林康养基地（人家）49 个，其中全国森林康养试点基点 1 个、省级森林康养基地 8 个、省级森林康养人家 14 个、省级森林自然教育基地 1 个、市级森林康养基地 5 个、区县级森林康养基地 20 个，全市康养旅游接待游客达 960 万人次，实现收入 81.7 亿元，森林康养效益日益凸显（巴中市林业局，2018）。

目前，森林康养产业发展有四大趋势。第一，森林康养将成为人们提高生活质量的首要选择。森林特有的生物资源，能为人们提供特定的疗养体验。目前，森林疗法能有效解决肥胖、高血压、高脂血症等严重的健康问题和一些精神疾病。在众多长期处于亚健康状态的城市居民群体中，森林康养已经受到热烈的欢迎。此外，森林康养具有资源的不可替代性、方式的可持续发展性。在未来，森林康养活动将成为人们提高生活质量的首要选择。第二，森林康养将成为低碳经济的发展路径。低碳，不单单是环境恶化问题的一种缓解方式，更演变为现代人的一种生活态度。低碳经济的普及，将人们的目光集中于如何创造一个健康的生活环境上。打造宜居环境，有针对性地开展养生活动，正属于低碳生活的一部分。同时，山地、森林作为人类最理想的康养场所，也印证了森林康养的生态意义。这意味着，森林康养将成为低碳经济的发展路径，推动低碳与经济生活的有机结合。第三，森林康养将成为"创新驱动"的重要典范。"森林康养"试点，不仅是我国森林资源功能转型的新尝试，更是中国大健康产业与旅游业融合的新起点。在促进我国地区经济转型、生态经济升级的同时，森林康养产业的发展能够完善优化产业结构，探索商业新模式，进而推动经济发展新战略的制定。森林康养产业能够将传统旅游与疗养产业、文化产业、运动产业、养老产业等不同产业关联，快速实现集群化、基地化、规模化，培育出多功能的产业联合体。因此，森林康养产业有机会成为我国新的经济支柱产业，为国家和社会创造更多利益。第四，森林康养将成为林业转型升级、实现生态扶贫的必然趋势。森林传统价值的弱化与康养价值的强化，充分肯定了森林康养的地位，并且为林业转型提供了新思路。同时，森林康养的社会经济效益直接决定了其社会经济价值。森林康养产业的发展，能够发挥山区的资源禀赋优势，带动山区农民脱贫致富。因此，森林康养是中国林业改革、林业创新、林业发展的有效方式，是推动百姓绿色增收致富、脱贫攻坚的必然趋势。①

3. 提供生计

陈冲影（2010）以全球第一个林业碳汇项目为例，发现森林碳汇项目在五个方面提高了农户收入。广西珠江流域再造林项目是全球第一个正式注册的 CDM 森林碳汇项目，于 2006 年启动，项目周期 30 年，计划在苍梧县和环江县造林 4000 公顷，项目林地均为 1989 年 12 月 31 日以后的无林地，生物碳基金将提供 200 万美元购买该项目所产生的核证汇清除（certified emission reductions，CER），项目最终产生的 CER 将被意大利购买。截至 2009 年 8 月，80% 以上的项目区域已经完成，共计 25 个行政村、77 个自然村参与了该项目，将有超过 2000 户农户直接或间接从该项目中受益。在项目运行过程中，农户的主要角色是土地提供者和 CER 合作开发者，经济收入主要来源于租金、林产品销售、CER 销售、参与造林活动以及参与森林管护。

1.5.3 社会贡献

1. 社会文化保护和挖掘利用

1992 年《生物多样性公约》签订后，国家社会开始充分关注传统

---

① 资料来源：前瞻产业研究院网站，https://f.qianzhan.com/chanyeguihua/detail/180829 – 4b75f9e4.html。

知识。这也是后现代主义的表现之一。林业传统知识和文化是指森林经营利用、管理的各类知识和传统习惯、与森林相关且对森林经营和利用产生影响的文化、信仰和艺术等遗产（John et al.，2008）。近20年关于林业传统知识和文化的研究，展示了其在森林可持续经营、生物多样性维护等方面的重要价值（刘金龙等，2013）。

专栏1-3 森林中国举办"森林文化小镇文化"活动

森林中国于2014年在北京成立，是由中国林学会、光明日报社、中国光华科技基金会、中国野生动物保护协会等单位联合创立的非营利性组织。以保护生态、弘扬中华民族自信为核心理念，向社会大众推广森林生态文明建设和传播中国传统文化。

为响应国家"振兴乡村"计划，积极推进"文化扶贫"工作的落地实施，为文化资源传播、生态资源保护提供帮助，森林中国开展了"2017森林中国·发现森林文化小镇"大型公益系列活动，旨在在全国寻找、发现、遴选出十个在推进美丽乡村和城镇化建设进程中，生态保护完好、人与自然和谐、生态文化浓厚、绿色发展意识强的小镇，以此激发公众关注和参与森林资源保护与生态建设的热情，倡导尊重自然、顺应自然、保护自然的生态理念。在申报的97个小镇中，最终遴选出20个生态保护完好、人与自然和谐、生态文化浓厚、绿色发展意识强、林木覆盖率高、景观优美、环保宜居、旅游吸引力大的小镇。分别为吉林省延边州汪清县百草沟镇、黑龙江省大兴安岭地区呼中区呼中镇、江苏省泰州市泰兴市宣堡镇、浙江省金华市永康市西溪镇、浙江省杭州市淳安县枫树岭镇、安徽省六安市金寨县天堂寨镇、福建省三明市建宁县溪源乡、福建省龙岩市长汀县童坊镇、江西省宜春市明月山洪江镇、山东省淄博市博山区池上镇、湖北省咸宁市咸安区汀泗桥镇、湖北省十堰市茅箭区大川镇、湖南省湘西自治州永顺县塔卧镇、四川省汶川县卧龙特别行政区耿达镇、重庆江津区中山镇、贵州省黔东南州黎平县茅贡镇、云南省保山市腾冲市和顺镇、西藏林芝市巴宜区鲁朗镇、陕西省延安市黄龙县石堡镇、甘肃省甘南州合作市勒秀乡。[①]

2018 年 7 月，森林中国又启动了"2018 森林中国·发现森林文化小镇"活动。在各地申报的 42 个森林文化小镇中，遴选出 20 个。分别为云南省普洱市澜沧拉祜族自治县惠民镇、湖北省当阳市庙前镇、山东省青岛藏马山国际旅游度假区蓝莓小镇、山东省济宁市邹城市城前镇、山东省安丘市大盛镇、山东省滨州市惠民县皂户李镇、内蒙古自治区根河市满归镇、陕西省商洛市商南县金丝峡镇、陕西省咸阳市礼泉县烟霞镇、江西省鹰潭市贵溪市樟坪畲族乡、安徽省宣城市绩溪县华阳镇、安徽省宣城市旌德县庙首镇、安徽省宣城市广德县东亭乡、福建省三明市明溪县夏阳乡、福建省泉州市德化县杨梅乡、福建省宁德市寿宁县犀溪镇、浙江省宁波市余姚市四明山镇、浙江省绍兴市诸暨市赵家镇、浙江省丽水市龙泉市宝溪乡、广西壮族自治区桂林市临桂区黄沙瑶族乡。[②]

2. 促进社会就业

柯水发等（2010）从我国为应对气候变化所采取的林业行动入手，分析了这些对策对就业的影响，具体如表 1 - 5 所示。

---

① 资料来源：中国林学会，http：//www. csf. org. cn/News/NoticeDetail. aspx？aid = 27555。

② 资料来源：中国林学会，http：//www. csf. org. cn/News/NoticeDetail. aspx？aid = 37847。

表 1 - 5　　　　　　应对气候变化的林业行动对就业的影响

行动类别		对就业正面影响	对就业负面影响	对就业综合影响
减缓气候变化林业行动	碳汇造林与绿化行动	直接创造了新的就业机会	无	正，直接促进就业
	林业生物质能源发展行动	直接创造了新的绿色就业机会，促进了部分传统能源行业工人的转型	部分替代了传统能源行业的部分就业	正，总体促进就业及就业绿色化
	林业重点工程实施行动 — 天然林保护工程	增加营林管护就业人数	削减了森工从业人数	短期中性，长期促进就业升级和转型
	退耕还林工程	直接增加了造林和营林从业人数，促进了农村剩余劳动力的转移和就业升级	短期内一定程度上减少了粮食种植的用工量和从业人数	短期中性，长期正面促进就业升级
	京津风沙源治理工程	工程投资直接创造了许多新的绿色就业岗位	短期内一定程度上影响了畜牧业从业人员的积极性	正
	防护林工程	工程投资直接创造了许多新的造林和管护绿色就业岗位	无	正
	自然保护区建设与管理工程	工程投资直接创造了许多新的绿色就业岗位	一定程度上会影响周边社区资源利用从业人员数	正
	湿地建设和保护工程	工程投资直接创造了许多新的绿色就业岗位	短期内一定程度上影响资源利用从业人员数	正
	速丰生产林建设工程	工程投资直接创造了许多新的绿色就业岗位	无	正
适应气候变化林业行动	森林生态系统保护行动	创造了部分与就保护相关联的就业岗位	一定程度上会影响与资源利用相关的一些就业	中性
	适应性林业产业开发	直接创造了许多新的绿色就业岗位	削减部分非适应性林业产业就业人数	正

　　资料来源：柯水发，潘晨光，温亚利，潘家华，郑艳. 应对气候变化的林业行动及其对就业的影响［J］. 中国人口·资源与环境，2010，20（6）：6 - 12.

专栏 1-4 天然林资源保护工程和广西碳汇 试点项目的社会就业贡献

天然林资源保护工程除了控制天然林资源消耗，加快长江上游、黄河上中游工程区宜林荒山荒地的造林绿化外，还妥善分流安置了国有林企业富余职工。工程区在职职工 144.6 万人，由于木材停伐减产，需要分流安置的富余职工 76.5 万人，其中：东北、内蒙古等重点国有林区 50.9 万人（其中 2002 年新增一次性安置人数 2.5 万人），长江上游、黄河中上游地区 25.6 万人。

广西碳汇试点项目主体有苍梧县康源林场、苍梧县富源林场、环江县绿环林业开发有限公司、环江县兴环林业开发有限公司和 18 个农户小组、12 个农户。项目预期受益农户数 5000 户。通过实施项目，广西预计将增加农民收入达 2110 万美元，创造了大量的临时就业机会，主要是栽植、除草、采伐和松脂收集提供的工作机会。项目周期内还将产生 40 个长期工作岗位。估计临时工的收入大约为每一劳动日 3 美元，长期岗位每人每年 900 美元。环江县的项目区主要是少数民族，所有就业机会都提供给了当地少数民族群体（柯水发等，2010）。

3. 促进社会和谐

经济增长和公共政策，是理论界公认的减轻贫困的最有力的两大工具。一是，林业财政投入的直接减贫机制是直接面对贫困主体，主要采用财政支出手段来改善贫困，达到社会效益。当下最常见的就是采用直接补贴的形式来完成减贫的目标，比如造林补贴、林木良种补贴、森林抚育补贴、森林生态效益补偿基金等，而这类补贴以现金的方式予以发放，更体现了林业财政投入的直接性。山区纵然有丰富的林业资源，但同样由于交通的局限，制约了当地的经济发展，禁锢了山民的经济收入。因此探寻贫困人口靠山吃山的出路，一方面，需要利用当地的自然条件；另一方面，需要依靠林业财政投入。政府加大对贫困区域的林业科技、教育投入，从而提高他们的劳动水平和技能，使得收入增多，达到减贫的效果。一方面，加大林业科技教育支出可以提高贫困人口的知识储备和技能，增加获得高收入的机会；另一方面，林业科技和教育支出能够阻断贫困代际相传，陷入持续贫困的陷阱中，使其进入一个良性循环。二是，经济增长通过林业产值的增加、产业结构的变化以及贫困地区相对优势的发挥来提高农村居民的收入，改善其工作环境，从而发挥经济增长的减贫功能。政府通过对林业企业的补贴以及对林业生态项目和林业重点工程建设的投入，大大改善了生产条件，提高了生产效率；更深层次来讲，由于为经济发展注入活力，直接激励了自身优势的发挥和产业结构的优化升级，这将开创了经济发展的新格局，为脱贫攻坚打开了新的突破口，最终达到减贫的效果。

以集体林权改革为例。2003 年在黑龙江伊春进行国有林权改革三年试点后，我国在全国开始推广林权改革。2013 年在福建试点进行深化林权改革，推进生态文明先行示范区发展。集体林权改革对山区林区农民的增收作用非常明显，它从四个方面体现：一是直接增加农民的资产；二是通过转包、出租、抵押等形式流转获取资本；三是通过木材林产品收入直接增加农民收入；四是通过非木质林产品增加收入，比如森林旅游、林下经济等。这有利于进一步增强林业发展的活力与吸引力，解放和发展了林业生产力，并为推进林业可持续发展提供了良好的动力机制。

4. 优化社会治理

理论上森林分权改革被认为可以改善森林治理、促进当地人民生计改善和实现森林可持续经营。然而在绝大多数发展中国家森林分权改革远没有达到理论上的预期。伴随着行政和财政分权改革，中国地方森林治理经历了计划经济体制的一元治理到多元治理转变，地方政府、家庭、林业企业等地方主体的重要性日益凸显。四荒拍卖、集体林权制度改革多萌芽于地方，并在全国范围推广。大户经营、合作经营、企业经营等多种经营从无到有，不断壮大。森林公安、防火队伍、林业站体系、采伐限额制度、病虫害防治体系等地方政府林业管理体制在逐步改革与完善。金融、财政、技术、市场信息等地方林业服务体系在不断完善（刘金龙，2016）。朱春燕等（2016）从社会治理视角分析了林业专业合作社制度的创新，发现林业专业合作社中的较强自我管理、自我服务的社会组织作用对社会治理有优化作用。

1.6　结论与展望

21世纪以来，面对全球气候变化、生态环境恶化、能源资源安全、粮食安全、重大自然灾害和世界金融危机等一系列全球性问题的严峻挑战，促进绿色经济发展、实现绿色转型已成为国际社会的共同使命。林业在维护国土生态安全、满足林产品供给、发展绿色经济、促进绿色增长以及推动人类文明进步中，发挥着重要作用，尤其是在气候变化、荒漠化、生物多样性锐减等生态危机加剧的形势下，世界各国越来越重视林业发展问题。总体来看，国际林业发展呈现以下五大新趋势。

1. 中国林业地位进一步提高

中国是世界林业大国，在全球林业可持续发展中占有重要位置。全球从2000年到2017年新增的绿化面积中，约1/4来自中国，中国贡献比例居全球首位。中国的植树计划和集约化农业对地球绿化作业非常明显，同时中国在沙漠化治理方面更是成果突出，中国的绿化确实在科学技术方面十分先进。

中国林业肩负着保护和培育森林、改善和治理土地荒漠化、保护和恢复湿地、保护野生动植物和维护生物多样性的重要职责。自 1992 年里约环发大会以来，中国林业不仅有效解决了自身可持续发展的问题，也为国家经济社会的可持续发展提供了重要的生态支撑和物质基础。未来中国林业将在国际舞台上扮演着越来越重要的角色。

2. 世界各国积极参与中国林业经济建设

自 1992 年以来，中国与国际交流合作越来越密切化。中国林业先后认真履行了《联合国防止荒漠化公约》《湿地公约》《CITES 公约》《联合国气候变化框架公约》《联合国生物多样性公约》，推进《适用于所有类型森林不具法律约束力的文书》（简称《国际森林文书》）的实施，与世界各国和相关国际组织建立了合作关系。目前已对外签署 74 个双边政府间和部门间协议，并与相关国家共同发起创建了 2 个政府间国际组织，即国际竹藤组织和亚太森林恢复与可持续管理组织。目前中国已初步形成多层次、宽领域、全方位的中国林业国际合作格局。①

专栏 1－5　深化中瑞家庭林主协会合作，拓展"一带一路"绿色人文交流

自 2009 年以来，国家林业局对外合作项目中心与瑞典家庭联合会开展了多次互访交流。于 2001 年 10 月签署了合作谅解备忘录，正式确立了合作关系。主要内容为在森林可持续经营、家庭林业合作组织建设、森林

① 资料来源：中华人民共和国国务院新闻办公室，http：//www.gov.cn/wszb/zhibo515/wzsl.htm。

认证、发展林木市场等领域开展一系列交流与合作（谢和生等，2018）。

2017 年 10 月 30 日至 11 月 3 日，国家林业局对外合作项目中心胡元辉副主任一行四人赴瑞典与就"家庭林主协会"进行专题交流。代表团实地参观了位于瑞典北部 NORRA 地区家庭林主协会、私有林全产业链经营、木结构建筑；访问了瑞典国家林科院，瑞典农大林科院；还特别访问了瑞典企业创新部和"瑞典家庭林主协会"总部，并就瑞典家庭林主协会与国家林业局对外合作项目中心的未来合作进行了友好协商。瑞典企业创新部农村事务大臣帕克特曼（Elisabeth Backteman）女士与瑞典家庭林主协会会长汉默（Sven–Erik Hammar）先生亲切会见了访问团并就中瑞林农合作组织交流寄予厚望。瑞典国家电视台，于默奥当地报纸还主动报道了中方代表团。双方一致认为，加强两个机构交流合作将对促进中国新型职业林农培养、两国林业产业发展与乡村振兴、助力"一带一路"绿色人文交流发挥重要作用。[①]

3. 国际林产品贸易摩擦不断加大

自加入 WTO 后，我国对外开放格局由政策性开放转变为制度性开放。开放格局的深刻转变促使我国出口贸易迅猛发展。1978 年我国产品出口总额为 97.5 亿美元，2018 年达到 23902.5 亿美元。随着出口贸易的迅猛发展，我国林产品出口贸易持续增长。1999 年，我国主要林产品进出口总额为 152.3 亿美元，2018 年为 1600 亿美元（国家林业局，1999—2018）。林产品出口贸易持续、快速的增长表明我国林产品比较优势明显，产品出口具有强劲的国际竞争力。

随着我国林产品出口贸易迅速增长、国际合作增加，国内外与林业

---

① 资料来源：国家林业和草原局网站，中国林业网，http://www.forestry.gov.cn/，2017 年 11 月 9 日。

产业有关的新规范、新公约、新标准密集出台，林产品节能、安全、环保要求不断升级，世界林业产业已经进入了新一轮深刻调整期，围绕能源、技术、产品、市场的全方位竞争日趋激烈（石峰等，2015）。外在表现为出口贸易摩擦也日益突出，贸易摩擦案件数量迅速增长，涉案金额不断扩大，单项案件的涉案金额巨大，影响范围极广。

专栏 1-6　《欧盟木材法案》对中国木质家具出口有何影响

　　家具行业是我国出口贸易中的一支重要力量，不过鉴于我国森林资源匮乏，国内的木材主要依靠进口，原木多来自俄罗斯、泰国、巴布亚新几内亚等。这些国家由于森林保护法律体系不够健全，乱砍滥伐很严重，因此也是世界非法木材的主要来源地。其中欧盟的木材市场中非法来源的木材比例约 20%。

　　为打击非法采伐，早在 1991 年，欧美发达国家在联合国环境与发展大会第二次会议上曾明确表示应该缔结国际森林公约，但却遭到了森林资源丰富的发展中国家的反对。2003 年 5 月，"欧盟行动计划提案"当中，提出了在联合国的共同努力以及在合法木材界定上所作出的尝试。2010 年 10 月，又制定通过了《欧盟木材法案》，并于 2013 年 3 月 3 日起强制执行。该法案要求木质林产品出口企业提供木材合法性的证明，并且建立可供追溯的供销监管链，违法企业会面临高额罚款。

　　中国作为世界上最大的木制品生产国和贸易国，与欧盟家具贸易往来频繁，欧盟也是除美国外的我国木制家具出口第二大市场。近年来却在木质家具出口过程中摩擦频繁，多遭绿色贸易壁垒。《欧盟木材法案》作为绿色壁垒之一，其实施对我国来说是把"双刃剑"。一方面，能积极预防非法采伐，促进我国林业产业升级；另一方面，会形成贸易壁垒，严重影响中国家具企业对欧盟的出口量，甚至可能因此失去整个欧盟市场，将对中国木质家具企业的发展及我国对欧盟的木制家具贸易产生不利影响（侯方淼等，2015）。

4. 中国与国际林业大国的贸易合作冲突不可避免

从世界林业产业发展趋势看，世界经济复苏艰难，全球林产品需求矛盾和林业行业局部产能过剩矛盾并存，未来几年林产品市场需求将持续低迷，产业挑战形势严峻，结构调整任务繁重，我国林业产业发展呈现很大不确定性（石峰等，2015）。

随着气候变化和森林资源保护引起国际社会的共同关注，以资源获取为目的的单一木材贸易越来越受到各国政府的限制。一些国际林业贸易大国诸如欧盟、美国、中国因各自发展的需要，出台一些相关政策和法律文件，无形中形成绿色壁垒。加上世界新的国际形势动荡存在潜在的风险，林业大国之间难以在贸易合作中避免冲突。

专栏 1-7　中美贸易战背景下木材加工企业何去何从[①]

随着中美贸易战摩擦升级，木材加工企业也遭受了冲击。如 2018 年 6 月特朗普出台 500 亿美元对中国进口商品加征高额关税，我国采取对等的关税应对。7 月，美国再次准备将 2000 亿美元的中国商品加征 10% 关税，8 月，特朗普又准备将对华的 2000 亿美元税率从 10% 上调到至 25%，使得中美贸易争端加剧。

这次清单涉及面较广，美国政府会加征部分木坐具、沙发、床垫、

---

① 资料来源：中国木业网，http：//www.cnwood.cn/news/show.php？itemid＝6070。

卧室家具、厨房家具、办公家具及金属家具等的关税，因此，木材加工行业应去短板、调结构、提质量，不断创新技术品牌和品种；要培育内销市场，同时要用个性化定制家具、加强与电商平台和房地产公司合作等销售，方便消费者，争取内销市场更大份额。因此，扩大"一带一路"沿线国家（地区）的贸易，尤其是做好欧洲国家、澳大利亚、日本和中国香港地区的出口。

5. 中国国际贸易在冲突中达成均衡

近年来，中国的外部环境已经发生了质的变化，各种摩擦与冲突将会越来越多，如何管理危机并在冲突中达成均衡已成为对中国的巨大挑战。中国社科院学部委员余永定教授提出以下三点应对策略：第一，积极捍卫多边主义原则，维护现存国际秩序，具体来说就是中国应该继续维护以联合国（United Nations，UN）、世界银行（World Bank，WB）、国际货币基金组织（International Monetary Fund，IMF）和世界贸易组织（World Trade Organization，WTO）为支柱的国际组织的权威，执行由这些组织章程代表的国际法和国际行为准则；第二，认真履行 WTO 承诺，在保证国家安全的前提下，坚持全方位的开放方针；第三，政府应该在 WTO 规则允许的范围内，支持企业自主创新。中国目前的产业政策有两个关键环节：一是确定"战略性新兴产业"名录；二是政府为选定产业提供各种形式的帮助。例如，"十三五"规划的提法是："支持新一代信息技术、新能源汽车、生物技术、绿色低碳、高端装备与材料、数字创意等领域的产业发展壮大"。

在当前分工十分密切的全球化大环境下，核心依旧是合作。因此尽管中国在国际贸易中冲突和摩擦会不断增加，但是前景依旧乐观，参与国际贸易的国家们无论是出于自身利益还是大局责任感，都会在这片市场中达成均衡。

专栏1-8　中德林业合作不断走向务实①

2018年7月9日，第五轮中德政府磋商在柏林举行。国务院总理李克强和德国总理默克尔共同主持了此轮磋商，并共同发布了《第五轮中德政府磋商联合声明》，表明中德要为构建更美好世界做负责任伙伴。声明就林业与野生动植物保护与可持续利用领域的合作达成共识。

自2007年以来，两国就林业与野生动植物保护等领域签署了多个合作协议，建立了双边林业工作组机制，为推动双边在林业领域的合作发挥了积极的作用。目前，双方正积极筹建中德林业政策对话机制，进一步指导和促进两国林业务实合作。按照《第五轮中德政府磋商联合声明》，下一步，中德两国将继续落实在林业领域签署的协议，在中德林业政策对话框架下加强政策对话和信息共享，重点关注森林多功能和可持续经营、林业和木材政策发展、合法木材贸易等议题。

此外，中德两国以大熊猫这一旗舰物种保护为重点，开展野生动植物保护与可持续利用合作。2017年7月5日，值中德建交45周年之际，习近平主席同默克尔总理共同出席了柏林动物园大熊猫馆开馆仪式，重启了中德大熊猫保护研究合作。下一步，双方将积极发挥大熊猫"梦梦""娇庆"作为中德友谊使者的作用，进一步促进两国在包括大熊猫在内的野生动植物保护与可持续利用领域的交流与合作，进一步提高两国濒危物种及生物多样性保护水平。

---

① 资料来源：中国林业网，http：//www.forestry.gov.cn/。

第2章

中国林业与农村发展

2.1 引　　言

　　林业作为广义农业下的一个产业，在保护生态环境，维持生态平衡，提高农民就业率，丰富精神文化，促进社会和经济发展起到重要作用。林业对于农村经济发展也具有十分重要的作用。林业是农村诸多产业中的潜力产业，起到调整农村产业结构的作用。林业是以森林为主体，既具有涵养水源等生态作用，也能为社会提供木材，增加农民收入，提高生活水平（罗万强，2015）。

　　联系与发展是唯物主义辩证法的总特征，事物都是普遍联系的，其表现为事物的内在联系、外在联系和总的联系。林业发展与社会主义新农村建设是密切联系的。从哲学的角度来思辨二者之间的关系，有助于人们在思想上树立正确的林业生态观。实践中注意协调好新农村建设与生态环境保护，实现农业增产、农村繁荣、农民增收。

　　马克思主义哲学中对立统一的观点认为，事物是对立统一的。片面追求经济效益，导致林业资源的不合理开发，致使生态环境遭到严重破坏，最终阻碍农业农村现代化。对立的方面表现在不重视林业种植生产

51

的周期性规律，统一的方面又表现在林业产业的进步对农业农村的发展有促进作用。林业产值的增加带来农民收入的增加，农民增加的收入作为资金进一步投入生产经营中，实现再生产的扩大化。运用普遍性与特殊性的关系的原理分析，全国现有林地面积有 2245 万公顷，而林地基本上分布在农村，林业发展应该成为我国各地新农村建设的重要内容。林业发展的矛盾普遍性包括林业发展方式、科学经营模式。特殊性则表现在各个地区的林业资源种类、数量等都不一样，要具体分析，重视矛盾的特殊性。内因与外因的关系，事物的发展是内因与外因共同起作用的结果，内因是事物变化发展的根据，外因是事物变化发展的条件。林业发展是社会主义新农村建设重要的外部动力，加快林业发展，对于统筹山区和平原、城市和农村协调发展具有战略意义。森林的蓄水功能可以改善个别地区的土地沙化问题，生态林木的种植可以维持农村地区的生物多样性，支持农村小流域治理和农田水利基本建设。林业的发展为农村带来良好的生态环境。林业产业的发展优化农村产业结构，为农民创收提供更多渠道。从马克思主义哲学关于整体与部分的辩证关系角度分析，林业发展是实现农业农村现代化和实现生态环境建设的重要组成部分，林业的发展能够科学规划农村地区的绿化美化布局，促进农村的物质文明建设和精神文明建设共同发展。我国林业发展潜力较大，第八次全国森林资源清查结果显示，全国可用林地面积 3.1 亿公顷（国家林业局资源司，2014）。2015 年林业总产值达到 5.94 万亿元，比 2014 年增长 9.86%（国家林业局，2016），林业发展速度可观，快于同期经济增长速度。

　　林业发展的特殊性在于森林资源的环境外部性。FAO 认为，森林对人类福利具有广泛而长远的影响。它能减缓农村贫困，保障粮食安全，提供有体面的生活，创造绿色增长空间，同时也能实现重要的环境服务，如维护生物的多样性、提供清洁的水和空气等（FAO，2015）。因此，林业发展的重要内容之一，就是在追求经济效益的同时兼顾环境效益。

目前，我国天然林资源保护进入停伐阶段，北休、南用的木材生产格局日益凸显，未来农村集体林区分散经营的人工林业将成为涉林产业原料供给的主导力量。从经济角度来说，到 2030 年全球 66%~80% 的木材供给将产生于人工林（Carle & Holmgren，2008）。我国人工林面积虽居世界首位，但其原木产量只占世界的第三位，还有较大的发展空间（Payn，2015）。从生态角度来说，农村林业的发展不仅能维护农业景观中的生物多样性、防止水土流失，还能替代性地消减对天然林资源的需求压力。林业发展中经济与生态的综合平衡，衍生出环境付费、可持续经营、政府治理和社区参与等诸多议题。多种问题的解决有赖于农村社会的发展。2010 年，全球 1270 万林业从业人员中的 79% 位于亚洲，大部分处于非正式系统，其中 30 万中国女性从事于林业部门（FAO，2015；Whiteman，2015）。林业产业链条长，劳动密集程度高，对于弱势群体的生计具有重要的保障作用。因此，立足于农村社会，借助农村社会发展的力量，才能为林业中经济与生态协调发展的难题找到突破口。

我国木材对外依存度高，涉林产品需求旺盛，林木发展面临良好的外部需求环境，同时林权制度改革进一步推进为林业内部环境的优化创造了契机。但林业投资周期长，单位努力的边际报酬低。从很多国家采取的具体行动来看，林业在农村发展中还处于边缘化的地位（Simula，2008），被认为是主流农业之外的事物，在战略选择中未受到足够的重视（World Bank，2008）。因此，本书基于现有国内外文献，梳理农村发展中林业扮演的角色，并进一步分析二者相互关系及其作用机理，总结过去经验，以期为林业的更好发展建言献策。

2.2 文 献 综 述

1. 农村发展中林业的资源诅咒现象

资本、劳动力与自然资源是一个地区的基本生产要素，对经济增长有着正的边际贡献是具有普遍共识的，因此，在其他条件相同的情况下，相对于资源匮乏的地区，资源丰富的地区能够获得更多的资本积累，有着更高的生产可能性边界，从而带来经济的更快增长。在第二次世界大战之后绝大多数资源丰富的发展中国家和地区的发展速度相对更低，奥蒂（Auty，1993）将这种现象总结为资源诅咒假说。这一假说是在自然资源与区域经济增长关系的理论探讨和实证研究中产生。随后罗德里格斯和塞奇斯（Rodrguez & Sachs，1999）等基于新古典增长模型、马瑟玛（Matsuyama，1992）等基于两部门的内生增长模型分别对资源诅咒假说进行了理论解释，国内外学者利用多国和地区的数据对资源诅咒假说进行了验证，并且利用不同的资源丰裕度指标从人力资本、政治制度、价格波动、市场流动性、区位因素等方面对这一现象进行了解释（Sachs & Wamer，1995；Gylfason，2001；Birdsall & Pinckney，2001；Matthias Busse & Stenffen Groning，2013；SIgismond，2013；胡援成，肖德勇，2007；关越，2013；邵帅，2010）。目前，国内外针对资源诅咒假说的研究大部分集中在对石油、煤炭等矿产资源上，而对森林资源这一类的农业散资源却极少研究。现实中森林资源丰裕区更为贫困的现状似乎说明森林资源也存在资源诅咒，资源诅咒的研究思路对探索森林资源丰裕区贫困问题提供了新视角。

在中国古人看来，大田农业只解决温饱问题，肉食、果品等的提供，穿、住、行、用的丰富便利，都要靠林业和畜牧业加以解决（江泽慧，2006）。目前，我国农村种植业结构正在发生调整，由传统的以粮食作物—经济作物为主的"二元结构"，向粮食作物—经济作物—饲料作物并举的"三元结构"转变。在构建种植业"三元结构"体系中，林业的作用非常重要（李玉文，2016）。果品、木本粮油、桑蚕业、竹产业、森林食品等传统林业产业，以及不断发展之中的森林旅游、森林食品、花卉、药材等林业生态产业，塑造了农村多产化的农业生产格局，也成为农民收入增长的新的渠道（彭姣婷，杨从明，2007）。2014年，我国林下经济产值 4200 亿元，油茶产业产值 550 亿元，竹产业产值 1800 亿元，同期分别增长 22%、32%、10%，增长势头优于整体经济表现（国家林业局，2015）。

然而，林业已创造出的巨大社会财富以及时下表现出的迅猛增长势头，并不意味着农村发展能够得到亦步亦趋的协同推进。如果缺乏合理的激励、机制，引导财富回流林区并参与扩大再生产，那么，即使占有丰富的林业资源也无法摆脱贫困的包袱。以黑龙江国有林区为例，自2014 年 4 月 1 日起，黑龙江重点国有林区 50 个林业局正式启动全面停止商业性采伐试点，60 多年累计 5.07 亿立方米（王毅昌，2008）的木材生产史宣告结束。不计历史欠账，林区当下用于教育医疗城市房产购置上的财富外流、人才外流，以及森林旅游、冰雪旅游等创业项目的雷同性，共同导致了林区面临机会贫困、发展能力贫困（李尔彬等，2016）。

上述现象可以诉诸"资源诅咒"的理论加以解释。"资源诅咒"（curse of resources）是发展经济学中的一个著名命题，其含义是指自然资源对经济增长产生了限制作用，资源丰裕经济体的增长速度往往慢于资源贫乏的经济体。徐康宁和王剑（2006）利用 1995—2003 年各省份的数据资料，采用可行广义最小二乘法（FGLS），发现采掘业（包括煤炭、石油、天然气、金属和非金属矿采选业等）部门的资本投资量与地区经济发展水平负相关，从而验证了"资源诅咒"在我国内部不同地区也成立。研究认为，自然资源的开采利用，通过资本的转移机制"挤出"了制造业和服务业的发展，也弱化了制度，因此制约了经济增长。

那么，林业作为自然资源的一种，其禀赋状况和农村发展之间是否同样存在"资源诅咒"的现象呢？中国林业发展道路表明，改革开放初期，无林少林的华北平原地区，林农政策上被赋予了债权利相结合的自主权，又面临开放的市场和较低的税费，其林业发展明显快于森林资源优越的南方集体林区（Yin R. & Newman D.，1992）。进一步观察发现，森林资源丰富地区的贫困集中度高于稀缺地区（李周，2004）。国际组织和诸多经济机构都认为森林资源应该在降低森林资源丰裕区贫困问题上发挥更大的作用（FAO，2005；World Bank，2001）然而森林资源丰裕区的贫困状况说明了这些区域并没有发挥本身的比较优势（刘宗飞，2015）。

谢晨等（2007）以1986—2004年的面板数据为样本，发现森林资源丰富的林业村和山区，其林业改革和发展都显著落后于少林的平原村，从而验证"资源诅咒"现象在不同地区林业发展中同样成立。研究认为，"资源诅咒"在林业上的实现是通过"转轨成本"的作用机制，即南方集体林区对丰富森林资源的依赖形成了计划经济向市场经济转型的巨大阻碍，表现为沉重的税费负担、缓慢的林权改革进程等。可见，"转轨成本"假说也在一定程度上决定了不同地区的改革路径。

林业中的"资源诅咒"现象提醒我们，营林生产必须与发展当地经济相结合，治山必须与治穷相结合（雍文涛，1987）。资源增长、生态良好、林区和谐的目标，只有落实到保证人的主体性地位、增加农民收入上来，才能产生内生动力，得以最终实现。

2. 农村发展中林业重点工程的影响

第一次全国森林资源普查数据显示，"四五"到"五五"期间，国有林和集体林共减少了732公顷（1亿多亩），减少比例分别为13.6%、6.3%，我国林业的发展岌岌可危（雍文涛，1982）。1981年四川发生了巨大洪水，1998 年长江、嫩江、松花江爆发了全流域特大洪水，大量数据和事实证明洪水灾害源于森林植被的破坏、生态系统的不平衡，这进一步促使党和政府采取有效应对措施（Hu Yunhong & He Junjie，2013）。1998 年，我国开始实施天然林保护工程，进入 21 世纪，政府投资几千亿元，实施"六大林业重点工程"，工程范围之广、规模之大、投资之巨为历史所罕见。

林业是国民经济和社会发展中的重要公益事业和基础产业。林业重点工程的实施，离不开政府的主导作用，而政府能否调动广大农民造林育林的积极性和爱林护林的自觉性，取决于农民的受益情况。徐晋涛等（2004）使用西部三省（陕西、甘肃和四川）的农户抽样调查数据，对退耕还林的成本有效性和工程在经济上的可持续性进行了评估。一阶差分的估计结果表明，退耕还林工程在促进农民增收和结构调整方面作用甚微，反映出所采取的与之配套的促进农业生产和收入结构转换的措施相当缺乏。和徐晋涛等（2004）的结论不同，许多研究表明退耕还林工程对农民收入的影响是正向的（胡霞，2005；刘璨，张巍，2006；赵丽娟，王立群，2006；Liu，2010；国家林业局，2003—2009；Lin，Y. S.，2014；Yin，R. A. B. L.，2014）。例如，刘璨和张巍（2006）利用京津风沙源治理三个工程省（区、市）17 县的 1998—2003 年的面板数据，发现退耕还林改善了生态环境，并通过给予粮食、现金补助和种苗补助的方式提高了农户的收入。但是工程参与与村贫困发生率呈现负相关，退耕还林项目并没有与贫困的消除有机结合起来。至于天然林保护工程，绝大部分的研究结论都表明它对农民收入的影响为负面的（李怒云，洪家宜，2000；洪家宜，李怒云，2002；吴水荣等，2002；刘璨等，2005）。刘浩（2013）以农民持久收入为因变量，发现天然林保护工程的确显著降低了样本农户的持久收入，但随着参加工程时间的推移，农户持久收入逐渐上升。

林业工程的重大影响不仅仅表现在林木面积的增减、农民收入的增加上。刘（Liu，2015）以收入来源渠道数量及来自该渠道收入占比，构建生计多样化的指标，双差估计结果表明，退耕还林项目提高了农户生计来源的多样化，对低收入群体的影响尤为明显。甄（Zhen，2014）从土地利用类型变化的视角考察退耕还林工程对人们生产生活方式的影响，发现随着耕地面积的此消、林草覆盖率的彼长，农民收入结构中林果种植和外出务工的比重越来越大。尹（Yin，2014）的研究视角更为多元，涉及项目参与、土地及劳动分配、农产品生产、收入结构和不平等，研究发现为了弥补林业用地的"土地闲置"，农民增加了单位面积土地的生产支出，农业的集约化程度进一步提高。科曼珂（Komarek，2014）的研究独辟蹊径，将农户根据资源禀赋（农业生产资料、畜牧业生产资料以及离农就业情况）进行分类，采用参数调整与模型模拟的方法，研究退耕还林农户对预期农产品价格、环境政策和畜牧业政策变化的反映；研究发现，相比于离农就业型（migration）和农业生产型（cropping）家庭，生存型（subsistence）农户更多地参与了退耕还林，项目补贴的下降会大幅降低他们的收入，农产品价格的上升也极易诱使他们弃林草而复垦；允许畜牧业型农户放养牲畜的政策，既提高了家庭收入，又增加了斜坡土地草地营造的面积。

3. 农村发展中林权改革的影响

林木生长周期长、投资多、风险（自然风险、市场风险）大，如果缺乏投资的安全保障，很难调动林农营林、造林的积极性（杜受祜，2006）。第五次森林资源清查（1994—1998年）结果表明，全国无林地高达5704万公顷，占国土面积的6%。张道卫（2001）以林业生产的集约边际和粗放边际为分析工具，从产权经济学的视角探讨"为什么中国的许多林地不长树"？研究认为产权政策不稳定所引起的高交易成本使得林业生产净收益低，因而无法调动林农投资热情。门德尔松

（Mendelsohn，1994）利用 120 个国家的大数据的研究，迪肯（Deacon，1994）建构的公地占用者（squatters）模型，都共同表明产权的不稳定、不完整是森林滥伐、林地破坏性利用的主要原因。农业领域的研究同样表明，土地被征用风险的降低能够增加农民的绿肥投入量，从而有利于土地的长期可持续性经营（Jacoby，2002）。

总之，集体林权制度改革的内在合理性在于：农民知道森林可持续性经营的重要性，但组织和制度的缺乏导致可持续性经营的目标无法付诸实践。向农村社区和农户赋权，将责任与权利统一起来，能够改进林业状况、增进人民福祉（Xu，2010）。

改革开放初期，林业部门的改革并不滞后于农业，1981 年的林业"三定"政策，旨在稳定山权、林权、划定自留山和落实林业生产责任制。1985 年，国家实施了开放集体林区木材市场的政策，"允许木材自由上市，实行议购议销"，这是林业改革超前于农业改革的显著标志。但改革步子迈得太大，遭到国有林业部门的强烈抵制（李周，2008），林农或许出于"政策像月亮，初一十五不一样"的担心，同期乱砍滥伐现象也大量出现（刘畅，董伟，2006）。1987 年政策重新收紧，"集体所有集中成片的用材林，凡没有分到户的不得再分"，重点产材县，由林业部门一家进山收购。政策的一次冒进及之后的反复，影响了产权中收益权大小这一特征，也从此导致林业的改革滞后于农业，以至于林业部门被称为计划经济的最后一座堡垒。Salant（2016）建构模型定量分析表明，自新中国成立以来林地经营权在集体和私人之间反复易手，政策的不确定性极大地干扰了私人的林地投资行为、降低了林业产出。

进入 21 世纪，林业对财政的贡献逐步下降，林农对林业较低的家庭收入贡献表示不满，再加上森林资源保护难度的增加，林业改革的时机渐趋成熟（徐晋涛等，2008）。集体林权制度改革从 2003 年开始试点，2008 年正式在全国推行。改革以明晰产权为主要内容，"把集体林地经营权和林木所有权落实到农户，确立农民的经营主体地位"，同时进行放活经营、规范流转、减轻税费的配套建设。

林权改革瞄准的是商品林和兼用林，目标是增加农户收入，提高用材林的生长量进而增加林木蓄积量，因而，农户收入和森林资源的经营状况成为林权改革绩效评价的核心（张海鹏，徐晋涛，2009）。裘菊等（2007）对福建林权改革的调查报告，姜雪梅等（2008）对山东林权改革的调查报告，以及其他大量研究（王新清，2006；朱冬亮，肖佳，2007；徐晋涛等，2008；王洪玉，翟印礼，2009；Yin，et al.，2013）都表明，林权改革显著提高了农户的林业收入水平，促进了林权作为生产要素的市场化经营。例如，徐晋涛等（2008）基于8个省（区、市）的实地调查，发现林改后木材采伐大幅增加，林业收入占家庭收入的比重也显著增加。当然，除了家庭经营外，其他经营形式（联户经营、小组经营、集体经营）也有可观的表现，说明除了林权改革外，还有其他因素促进了林业的发展。为了消除其他因素的影响，谢（Xie，2016）将政府部门改革政策的出台与否作为样本地区，研究发现林改当年造林面积得以大幅攀升，但对之后年份无持久显著影响，伐木量也没有显著增加。可以推测，"四荒地"的一次性利用使得造林面积陡增，而新增造林转变为可伐之木尚待时日，如果迹地更新没有同步，伐木量难以上升。

值得关注的是，林业实行家庭经营以后，根据立地条件的优劣，每户得到若干块林地，导致林地细碎化。林业投资收益见效期长，并不是每个农户都善于经营森林资源（刘璨，2005）。所以，个体化并不是成功的充要条件（Lerman，1999），林地达到一定规模才能有效率地使用公共服务，这可以通过流转或者社区合作的形式实现。李周（2008）指出，把社区里的东西尽可能地分掉，是中国农村的现实，却不是中国农村的传统。1950年，《中华人民共和国土地改革法》中规定，"为维持农村中的修桥、补路、茶亭、义渡等公益事业所必需的小量土地，得按原有习惯予以保留，不加分配"。2003 年，《中共中央国务院关于加快林业发展的决定》也规定，"凡群众比较满意、经营状况良好的股份合作林场、联办林场等，要继续保持经营形式的稳定，并不断完善"。实践中，联户经营的形式大量出现，表现为农户间自愿组合共同经营一片或几片山场，或者以小组为单位集体经营。在山东省，联户经营一跃成为仅次于单户经营的最主要的经营形式（裘菊等，2007）。

在后林改时期，针对目前存在的政策排斥、资本排斥以及信息排斥等诸多社会排斥因素（朱冬亮，肖佳，2007），政策如何操作才能避免资源集中于少数人手中，保证广大群众共同享有收益？政府如何操作才能提供有效的信息服务、科技服务、融资服务、保险服务？中国特色农林现代化之路，其特殊性（关键一环）在于构建新型农林社会化服务体系。所幸，农业领域的改革经验，为我们提供了宝贵的本土经验。林改被称为第三次土地革命，又被认为是农村家庭承包经营制度从耕地向林地的拓展和延伸，那么林业合作的实现、林业新型经营主体的培育等诸多问题，自然可以摸着农业的石头过河。当然，我们要在实践中思考，与农业合作、农业新型主体的培育相比，林业合作、林业新型经营主体的培育有何不同的特质？前者有哪些正确经验可供后者学习？又有哪些错误教训需要后来者加以避免？

2.3　林业与农村发展关系的机理分析

2.3.1　林业对农村发展的影响机理分析

1. 林业的营养功能

森林为人们提供了大量的木本粮油、干鲜果品和菌类产品，是药品和牲畜饲料的重要来源，林业在保障粮食安全和人类营养健康上占有重要席位（马元，1997）。森林食物，俗称"山货"或"山珍"，主要是指山区居民采集的森林动植物、微生物或在森林环境下培育出的食物材料；森林果蔬含有丰富的微量营养元素，坚果和野生动植物补充了人体所需的蛋白质和脂肪（刘金龙，2015）。洪燕真等（2009）依据食物营养成分表计算各大类食物所能提供的能量、蛋白质、脂肪等重要营养元素的数量，得出森林食物对人类能量、蛋白质和脂肪的贡献分别为8.5%、2.48%和5.1%。在越南东部山区，研究发现，水果为2～5岁的孩童和他们的母亲提供了35%的维生素A、26%的维生素C以及26%的铁元素（Ogle，B. et al.，2001）。我国森林粮食植物共有120多种、木本粮食100多种、草本约20种，森林食物具有较高营养价值，很多食物具有药食同源的特性，符合现代人追求健康和发展的需求。

2. 林业的经济功能

林业在人们的生产、生活中扮演重要角色。据估计，全球有20亿人依赖薪柴和木炭作为主要能源（FAO，2011），有10亿人依靠森林赚取收入，维持生活（Scherr，2004）。2014年，我国林业系统单位4万多个，从业人员120多万，在岗职工年平均工资34530元。以黑龙江省东宁县绥阳镇的绥阳林业局为例，经过多年发展，该林业局成为全国规模最大的黑木耳生产基地。2013年，黑木耳总产值达5.3亿元，占绥阳林业局总产值的10.8%。仅黑木耳一项，所带来的人均收入超过2万元（曹玉昆等，2015）。

森林能够固碳释氧、释放负氧离子、降低风速、增加湿度、降低噪声，因此，森林旅游成为人们观光、度假、疗养的绝佳去处（叶智，2014）。2014年，包括林业旅游、休闲、生态服务在内的涉林产业产值合计高达0.67万亿元，同期增速（26%）远远高于林业产业总产值增速（14%）。浙江省的绿色富民产业发展状况尤为突出，例如，安吉县以全国 1% 的立竹量创造了占全国 20% 以上的竹业产值，目前全县竹业总产值超过 180 亿元；丽水市充分发挥森林覆盖率高达 80.79% 的优势，打造"秀山丽水、养生福地、长寿之乡"的旅游品牌，2014 年，全市旅游总收入达到 339.6 亿元，占全市 GDP 的 30% 以上（张建龙，2016）。

3. 林业的生态功能

林业具有调节气候、保持水土、保持营养、改良土壤、保护生物多样性、为野生授粉者和害虫捕食者提供栖息地等不可替代的生态功能。2010 年 5 月 20 日，国家林业局对森林系统的生态服务价值进行了评估，评估从 6 个维度进行，分别为涵养水源、生物多样性保护、固碳释氧、保育土壤、净化大气、积累营养物质，结果显示上述 6 项生态服务功能的总价值是 10 万亿元/年，大致相当于当年中国 GDP 总量的 1/3（张媛，2016）。在我国自然灾害中，水土流失与土地沙化对 GDP 的影响最大（Rozelle et al.，2000）。有赖于我国近年来对林业的持续投入，才使得全国沙化面积由 20 世纪末的年均扩展约 3436 平方公里变为目前的年均缩减约 1283 平方公里，总体上实现了从"沙逼人退"向"人逼沙退"的历史性转变。林业的调节气候和改良土壤的功效有助于农业的稳产、高产。以河南省黄淮海平原为例，农区农田林地与空旷的地域相比较，一般可以将风速降低 20% 以上，夏季的气温可以降低 0.4℃ 以上，最高可达 2.6℃，农作物可以增产 5% 以上（张涛，2012）。

4. 林业的社会文化功能

在旧石器时代，人类居住在森林中，狩猎和采集是人类的主要活动。可以说，人类文明是从森林中走出来的。褚家佳和张智光（2016）构建的森林食品安全与森林生态安全的演化路径模型表明，正是森林食品安全与森林生态安全相互关系的演变，从侧面反映并推进了人类文明的进步。森林社会文化的内容十分广泛，包括对森林结构和功能的系统知识、利用森林树木制造的生产生活工具、与森林有关的艺术品等诸多维度（但新球，2003）。云南很多少数民族至今仍保留着对原始的树木崇拜乃至指树为祖的风俗，许多村寨里的树木被神化为生命的象征、护佑村寨的神灵（叶智，2014）。白族的有在栗树前拜堂结婚的习俗；哈尼族的父母会为刚出生的孩子在村寨旁栽上 3 棵小锥栗树（赵俊臣，2014）。森林和林地的社会文化功能，可从符号资本的形成、社区认同的推进和社会资本构建的角度加以评估（Slee，2006）。刘金龙等（2015）分析了彝族人民与森林源远而复杂的关系，认为彝族人民通过乡规民约、宗教礼仪、节庆习俗等方面表达了"万物有灵"的思想，该思想融入了彝族人经济、社会、文化及生态活动中，使得人与自然长期和谐共处。因此，林业的发展和生物多样性的保护，某种程度上依托于多元文化的保存和强化。此外，林业产业链条长、劳动力密集程度高，能够增加就业和收入。穷人对自然资源的利用程度高，生态一旦退化，穷人所遭受的代价最为高昂的（Freeman et al.，2005），林业在减缓农村贫困、改善弱势群体福利上不可或缺。

2.3.2 农村发展对林业的影响机理

1. 人口、劳动力与经济发展因素

森林为人类提供食物、薪柴和人类为自身发展利用森林是二位一体的。农牧社会中，人口压力使得毁林开荒和辟林放牧成为普遍选择，工业社会资源需求高涨也对森林形成巨大压力（关百钧，1987）。徐晋涛等（2004）的研究指出，农业人口密度增加了对森林的资源压力，加快了国有森林资源消耗。国际社会森林发展经验也表明，第二次世界大战后至 20 世纪 70 年代，人口增长引起的农业扩张和商业木材砍伐是热

带国家毁林的主要原因（龙贺兴等，2016）。然而随着经济社会的发展，尤其是科技水平的提高，人类与森林的关系，从盲目破坏与浪费逐步转向自觉的保护。首先伴随劳动力的转移，林业第一产业中的内部各个行业可以摆脱劳动力富余的压力，有利于林业产业结构的调整和升级（臧良震等，2014）。杨燕和翟印礼（2016）研究发现，农户的外出务工经历会正向影响其林木种植年限。过去 20 年来，劳动力市场的不断改善、非农就业机会的增加，有效地促进了人工林的发展；经济的发展和人均收入水平的上升对天然林的保护和发展起到非常积极的作用（危结根等，2005）。印度的经验也表明，并非是农业生产力的提高和工资的上升引致森林面积增长，收入增长、人口增加所带来的森林产品需求的提高才是主要原因（Foster，Andrew D & Rosenzweig，Mark R.，2003）。尤其当社会发展进入生态文明阶段后，人类保护森林、维护生态系统平衡的意识和努力臻于极致。张等（Zhang et al.，2015）研究发现，自然灾害的发生推动了森林转型，其中的作用机制或许首先在于人们生态保护意识的唤醒。

伴随着改革开放 40 多年经济的高速发展，中国已然进入后工业化时代，同时城镇化的不断推进，人民对于更高的生活环境和物质条件的追求，使得农村年轻劳动力大量涌向城镇，导致中国农村留守老人和儿童的现象越来越严重。林业是劳动密集型的产业，对于吸纳社区内剩余劳动力，减少空村空宅现象都有重要作用。发展林业第二产业，保障林材供应充足的同时，鼓励生产加工剩余产品，开拓市场，增加产业链数量。实现林业的集约化生产，同时为兼业农民工在返乡就业时，提供合适的工作岗位。缓解由于城镇劳动力市场变化带来的周期性失业问题，也起到解决农民工流动就业机制中失业造成的闲散人员增加的社会问题，具有保障农民工工作岗位和促进社会稳定的作用。

在生态文明建设中，不仅仅是林产品经济具有巨大的作用。随着经济的发展城市居民收入的增加，消费需求层次提高，乡村旅游越来越成为发展农村经济过程中不可或缺的部分，林业的生态景观功能也越发凸显。城市居民为满足心理需求，来到乡村欣赏自然景观，进行消费。在城市与乡村之间形成良性的互换机制，在生态环境可以承受的范围内城市人口流动到乡村，满足回归田园生活的消费需求，以此充分发挥林业生态景观功能。由于更多的资本和更多的景观需求来到乡村，可以改善乡村的基础设施建设。同样，为满足现代城市旅游顾客的消费需求，对于乡村景观美化和区域规划也可以起到促进作用。在市场经济体制内，充分发挥资本和消费预期之间的关系，使得农村居住生活环境得到由基础向更高质量的发展，同样也可以自然环境与人造环境有机结合，实现自然与人的统一发展。

2. 管理制度与技术水平因素

森林资源的公益事业属性决定了农村发展中林业的经营状况要受政府管理方式的深刻影响。刘璨（2005）采用社会福利定量分析模型，测算得出林业税费制度对生产者的影响为正值但却降低了整个社会的福利，木材收购的一家进山制度降低了生产者剩余但却提高了整个社会的福利，这说明政府林业管理制度的制定必须统筹各方利益并因时因事有所侧重。我国林业发展的特点是在政府投资的基础上撬动社会投资，利用杠杆放大效应使整个森林投入增加（胡鞍钢等，2013）。以退耕还林工程为例，其国家补贴标准要高于退耕地块的机会成本（徐晋涛等，2004），如果补贴在可观期限内如数发放，足以调动林农长期营林的积极性。但目前"重采轻育"、重造林而轻经营的管理思想和模式，对于森林资源质量的提升十分不利（石春娜，王立群，2008）。产权和管理制度之间具有内生性的相互作用关系，我国林地、林木权属由集体经营到分权赋权再到流转、联合经营，要求管理方式、方法能够积极配套。

国外研究经验表明，私有林地实施小组共同管理的模式最有效率但并非没有问题，必须加强小组内部的交流、开展知识、技能培训、建立林业实验站等，才能进一步改善小组共同经营的绩效（Van Gossum et al.，2005）。科技在森林防火、病虫害防治、林种良木培育、沼气建设等诸多方面起到支撑和引领作用，但科技能否发挥作用的关键问题是技术产品和技术装备对于农户是否有收益。数据显示，我国林业科技进步贡献率较低，科技兴林的任务仍然艰巨（周生贤，2001）。

3. 乡村民主与社区治理因素

林业不管是以农户为基本单位集体经营，还是以家庭为基本单位承包经营，都要受到乡村民主和社区治理因素的影响。集体经营能够更有效地利用公共服务，但资源、资产的使用和收益必须贯彻均等化的原则，否则难以为继。在林业新型经营主体培育的过程中，大部分农户之所以习惯于一家一户的生产经营方式、缺乏共同发展的热情和信心（柯水发等，2004），原因很可能是均等化的原则遭到了破坏。裘菊等（2007）针对福建林权改革的调查发现，有些村干部不经过村民代表大会甚至在村民不知情的情况下，擅自转让、出卖山林，导致农户失山，引发权属纠纷。李周（1996）也指出"荒山拍卖"强调的是资本的平等而不是实际经营能力的平等，这使得普通人民和弱势群体成为"经营俘获"的牺牲品。农村群体内部分化的加剧，将不利于森林的可持续性经营。以天然林为例，它的主要威胁并非来自数量不多且有其他选择的砍树人，而是数量很多、难以作其他选择的依赖于树的人（李周，1999）。社区拥有更丰富的知识、更对称的信息，如果要发挥社区经营林业的优势，就必须进行民主管理、改善社区治理，尤其要加强弱势群体的能力建设。

2.4 乡村林业发展概况

1. 乡村林场

乡村林场可分为集体林场、联合林场和户办林场三种类型。从总体趋势来看（见图2-1），据《中国林业统计年鉴（2013—2017）》数据显示，2013—2017年林场数量呈现下降趋势，由2013年的46656个下降到2017年的39933个。从林场内部细分结构来看，集体林场呈下降趋势，户办林场总体上也呈现下降趋势，而联办林场变化波动比较平稳，由2013年的9114个下降到2014年的6543个后，渐趋于稳定。

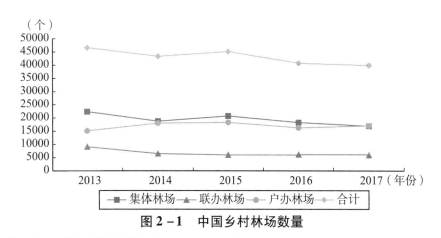

图2-1 中国乡村林场数量

资料来源：《中国林业统计年鉴（2013—2017）》。

2. 林业工作站

林业工作站是我国政府设立的基层林业服务机构，是我国具备公益性质的事业单位。其主要负责我国基层林业管理工作，包括林业发展政策宣传、科学技术推广、生产组织、林业资源管理与维护、林业发展社会化服务、林政执法。基层林业站的建设是为了促进我国林业事业发展，规范林业生产行为，保障我国林业资源得到合理开发与利用。从基层林业站的角度来讲，其能够提高林业保护力度，提高育林效率，促进我国林业发展处于健康、稳定的状态，落实我国生态建设。

随着林业工作站并站改革工作的开展，从 2013 年至 2017 年全国林业工作站总数由 27835 个逐年减少至 23162 个。2013 年片站数量 3119个，2014 年有所上升，变为 4102 个，在接下来的 3 年里持续下降，维持在 2400 个左右。管理乡镇数从 2013 年至 2017 年，数量由 8666 个逐年减少到 7115 个（见图 2－2）。

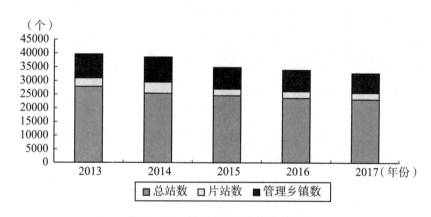

图 2－2　林业工作站数量变化

资料来源：《中国林业统计年鉴（2013—2017）》。

2000 年以来，基层林业站总数及其在岗职工数均呈现波动式下降状态。2000 年，全国基层林业站总数约为 36805 个，基层林业工作站在岗职工数有 156637 人，而到 2017 年，全国基层林业站总数下降到 23162个，基层林业工作站在岗职工数为 94017 人。具体变化详见图 2－3。

由图 2－4 可知，全国地县级林业工作站总体上自 2000 年至今虽有所波动，但变化不大，其中，地（市）林业工作站总数在增长，由2000 年的 172 个增长至 2017 年的 216 个工作站；县级林业工作站由

2000 年的 1200 个增长至 2017 年的 1820 个。此外，在 2005 年和 2009 年分别达到峰值，地（市）林业工作站总数为 300 个，县级林业工作站有 2400 个，而后有所下降。

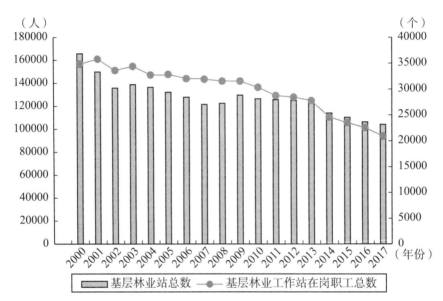

图 2 - 3　基层林业工作站及在岗职工数变化（2000—2017 年）

资料来源：《中国林业统计年鉴（2000—2017）》。

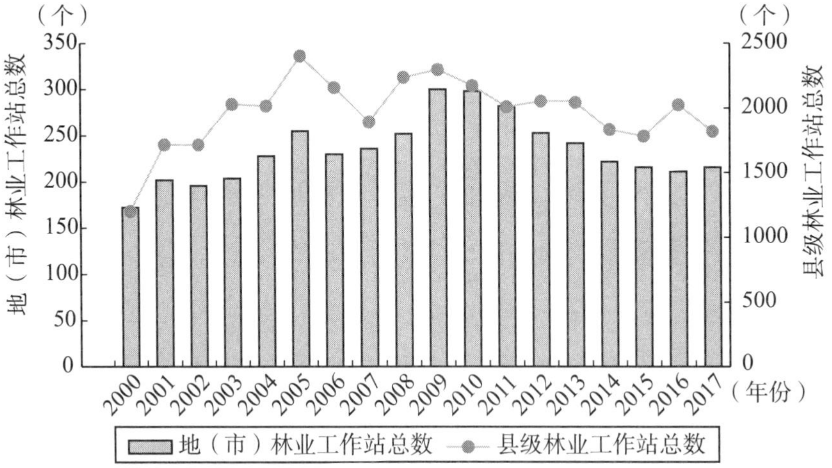

图 2 - 4　全国地、县级林业工作站总数变化情况（2000—2017 年）

资料来源：《中国林业统计年鉴（2000—2017）》。

全国地县级林业工作站管理人员的文化程度整体较高，大专以上学历超过80%，如图2-5和图2-6所示。尤其是近年来，大专以上学历工作人员有增加趋势，但变化不明显，林业工作站管理人员受教育程度普遍较高有助于基层林业工作站的管理提升，所以应加大林业人才队伍建设以更好地促进林业恢复与发展。

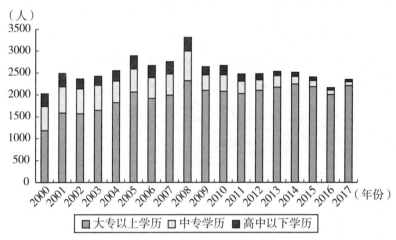

图 2-5 全国地级林业站管理人员文化程度（2000—2017 年）

资料来源：《中国林业统计年鉴（2000—2017）》。

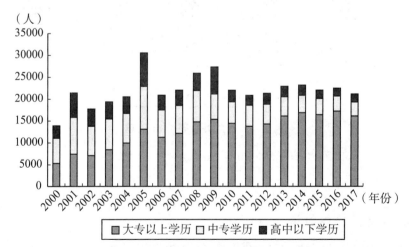

图 2-6 全国县级林业站管理人员文化程度（2000—2017 年）

资料来源：《中国林业统计年鉴（2000—2017）》。

3. 乡村护林员

根据《中国林业统计年鉴2016》，2016 年中国各地区乡村护林员总数 679872 人，其中专职 308819 人，兼职 371053 人。其中，大专以上 21848 人，中专和高中 159404 人，初中 498620 人。从图 2 –7 中可以直观地看到，受教育程度大专以上虽然整体上有上升的趋势，但其数量相对于整体护林员数量而言，处于 5% 以下的较低水平。中专和高中受教育程度的人数一直维持在 20% 以上的水平。初中以下受教育程度是最高的，无论护林员总数怎样变化，一直维持在 70% 以上的水平。从护林员受教育程度的整体结构来看，初中以下占比较大，中专和高中及大专以上占比较小。而且学历层次越高，呈现出占比越小的趋势。由此可以看出，中国护林员的职业培训必不可少。

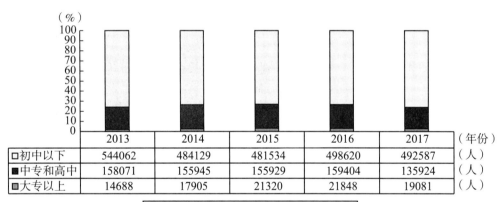

(%)	2013	2014	2015	2016	2017	（年份）
□初中以下	544062	484129	481534	498620	492587	（人）
■中专和高中	158071	155945	155929	159404	135924	（人）
▨大专以上	14688	17905	21320	21848	19081	（人）

▨大专以上　■中专和高中　□初中以下

图 2 –7　护林员受教育水平

资料来源：《中国林业统计年鉴（2013—2017）》。

4. 林业工作站投资

我国基层林业工作站建设投资金额自 2000 年以来，呈现出先增长后下降的状态（见图 2 –8）。2000 年总投资金额为 20389 万元，到

2013 年达到峰值为 79842 万元，在此期间，国家和地方都加大对林业工作站的投入与支持。而后开始大幅度下降，主要体现在地方投资的力度大大减少，到 2017 年仅为 36263 万元。此外，目前我国基层林业工作站主要以地方投资为主、国家支持为辅。其中，地方投资占总投资的70% ~ 88%，国家投资仅占 20% 左右。

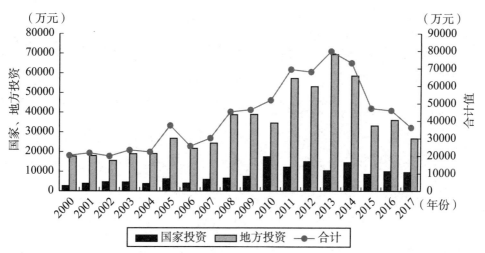

图 2 - 8　全国基层林业工作站建设当年完成投资（2000—2017 年）

资料来源：《中国林业统计年鉴（2000—2017）》。

2.5　中国林业在乡村振兴中大有可为

开展乡村绿化美化，是实施乡村振兴战略、推进农村人居环境整治的重要内容，事关全面建成小康社会和农村生态文明建设。近年来，各地认真贯彻党中央、国务院决策部署，把乡村绿化美化作为改善农村人居环境的重要抓手，取得了明显成效。同时，乡村绿化美化发展还很不平衡，一些地区还存在乡村绿化总量不足、质量不高的问题，与农民群众期盼的优美生态环境还有较大差距。

2019 年 3 月，国家林业和草原局印发了《乡村绿化美化行动方案》。该方案提出到 2020 年，建成 20000 个特色鲜明、美丽宜居的国家森林乡村和一批地方森林乡村，建设一批全国乡村绿化美化示范县，乡村绿化美化持续推进，森林乡村建设扎实开展，乡村自然生态得到有效保护，绿化总量持续增加，生态系统质量不断提高，村容村貌明显提升，农村人居环境明显改善。

1. 保护乡村自然生态

乡村振兴生态宜居是关键，日本和韩国的建设经验表明，保护生态是乡村振兴的重中之重，实现乡村振兴与生态改善良性互动。生态宜居就是让村庄能够融在绿水青山中，能够在田园综合建设中实现可持续发展。要实现这一目标，必须加强农村生态治理，强化绿色理念对农村生态治理的引领作用。生态振兴会促进本地区旅游业的发展，为其带来资金、技术。同时，将新的发展观念嵌入社会经济发展中。

结合古村落、古建筑、名人古迹等保护，依据地形地貌，加强护村林、风水林、景观林保护，促进人文景观与自然景观的和谐统一。加强乡村原生林草植被、自然景观、小微湿地等自然生活环境及野生动植物栖息地保护，全面保护乡村自然生态系统的原真性和完整性。加强古树名木保护，明确责任主体，落实管护责任。对古树名木、风水林、珍贵树种等进行挂牌保护。对濒危和长势衰弱的古树名木，及时开展抢救复壮工作。发挥生态护林员、草原管护员的巡护作用，落实巡护责任，抓好林草火源监管和重大病虫害灾情报告，及时组织除治，减少灾害损失。

2. 增加乡村生态含绿量

因地制宜开展环村林、护路林、护岸林、风景林、游憩林、康养林、水源涵养林、水土保持林、防风固沙林、农田（牧场）林网等建设。推进乡村绿道建设，有条件的地方可依托地形地貌，将农田、果园、山地、森林、草原、湿地、古村、遗址等特色景观连成一体，构建布局合理、配套完善、人文丰富、景观多样的乡村绿道网。开展乡村裸露山体、采石取土创面、矿山废弃地、重金属污染地等绿化美化。利用边角地、空闲地、撂荒地、拆违地等，开展村庄绿化美化，建设一批供村民休闲娱乐的小微绿化公园、公共绿地。开展庭院绿化，见缝插绿，有条件的可开展立体绿化，乔、灌、草、花、藤多层次绿化，提升庭院绿化水平。慎用外来树种集中连片造林，鼓励使用乡土树种开展乡村绿化美化，防止"奢侈化、媚外化"等违背自然规律和经济规律的做法。

3. 提升乡村绿化质量

要科学开展乡村绿化美化，坚持以水定绿、适地适树。积极推广使用良种壮苗，优先使用保障性苗圃培育的苗木开展乡村绿化。重视种源和遗传品质，造林用种用苗必须具备"两证一签"。做好绿化苗木供需衔接，避免长距离调运种苗。鼓励营造混交林。加强造林后期管护，确保成活成林见效。对村庄周边缺株断带、林相残破的河流公路两侧林带、环村林带、农田林网等进行补植修护，构建完整的村庄森林防护屏障。对生长不良、防护功能低下的退化防护林，实施修复改造，提升防护林网功能质量。对成过熟林、枯死林木进行更新改造，优化防护林网结构，提升防护林网、林带生态功能。对乡村范围内的中幼龄林，及时进行抚育间伐，利用林间空地补植乡土珍贵树种，促进天然更新，优化森林结构，培育健康稳定的多功能森林，构建优美森林生态景观，让广大人民群众亲近森林、感知森林、享受森林。

4. 发展乡村绿色生态产业

将乡村绿化美化与林草产业发展相结合，因地制宜培育林草产业品牌，提升林草产业品质，推进一二三产业融合发展，带动乡村林草产业振兴，实现林草产业富民。做好"特"字文章，结合地方传统习惯，发展具有区域优势的珍贵树种用材林及干鲜果、中药材、木本油料等特色经济林。推广林草、林花、林菜、林菌、林药、林禽、林蜂等林下经济发展模式，培育农业专业合作社、家庭林场等新型经营主体，推进林产品深加工，提高产品附加值。依托乡村绿色生态资源，用好古村落民居、民俗风情、名人古迹、古树名木、乡村绿道等人文和自然景观资源，大力发展森林观光、林果采摘、森林康养、森林人家、乡村民宿等乡村旅游休闲观光项目，带动农民致富增收。

专栏 2-1 乡村振兴实施不能忽略中国林区

实施乡村振兴战略，即实现农业农村现代化。需要逐步破除城乡二元结构，实现城镇之间区域经济的协调发展。林区为林业发展提供土地资源，是林木产业重要的生产要素。实施乡村振兴战略，应该高度重视林区在经济发展中的作用。大多数林区贫困的重要因素是由于地理位置偏僻、自然资源匮乏，制约了其进一步发展和增收的空间。由此产生的共同特点是：该类地区的生产成本或交易成本很高，难以形成生产和交易的规模化经营，制约当地经济的良性健康发展。林区包括国有林区和林业管理单位，是乡村的主要组成部分。现阶乡村林区发展面临着重大的问题如下。

第一，林区是乡村最为偏僻落后的短板。广大林区山高路远，要么位于高山之巅，要么地处偏远，交通、通信、水电等基础设施相对薄弱，教育、文化、卫生等公共服务相对落后，受山洪、泥石流、干旱、冰雹、大风等自然灾害和野生动物损害影响相对严重。加上林区大多数又是老少边穷地区，发展基础较差。相对整个乡村来看，自然因素和历史原因叠加，导致林区发展更慢，林农收入更低。如湖南省借母溪国家级自然保护区内有 12 个自然村，没有学校、没有托儿所、没有环卫设施、没有公共班车、没有综合商店，林区群众2016年人均纯收入不到2500元。如果说农村穷，那林区更穷；如果说农民苦，那林农更苦。因此，迫切需要结合实施乡村振兴战略，对这一落后区域和弱势群体给予更多的关心支持。

第二，林区是乡村的主要组成部分。我国林区面积广、体量大。林业部门管辖的林地、沙地、湿地面积占乡村总面积的55%以上。湖南省为南方集体林区，全境均属于"林区"范围，全省林业用地面积占国土面积的61.4%，51个扶贫开发工作重点县中有48个是重点林区县，在林区生活和以林业生产经营为主业的人口约占全省农业人口的50%。林区是整个乡村的"大头"，没有林区的振兴，乡村振兴就无从谈起。因此，实施乡村振兴战略，应当像扶贫攻坚一样，把林区作为主战场。

第三，林区为全社会做出了重大贡献。林区曾经按国家统配价格为经济建设、国防建设提供了大量生产木材和林副产品，做出过巨大贡献和牺牲。如今，林区又在为改善生态环境、保护生物多样性、建设生态文明提供生态产品和生态服务。但是，由于种种原因，其提供的生态产品和生态服务，全部或者部分没有得到社会的认同以及没有按市场经济规律获得相应的回报，林业的简单再生产也难以为继。林区大多是老少边穷地区，让他们无偿或者廉价为全社会生态建设和保护埋单，既不公平，也不可持续。如永顺县是一个老少边穷地区，但生态环境非常好，森林覆盖率达到74.71%，2001年国家批准在此设立小溪国家级自然保护区，保护面积2.48万公顷，占国土面积的7.5%。每年保护区人员经费和正常运行经费支出至少需要200万元。按规定，国家级自然保护区人员经费和运行费用应纳入省级财政预算，但这些开支一直由该县自行负担。这对县财政来说，无疑是雪上加霜。因此，迫切需要结合实施乡村振兴战略，从根本上改变这种对林区"取多予少"的局面，给林区以休养生息的空间和时间，给林农以市场经济条件下公平的地位和待遇。

第四，林区有被边缘化的趋势。近年来，国家出台了一系列促进农民增收致富的惠民政策。诸如种粮补贴、农机具补贴等惠农政策，林区群众因田地少、农机具少，难以享受政策红利。相反，由于粮食价格大幅上涨，反而加重了林农基本生活负担。特别是林区中的国有林场、自然保护区等条件更为艰苦，经济发展又受到生态保护的诸多约束。由于其有林业部门主管，所以容易被当地党委政府忽视，基础设施建设、社会公共服务、扶贫帮困等难以列入当地规划统筹考虑，正处在被边缘化的境地。根据 2016 年调查，我省 49 个省级以上自然保护区内共有居民293044 人，人均年纯收入为 1570 元，距离 2800 元的脱贫线，还差1230 元。其中共有建档立卡贫困人口 119727 人，占总人口的 40.85%。这种绝对贫困的局面，和林业主管部门"无能为力"和当地政府"无暇顾及"不无关系。因此，实施乡村振兴战略，应当将林区特别是国有林场、自然保护区等林业管理单位纳入其中，统筹考虑，整体推进，不能再让其成为"被遗忘的角落"。[1]

2.6　结论与展望

1. 结论

我国森林覆盖率比世界平均水平 31% 低了 10 个百分点。森林资源面积占世界的 5.15%，但蓄积量却只占世界的 2.87%。林业经济功能、生态功能及其他功能的全面发挥仍然是我们要不懈奋斗的目标。本书从

---

[1]　资料来源：中国林业网，http：//www.forestry.gov.cn/main/1039/content - 1068569.html。

社会视角，基于现有国内外文献，分析了林业与农村发展关系的诸多方面，并进一步分析二者相互作用机制。文章提出要警惕林业部门的资源诅咒现象，治山必须与治穷相结合；林业重点工程的实施要与产业结构的升级、劳动力的转移结合起来；深化林权制度改革，要借鉴农业改革的经验和教训，积极完善林业社会化服务体系等。

2. 促进林业与农村发展的相关启示性建议

第一，观念上要改变单纯以粮、以农为纲的农村发展战略。农村土地利用规划应纳入林草因素，基于综合式景观管理方法，谋求在消费需求、产出、环境和社会公平等诸多方面求得综合平衡（Pretty et al.，2010）。举例来说，全球农业用地中林木覆盖超过 10% 的土地有 10 亿公顷（Nair & Garrity，2012），农林复合中的"林"不仅能提供薪碳、果品、房屋建材材料、休闲场所和观光服务等社会经济价值，更重要的是能涵养地下水、维护农地景观的生物多样性，发挥不可忽视的生态价值。目前，我们对物种灭绝及其所带来的生态系统中物品和服务功能丧失的理解还是有限的（Rinawati et al.，2013），对气候变化的具体深刻影响也有大量不确定性认知。因此有必要在观念上，广泛而深刻地理解林业在保障农业生产、服务农村发展、创造美好环境上的作用，培育绿色富民产业，朝着生产发展、生态良好、生活富足的方向前进。

第二，科技上要更加注重林业自身的业态特性。林木的自然生长周期较长，多数森林产品的经济价值不高，林地管理的边际收益有限，因此林业在农林的优先序中处于次一等的地位。林业技术开发和技术推广工作要充分考虑这一特性，给予更长时间的试验周期。林业涉及多种学科，需要大量投入进行基础研究，并培训专门人员进行技术推广。集体林地虽分散承包但其林业生产上的不可分性明显，妇女在林地管理中参与得更多，面向集体尤其是集体中的妇女，同时充分考虑外生技术和社区文化及传统知识的融合，如此技术推广应用将更加行之有效。

第三，管理上要增加政策的适应性和灵活性。林业涉及多元化的主体，包括对生态问题空前关注的国家，对林产品需求高涨的市场，对提高林业收入意愿迫切的农户，以及气候变化背景下诉诸林业进行固碳的国际社会。传统的林业可持续性经营的理念已经不足以应对日趋广泛的利益相关者，灵活适应性的管理理念已经达成广泛共识。兼顾政策的连续性、稳定性以及动态适应性，进一步向农民和社区赋权，采用参与式的管理方法，尊重乡村传统及地方知识，形成长久有效的共同行动。另外，政府扮演好服务角色，维护市场秩序，引导农户参与竞争，培育具有自生能力的林业经营主体。

专栏 2-2　2018 年全国乡村绿化工作情况

各级林业草原部门认真贯彻《中共中央　国务院关于实施乡村振兴战略的意见》，按照《乡村振兴战略规划（2018—2022 年）》《农村人居环境整治三年行动方案》部署，积极推进乡村绿化美化，促进改善提升村容村貌，建设生态宜居美丽乡村。

（1）部署推进乡村绿化美化。认真贯彻习近平生态文明思想及习近平总书记关于乡村振兴战略和农村人居环境整治系列重要指示精神，配合中央农办、农业农村部等 18 个部门出台了《农村人居环境整治村庄清洁行动方案》，在广西壮族自治区桂林市召开了全国乡村绿化美化现场会，交流总结各地开展乡村绿化美化的经验做法，对当前和今后一个时期乡村绿化美化工作进行了部署，提出了到 2020 年全国将建成国家森林乡村 2 万个、村庄绿化覆盖率达到 30% 的奋斗目标，明确了乡村绿化美化的方向和重点任务。

（2）乡村绿化面积和质量稳步提高。结合退耕还林、重点防护林体系建设等林业生态工程，积极推进乡村绿化美化，增加乡村"绿量"，提升乡村绿化质量，优化乡村森林景观，加强乡村古树名木保护。各地启动实施了一批地方重点工程和乡村绿化专项工程，开展创建表彰活动，推动乡村绿化持续有序发展。浙江省印发了《"一村万树"三年行动计划》，着力打造乡村绿化美化"升级版"，建成示范村 353 个、推进村 3174 个。吉林省制定了《关于做好村屯绿化美化工作的实施意见》，绿化美化村屯 593 个，打造"省级绿美示范村屯"50 个。黑龙江省以打造生态宜居美丽乡村为目标，完成绿化、美化、香化村屯建设 4135 个。福建省新建乡村景观林 7644 亩，12 株古树入选"中国最美古树"，建成首批省级森林村庄 200 个。大范围、高质量的乡村绿化美化行动为实施乡村振兴战略和改善农村人居环境提供了有力生态支撑。

（3）推进乡村绿化美化助力脱贫增收。坚持乡村绿化美化与发展绿色产业相结合，珍贵用材林、特色经济林果、林下经济发展势头强劲，农村生态旅游、森林康养等新兴产业蓬勃发展。广西壮族自治区结合乡村绿化发展油茶产业，出台《广西壮族自治区人民政府关于实施油茶"双千"计划　助推乡村产业振兴的意见》，落实扶持政策，助推脱贫攻坚和乡村产业振兴。重庆市结合乡村绿化发展木本油料、竹、中药材、苗木花卉等产业基地 840 余万亩。新疆维吾尔自治区若羌县将乡村绿化美化与发展红枣产业相结合，大力推进"红枣＋旅游""红枣＋悠闲"等发展模式，促使红枣种植管理、悠闲农业、生态旅游等配套发展，枣农人均年收入超过了 3 万元。乡村绿化美化有力地促进了农村生产结构优化，成为农村经济发展和农民增收的重要载体。[①]

---

① 资料来源：笔者根据国家林业和草原局规划财务司所提供的材料整理而成。

第3章

改革开放 40 多年来中国林业发展
状况、驱动因素及存在的问题

3.1 引 言

改革开放 40 多年来，中国林业发生了许多显著变化。中国成为全球森林面积增加最快的国家，目前中国的森林面积 2.20 亿公顷，森林覆盖率达 22.96%，森林蓄积量 175.6 亿立方米。与改革开放之初相比，森林面积和森林蓄积分别增加了 70.50% 和 74.87%，森林面积和森林蓄积分别位居世界第 5 位和第 6 位，人工林面积 0.69 亿公顷，人工林面积居世界首位。1990—2015 年，全球森林面积减少了 19.35 亿亩，但中国的森林面积增加了 11.2 亿亩，为维护全球生态安全作出了重大贡献（FAO，2015）。中国已成为世界上林业产业发展最快的国家。2017 年中国林业产业总值首次突破 7 万亿元，[①] 与 1978 年相比，同比增长 1476.32 倍，与 1994 年相比，同比增长 52.08 倍。林产品进出口贸易额达 1500 亿美元，与 1993 年相比增加了 48.47 倍。作为全球第二大木材

---

① 本章与价格相关指标均为当年现值价格。

消耗国和第一大木材进口国，近 10 年来中国木材消费总量增长了 1.73 倍。目前全国年木材消耗量 6 亿多立方米，中国已成为林产品生产、消费和贸易大国（国家林业局，1978—2017）。中国林业发展对全球森林治理和发展意义重大。

目前，国内外已有大量学者针对中国林业发展状况、经验教训及国际影响进行了分析，为本书提供了重要借鉴。特别是林业经济领域国际期刊林业政策与经济（*Forest Policy and Economics*）曾发表过系列相关论文。2017 年 3 月，威尔迪永和刘金龙（Wilde Jong & Jinlong Liu）等人策划出版了以亚洲森林转型（*Forest transition in Asia*）为主题的专刊，共有 6 篇论文对中国森林转型进行了探讨，提出中国的森林动态变化受到自然灾害、经济发展、贸易往来与投资等因素的影响。2019 年 1 月，威廉·海德和尹润生（William F. Hyde & Runsheng Yin）策划了以中国森林改革的经验：中国意义和世界借鉴（*The experience of China's forest reforms：What they mean for China and what they suggest for the world?*）为主题的专刊，共有 10 篇文章重点针对中国改革开放 40 多年以来中国林权变革进行了探讨，并着重关注森林生态环境、林业就业、公平性等焦点问题，产生了一定的学术影响。

值得一提的是美国密歇根州立大学尹润生教授曾开展过系列研究。早期尹（Yin，1998）从整体上总结了中国森林资源、木材供求以及林业生态服务需求的现状，发现尽管中国在扩大森林面积，增加森林储蓄量，但仍然面临着严重的资源危机。之后尹（Yin，2003）从制度经济学的角度回顾了 20 世纪 80 年代以来中国农村林业部门制度变迁的影响，证实了产权和市场化作为制度创新推动了林业生产率的提高和林业经济的发展；最近，海德和尹润生（Hyde & Yin，2019）进一步从中国森林改革的角度总结制度变迁与市场化改革对中国森林经营和林业发展的影响。

同时，有不少学者专注研究中国森林资源变化及成因，例如张道卫分析了中国森林资源近 30 年的扩张原因主要是通过大面积人工林种植以及对木材和环境服务的高需求推动政府强制性森林保护（Zhang，2019）。王兰会和刘俊昌（2003）对 20 年的森林覆盖率的动态变化进行数理分析；还有学者从气候与历史的角度探讨了中国森林资源变化（葛全胜等，2011）。也有学者通过面板数据对森林资源变化的影响因素进行了分析（姜雪梅等，2007；刘珉，2014）。此外，还有一些学者专注产权制度对中国林业发展的影响。刘璨和吕金芝（2010）分析了中国造林面积动态变化，发现其变化与林业产权制度变革基本吻合，森林资源的变动尤其是重大拐点在很大程度上受到政府行为的影响。徐晋涛等（2004）对改革开放以来中国国有林区森林资源及产权管理体制变化进行了总结分析，提出分权式管理以最大化激励林业经营。刘大昌回顾了 1950 年以来非国有林的产权管理变迁，认为从长远来看频繁的产权变化对于森林管理和农民的生计有超出预料的消极作用（Liu，2001）。总体上来说，目前已有研究缺少基于长时序的统计年鉴数据来系统梳理中国林业整体发展状况。因此，系统总结改革开放以来 40 多年林业发展的主要成就和存在的问题，对于进一步促进中国未来林业发展具有积极意义，同时也有助于世界了解中国林业，促进全球的林业协同治理，并为全球未来的林业发展提供参考借鉴。

本章主要资料来源为历年的《中国林业统计年鉴》和《中国林业发展报告》。本章中所有图、表均为笔者根据统计数据整理绘制。

3.2 中国森林资源变化状况

根据历次森林资源清查结果（见图 3 - 1 和图 3 - 2），改革开放 40

多年来，中国森林资源呈现出森林覆盖率不断提高，森林总量稳步、结构趋于优化的变化趋势。第九次全国森林资源清查（2014—2018 年）结果表明，全国森林面积 2.20 亿公顷，森林覆盖率 22.96%，活立木总蓄积 190.07 亿立方米，森林蓄积 175.60 亿立方米，单位森林面积蓄积量每公顷 79.65 亿立方米。与第一次全国森林资源清查（1973—1976年）相比，森林面积增加 0.98 亿公顷，森林覆盖率提高 10.26 个百分点，活立木总蓄积、森林蓄积和单位森林面积蓄积量分别增加了 69.01亿立方米、64.81 亿立方米、1.81 亿立方米。中国的森林资源主要分布在东北重点国有林区、南方集体林区和西南国有林区。东北重点国有林区经营总面积 32.7 万平方公里，森林覆盖率 79.38%，森林蓄积 25.99亿立方米。南方集体林区森林覆盖率约为 45.94%，森林蓄积为 32.63亿立方米。福建省、江西省和浙江省为三个林业大省份，其森林覆盖率分别为 65.95%、60.01% 和 59.07%。

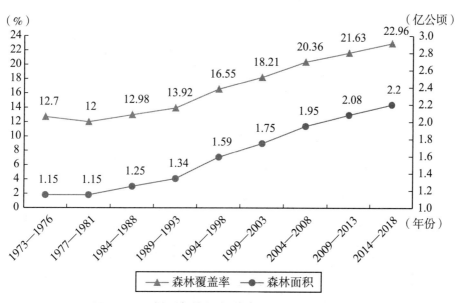

图 3 - 1　中国森林面积和森林覆盖率变化状况

资料来源：http://www.forestry.gov.cn/data.html。

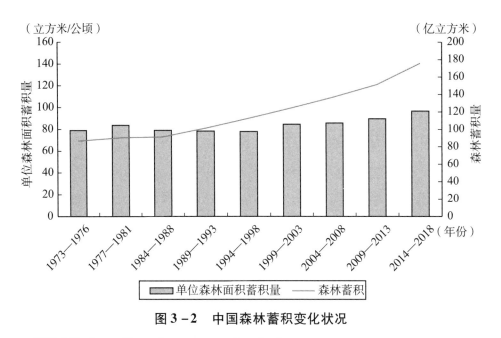

图 3 - 2　中国森林蓄积变化状况

资料来源：http：//www. forestry. gov. cn/data. html。

改革开放初期，中国经济恢复发展，需要消耗更多的木材资源，此外，人口持续增加和工业体系建设对森林资源的需求高涨，对森林资源消耗形成了巨大的人口压力和环境破坏（关白钧，1987），导致 1977—1987 年森林资源破坏严重，尤其是在南方集体林区受到政策调整、木材需求市场和价格机制开放的影响，对森林蓄积产生了极为严重的消极作用（Hyde，2019）。1981 年，中共中央国务院发布了《关于保护森林发展林业若干问题的决定》，明确了"三定"任务，即"定山权林权、划定自留山、确定林业生产责任制"，但农户分到林地后，由于受未来林业政策预期不确定性的影响，不少地方出现了乱砍滥伐的毁林现象致使森林退化，森林总面积减少了 13.5%，森林体积减小了 14.9%，对森林生长产生了广泛且长期的负面影响（Liu et al.，2017）。1985 年 1 月，中共中央国务院下发《关于进一步活跃农村经济的十项政策》，决定取消集体林区木材统购统销，放开木材市场。但是，由于山林承包责任制到户以后，林政管理工作跟不上，木材市场一放开，中国南方集体林区一度出现乱砍滥伐森林的严重局面。1987 年，中共中央国务院下发《关于加强南方集体林区森林资源管理坚决制止乱砍滥伐的指示》，及时调整和明确了有关政策措施，对保护和发展森林资源起到了重要作用。

与第四次森林资源清查数据相比，第五次清查结果表明森林覆盖率有了较为显著的提升，这主要是一方面清查时调整了郁闭度标准（由 0.3 调为 0.2），但同时森林资源在一系列林业经济体制改革措施和资源保护政策作用下也确实得到了较好的保护、恢复和增加。与第五次全国森林资源清查数据相比，第八次清查结果显示，森林面积增加了 55%，蓄积量增加了 50%，这期间的飞速增长最主要得益于林权改革推动和市场化进程加快。林业税费减少和林业产出利润的增加也进一步激励了社会资本投资林业，将部分边际农业用地转化为林业用地（Zhang，2019）。20 世纪 70 年代开始的"三北"防护林工程、80 年代的全民义务植树运动、90 年代的退耕还林工程以及后来陆续开展的林业六大重点生态工程均对中国森林资源的总量增加做出巨大贡献。1994—2013年则是森林资源加速增长期，中国通过开展大规模的国土绿化行动，积极发展和严格保护森林，实现了森林面积和森林蓄积"双增长"。中国人工造林平均每年以 7000 万亩以上的速度推进，目前中国已累计完成人工造林 11.8 亿亩，是全世界人工造林最多的国家。2017 年，全国完成造林面积 736 万公顷，比 2000 年增长 44.2%。

改革开放以来林业投资是与林业发展相伴而行的（刘珉，2011），中国政府采取的大规模营林公共投资是森林面积恢复最主要的原因（李凌超，2018）。1978 年以来，国家林业财政投资大幅度增加，总投资保持稳步快速增长（图 3 – 3）。受到林业重点工程的影响，国家林业财政投资占林业总投资的比重整体呈"U"形曲线变化，局部呈"W"形曲线变化（刘珉，2011）。当然，近些年来，随着林业市场化改革的深化，社会资本占林业投资的比重也在持续上升。

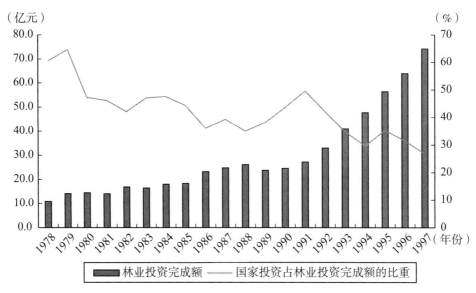

图 3-3　中国林业投资状况

资料来源：《中国林业统计年鉴（1978—1997）》。

3.3　林业产业发展状况

1. 林业产值增长迅猛

改革开放之初至 2017 年，中国林业总产值从 48.06 亿元增至 7.1 万亿元，同比增长了 1476.32 倍（见图 3-4）。"议购议销"制度的实施，市场化体制的建立与完善，林业产权制度的变革以及林业税费的减免，都有力地刺激了林业产值的增长。自 1978 年以来，除了初期与整体经济探索发展同步的动荡，林业产值维持着高速增长势头，高于同期GDP 增速，并在进入 2000 年之后出现快速上升趋势（国家林业局，

1978—2017）。

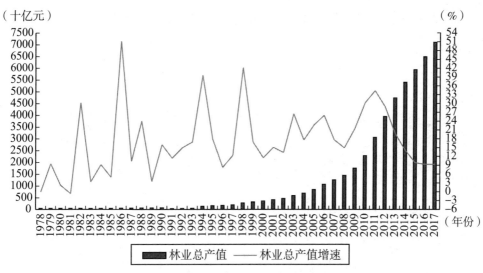

图 3 - 4　全国林业总产值（1978—2017 年）

资料来源：《中国林业统计年鉴（1978—2017）》。

根据《中国林业统计年鉴》的界定，林业第一产业是指以林木培育与种植为主，包含木材竹材采运，经济林产品种植采集以及陆生野生动物繁育和利用；林业第二产业包括木质林产品加工业和非木质林产品加工制造业；林业第三产业包括森林生态服务业、森林旅游服务业和其他森林服务业。改革开放 40 多年林业产业发展进程明显加快，林业产业结构逐步优化，产业结构由"一二三"向"二三一"转变（见图 3 - 5），林业制造业从低端向高端发展，实现了产业结构升级上的重大突破。林业产业结构由 1994 年的 67∶27∶6 变为 2017 年的 33∶48∶19，第一产业比重下降，第二三产业占比逐步上升，第二三产业占比合计高达 67%（国家林业局，1994—2017）。2013 年之后，由第二产业规模经济带来的红利逐步减弱，中国林业朝向多元化、生态绿色化方向发展，林业产值的增速有所下降，但增速仍维持在高于 10% 的水平上。目前，林业第二产业虽是占比最大的产业，但是第三产业的增长率高于第一二产业，发展势如破竹，势态良好。随着森林生态服务产业的大力推进以及林业产业整体结构的持续优化调整，未来第三产业发展潜力巨大。

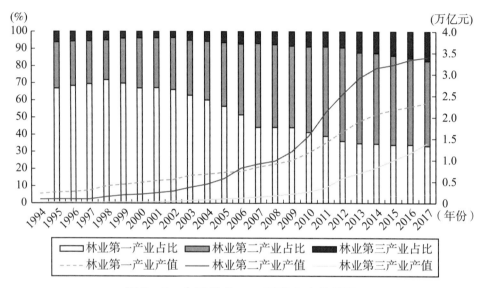

图 3 – 5 全国林业一二三产业产值情况

资料来源：《中国林业统计年鉴（1994—2017）》。

2017 年，林业支柱产业分别是经济林产品种植与采集业、木材加工及木竹制品制造业和以森林旅游为主的林业旅游与休闲服务业（见图 3 -6），产值分别达到 1.4 万亿元、1.3 万亿元和 1.1 万亿元（国家林业局，2017）。第三产业中的林业旅游与休闲服务业产值首次突破万亿元，且近十年高速增长，较 2008 年总产值同比增长 1448.05%。随着社会变化及人们对于高质量生活水平的追求，中国森林旅游业迎来黄金时期，其发展势头强劲，潜力巨大，已成为世界旅游业的重要组成部分和现代林业必不可少的组成部分。

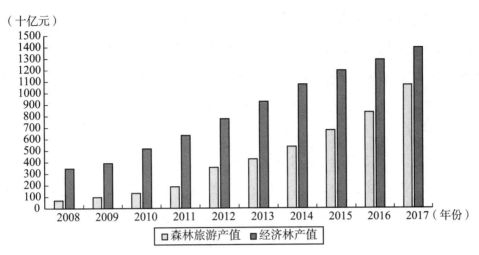

图 3 – 6　森林旅游产值和经济林产品产值变化

资料来源：《中国林业统计年鉴（2008—2017）》。

2. 林产工业发展成就斐然

改革开放以来，中国木材产量总量上升，其间存在几次周期性波动（见图 3 – 7）。1998 年以前，木材产量基本稳定在 5000 万～6000 万立方米。受到天然林资源保护工程的影响，1998—2002 年木材产量呈现小

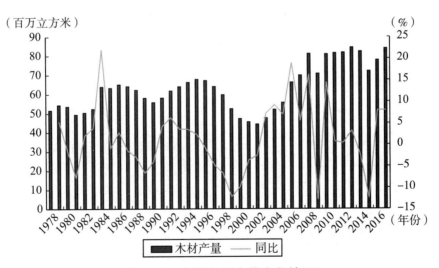

图 3 – 7　全国木材产量变化情况

资料来源：《中国林业统计年鉴（1978—2017）》。

幅度下降，2002 以后由于退耕还林工程以及速生丰产林的发展，出现恢复性增长（国家林业局，1998—2017）。2017 年中国木材产量达到8398.17 万立方米，较比 2016 年增长 8.0%。其中，原木产量 7670.4万立方米，薪材产量 727.76 万立方米（国家林业局，2017）。

木质林产品是中国林产品贸易的主体，2010—2016 年木质林产品在林产品贸易总额中的占比达 67.28% ~ 71.78%（国家林业局，2010—2016）。截至 2017 年，木材加工相关产业作为林业支柱产业，其产值达到约1.3 亿元（见图 3 – 8）。中国人造板产业近年来发展十分迅速，产业规模不断扩大（见图 3 – 9 和图 3 – 10）。总体来看，随着中国木材加工工业的发展，2002 年之后中国人造板产量增速加快，山东、江苏等地的胶合板产量大幅增长（国家林业局，2002—2017）。截至2017 年，中国人造板产量 29486 万立方米，其中：胶合板产量从 1988年的 82.69 万立方米增至 2017 年的 17195.21 万立方米；纤维板产量从1988 年的 148.41 万立方米增至 2017 年的 6297 万立方米；刨花板产量从 1988 年的 48.31 万立方米增至 2017 年的 2777.77 万立方米。可以看出，胶合板自 2009 年以后增长迅猛（国家林业局，2009—2017）。

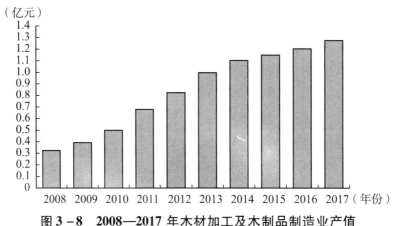

图 3 – 8　2008—2017 年木材加工及木制品制造业产值

资料来源：《中国林业统计年鉴（2008—2017）》。

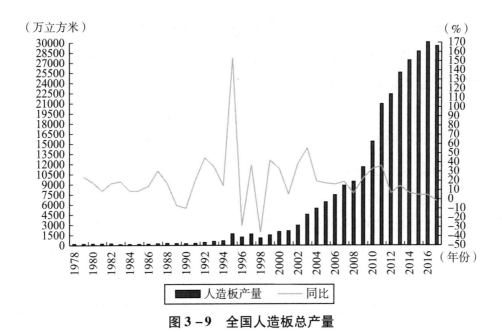

图 3 - 9 全国人造板总产量

资料来源：《中国林业统计年鉴（2013—2017）》。

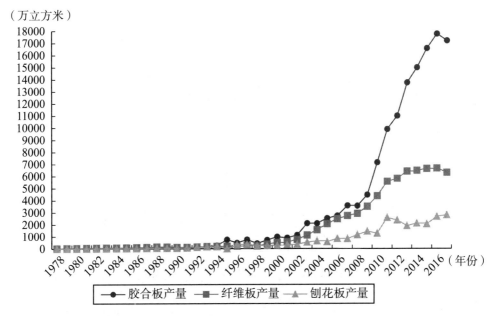

图 3 - 10 全国胶合板、纤维板和刨花板产量

资料来源：《中国林业统计年鉴（1978—2017）》。

　　近年来，中国的林产品出口主要为制成品类的深加工产品，包括原木、锯材、板材、家具和纸浆。家具与板材的出口大于进口，而原木，锯材和纸浆则是处于贸易逆差状态，与此同时，原木、锯材和纸浆 3 种林产品的出口额在减少且有逐渐变为全部依赖进口的趋势（见图 3 - 11）。据 FAO（2015）数据分析结果显示，中国主要木质林产品（不含木家具和木制品）贸易额在 2010 年超越美国，跃居世界第一，近年一直保持首位。2017 年中国进口木材合计（原木 + 锯材，原木材积）首次突破 1 亿立方米，达到 10849.7 万立方米，金额 1300 亿元，分别增长 15.6% 和 23.2%；其中进口原木 5539.8 万立方米，增长 13.7%，金额 650 亿元，增长 22.8%；进口锯材 3739.3 万立方米（锯材材积），增长 18.7%，金额 670 亿元，增长 23.7%（国家林业局，2017）。

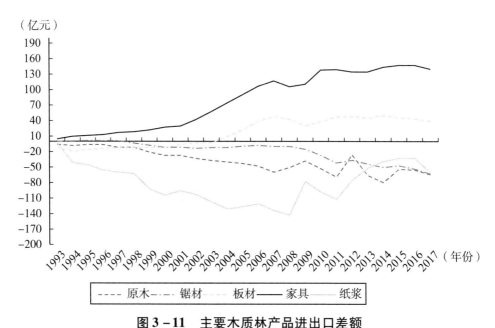

图 3 - 11　主要木质林产品进出口差额

资料来源：《中国林业统计年鉴（1993—2017）》。

　　由图 3 - 11 可知，板材的进口额在 2003 年以前多于出口额，2003

年以后出口额多于进口额。中国林产品主要出口贸易伙伴有美国、日本、英国、韩国、德国、加拿大、澳大利亚、马来西亚、越南等，中国林产品市场正在出现逐步分散态势。其中美国（除 2001 年外）一直是中国的林产品的第一大出口国，且市场份额基本保持在 20% ~ 30%。目前中国人工林出材率较低，不仅需要进口大量木材满足国内需求，还需进口部分资源满足对外贸易。初级加工产品所需原料供应不足，需从国外进口，在国内加工后又有部分初加工产品出口到国际市场，供需缺口存在且仍在拉大（国家林业局，1978—2017）。

3. 非木质林产品经济产业渐成体系

一般来说，凡是依托于森林环境所生产的除木材之外的其他森林相关产品及服务均为非木质林产品。根据 FAO 相关定义，将非木质林产品分为菌类、动物及动物制品类、植物及植物产品类和生态景观和生态服务类，主要包括干果、水果、山野菜、茶和咖啡、林化产品、木本油料、苗木花卉、竹及竹制品、药用植物（含香料）、珍稀濒危植物等（冯彩云，2001）。

受统计数据限制，各非木质林产品统计时间不一致，但总体来说，中国非木质林产品在 2000 年以来发展明显，在原国家林业局的倡导和支持下，集体林改后林下经济产业渐成体系。尽管水果、核桃与松脂及油桐籽自 1978 年开始统计，但当时产量微乎其微。由图 3 - 12 可知，中国水果、核桃、松脂产量从改革开放之初至 2017 年，分别同比增长3742%、2708%、327.7%，而油桐籽的产量基本和 1978 年持平，年平均产量约 40 万吨（国家林业局，1978—2017）。森林饮料和调料产品一直处于稳步增长状态（图 3 - 13）；木本药材在增长的过程中，受自然因素、经济因素和政策因素综合影响，2008 年和 2010 年有两个低谷；木本油料在 2007—2014 年缓慢增长，基本无太大变化，在扶持政策激励和产出周期作用下，2015 年有突飞猛进的增长，增幅达到 165%。森林食品方面则截然不同，其产量由 2004 年的 452.44 万吨减少至 2017 年的 384.10 万吨，其间在 2005 年达到一个峰值（422.85 万吨），2007 年又下降至一个低谷（230.49 万吨）后，缓慢发展但一直并未有较大的突破（国家林业局，1978—2017）。

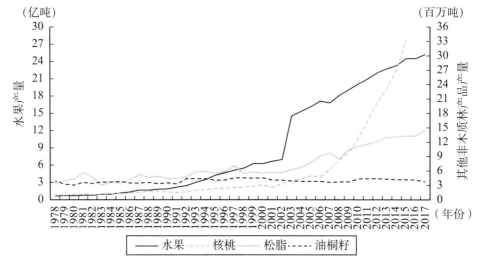

图 3 - 12   水果、核桃、松脂和油桐籽产量变化

资料来源：《中国林业统计年鉴（1978—2017）》。

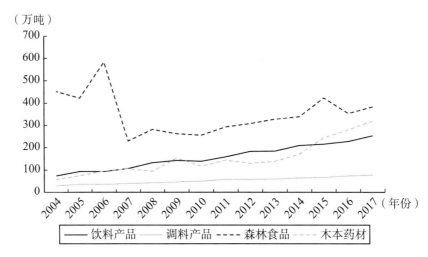

图 3 - 13   森林饮品、调料产品、森林食品和木本药材产量变化

资料来源：《中国林业统计年鉴（2004—2017）》。

中国非木质林产品近年来出口量屡屡增高。食用菌在云南省，继烟草、咖啡、蔬菜之后，成为第四大重要的出口创汇林下经济产业，在2014 年，实现食用菌产量 39.8 万吨、产值 100 亿元、销售收入 105 亿元，产品远销美国、法国、德国、荷兰、日本、泰国、新加坡等 40 多个国家和地区，出口创汇 1.16 亿美元，而咖啡出口创汇逾 4 亿元（李祉诺，2015）。木本中药材贸易稳定发展，2017 年中药材进出口总量31.45 万吨，同比增长 11%，进出口总额 14 亿美元（国家林业局，2017）。

中国非木质林产品发展迅猛，林产品逐步商品化和产业化，在全国基本形成完整的产业链。非木质林产品产业的发展，不仅促进了山区资源综合开发利用和有效保护，同时也为林农提供了生计来源和就业机会、促进了脱贫致富和乡村振兴，为中国国内和国际市场提供了丰富多样的产品，创造了巨大的产业收益和外汇收入。通过发展林下经济、木本油料、森林旅游、特色林果等绿色富民产业带动 5200 多万人就业。作为中国扶贫工作的一个主战场，林业充分发挥其生态产业优势，积极助力乡村扶贫。中国因地制宜特色扶贫，大力发展特色林果业，推行林下经济示范基地补贴，拓宽林业信贷资金和其他投资渠道等多种财政支持，以加快林果业发展，增加农民林业收入，推动脱贫攻坚。山区贫困人口纯收入 20% 左右来自林业，重点地区超过 50%。中国陆续在贫困地区选聘了 50 万名生态护林员，精准带动 180 万贫困人口增收脱贫（张建龙，2018）。

此外，发展林业生物质能源经济产业是应对能源危机和应对气候变化减少碳排放的重要举措。中国每年产生 2 亿多立方米的采伐、加工剩余物，同时林区还可生产抚育间伐材和薪炭材 2 亿多立方米，这些都为中国林业生物质能源产业发展提供了重要的原料基础。根据国家林业局编制的《全国林业生物质能发展规划（2011—2020 年）》，到 2020 年，建成能源林 1678 万公顷，林业生物质年利用量超过 2000 万吨标煤。林业生物质能源发展前景可观（国家林业局，2013）。

3.4 森林生态建设状况

改革开放初期，中国将林业定义为既是重要的基础产业，又是重要的公益事业。至 20 世纪 90 年代，林业被定义为生态建设的主体，中国确立了以生态建设为主的林业可持续发展道路。1998 年特大洪灾之后，中国政府果断做出了"封山育林、退耕还林、恢复植被、保护生态"的决策，决定在政策上和资金上对林业进行重点扶持。

众所周知，森林具有水源涵养、生物多样性维护、水土保持、防风固沙、固碳释氧等生态功能。经过改革开放 40 多年的发展，中国人民群众的需求结构发生了很大变化，由"盼温饱""求生存"的经济物质需求，转变为"期盼更多的蓝天白云、绿水青山，渴望更清新的空气、更清洁的水源"的生态产品需求和生态建设需求。为了更好地促进森林生态系统的修复、恢复和保护，充分发挥森林系统的生态服务功能，中国积极推动了森林公园、国家公园、自然保护区、风景名胜区等生态休憩场所建设，实施天然林保护工程、退耕还林还草工程、"三北"及长江流域等防护林体系建设工程、野生动植物保护及自然保护区建设工程、湿地保护与恢复工程、石漠化治理工程、京津风沙源治理工程等一系列林业重点生态建设工程，出台生态公益林保护措施及生态效益补偿政策等。

随着改革开放以来旅游业的萌芽并快速发展，森林公园及国家公园的建设应时而生。近年来，更是蓬勃发展。国家森林公园和国家湿地公园数量较改革开放初期有大幅度增加。截至 2017 年底，全国共建立森林公园 3505 处，规划总面积 2028.19 万公顷（国家林业局，2017）。2000—2017 年，全国森林公园的数量和总面积保持增长态势，但是可明显看出从 2007 年开始趋于放缓，由于国家开始强调可持续发展，更加注重森林公园的质量，且前一阶段数量和面积的高速增长，森林公园的数量和面积逐渐趋于饱和状态。从增速来看，2000—2007 年，增速基本维持在 7% 以上，且在 2002 年达到一个高峰值 21%，从 2007 年开始，增速基本处于 7% 以下，且缓慢下降状态。

森林公园在推动旅游业发展的同时，也为社会提供了就业岗位，促进社会福利的提升。截至 2017 年底，从事森林公园管理与服务的职工达 17.63 万人，导游人员 1.59 万人。2017 年全国森林公园创造的社会综合产值近 8800 亿元。柯水发等（2011）通过使用投入产出法进行测算，认为森林公园旅游业持续发展的就业前景可观。2011—2020 年森林公园旅游业的总体就业量为 512.1 万人，其中直接和间接就业量分别为 238.5 万人和 273.6 万人。

在自然保护区和湿地恢复方面，自 1956 年建立第一处自然保护区以来，中国已基本形成类型比较齐全、布局基本合理、功能相对完善的自然保护区体系。2001 年以来，中国自然保护区面积和个数呈现稳步增长趋势（见图 3-14），截至 2017 年底，共建立各种类型、不同级别的自然保护区 2249 个，其中国家级 375 个。自然保护区总面积达到 147 万平方公里，约占全国陆地面积的 14.84%。全国超过 90% 的陆地自然生态系统都建有代表性的自然保护区，89% 的国家重点保护野生动植物种类以及大多数重要自然遗迹在自然保护区内得到保护，部分珍稀濒危物种野外种群逐步恢复（国家林业局，2016）。

截至 2018 年，共修复退化湿地 7.1 万公顷，湿地保护率为 52.2%，已有 1699 处湿地公园推动湿地保护项目开展。保护野生动物和珍稀物种近年来已提上日程，并进一步加大保护力度。2015 年，国家林业局提出率先建立大熊猫、东北虎、东北豹、亚洲象、藏羚羊等几个物种国家公园的任务。中国第一个大型野生动物类型国家公园——西藏羌塘藏羚羊、野牦牛国家公园已在拉萨挂牌建立。

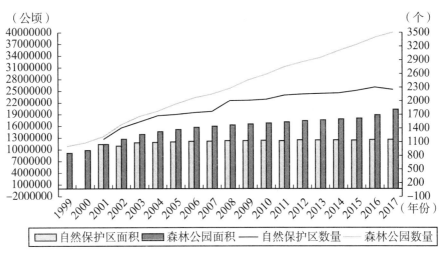

图 3 - 14　自然保护区发展状况

资料来源：《中国林业统计年鉴（1999—2017）》。

随着中国总体经济的增长，公众对环境服务的总体需求不断提升，生物多样性保护更加迫切，减缓气候变化以及特别是以森林为基础的休闲活动等森林服务需求增长非常迅速（Hyde & Yin，2018）。统计数据表明，中国用材林所占比例由第一次森林资源清查的 79.9%，下降到第八次森林资源清查的 33%，防护林的比例由 6.8% 上升到 48%；公益林与商品林的比例由 7.4∶90.1 变为 56∶44，表明森林的功能由木材生产到生态效益和经济效益并重，再到如今的生态建设和生态效益优先（见图 3 - 15）。中国高度重视生态公益林保护，出台了《国家级公益林管理办法》《国家级公益林区划界定办法》《中央财政森林生态效益补偿基金管理办法》等系列法规政策，不断提升生态效益补偿标准（国家林业局，2017b）。2004 年，中央财政正式建立了森林生态效益补偿基金，2010 年，国家将权属为集体和个人的国家级公益林补偿标准由每亩每年 5 元提高到 10 元，2013 年提高到 15 元；2015 年将权属为国有国家级公益林补偿标准由每亩每年 5 元提高到 6 元，2016 年提高到 8 元，2017 年进一步提高到 10 元。生态效益补偿制度和政策体系日趋合理（国家林业局，2018c）。

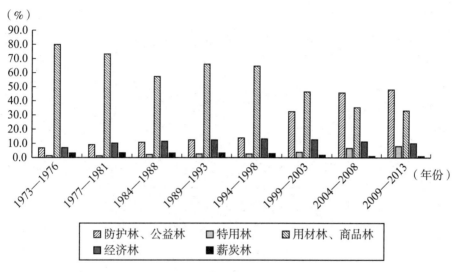

图 3 – 15　中国林种比例变化

资料来源：历次森林资源清查数据，http：//www. forestry. gov. cn/data. html。

在森林植被恢复与保护方面，中国陆续开展多项林业重点工程进行造林。改革开放 40 多年来，中国造林面积的变化受国家林业政策影响很大，退耕还林、天然林保护工程等六大林业重点工程是推动森林面积增加的主要原因（Rezelle et al. ，2003）。中国退耕还林工程自 1999 年启动以来，累计造林 4. 47 亿亩（2980 万公顷），工程区森林覆盖率平均提高 3. 6 个百分点；天然林保护工程实施 20 年，19. 44 亿亩（约13000 万公顷）天然林得到有效保护。人工造林面积与林业重点工程造林面积变化趋势基本一致（见图 3 – 16）。未来，中国将继续推动对所有类型森林进行可持续管理，停止毁林，恢复退化的森林，大幅增加全球植树造林和重新造林。

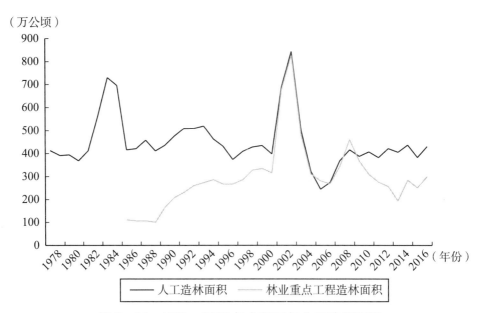

图 3-16　1978—2017 年中国历年人工造林面积

资料来源:《中国林业统计年鉴（1978—2017）》。

2003 年新一轮集体林权制度改革据此提出深入完善林业产权制度，依法治理林业产权，通过林业新"三定"明晰财产关系，完善林业法律体系，做到有法可依，调动农户投入林业的积极性，通过规范政府行为来保护产权行为。2017 年，全国共审核审批建设项目使用林地 3.37 万项，使用林地面积 17.89 万公顷，收取植被恢复费 274.76 亿元。林地审核审批管理进一步规范。集体林地承包经营纠纷调处完成了集体林地承包经营纠纷调处考评工作，有力地推进了纠纷调处工作，从源头上减少纠纷隐患，促进了林区和谐稳定。中国不断提升森林公安机关办案能力和民警执法水平，进一步规范和加强森林公安治安、刑侦和法制工作，林地案件损失情况有所缓解，林木案件数量减少，损失情况同比降低。2017 年，全国共发生林业行政案件 17.33 万起，较 2016 年减少 2.33 万起，下降 13.44%，继续呈现下降趋势；查结 16.69 万起，破案率为 96.31%（国家林业局，2017）。

在森林防火、病虫害防治等森林治理方面成就明显。改革开放至今 40 多年间全国森林火灾数据，全国共发生森林火灾 383376 次，平均每年发生 9584 次。受多年不遇的春旱影响，火灾发生率 2003 年最高，而后国家林业局相关部门高度重视森林防火治理，发生率不断下降，2017 年一般火灾 1340 起、较大火灾 693 起、重大火灾 1 起，森林火灾受害率约为 0.06‰。在森林病虫害防治方面形势仍然较为严峻，全国病虫鼠害平均每年发生面积 9330.4 千公顷，发生率为 5.6%，每年大约有 5.6% 的森林遭受病虫鼠害。病虫鼠害防治面积均值 58.31%，最大值 76.78%，最小值 32.27%，防治面积虽然跟 40 多年前相比有一定程度的增加，但是森林生物灾害发生的面积也在增加，不过在森林鼠害和有害植物防治方面一直控制良好，改革开放以来平均防治率约为 67%，近年来仍不断提高，取得较大成就（国家林业局，1978—2017）。

3.5　林业发展的驱动因素分析

改革开放 40 多年来，中国林业所取得的突出成就是受多种因素共同驱动实现的。当前中国正处于城市化进程之中，中国的"三农"（农村、农民、农业）也处于不断的变革、调整变化之中，这些都会对中国的林业生产经营产生直接或间接的影响。同时，中国不断推进市场化改革，促进了市场发育和市场开放，激活了林业生产的要素市场，推动了林业资源的市场化有效配置，提升了林业生产力。随着市场经济体制的不断深化，国际市场开放程度的不断提高，为林业发展提供了更为广阔的天地。特别值得一提的是改革开放以来持续推进的集体林权制度改革和国有林权制度改革，通过调整林业生产关系，解放、释放和发展了林业生产力，直接驱动了中国的林业发展。当然，林业发展最内生的驱动力量，是来自于林业生产要素的投入，特别是林业资金资本的投入、林业生产建设政策的出台和科技进步的贡献等。总之，在市场化改革的拉动下，在城乡社会发展力量的推动下，在林权制度改革和生产要素投入的内在驱动下，中国林业发展之车继续前行如图3－17所示。

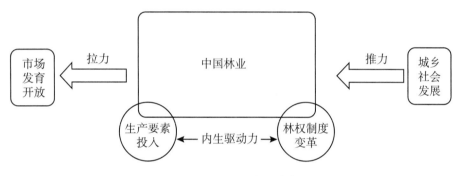

图3－17　四力驱动因素框架

1. 城乡社会发展变革因素

40多年的城镇化，使得中国的城镇经济高速增长，产业结构持续升级；使得中国的城镇人口惊人聚集，市民生活发生了质的变化；使得城镇空间快速扩张，城镇环境日新月异。森林为人类提供食物、薪柴和人类为自身发展利用森林是二位一体的。农牧社会中，人口压力使得毁林开荒和辟林放牧成为普遍选择，工业社会资源需求高涨也对森林形成巨大压力（关百钧，1987）。徐晋涛等（2004）的研究指出，农业人口密度的加大会增加森林的资源压力，同时也会加快国有森林资源的消耗。然而随着经济社会的发展，尤其是科技水平的提高，人类与森林的关系，从盲目破坏与浪费逐步转向自觉的保护。

改革开放以来，中国城市化进程加快，城市化作为衡量一个国家现代化水平的标准，是每个国家不断追求的目标。起初，城市化促使农村劳动力不断转移到城市，农村出现空心化状态，李凌超等（2018）通过建立 GMM 模型实证分析得出中国落后农村劳动力迁出对森林面积有较为显著的负向影响，而改革开放以来沿海经济较发达地区作为劳动力是迁入地是由于吸引大量内陆地区劳动力转移就业，减少了对劳动力迁出地区森林资源的压力，对中国森林质量的提高产生重要的积极影响。臧良震等（2014）运用状态空间模型分析方法实证分析证明林业第一产业中的内部各个行业可以摆脱劳动力富余的压力，有利于林业产业结构的调整和升级。过去 40 多年来，劳动力市场的不断改善、非农就业机会的增加，有效地促进了人工林的发展；经济的发展和人均收入水平的上升对天然林的保护和发展起到非常积极的作用（危结根等，2005）。印度的经验也表明，并非是农业生产力的提高和工资的上升引致森林面积增长、收入增长，人口增加所带来的森林产品需求的提高才是主要原因（Foster et al.，2003）。但是随着工业文明带来的一系列的污染，城市居民由单一地追逐经济利益逐步转化为追求生态健康和生态美学的追求，城市居民要从现代水泥建筑里走出来，渴望寻找到一个全新的环境中，以实现与自然交流、与历史交流、与文化交流。尤其近年来，收入水平的提高不仅加快了农村居住环境的改善，还促使城市居民消费观念的转变，城市居民下乡旅游人次逐年攀高，加之一系列火爆乡村旅游综艺节目更为"乡村游"热风靡一时增添契机。其当社会发展进入生态文明阶段后，人类保护森林、维护生态系统平衡的意识和努力也臻于极致。

2. 林权制度改革因素

中华人民共和国成立以来，中国集体林区围绕农民与集体林权关系进行了数次调整变革，一直在探索"分与统""放与收"的林业管理和经营模式。目前，已有 27 亿亩集体林地明晰了产权，赋予了农民财产权。刘燦、吕金芝（2007）对集体林权制度改革进行了回顾和分析，认为集体林产权制度是发展林业和提高农民收入的前提，产权的明确与清晰是集体林业发展的前提和必要条件。世界产权与资源组织总裁安迪·怀特评价说，中国集体林权制度改革是世界林业史上最大规模、最具影响、最有成效的改革。

随着改革开放的推进，家庭联产承包责任制的成功开启了改革开放以来的第一轮林权制度改革。《关于保护森林发展林业若干问题的决定》出台稳定林权、划定自留山、确定林业生产责任制。20 世纪 80 年代初的"分林到户"与预期效果相悖后，又要求集体林中凡未分配到户的不得进行分配，由林业部门统一收购。为进一步向农民赋权，强化农民致富能力，2003 年中央政府展开了新一轮的林权改革以明晰产权，承包到户，推动森林、林木和林地使用权流转。与此同时，中国对国有林区和国有林场进行制度改革，逐步推进国有林区政企分开，因地制宜实施具体措施，逐步形成精简高效的国有森林资源管理机构，明确林权归属问题，保障林场职工福利（晏世和等，2011）。

尹润生（Yin，2002）从制度经济学的角度回顾了 20 世纪 80 年代以来中国农村林业部门制度变迁的影响，证实了产权和市场化作为制度创新推动了林业生产率的提高和林业经济的发展。刘燦、吕金芝（2010）分析了中国造林面积动态变化，发现其变化与林业产权制度变革基本吻合，森林资源的变动尤其是重大拐点在很大程度上受到政府行为的影响。刘大昌（Liu，2001）回顾了 1950 年以来非国有林的产权管理变迁，认为从长远来看频繁的产权变化对于森林管理和农民的生计有超出预料的消极作用。为恢复遭受"大跃进"及"文化大革命"被破坏的大量森林植被，中国在《森林法》中明确建立起森林采伐限额管理制度（Forest Logging Quota Management System，FLQMS），虽然统计数据显示，第四次森林资源清查较之前有显著改善，但究其根因仍待商榷。田明华等（2003）认为 FLQMS 体现了森林可持续经营理念，理论上能够有效地保证了森林资源的"双增长"，但也有部分学者认为退耕还林、天然林保护工程等六大林业重点工程是推动森林面积增加的主要原因（Rezelle et al.，2003）。但是，在四川地区天然林禁伐实施到位，则禁限伐政策通过对采伐行为实施高强度的限制确实能起到保护森林资源的作用（Bearer，2008），自采伐限额和禁伐令实施以来，无证采伐和超额采伐等滥砍滥伐现象仍屡屡发生（Qin et al.，2013），加之管制失灵，某些地区的森林覆盖率不增反降，主要是在国有林区内尤甚（Xu et al.，2000）。

2008 年《关于全面推进集体林权制度改革的意见》的出台标志着林权改革在全国范围展开，具有划时代的重大意义。集体林产权制度改革明晰产权为林农林业生产投入提供了一个前提条件——良好的产权环境（朱莉华等，2017），通过确权和放活经营能够极大地增强农户种植林木的意愿（刘珉，2011），与此同时，对当年造林面积有显著积极影响（Juan Chen et al.，2013）。豪斯特（Horst et al.，2006）也认为，中国林业家庭经营模式有益于林业经济增长与环境改善双重目标的实现。但是，由于林权改革政策的频繁变动及一些不合理的制度安排，林权改革的效果会受到严重的负面影响（Sen Wang et al.，2004）。例如，南方林权改革对林地增加有一定的积极影响，但受制于采伐限制等制度约束，林权改革对木材采伐量并没有产生积极效果；而集体林权制度变迁所导致的不确定性，显著地影响了农民造林与森林经营的积极性（Yaoqi Zhang et al.，2000）。

而在国有林权制度改革方面，由于长期的过度采伐和管理体制不完善，重点国有林区于 20 世纪 80 年代末出现了"森林资源危机、企业经济危困"的"两危"局面，国有林区可采资源已近枯竭、森林质量下降、生态系统退化、民生问题突出，严重削弱了生态安全保障能力，全面深化国有林区改革，促进国有林区转型升级势在必行。国有林区自改革开放以来，一般在实践中积极探索国有林区及国有林业企业改革之路，通过转换经营机制，努力实现"政企分开"。从 2014 年 4 月起试点实施的重点国有林区全面停止天然林商业性采伐政策，2015 年《国有林区改革指导意见》和《国有林场改革指导意见》相继出台，确定保护区分不同情况有序停止重点国有林区天然林商业性采伐，确保森林资源稳步恢复和增长。这是中国自 20 世纪 80 年代森林采伐限额制度实施以来再次针对森林采伐进行的重大制度设计和调整，也是中国进入"五位一体"建设期后，专门针对林业从森林资源恢复和国土生态安全保障层面，对党的十八大提出的生态文明建设的新实践。国有林场和国有林区的改革切实保护了中国国有林的森林资源，大大减少了森林资源蓄积消耗，生态保护成效不断提高。努力推动政企分开和社会管理渠道，确保森林资源管理和经营职责清晰，逐步推动林区经济社会发展依托资源，面向市场，融入地方，更加突出林区经济社会发展的包容性。但与此同时，全面停伐和体制改革势必对 2014 年以前依托天保政策建立的林区企业、居民社会福利给付和保障体系造成"冲击"。虽然在短期内可以依靠国家财政补贴进行短期过渡，但林区社会福利体系的连续性和稳定性受到影响，制度稳定的正外部效应受到削弱（朱震锋，2016）。

3. 市场开放因素

20 世纪 70 年代末以来，林业在改革开放浪潮中为理顺产权关系、构造林业市场体系、重构政府职能不断努力，中国的林业市场化随整个国家的市场化进程同步演进。中国分步分阶段推进林业市场化改革，从认识市场化、接受市场化、培育市场化、至建立市场化，深化和健全市场化，市场化进程有条不紊。市场发育水平会对森林资源及林业发展有不可忽视的影响（危结根等，2005）。随着时间的推移，我国的林业市场化政策趋向不断强化，由承认市场机制到建立市场机制，再到充分发挥和主要依靠市场机制。改革开放初期，林业与国家一样率先从打破原有体制切入，推动价格市场化，由木材流通体制改革开始逐步改变统购统销市场到全面开放林业市场；社会主义市场体制建立后，林业行业紧跟国家政策形势，进一步推动要素市场化，由政府完全补贴到盘活民间资本，吸纳各方资金进入；中国林业发展顺应经济全球化趋势。在加入WTO 后，继而加快森林认证步伐，坚持全方位对外开放，大力"引进来"和"走出去"，推动林业市场国际贸易化，利用外资从无到有，从单一到多元。在市场体制深化期间，非公有制经济蓬勃发展，新型林业经营主体不断壮大，政府简政放权，行政干预减少，市场机制得到持续强化。

改革开放 40 多年来，主要聚焦在两点：一是赋权于民；二是市场化。林毅夫（1998）认为市场化是造成东部、中西部经济发展差距的主要原因，在于利用市场和发展机会的差距上；王立平等（2005）和樊纲等（2011）通过对中国经济增长进行时间序列等实证研究分析得出市场化主要是通过要素配置、价格机制和产品流通等路径对经济增长有显著贡献。从 1985 年起，中国的集体林区开始取消木材统购，开放木材市场，允许林农和集体的木材自由上市，实行议购议销。1993 年，全面推行林价制度，改革营林资金管理体制，并在北京成立中国第一个国家木材和林产品交易市场，推动了林业产品市场化。1994 年工业生产资料价格双轨制基本取消。1995 年出台《林业经济体制改革总体纲要》允许"四荒"使用权有偿流转，允许通过招标、拍卖、租赁和抵押等形式使得森林资产变现。中国林业资金的利用，尤其是在外资上，已经形成了全方位、多层次、宽领域的开放格局。国家发展和改革委员会于 2016 年联合国家林业局发布了《关于运用政府和社会资本合作模式推进林业建设的指导意见》，林业 PPP 的实施拓宽了中国林业融资渠道，作为一个新杠杆撬动中国林业市场的新发展。2007年，国家林业局和中国建设银行股份有限公司联合印发《关于推动全国林业产业投资基金业务工作的通知》，这是中国首次组建全国性林业产业投资基金，这将有利于高效配置林业生产要素和进一步激活市场活力。目前，中国林业市场初步具备了能够进行资源配置的完整形态，拥有独立的资源配置功能。产品的国际贸易拓宽了产品消费市场，带动了当地产业链，提供了更多就业岗位，促进了国内经济的飞速增长（吴利军，2018）。从1999年起，中国为了促进木材国际流通，实行了一系列包括零关税在内的优惠税收政策。中国加入 WTO 后，国家林业局正式成立中国森林认证工作领导小组，推动林产品对外出口贸易。目前，中国的林产品国际贸易进出口总额处于比较稳定的状态，开始出现贸易顺差，且贸易顺差额在增加。

4. 生产要素投入因素

中国林业的发展离不开资源、资金、劳动力、生产组织、管理创新、技术进步和一系列林业生产建设扶持政策等诸多要素的投入。例如在生产组织建设方面，中国目前已成立各类新型林业经营主体25.42万个，经营林地面积5.29亿亩（国家林业和草原局，2018）。国家林业相关部门指导各地大力培育新型林业经营主体，采取多种方式兴办林业专业合作社、家庭林场、股份合作林场等，强化服务管理和加大扶持力度，促进林地适度规模经营。

在林业投资方面，改革开放以来，林业投资完成额持续增加（见图3-18）。尤其是在经济下行的形势下，通过国家公园体制试点、国家森林公园、国家湿地公园和珍稀濒危野生动植物保护补助项目渠道，2017年中央财政对林业投资新增10.34亿元。2017年，全国林业建设资金投入稳步增长，累计完成林业投资4800.26亿元，与2016年相比增长6.45%。其中，中央和地方财政预算资金2259.23亿元，占全年完成投资的 47.07%。用于生态建设与保护的投资为 2016.29 亿元，占全部林业投资完成额的 42.00%；用于林业改革补助、林木种苗、森林防火与森林公安、林业有害生物防治等林业支撑与保障的投资为 614.35 亿元，用于林业产业发展的资金为 2007.76 亿元，其他资金 161.86 亿元，在当年完成林业投资总额中占比依次为 12.80%、41.83% 及 3.37%（国家林业局，2018）。中国高度重视林业产业发展和投融资体制改革工作，建立起林业产业投资基金库，以龙头企业为带动，以产业园区为依托，推动具有新技术、新产品特性和促进第一二三产业融合发展的项目的发展。

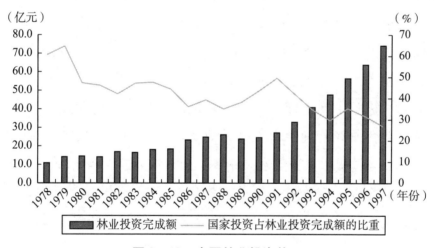

图 3－18　中国林业投资状况

资料来源：《中国林业统计年鉴（1978—1997）》。

凯恩斯认为财政投资是促进一个国家经济发展水平的重要直接因素之一，林业投资是林业建设中的重要方面，对林业产业发展、生态建设发挥着关键作用。林业作为公共品，具有一定的公共物品属性和外部性，因而国家财政公共投资支持成为林业发展过程中的重要支撑和保障。改革开放以来林业投资是与林业发展战略相伴而行的（刘珉，

2011），中国政府采取的大规模营林公共投资是森林面积恢复最主要的原因（李凌超，2018）。1978 年以来，国家林业财政投资大幅度增加，总投资保持稳步快速增长，受到林业重点工程的影响，国家林业财政投资占林业总投资的比重整体呈"U"形曲线变化，局部呈"W"形曲线变化（刘珉，2011）。中国绿化基金会于 1984 年 3 月成立，通过多种形式和渠道，筹集绿化资金。另外，1984 年 11 月，中国政府与世界银行正式签署贷款协议书，世界银行向中国政府提供 4780 万个特别提款权（special drawing right，SDR）的贷款，用于支持中国的林业发展项目，开创林业利用外资的先河。中国林业投资随森林经营管理目标的变化也在改变，林业投资是从以国家财政投入为主、重点森工投资，到国家财政投入比重逐渐降低、多种投入方式相结合，森工、营林并重，再到国家财政以提供全国性公共物品、大力支持林业重点公共工程为主，社会资本积极投入，以生态建设为中心的林业投资格局。社会资本参与林业建设，有效缓解了林业建设资金不足问题，加快了林业建设进程。同时，把现代企业经营理念引入到林业生产管理中，更新了传统造林观念，为林业建设提供了新的发展路径。社会资本进入林业后，一些经营主体采取"企业＋合作社＋基地＋农户"经营模式，农民既有土地租金收入，又有务工和分红收入，有效带动了精准扶贫和农民增收。

3.6　林业发展经验

中国林业的改革发展不仅吸收了西方市场经济体系自由分权思想，但也适度融合了中国传统公有经济的集权配置特点，走出了一条中国特色的混合林业改革发展之路。中国的林业改革发展模式为国际社会提供了重要参考样本。总结中国的林业改革发展进程，有如下经验可供他国借鉴。

1. 顶层设计与基层实验相结合

坚持顶层设计和基层实验相结合。所谓顶层设计，第一是要明确大的方向，在全面深化改革要去把握好时代发展脉搏，第二是划定好范围，在圈内活动，不得出界限与大方向背道而驰。余下的事情在这个范围内还是要靠基层实验，因为改革本身就是创新，创新是一个试错的过程，一定要有大量的基层实践才能找到真正惯用的符合实际的方法。回顾 40 多年的历程，很多地方重大的政策变革和调整，最初并非来自顶层设计，而是来自基层干部和农民群众的自发探索。尤其是林业是一个深入农村的产业，而农村是一个比较特殊的领域，分布广阔、人口众多，由于地理位置、资源禀赋、生产要素、文化传统和生活方式各有千秋，相互之间便呈现出很多不同甚至天壤之别，基层实验显得更为重要，只有实践才能出真知，是检验真理的唯一标准。为撬动金融资本和社会资本投向农村林业，林业产业基金的建立就是顺应十九大金融创新要求，整合社会资源，拓宽融资渠道。将林业产业资本和资本市场融资二者有机结合起来，为林业产业化提供巨大的资金支持，对我国现阶段林业产业转型发展具有重要意义。

2. 市场机制与政府调节相结合

在市场化不断深入的大环境下，要充分发挥市场在资源配置中的基础作用，但是林业受其特性影响，导致市场在某方面失灵，依靠市场机制不能有效得解决这些问题，需要政府在市场配置资源的基础上，采取一定的政策手段加以宏观调控。将市场机制与政府调节相结合，政府作为主体，着眼于经济运行的全局，运用经济、法律和必要的行政手段，对林业资源的配置从宏观层次上所进行的调节和控制。同时，政府需要界分与市场、林业社会组织之间的行为边界，在充分尊重市场配置资源的基础性作用、尊重农村林业自主管理的基础上，合理进行宏观调控和正确引导。基于林业市场化发展趋势以政府为主体，构建城乡一体化的基本公共服务体系，创新农村社会管理体制，重构政府行政管理体制。因此，动态协调政府与市场的关系至关重要，政府有所为有所不为，在市场化进程中致力于减少政府对林业生产经营的直接干预，简政放权和公平赋权，规范政府的干预行为，激励林业市场经营主体做出理性的经营行为，而在市场失灵时，又可以充分发挥集权政府的调控能力。

3. 内部改革与外部开放相结合

经过长期努力，中国特色社会主义进入新时代。在新时代，林业部门在继续不断推动集体林权制度改革和国有林区、国有林场改革的同时，要扩大林业对外开放，统筹利用国内外两种资源两个市场，带领林产品"走出去"。调整优化林业生产结构，提高林木产品质量，打造自主品牌。坚持"引进来"和"走出去"相结合，实施优进优出战略，积极参与全球林业治理。坚持引资与引技、引智并举，并加快培育林业发展新动能，推动农业转型升级。

4. 系统改革与重点改革相结合

"全面深化改革"不是一蹴而就，要坚持系统论与重点论的统一，将系统改革与重点改革相结合。在对全国林业进行系统性改革，抓住以生态文明建设为主体进行全面改革时，其中集体林权制度、国有林区、国有林场及国家公园体制试点四项改革，是林业重点改革任务。当前，林业改革已进入攻坚阶段，要敢于在关键领域寻求突破，大胆创新产权模式，拓展集体林经营权权能，健全林权流转和抵押贷款制度，从而吸引更多资本参与林业建设。同时要重点推行集体林地"三权分置"改革，完善集体林业社会化服务体系，加快培育新型林业经营主体，促进多种形式的适度规模经营。

5. 主体改革与配套改革相结合

集体林权制度改革方面，在围绕清晰产权不断完善主体改革的基础上，还要同步推进配套改革，做好林权抵押贷款，积极培育林业新型主体。创新林业融资渠道，放宽贷款门槛，建立健全林业社会公共服务体系，切实转变政府职能，提高服务水平和效率，积极给予基层林业科技支持。包括国有林区改革方面，也要加快配套政策的落实。除此之外，要因地制宜做好林业产业规划，推动当地林业旅游业基础设施建设，强化配套支撑。

6. 林业生态与林区民生相结合

"生态"和"民生"作为林业发展的关键词要举头并进，在重视林业生态效益的同时，不能忽视林区民生问题，要重视林区民生福祉的保障。虽说改善生态环境、实现生态良好是林业最重要、最核心的任务，但是不断满足日益增长的民生需求也是林业发展的根本要求，生态和民生是林业的一体两翼。一方面，林业要不断提高改善生态环境的能力，满足全社会的巨大生态需求；另一方面，林业要为改善林区民生，尤其是国有林区禁伐后，要尽快转型升级以确保林农群众和林业职工福祉，实现生活美好和生活富裕。

7. 渐进改革与在动态平衡相结合

改革是一个循序渐进的过程。要稳步推进改革，稳增长，促进平衡发展，不能厚此薄彼，实现动态平衡。包括在集体林权制度改革和国有林区林场改革过程中，在注重生态发展的同时，兼顾考虑林区的持续发展，林区人民的长期福利。

8. 将林业改革与其他社会变革相融合

林业作为国民经济支柱产业之一，要顺应时代潮流，抓住社会变革大契机，将林业改革与社会变革相融合。回顾改革开放 40 多年，林业变革与社会变革是同步进行的，无论是市场化的改革和深化，还是产权制度的明确与赋权于民，林业改革政策都紧随国家大政方针而设。在乡村振兴战略如火如荼进行的过程中，林业要发挥其优势，助力乡村振兴，深化集体林改，完善集体林权制度，既是服务乡村振兴战略大局的必然要求，也是乡村振兴战略的重要组成部分。

3.7 存在问题

总结40多年来中国林业发展状况，我们不难发现有如下变化：由资源过度利用转向资源保护；由毁林开荒转为退耕还林；森林采伐由天然林为主转向以人工林为主；由木材经济转向与非木质经济并重；对森林生态效益的使用由无偿转为有偿；由部门办林业转为全社会办林业；由数量发展转向质量发展；由经济效益为主转向多效益并举；由计划经济配置为主转向以市场经济配置为主等。然而也在森林资源质量、森林采伐政策、产业质量提升等方面存在着一系列尚待解决的问题。

1. 森林质量亟待提升

由八次森林资源清查数据可知（国家林业局，2014），单位森林面积蓄积量的增长甚微，且在第三、第五和第七次清查有所下降，森林数量提高，森林质量无明显变化和提升，森林质量问题值得关注。中国森林覆盖率远低于全球31%的平均水平，人均森林面积仅为世界人均水平的1/4，人均森林蓄积只有世界人均水平的1/7。尽管目前中国每公顷森林蓄积量为89立方米，但数据显示这仅相当于林业发达国家单位面积森林蓄积的1/4~1/3，仅相当于世界平均水平131立方米的69%。人工林每公顷蓄积量只有52.76立方米。林木平均胸径只有13.6厘米。龄组结构依然不合理，中幼龄林面积比例高达65%。林分过疏、过密的面积占乔木林的36%。林木蓄积年均枯损量增加18%，达到1.18亿立方米。中国长期以来只注重造林，但是忽略对森林后期的经营抚育管理，森林质量仍旧较差。因此，应加强抚育经营，促进林种优化，结构改善。积极推进多功能近自然森林经营，促进培育健康稳定优质高效的森林生态系统。

　　尽管中国的森林资源结构呈现出针叶林减少、阔叶林和针阔混交林逐步增加的趋势如表 3－1 所示，但全部森林中质量好的森林仅占 19%，中幼龄林比例高达 65%，混交林比例只有 39%，与良好健康的森林要求混交林比例 60% 以上差距较大。天然林中有 51% 是纯林，人工林中有 85% 是纯林。每公顷森林年生态服务价值仅相当于德国、日本的 40%。木材供给和储备能力不高，现有用材林中可采面积仅占 13%，可采蓄积仅占 23%，可利用资源少，大径材林木和珍贵用材树种更少，木材供需的结构性矛盾十分突出。中国成为全球最大木材进口国和第二大木材消耗国，木材储备欠账严重，总量不足，树种单一，结构失衡，年供给缺口 2 亿~3 亿立方米（王钰，2018）。

表 3－1　　　　　　　　　　　森林资源结构比例变化

年份	针:阔:针阔的比例（%）
1994—1998	51:48:01
1999—2003	47:50:03
2004—2008	39:52:09
2009—2013	37:55:08

　　资料来源：历次森林资源清查数据，http://www.forestry.gov.cn/data.html。

　　2017 年，中国完成森林抚育 885.64 万公顷，退化林修复面积 128.10 万公顷，与 2016 年相比，分别增长 4.19%、29.25%。林种、树种结构进一步优化，新造和改造混交林面积 155.58 万公顷。历次清查结果显示，天然林和人工林的蓄积量呈持续增加态势，但增幅有限如图 3－19 所示。根据第八次森林资源清查数据显示，中国人工林单位森林面积蓄积量（35.99 立方米/公顷）为天然林单位森林面积蓄积量

（91.04 立方米/公顷）40% 左右（国家林业局，2018b）。应该有针对性地加强国家木材战略储备，同时提高森林经营管理水平，解决中国木材紧缺情况。除此之外，对于天然林的保护应以抚育经营管理，提升森林质量为主，而非强制性圈地禁伐。中国的林地管理不善，导致林分质量低，增长速度快，生态系统功能薄弱。因此，如何更有效地管理国家的林地和森林值得进一步关注（Hou，J.，2019）。

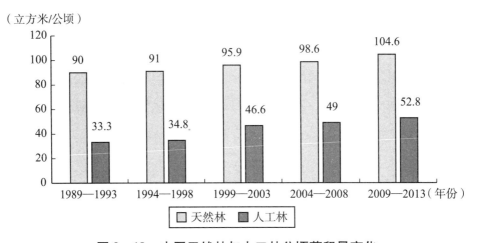

图 3−19　中国天然林与人工林公顷蓄积量变化

资料来源：历次森林资源清查数据，http：//www.forestry.gov.cn/data.html。

2. 森林资源停伐及配套政策有待完善

作为国家重点大规模开发国有森林资源的重点区域之一和国家森林资源战略储备基地，东北国有林区数十年的森林采伐为国家经济建设以及原始资本积累做出巨大贡献，东北国有林区总面积 3.30×10^5 平方公里（3.30×10^7 公顷），林地面积 2.93×10^7 公顷，森林覆盖率 79.38%，林地利用率达到 89%，比全国平均水平的 73% 高 16%；森林面积 2.60×10^7 公顷，森林蓄积 2.60×10^9 立方米，分别占全国的 13% 和 18%（栗晓禹，2017）。

由于长期的过度采伐和管理体制不完善，重点国有林区于 20 世纪 80 年代末出现了"森林资源危机、企业经济危困"的"两危"局面。特别是近年来，国有林区面临着过度依赖木材资源而陷入资源优势陷阱的危机（朱震锋，曹玉昆，2017）。2015 年《中共中央关于制定国民经济和社会发展第十三个五年规划的建议》提出"完善天然林保护制度，全面停止天然林商业性采伐"。2017 年实现全面停止天然林商业性采伐，使得 29.66 亿亩天然林进入真空状态，天然林资源彻底由采伐利用转向全面保护。

当前中国政府正将大量林区划定为自然保护区，实施禁伐禁入政策，由此带来的是天然林的野蛮生长与资源浪费，林区森林资源无人管护、质量下降，生产树种与实际需求相悖，造成林产工业的结构性资源缺乏。忽视社区的管理能力，切断人与森林之间的良好互动关系以及全面放弃经济发展需求使得中国森林资源只有数量的增长，而没有质量的提升。

在全球森林锐减的局面下，中国森林净面积在 1990—2015 年增长 0.75 亿公顷（FAO，2015），在森林数量上拉动了全球的平均水平。但中国森林资源的增长来源于一刀切式的禁伐保护措施，在前期林区森林生态经济绩效改善趋势发展较快，但有放缓趋势（李朝洪，赵晓红，2019）。受出材率大幅度下降影响，虽然林木采伐总量下降了 6.84%，但采伐发生面积却增加了 34.12%，因而中国森林生态系统稳定性差，低质化、低效化问题日益突出，森林质量不高成为制约林业高质量发展的最大短板之一。

国有林区全面禁伐政策实施以后，这种圈地禁伐在短期内能够提高森林面积，增加森林蓄积量，但是若干年后森林质量如何不得而知。东北国有林区森林资源质量正在逐步得到恢复。与第五次森林资源清查结果相比，森林蓄积量由 86.4 立方米/公顷增加到 100.54 立方米/公顷，增长了 15.91%；林分平均郁闭度由原来的 0.56 增加到 0.61，增加了 8.93%，但其平均蓄积量却低于全国天然林 104.62 立方米/公顷的平均水平，乔木林平均胸径比全国天然林平均胸径 14.10 厘米低，仅为 13.20 厘米，用材林中小径材比例达到 45%；特别是大兴安岭林区，乔木林平均蓄积量只有 77.46 立方米/公顷，平均郁闭度为 0.50，平均胸径为 11 厘米，用材林平均蓄积量不足 70 立方米/公顷，质量堪忧（栗晓禹，2017）。

作为木材原材料的重点国有林区包括大小兴安岭和长白山等林区，在 20 世纪 90 年代承担了中国一半以上的木材年产量，导致质量较高的天然林大部分已被商用殆尽，优质森林资源枯竭（Hyde，W.，Yin，R，2019）。另外，中国人工林的发展同样面临经济发展与环境保护的抉择困境。桉树等速生经济树种的大量种植一方面满足了经济增长的需求，但是其消耗的大量水资源与土壤肥力，与其后期的经济产出之间无法达到利益平衡。人工林产出效率低下成为阻碍中国经济树种发展的重要因素。

在天然林禁伐与人工林质量不佳的双重影响下，中国成为第一大木材进口国。2017 年进口木材合计（原木 + 锯材，原木材积）超过 1 亿立方米，占到国内生产量的 63%，与 2016 年相比增幅在 20% 左右，中国对于木材越来越依赖进口，木材安全问题和国际毁林压力逐渐显露（国家林业局，2017）。中国林地生产力低，森林每公顷蓄积量只有世界平均水平 131 立方米的 69%，人工林每公顷蓄积量只有 52.76 立方米。林木平均胸径只有 13.6 厘米。龄组结构依然不合理，中幼龄林面积比例高达 65%。林分过疏、过密的面积占乔木林的 36%。林木蓄积年均枯损量增加 18%，达到 1.18 亿立方米（国家林业局资源司，2014）。因此，进一步加大投入，加强森林经营，提高林地生产力、增加森林蓄积量、增强生态服务功能的潜力还很大。

若只是简单地圈地保护，长时间禁止任何采伐，不加以管护抚育，使有些森林的林木密度越来越大，透光度大大降低，若干年后林区内所存大量的质量不高的天然林以及树种结构单一、出材率更低的人工林无法提供充分的生态服务，也难以实现其经济价值。简单地全面禁伐给国内木材供给带来了新的问题，随着中国经济规模进一步扩大，森林有效供给与日益增长的社会需求的矛盾愈加突出，使中国木材对外依存度和进口集中度将上升，目前对外依存度约为 50%（国家林业局资源司，2014），现有用材林中可采面积仅占 13%，可采蓄积仅占 23%，可利用资源少，大径材林木和珍贵用材树种更少，天然保护区木材产量将呈下降趋势，木材供需的结构性矛盾十分突出，这将对未来木材安全形势造成压力。

目前，中国木材对外依存度逐年增大，过度依赖国际市场。本文根据《中国林业发展报告》中所列各项木质林产品原木折算系数进行核算，采用史莹赫等（2018）计算方法，使用中国进口木质林产品折合原木量/中国木材资源总供给量进行计算中国木材对外依存度、中国木材对外依存度连年上升已至 50%，由图 3 – 20 可知，近年来，中国国产木材下降态势明显，木材进口量大幅度增长，2017 年中国进口木材合计（原木 + 锯材，原木材积）首次突破 1 亿立方米，达到 10849.7 万立方米。基于中国对森林的保护，虽然对于木材的需求增多，在中国鼓励木材进口政策的激励下，未来中国木材产量仍有可能会持续下滑，根据前瞻产业研究院《2018—2023 年中国木材加工行业产销需求与投资预测分析报告》（中国林业科学研究院林业政策与信息研究所，2018），预计到 2023 年中国木材产量将下降为 5859.8 万立方米；到 2020 年，中国的木材需求量可能达到 8 亿立方米，缺口约为 2 亿立方米。与此同时，国际环保政策、贸易政策以及贸易伙伴国的原木锯材出口限制政策的实施，致使中国依靠进口木材弥补国内供给不足面临一定挑战，木材供需缺口日益扩大，使得木材安全问题已经变为重大的资源战略问题和日益复杂的国际政治问题。实施分类管理策略是未来管理方向，其中一小部分合适的林地专门用于生产木材和纤维的密集种植园，而大部分其他商业林将更有效地管理，以提供生态系统服务以及生产木材，满足市场需求，维护国家木材安全。这些森林的增长和产量的增加将产生更多林业价值和利润，进而使得更多的剩余林地可以用于其他生态用途，保持其可持续发展和永续利用。

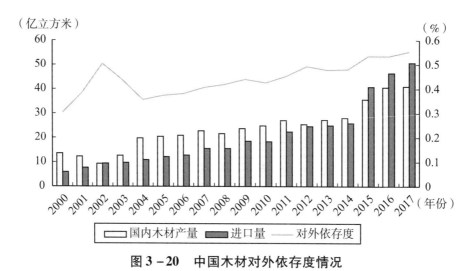

图 3-20　中国木材对外依存度情况

资料来源：《中国林业统计年鉴（2000—2017）》。

3. 中国林业产业水平尚待提高

目前，中国林业产业的发展方向与重点集中在规模化、现代化、产业化、市场化和一体化。随着市场经济的建立，林业产业的利益相关者逐渐丰富，其利益联结机制也日益多样化，出现了"公司＋林农""公司＋合作社＋林农""合作社"等多种模式。但在发展过程中，出现了劳动力供需匹配错位、经营效率低下、只圈地不发展等利益侵蚀现象。因此，优化创新产业组织的利益联结机制，缩小林业与非林行业之间的劳动生产率差距（蒲实等，2018），成为林业产业发展的一大关键点。虽然林业产业在推动规模化生产，但整体水平仍处于初级发展阶段，产业链条延伸不长，集群程度较低，林产加工业集聚有余而关联不足，自身尚未形成良性循环模式，林业产业国际上竞争力较低，林产品品牌有待建设和提升。

科技作为林业产业发展的重要推动力量，在中国林业发展过程中仍处于短板状态。长期以来，中国林业产业科技贡献率持续低迷，20 世纪初林业科技贡献率仍为 23.7%（王永清，黄金凤，2003；吴成亮等，2007）。林业产业的科技贡献水平依赖于完善的管理体系、健全的法律体系以及良好的科技运行机制（李富，2007）。而目前中国林业科技研发投入不足、经费结构不合理等原因都严重影响了林业产业的可持续发展。由此，中国林业的产业结构在完成第二产业占比迅速攀升的第一阶段优化后，迟迟无法进入第三产业超越发展的第二阶段。

此外，中国林产工业在全球产业链中处于中低端水平，高科技附加值创新型林产品短缺，使得中国沦为世界林木产品的初级加工地与生产污染的留存地，林产工业产品的可替代性可复制性强，缺少国际核心竞争力。另外林业产业出现了供需错位的情况，如造纸行业产能较为可观，2017 年产值达到 6179 亿元，占林业总产值的 8.7%（国家林业局，2017），但纸制品质量等级较低，无法满足高端用纸需求，落后产能淘汰难升级难转型难，林业产业规模大，竞争力弱，整体发展水平不高。因此，有必要通过科技创新和产业革新来进一步推动产业转型升级。

国际贸易方面，美国作为中国的长期木质林产品贸易伙伴，中国对美国在木质林产品贸易总额中的占比 1992—2000 年为 12.22% ~ 17.60%，2001—2016 年为 18.46% ~ 26.33%；加入 WTO 后，中国对美国木质林产品贸易增长更加明显。1992 年中美木质林产品贸易额

6.28 亿美元，2004 年为 73.26 亿美元，2015 年创历史峰值达 237.91 亿美元（UN，2017）。美国林业实现了可持续发展，森林抚育和采伐制度完善，林木资源越采越多，其木材生产量除能够完全满足自己国内需求外，还有大量剩余可供出口；相较之下中国森林和木材资源十分匮乏，不仅需要进口大量木材满足国内需求，还需进口部分资源满足对外贸易，且在与美国的贸易往来中，出口额与进口额相差悬殊，仍在不断拉大中，贸易逆差情况严峻。

与此同时，林业产业的国际化水平较低，外商资金利用程度较低，2017 年外资项目仅为 8 个，实际利用外资仅为 1.59 亿美元（国家林业局，2017）。中国长期依赖美国、加拿大和欧洲等地的原材料供应大进大出，虽能有部分利润空间但收益有限且经营成本和风险性较大，加之国际上日益强化的贸易壁垒与日益增多的贸易摩擦的阻碍，林产品国际贸易挑战重重，因此，中国要在提高自身竞争力，追求产业全球化，塑造全球供应产业链的同时，也要进一步优化贸易结构和贸易环境，管控贸易格局和贸易风险，规范贸易关系和贸易行为，严格遵守国际贸易规则。

4. 其他尚需关注和解决的问题

林业在应对气候变化方面大有可为。林业在应对气候变化中肩负着重要的使命。中国所承诺的减排任务很大一部分需要依靠林业发展来实现。2009 年，时任中国国家主席胡锦涛在联合国气候变化峰会上提出大力增加森林资源，增加森林碳汇，争取到 2020 年中国森林面积比 2005 年增加 4000 万公顷、森林蓄积量增加 13 亿立方米。2015 年，习近平主席在巴黎气候变化大会上代表中国政府承诺中国将于 2030 年左右使二氧化碳排放达到峰值并争取尽早实现，2030 年单位国内生产总值二氧化碳排放比 2005 年下降 60% ~ 65%，非化石能源占一次能源消费比重达到 20% 左右，森林蓄积量比 2005 年增加 45 亿立方米左右。目前，根据第八次森林资源清查结果，中国森林面积为 2.08 亿公顷，完成了增加森林面积目标任务的 60%，森林蓄积量为 151 亿立方米，森林蓄积量比 2005 年增加了 21.88 亿立方米，完成了承诺目标的 108%。但到 2030 年森林蓄积量要增加 45 亿立方米，还面临着较大的挑战，截至 2014 年，中国单位国内生产总值二氧化碳排放比 2005 年下降了 28.56%，非化石能源占能源消费的比重达 11.2%，比 2005 年提高了 4.4 个百分点；中国适应气候变化的能力逐步在加强，有望在 2030 年达到此前承诺，但仍面临一些挑战，随着大面积造林的逐步推进，清查结果反映森林面积增速开始放缓，同时，现有未成林造林地面积比上次清查少 396 万公顷，仅有 650 万公顷。同时，现有宜林地质量好的仅占 10%，质量差的多达 54%，且 2/3 分布在西北、西南地区，立地条件差，造林难度越来越大、成本投入越来越高，见效也越来越慢，财政投入利用率不高的问题也存在，另外森林质量精准提升目标仍需进一步努力（国家林业局，2018b）。

毁林仍是目前国际的热点话题。中国的天然林全面停伐政策致使国内木材供给减少，则必然会增加国际木材采购。而一些非法采购行为加剧了非洲、大洋洲和东南亚一些国家的木材非法采伐和毁林现象，造成了一些不良的国际社会影响。当前国际社会为减少毁林现象，创新了"REDD＋"的林业碳汇机制，但这在中国仍处于初步阶段，生态环境支付等项目的实践还有待继续与加强，中国林业如何在国际环境保护方面扮演好相应的角色，提供生态绿色服务，保障林业生态功能的供需平衡，仍需要进一步的优化与明确。2013 年，当时的国家林业局划定了如下生态红线：要求全国林地面积不低于 46.8 亿亩，森林面积不低于 37.4 亿亩，森林蓄积量不低于 200 亿立方米，湿地面积不少于 8 亿亩，治理宜林宜草沙化土地、恢复荒漠植被不少于 53 万平方公里，各级各类自然保护区严禁开发，现有濒危野生动植物得到全面保护（吉蕾蕾，

2013）。中国严守林业生态红线面临巨大压力。第八次森林资源清查的
5 年间，各类建设违法违规占用林地面积年均超过 200 万亩，其中约一
半是有林地（国家林业局，2017）。局部地区毁林开垦问题依然突出。
随着城市化、工业化进程的加速，生态建设的空间将被进一步挤压，严
守林业生态红线，维护国家生态安全底线的压力日益加大。

在集体林区产权改革与林业发展方面，中国为了进一步理顺生产关
系，促进林业生产力发展，不断推进和深化集体林权制度改革和国有林
权制度改革，集体林权经历了山权、林权的产权不细分到现在林地所有
权、林木所有权、林地使用权、林木使用权、林下资源所有权和使用权
这六项权利分权到户；森林由资源变资产进而变成资本，可以获取抵押
贷款。海德等（Hyde et al.，2003）指出没有哪个国家的森林政策变化
比中国更剧烈，中国政策的自上而下更为直接，不同于西方其他国家的
改革将控制权从一个中央实体下放给地方实体，比如社区集体。在中
国，通过集体林权制度改革，将林业经营的权利、责任和效益直接下放
给个体经营者——家庭农户。然而，在林改过程中，如何实现破解林地
细碎化问题，如何通过林地有效流转促进规模经营和林地经营效率提升
成为新的挑战，同时，一些相关的配套制度如采伐配额制度仍制约着林
农的自主经营及经营的积极性（Xie，et al.，2014）。此外，如何进一
步完善林业市场机制，进一步激励社会资本进入和投资林业行业，也是
面临的关键问题。

在国有林区产权改革与林区发展方面，东北重点国有林区由于长期
的资源危机和经济危困影响，国有林区发展举步维艰，国有林区管理体
制仍不完善，森林资源过度开发，民生问题较为突出，严重制约了生态
安全保障能力。自改革开放以来，国有林区从一直在改革探索中前行，
林区经济和社会发展虽有所进步，但仍面临着一系列问题。国有林区改
革是一项十分复杂的系统工程。既涉及森林资源管理体制改革，又涉及

林区政权建设；既涉及林区机构职能的改革，又涉及林区事业、企业的改革；既涉及生态保护和民生问题，又涉及林区经济发展和社会稳定。国有林区产业转型升级、林区管理体制的变革、新型资源监管体系的建立、林区治理体系的创新，以及国有森林资源有偿使用制度的建构都有待解决。

国有林区的民生问题也值得关注。东北国有林区有在册职工 59 万人。停伐使得国有林区长期以来形成的木材采运和加工体系发生消解，一线采伐运输工人面临转岗分流，以木材为原料的下游企业从业人员被迫失业。以大兴安岭林区为例，202 家林产加工业已有 184 家停产，原有 13455 名职工也有约 9000 名职工面临下岗或转岗。此外，林区存在着职工工资拖欠严重，医疗、养老和社会保险等保障不足，据笔者 2016 年的调查，大兴安岭已有 3 个林业局职工发不出工资，累计拖欠职工工资 1876 万元，欠缴社保、医保资金 2.4 亿元（唐忠，柯水发，田晓军，2019）。

此外，在林业减贫方面，中国林区大部分在山区、沙区、荒漠区等与贫困地区相互交叉区域，林业在减贫和扶贫中具有重要作用（Sunderlin W. D.，et al.，2005）。作为中国扶贫工作的一个主战场，林业在发挥其生态产业优势，积极助力乡村扶贫中起了重要作用（国家林业局，2018a）。但目前林业的精准扶贫模式有待提升，扶贫资金主要以国家转移支付为主，并未真正实现通过林业发展从而带动当地经济发展的良性模式，依靠国家补贴运行的林业扶贫项目终究无法持续带来人民福利的增长。例如退耕还林政策旨在减贫和恢复环境，然而随着工程的逐步推进，退耕还林的补贴却出现了种种问题，补贴公平性难以实现，当地政府通过过度补偿来实现减贫脱贫，减贫的有效性和持续性有待进一步观察和评估。如何持续有效激励偏远地区当地人民特别是贫困人群主动从恢复、保护和经营森林，并从中获益需要进一步加以关注，除了政府大量补贴这一非长久之计以外，现代经营技术的引入和行之有效的管理体制仍有待进一步探索（Liu，P. et al.，2018；Richardson S. D.，1990）。

3.8 结论与展望

改革开放40多年来，中国林业发展发生了日新月异的变化，森林覆盖率和森林质量都有显著提高，林业产值不断攀高，中国已建立起适应市场经济的林产品生产、销售和服务的现代产业体系，实现林业产业发展模式由资源主导型向自主创新型、经营方式由粗放型向集约型、产业升级由分散扩张向龙头引领转变，产业结构呈现"一二三"向"二三一"演变的趋势，林业产业结构升级优化加快。森林旅游业、特色经济林种植业、休闲康养产业异军突起，中国已成为世界上主要的林产品进出口国，多渠道、多层次、多形式的开放新局面正在形成。总体来说，40多年来，中国林业发展由弱到强、由传统到现代、由植树护林到"生态优先、产业并重"的林业多元化发展转变。

中国森林资源的快速增长受到诸多因素的影响，开放稳定的社会和市场化体系的建立和不断完善为林业发展创造了良好的环境；时代的进步、经济发展水平的提高、多渠道的投资融资都为林业发展提供了资金基础；产权的变革、集体林权制度改革和国有林权制度改革为林业发展提供了制度保障；一系列林业重点工程的实施推动了林业高速发展。土地制度变革、林权改革和市场化以及税费的减少皆有力地激励着社会资本投资林业。政府扶持政策和财政补贴进一步激励了中国林业发展。中国林业的改革发展不仅吸收了西方市场经济体系自由分权思想，但也适度融合了中国传统公有经济的集权配置特点，走出了一条中国特色的混合林业改革开放和创新发展之路。

中国林业改革虽取得辉煌成就，林业经济增长态势明显，但仍存在着一系列问题，集体林权制度改革管理不到位，国有林区富余职工安置问题亟待解决，采伐管理政策尚待优化。中国的林业产业水平仍待提升，在全球的林产品还处于初级加工阶段，是世界的"加工厂"或者说"生产车间"，且过度依赖于进口国家。现行的林业经济体制还存在条块分割，政企职责不分，产权和经营权不清，企业经营自主权不足。中国林业企业自我技术改造创新和自我发展的能力不够等。目前在中国，森林生态系统功能脆弱的状况尚未得到根本改变，生态产品短缺的问题依然是制约我国可持续发展的突出问题，如何与时俱进通过产业融合和产业革新提升林业综合发展水平，如何通过发展互联网林业、智慧林业和共享林业等新业态促进林业持续发展，如何通过深化林业改革开放，加快林业国际化进程，提升国际竞争力和影响力，在全球林业治理中发挥更大的作用，这些问题都有待面对和进一步加以解决。

中国的林业改革发展模式为国际社会提供了重要参考样本。中国作为世界第二大经济体，其林业发展也备受瞩目。中国林业发展对全球森林治理和全球林业发展目标的实现意义重大。中华人民共和国国民经济和社会发展第十三个五年规划纲要（简称"十三五"规划）时期既是全面建成小康社会的决胜阶段，也是生态文明建设的重要时期，未来到2050 年实现全面建成小康社会后，社会对于林业生态服务功能发挥的要求更高。2019 年 3 月，联合国大会宣布了"2021—2030 年联合国生态系统恢复十年"决议（FAO，2014），旨在扩大退化和破坏生态系统的恢复，以此作为应对气候危机和加强粮食安全、保护水资源和生物多样性的有效措施。指出要实现《2030 年可持续发展议程》（国家林业局，2017）中有关恢复生态系统的目标，必须采取紧急行动。因此可以预见，进一步加强森林、湿地、草地和荒漠生态系统恢复也必将成为中国林业发展的重要任务。全社会对林业的需求总体上表现为：林业能够供给更加丰富多元质优的林产品，在加快生态环境建设速度和扩大规模的同时提高生态环境建设的质量，并且由单纯的数量增长向速度质量并重转变，未来要更加充分地发挥市场机制的配置作用，充分调动社会各方面力量和广泛吸收社会资本投入现代林业建设，进一步扩大林业对内改革力度和对外合作领域，构建和创新林业单边、双边和多边合作机制，互助合作开展造林绿化，共同改善人类环境，积极应对气候变化等全球性生态挑战，为维护全球生态安全作出应有贡献。

过去，中国走出了一条颇具中国特色的林业高速发展之路；当前，中国的林业仍然面临着一系列问题，尚待进一步深化改革开放加以解决，未来，中国林业将在机会和挑战并存的新情景下持续呈现高质量发展态势，其发展所带来的国际影响值得全球期待和广泛评估。

专栏 3-1　全面加强生态保护修复，林业草原事业取得伟大成就

改革开放以来，党中央、国务院高度重视林业草原工作，采取一系列重大举措加快林业和草原改革发展。40 多年来，各级林业草原部门认真贯彻落实党中央、国务院关于林业草原建设的方针政策和重大决策部署，推动林业草原事业取得了举世瞩目的伟大成就。

林业草原改革力度前所未有。围绕林业草原发展的重大问题和关键领域着力推进改革，全面创新林业草原体制机制。集体林权制度改革不断深化，成为继土地家庭承包后我国农村经营制度的又一重大变革，实现了"山定权、树定根、人定心"。国有林区改革已完成全面停伐任务，正在加快政企事和森林资源管办"四分开"，推动林区转型发展。目前，已有95%以上的林场定性为公益性事业单位，今年将基本完成

国有林场改革任务。三江源、东北虎豹、大熊猫、祁连山等 10 个国家公园试点稳步推进，正在整合优化各类自然保护地管理，加快建立以国家公园为主体的自然保护地体系。草原承包经营制度逐步完善，全国已落实承包草原面积 43.04 亿亩，占可利用草原面积的 88.21%。建立健全了生态资源产权、生态补偿、财税金融扶持等一系列政策，基本形成较为完善的强林惠林政策体系。

森林和草原资源快速增加。深入实施三北防护林体系建设、退耕还林还草等重点工程，广泛开展全民义务植树，扎实推进部门绿化和社会造林，全国人工林面积由改革开放初期的 3.3 亿亩扩大到现在的 11.8 亿亩，稳居世界首位。三北工程实施 40 多年来，累计造林保存面积 3010 万公顷，工程区森林覆盖率由 1977 年的 5.05% 增加到 13.57%。天然林保护工程实施 20 年，2016 年全面停止了天然林商业性采伐，19.44 亿亩天然林得到有效保护。退耕还林工程自 1999 年启动以来，累计造林 4.47 亿亩，工程区森林覆盖率平均提高 3.6 个百分点。不断加强草原生态保护，全国天然草原面积近 60 亿亩，草原综合植被覆盖度达 55.3%。在全球森林资源持续减少的背景下，我国森林面积和蓄积量持续"双增长"，成为近 20 年来全球森林资源增长最多的国家。

国土生态状况明显改善。先后实施京津风沙源和石漠化治理、湿地恢复等重大生态修复工程，治理区植被盖度稳步提高，荒漠化、石漠化得到有效遏制。2004 年以来，全国荒漠化和沙化土地面积连续三个监测期"双缩减"，土地沙化面积由 20 世纪 90 年代末年均扩展 3436 平方公里转变为目前年均缩减 1980 平方公里，实现由"沙进人退"到"绿进沙退"的历史性转变。全国湿地总面积 8.04 亿亩，自然湿地保护率提高到 49.03%。建立自然保护区、森林公园、湿地公园、风景名胜区、地质公园、海洋特别区（海洋公园）等各类自然保护地 1.1 万多处，占全国陆地面积的 18%，有效保护了全国 90% 的陆地生态系统类型、85%的野生动物种群、65%的高等植物群落、50.3%的天然湿地。实施野生动植物拯救保护工程，近200种极度濒危野生动物物种得到抢救性保护，近百种极小种群野生植物、全国60%的极小种群野生植物主要分布区得到有效保护，珍稀濒危物种野外种群数量稳中有升。草原生态总体恶化的趋势得到控制，重点天然草原平均牲畜超载率下降到11.3%。

生态惠民利民成效显著。大力推进"身边增绿"，开展国家森林城市、绿化模范城市、生态文化乡村、生态文明教育基地等创建活动，共授予国家森林城市165个、全国绿化模范城市113个。加强森林小镇（村庄）、森林（湿地、沙漠、地质、海洋）公园建设，为城乡居民提供了良好生活环境。加快发展林业产业，2017年全国林业产业总产值达7.1万亿元，40多年来提升近400倍。我国成为林产品生产、贸易和消费大国，带动了社会就业和农民致富，山区农民纯收入的20%来自林业，重点地区超过50%。开展生态补偿等扶贫，聘请生态护林员约50万人，带动100多万贫困人口精准脱贫。加强乡村绿化美化，推动乡村振兴战略实施。实施棚户区（危旧房）改造，林区林场基础设施和生产生活条件得到极大改善。大力弘扬生态文化，开展全民生态教育，使生态文明理念深入人心。

对外交流合作不断扩大。积极履行《联合国防治荒漠化公约》《关于特别是作为水禽栖息地的国际重要湿地公约》《濒危野生动植物种国际贸易公约》，推动国际竹藤组织和亚太森林网络组织参与全球生态事务。与63个国家签署121个林业合作协议，与17个国家开展大熊猫合作研究。推动实施"一带一路"倡议，建立中国—中东欧国家林业合作协调机制、大中亚地区林业合作机制，开展中美、中欧、中非等林业对口磋商，拓展了我国多双边合作路径。开展应对气候变化、打击野生动植物非法贸易和木材非法采伐等活动，进行林业对外援助，增强了我国在全球生态治理中的话语权。林业对外开放的有效实践，拓展了我国经济对外发展空间，为全球生态治理提供了中国方案，赢得了国际社会的广泛赞誉。

林业法治建设成效明显。颁布了《中华人民共和国森林法》《中华人民共和国草原法》《中华人民共和国防沙治沙法》《中华人民共和国野生动物保护法》等法律法规，林业和草原法制体系逐步完善。林业和草原行政执法更加规范，行政复议和行政应诉能力明显提高，社会公众法律意识进一步增强。建立了自然资源和生态保护的公众参与、党政同责、责任终身追究、离任审计等制度。制定了林业生态红线保护制度，实行森林草原防火行政领导负责制和防沙治沙目标责任考核，出台生态文明建设目标评价考核办法，各级党委政府保护发展林草事业的主体责任不断强化。①

----

① 资料来源：张建龙. 改革开放 40 年　林业和草原建设回顾与展望，人民论坛，2018 - 12 - 03　http：//www. rmlt. com. cn/2018/1203/534371. shtml.

第4章

中国非木质林产品利用
状况、问题及建议

4.1 非木质林产品利用的意义

传统上，森林资源主要是用来生产木材，但其生态效益和社会效益已经逐渐被人们所关注和重视。但森林中的非木质林产品资源的重要性常常不被重视，如药材、山野菜、松节油、菌类和野生动物蛋白等。事实上，非木质林产品的综合利用价值是潜在的、巨大的，如经济、社会和生态价值等。非木质林产品的开发利用不但为发展中国家的贫困地区的居民提供多种渠道的经济来源、就业机会以及食物和药材保障。同时，在改善生态环境和促进林业可持续发展等方面，非木质林产品的开发利用都具有显著的作用和重大意义（李超，2011）。

事实上，非木质林产品在维持农户生计、生物多样性保护及出口贸易中有极其重要的作用（Hemant R. et al.，2002）。其开发利用据世界粮农组织（Food and Agriculture Orgnization，FAO）报告称，无论是发达国家还是发展中国家，对非木质林产品资源的开发和利用都有利于增加其国家或地区森林的综合效益，如经济效益、社会效益和生态效益

等。发达国家中的人口通过非木质林产品满足生计、健康及营养需求
（Sarah K. Mincey et al.，2013）。

1. 生态角度

从生态角度来看，由于没有对森林资源的主要组成基础——林木直
接造成伤害，对森林资源及生态环境所带来的负面效应很小，可以通过
各种有效措施将其对森林资源的生态环境的负面影响严格控制在可接受
的限度之间，依靠森林生态系统自组织并恢复其生态功能，实现资源的
良性循环与多元化利用。另外，它具有收益稳、持续时间长、覆盖面广
的特性，能为当地林农和政府增加收入，缓解生态公益林的保护压力，
从而使生态公益林得以休养生息，维护森林生物的多样性，促进森林的
可持续发展与经营。同时，非木质林产品相关的利用活动通过影响林业
产业机构、林业产值及林地生产力来进一步影响森林资源的可持续经营
（Hemant R. et al.，2002；SAF，1993）。

2. 收益角度

从收益角度来看，与木质林产品的生产经营周期相比，非木质林产
品的生产经营周期大大缩短，森林中的叶、花、果、草等在利用后，一
般只需 1 年时间的培育或自然生长就能达到再次利用的状态。这种短周
期的循环利用方式不仅能提高森林资源利用率，而且能使农民每年都有
稳定增长的经济收入（赵静，2014）。

3. 社会角度

从社会角度来看，非木质资源的开发利用是多资源及多目标的开发
利用，如林下种植药材、食用菌及林副产品综合加工与经营，多目标利
用方式可以改变原来比较单一的林业产业结构，在一定程度上优化林业
结构，同时为大量农村剩余劳动力找到出路，解决农民就业难问题，从
而增加林农和地方财政的收入，有效地解决"三农"问题（赵静，
2014）。

由此可知，非木质林产品的综合利用价值是潜在的、巨大的，具有极高的经济、社会和生态价值。非木质林产品利用实质上是一种林地生产行为，同时也是一种森林资源多目标利用和生态利用方式。我国对非木质林产品的开发利用一直很重视。在《中国世纪议程林业行动计划》中强调：我国非木质林产品非常丰富，经济价值十分可观，是人民生活和社会发展不可缺少的重要资源，并明确提出了合理、高效利用非木质林产品的指导思想。就当前的国家政策而言，在新的形势下，特别是在国家实施天然林保护工程以后，对森林资源的利用不可能再单纯依靠砍伐树木来获取收益，这使得非木质林产品的发展受到越来越多的关注。

目前，我国的非木质林产品产量是世界上最大的，而且历史上我国一直对非木质林产品进行了不同程度的开发利用。尽管我国对非木质林产品的开发利用较早，但目前我国非木质林产品开发利用在很大程度上存在不规范，非木质林产品资源量快速下降，部分珍稀物种濒临灭绝，如兰科植物、新疆雪莲等。

4.2　非木质林产品的理论分析

1. 非木质林产品的概念界定

国内学者一般把依托森林环境的，除木材以外的森林资源称为非木质林产品资源。李兰英等（2000）对非木质林产品资源的定义为茶叶、干果、水果、花卉、药材、竹子及其副产品等森林植物资源。潘标志（2004）从资源种类角度来定义，非木质资源主要包括茶叶、干果、水果、花卉、药材、食用菌、竹子及其副产品以及森林景观等森林资源。这类资源大多数具有可再生，可重复利用等特点，并且具有多种用途。我国的非木质林产品中有一些是来自于野外采集，但是其数量较少，多数是通过人工种植、培植等方式获得。

国外关于非木质林产品的定义中，将非木质林产品定义为从自然生态系统中获取的除了工业用原木、锅木、单板、刨花板之外的生物质原料。有些学者将非木质林产品的定义更加具体化，非木质林产品包括从树木中获取的植物、植物的根莲、菌类等几十种生物质原料（Chamberlain et al.，1998）。近几年，国外关于非木质林产品的定义广泛的使用"从自然界中采集的可用于交易的，区别于商品化木材的"（Devlet Toksoy，Suleyman Alkan，et al.，2010）。从国内外的定义可以看出，"非木质林产品"其实强调的是一种自然资源生产方式。

1954 年第 4 届世界林业大会就提出把"林副产品"一词改为"非木材林产品"（Non-timber forest products，NTFP），相继得到许多国家的响应。但是采用"非木材林产品（NTFP）"一词，还是"非木质林产品（Non-wood Forest Products）"一词，各国看法不一。联合国粮食及农业组织（Food and Agriculture Organization of the United Nations，FAO）和国际林业研究中心（The Center for International Forestry Research，CIFOR）经多年研究确定"采用非木材林产品"一词并被世界上大多数国家和组织所接受（Lay chen Tan，1996）。

从联合国粮农组织和国际林业研究中心最终决定采用"非木材林产品（Non-timber Forest Products）"一词及其定义可知，非木材林产品和非木质资源在本质上是相同的，非木材林产品侧重于林产品资源（李超，2011），而非木质资源是经过开发过程进入非木材林产品利用阶段，所不同之处基本在于非木质资源的定义包括了森林景观和生态旅游等森林衍生资源。此处的非木材林产品一词同 LY/T 1714—2007 中国森林认证森林经营中采用"非木质林产品"一词的本质相吻合。2006 年 FAO 发布的全球森林资源评估（Global Forest Resources Assessment）报告中，非木质林产品（Non-wood Forest Products）的名称再次被采用，而此前该组织一般采用非木材林产品（NTFP）一词的提法。国内学者一般多采用该组织的后一种提法，即我国常称其为非木质林产品。本章借鉴这一提法，采用非木质林产品一词，并参考我国颁布的《中华人民共和国林业行业标准：中国森林认证森林经营（LY/T1714－2007）》中对非木质林产品的定义，即非木质林产品（NTFP）是从森林中得到的，除木材以外的林产品，如树脂、蘑菇、野菜以及其他动植物产品，以健康的森林生态环境为依托，除木材以外的其他森林资源及其衍生资源，如植物及植物类产品、动物及动物产品、菌类和生态景观及生态服务等。

2. 非木质林产品产业

在林业产业研究中，耿玉德（2002）认为林业产业是以市场需求和社会需求为导向，以生态效益、经济效益、社会效益为中心，以生态环境及森林资源产业为基础，正确确定主导产业和支柱产业，分区、分类生产，协同经营，实行企业化管理、社会化服务，形成上连基地、下连市场的由结构合理有机构成的多条足够长的产业链组成的产业体系。根据林业产业定义，结合非木质林产品生产的特殊性，将非木质林产品的产业的内涵界定为：以市场需求与社会需求为导向，以非木质林产品采集、栽培和加工等生产活动为对象，实行专业化生产、一体化经营、社会化服务，把产供销、贸工农、农科教紧密结合在一起的经营体系。

由于非木质林产品的资源种类众多，利用价值面广，从非木质林产品的采集、种植、加工、休闲娱乐、教育都有涉及，因此，非木质林产品产业不同于其他产业，其产业涵盖面广，构成较为复杂（赵静，2014）。在非木质林产品产业的分类上还没有一个明确的分类标准。将非木质林产品产业作为一个整体来分析，根据"非木质林产品"的内涵界定，将传统的三次产业结构分类进行了重新调整。把第一产业的经济林产品种植及采集、花卉种植、陆生野生动物繁育及利用，第二产业中的林产化学产品制造、非木质林产品加工制造业，第三产业中的林业旅游及休闲服务、林业生态服务分离出来，构成"非木质林产品利用产业"。剩余部门按原来的分类归属与第一二三产业，从而构成了一个第一产业、第二产业、第三产业及非木质林产品产业的林业产业经济结构。非木质林产品产业的分类具体见表 4 – 1。

表 4 – 1　　　　　　　　　非木质林产品产业构成

产业名称	产业分类
第一产业	水果种植
	坚果、含油果和香料作物种植
	茶及其他饮料作物的种植
	森林药材的种植
	森林食品的种植
	林产品的采集
	花卉及其他观赏植物种植
	陆生野生动物繁育及利用
第二产业	木本油料、果蔬、茶饮料等加工制造
	野生动物食品与毛皮革等加工制造
	森林药材加工制造
第三产业	林业旅游与休闲服务
	林业生态服务

资料来源：笔者根据文献资料整理。

3. 非木质林产品的分类

对非木质林产品的分类，国内外从不同的方面给出了不同的分类，如国内学者冯彩云等将非木质林产品分成植物类产品如野果、药材、编织物及植物提取物等；动物类产品如野生动物蛋白质、昆虫产品（如蜂蜜、紫胶等）；服务类产业如森林旅游等三大类。本文借鉴国外 FAO（1999）的分类思想，以国内学者冯彩云（2001，2002）的分类为蓝本，依据非木质林产品的定义和非木质林产品认证的基本思想，即非木质林产品是否来源于可持续发展的森林为基本准则；以我国非木质林产品生产实际为基础，借鉴国际通用非木质林产品分类标准，以非木质林产品的实际用途为基本依据，提出适合我国具体国情的非木质林产品分类体系。包括菌类、动物及动物制品类、植物及植物产品类和生态景观和生态服务类等4个一级类，并在此基础上，对类型较为复杂和运用极其广泛的植物及植物产品类划分为干果、水果、山野菜、茶和咖啡、林化产品、木本油料、苗木花卉、竹及竹制品、药用植物（含香料）、珍稀濒危植物、非木质的纤维材料和竹藤、软木及其他纤维材料等12个二级类。以此非木质林产品分类体系为蓝本，结合我国目前各非木质林产品资源的实际开发利用水平，每一分类中选择开发利用水平较高的、市场需求较旺盛的几个品种构成我国目前非木质林产品认证标准体系框架，以便开展相应认证标准的制定工作，从而规范我国非木质林产品资源的利用，同时为正确的市场消费提供导向。

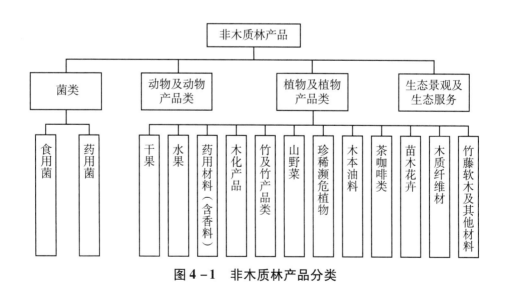

图 4 - 1   非木质林产品分类

4. 非木质林产品开发利用方式

多年来，我国非木质林产品的主要利用方式为"采集出售"和"栽培（培植种植）出售"两种方式，即在非木质林产品产地，农户将采集到或培植成功的非木材林产品直接以原料方式出售给当地或外地商户。"采集出售"利用方式可以细分为两种具体模式。第一"采集出售最终消费"模式，即所采集的非木质林产品从采集者到最终消费的过程中经历了一系列流通环节但在整个流通过程中，不存在任何的加工活动或是加工活动对于非木材林产品价值造成的改变可以不予计量。如在森林资源富集的云南等地，当地农户将采集到的菌类、野山菜类直接出售，不经过任何加工活动。但是采集者通过非木质林产品出售获取的收益往往不及最终出售方从中获取的收益的 10%；第二，"采集出售加工最终消费"模式，即采集者出售自己所采集的非木林产品后，购入者进行加工，然后进入最终消费环节。在该流通过程中购入者的加工与出售既可以是一次完成也可以是多次完成。在我国宁夏地区，甘草、枸杞是当地较出名的非木质林产品，但受资金、基础设备等生产要素的制约甘草、枸杞的加工使其仅停留在切片这一初级阶段，难以开展产品的深加工，所以产品附加值小。

近年来我国非木材林产品的人工培植产业得到了快速发展由此出现了除以上方式之外的新型利用方式："栽培（培植种植）出售"模式。该模式可以细分为两种模式。第一，"栽培（培植种植）出售最终消费"。如在江西省所开展的雷竹、野山菌、油茶等利用活动均是按照此种模式来进行出售，种植农户不经过任何加工就进行出售。第二，"栽培（培植种植）出售加工最终消费"模式，即农户将培植的非木质林产品出售后，购入者进行再加工，用于食用或者观赏等用途。

与"采集出售"方式相比"栽培（培植种植）出售"方式改变了人们对于野外资源的依赖性，使得人为活动对于自然环境和森林生态系统的破坏得以控制，有助于野外资源的可持续利用。在"栽培（培植种植）出售"方式中，加工技术落后及销售流通环节过多，成为非木质林产品加工利用活动经济效益增长的制约因素。如因有多年枸杞种植历史而文明的宁夏，在栽培技术、品种方面都保持着全国领先水平但是在采摘、拣选、制干等生产环节都还保留着最原始的手工生产方式，影响了其生产效率，制约了枸杞加工生产者的经济收益。

总之，随着国内加工技术的提高及国外先进技术的引进，非木材林产品的利用方式正从以野外采集为主转为以人工栽培（培植种植）为主，从提供原材料、原料初级加工和半成品加工方向逐步向精深加工方向转变，因而非木材林产品利用产业将具有更为广阔的空间。

4.3 非木质林产品利用的效益

1. 国外非木质林产品利用的效益

国外关于非木质林产品利用的效益的研究，主要集中在非木质资源利用的环境效益、社会效益及经济效益，包括对森林生态系统、生物多样性等的影响和对当地居民提供食物和生活用品，对当地经济社会发展和提供就业等的贡献。

1992年联合国环境与发展大会（UNCED）通过的《世纪议程》强调指出："各国政府应对非木材林产品的开发和利用进行科学的调查，对非木材林产品的特性及其用途进行研究，以更好地利用和扶持非木材林产品的加工，提高其价值和效益，宣传和推广非木材林产品，促进其发展"。对非木材林产品未来的发展，联合国粮农组织在《关于非木材林产品资源开发与利用的未来行动计划》中阐述了非木材林产品的中长期目标是保护自然生态系统，提高农民收入和创造就业机会，保证林区经济的可持续发展，建立以森林作为生命支持的系统，开展多样化生产力（Kevin Gould，1998）。非木质林产品是农民潜在的收入来源，在国家和地方的经济中起着重要的作用。在印度尼西亚的爪哇岛中部，木雕占手工艺品出口的 75%；在印度，从事非木质林产品经营的人员超过 3000 万人；与仅仅砍伐木材相比，通过大量开发和销售非木质林产品的经济收益要大于砍伐木材所获得的经济收入。非木材林产品为人类提供了大量的绿色食品、建筑材料、医疗保健品等，而且在增加当地人们收入、就业、引导山区脱贫致富等方面发挥着重要的作用。

2. 国内非木质林产品利用的效益

国内对非木质林产品的研究，主要集中在其实际作用、潜在价值（谢志忠等；廖声熙，喻景深等，2011）。在中国的贫困地区，非木质林产品对当地居民的生活和社会经济发展起着十分重要的作用。通过研究发现，非木质林产品对贫困山区的居民的生活和健康起着十分重要的保障作用，主要体现在以下三个方面。

（1）粮食安全的保障。

山区居民倾向于从森林和树木中索取食物。这里所说的树木，实际上指的是森林食物，即非木质林产品食品和野生动物食品。如油茶、中药材和食用菌等。它们是山区居民重要的食物来源，可以有效地防治营养不良等病症，还可以作为水灾、旱灾或者战争期间应急的食物，是粮食安全的重要保障。

（2）就业和收入保障。

非木质林产品的利用可以为人类提供大量的就业机会和经济收入，其开发利用对山区农村经济的发展起着十分重要的推动作用（陈瑜，2009）。随着社会经济的发展及人们对森林生态效益的逐渐重视，非木质林产品在农民增收及创造就业机会方面显示出更加积极的作用。

（3）人类健康的保障。

森林药材是最重要的非木质林产品之一，特别是贫困山区居民健康的重要保障。据统计，中国是拥有药用非木质林产品最多的国家之一，有 4000 多种，可以说，森林药材是居民对付已知和未知疾病的"药品库"。随着技术水平的进步，将会有更多的中药材产品被人类发现，服务于人类。

4.4 非木质林产品利用状况

1. 非木质林产业相关产品产值

根据《中国林业统计年鉴（2006—2016）》的相关数据统计了近十年来水果、坚果以及森林食品和药品的产值，还有林业旅游及生态服务的产值，统计结果如图 4 – 2、图 4 – 3 和图 4 – 3 所示。从图 4 – 2 中我们可以看出，2006 年水果和坚果的产值为 16182719 元，到 2016 年，年产值已经增加到 86400382 元，且这十年来，产值一直呈现上升趋势。

图 4 – 2 2006—2016 年水果及坚果总产值

资料来源：《中国林业统计年鉴（2006—2016）》。

由图 4 - 3 可以看出，从 2006 年到 2016 年森林食品及森林药品的产值一直呈现上升趋势，2006 年的年产值只有 4489492 元，到了 2016 年，年产值已经达到了 19965952 元，年产值增长迅速。

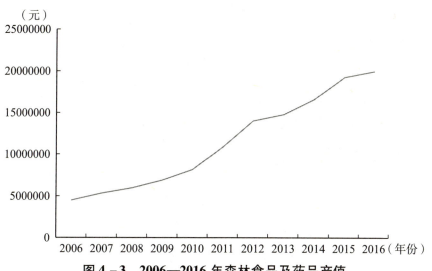

图 4 - 3　2006—2016 年森林食品及药品产值

资料来源：《中国林业统计年鉴（2006—2016）》。

图 4 - 4 展现了 2006 年到 2016 年林业旅游及生态服务的年产值，2006 年的林业旅游及生态服务的年产值有 3680554 元，到 2016 年，林业旅游及生态服务方面的年产值已经达到了 90339282 元，这与近年来国内旅游业的发展也有紧密联系，也与国家越来越重视生态发展有关。

2. 主要非木质林产品的产量

图 4 - 5 展现了从 2006 年到 2016 年水果年产量整体呈现上升的趋势。2006 年水果年产量为 8863 万吨，到 2016 年，水果产量增加到了 15209 万吨，10 年中水果年产量增长了将近两倍。

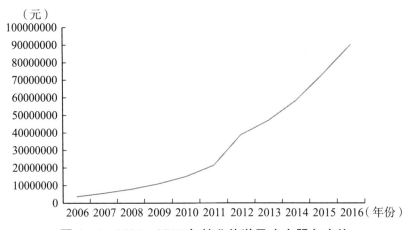

图 4 - 4　2006—2016 年林业旅游及生态服务产值

资料来源:《中国林业统计年鉴（2006—2016）》。

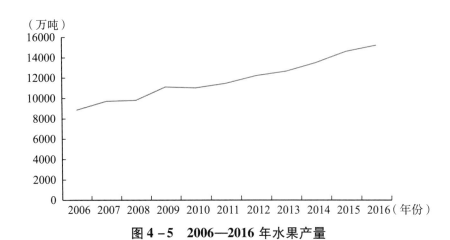

图 4 - 5　2006—2016 年水果产量

资料来源:《中国林业统计年鉴（2006—2016）》。

　　由图 4 - 6 可以看出，干果年产量整体是呈现上升的趋势的。尤其在 2006 年到 2007 年，仅仅一年的时间，干果的年产量增加了 6 倍。但在最近的两年，2015 年和 2016 年，干果的年产量有了很小幅度的下降。

146

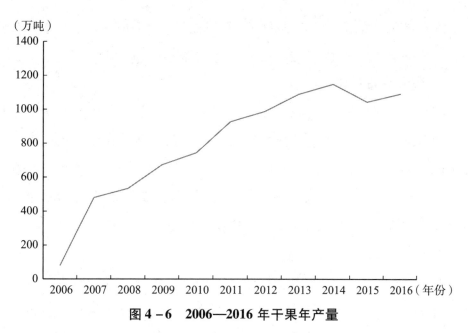

图 4 – 6　2006—2016 年干果年产量

资料来源:《中国林业统计年鉴（2006—2016）》。

4.5　非木质林产品存在的问题

非木材林产品的作用显著，不仅能作为食物、药物来源被贫困居民所用还成为山区居民的重要收入来源。当今世界上，非木材林产品的国际贸易活跃促进了贸易国的经济交流及发展。此外，非木材林产品的利用是促进森林可持续发展和改善生态环境的重要途径。

当前国内非木质林产品利用活动十分活跃，已成为世界最大的非木质林产品采集国。我国疆域辽阔，气候多样，自然地理条件复杂，河流纵横、湖泊众多，为生物及其生态系统类型的形成与发展提供了优越的自然条件，形成了丰富的非木质林产品区系，是世界上非木质林产品资源最众多、生物多样性最为丰富的国家之一。经世界卫生组织评估，发现在发展中国家，有的国家主要利用传统非木质林产品资源或它的提取物作为药物的有效成分，这意味着有 30 亿人用药主要依靠非木质林产品，非木质林产品的重要性可见一斑（国家林业局，2010）。

1. 资源分布环境复杂

我国非木质林产品资源主要分布于林区，涉及人口数量较大。不同非木质林产品的生长环境差异性较大，如蓝莓等适合在郁闭度较小，多灌木的宜林地中生长，而三七则喜欢在郁闭度较大的背阴处生长。我国森林资源绝大部分的分布于各类山区，尤其是森林资源较为丰富的区域，是我国非木质林产品开发利用的重点区域。

2. 经营管理方式较为粗放

我国大部分林区的非木质林产品的经营管理处在同森林木材一同经营管理的水平，未能区别对待，甚至部分地区为了林木生长，进行"清林"时对非木质林产品的灌木和草本等进行清除，极大地降低了森林生物多样性，减少了森林中非木质林产品资源的潜在利用价值。

3. 开发利用方式较为简单

对非木质林产品的采摘方式较为粗放，部分林区居民为当前利益对非木质林产品进行破坏性采摘，缺乏必要的管理和相关培训。一直以来，我国林区居民以"采集—出售"为主要方式参与非木质林产品开发利用。譬如大兴安岭盘古林场的林区居民中几乎无人对所采集的非木质林产品资源如蓝莓、亚格达等进行深加工，只是简单地采用"采集—出售"方式进行生产作业。如此一来，林区居民由非木质林产品的开发利用中获取的收益很低。为了能够获取更多利益，当地居民自然会加大采集力度，无法顾及当地森林生态系统的实际承载力，最终可能导致该地区生态系统非木质林产品产量的减少甚至某些森林资源的衰竭。

4. 企业规模较小，缺乏深加工

与日本、法国等非木质林产品利用较发达的国家相比，我国非木质林产品的企业规模一般较小，未能整合资源优势，实现从产地到市场的经营—管理—生产—销售整体品牌优势。大部分非木质林产品的加工流程较为简单，产品种类较为单一，未能深加工，挖掘出其更深层次的价值。如野生蓝莓对降血压和血脂效果显著，但目前市场上的蓝莓制品仅仅停留在果干和饮品的层次，未能进一步向保健品方向推进深入加工，大大降低了野生蓝莓的实用价值。

4.6　结论与展望

非木质林产品利用作为新兴产业，尚存在产业发展水平低、经济活动效率低下、资源利用无序引发新的生态破坏和环境恶化等问题，政府应发挥主导作用，需要制定一套系统的产业政策及配套措施作为支持。

1. 加强对非木质林产品基础理论性研究

首先，对非木质林产品资源的研究范围应依据现有的定义进行适当的扩大。同时对已经研究开发并投入生产实践的非木质林产品继续开展生态、生物学习性的跟踪调查，尤其是进一步进行化学生态学方面的研究。其次，应当在已有的研究基础上深入开展生态环境与不同种、变种和变形之间的化学成分差异之间的关系，有效成分在不同生育期的变化规律，寻求不同品种的采收期和筛选最佳品种。最终为深度开发利用我国的非木质林产品提供坚实的理论基础。

2. 大力推进我国非木质林产品精加工业和深加工业的发展

在全国范围内对应用前景广阔的非木质林产品进行初步筛选，然后对其化学成分进行分析研究，提取有效成分并进一步分离提纯，在此基础上，建立一批有先进技术水平和一定规模的非木质林产品生产加工及销售的龙头企业，使生产经营管理和产销监管链管理等各个环节衔接起来，最终成为社会经济的重要支柱产业之一。

3. 加大政府扶持力度

针对目前我国非木质林产品生产、加工业相对较为弱小的现状，国家和地方各级政府应加大扶持力度，增加财政投入，实施税收信贷等方面的优惠和倾斜政策，建立和营造有利于非木质林产品产业生存和发展的机制和环境，促进我国非木质林产品产业健康有序、快速协调地发展。

4. 加强法律法规及标准体系建设

为促进非木质林产品行业的健康有序、快速发展提供指导。同时也为非木质林产品市场的发展壮大提供了规范和保障。

5. 加强宣传培训工作

加大非木质林产品生产、经营和管理等宣传培训工作，增强林区居民及经营管理者对非木质林产品的资源意识和环境意识。为林区非木质林产品资源的合理开发利用和科学经营管理及资源的可持续利用提供前期基础。

第5章

中国林业经营主体变迁与未来展望

5.1 中国林业经营主体历史变迁分析

林业经营主体在我国林业发展过程中发挥了重要作用，并随着制度、政策等演变呈现出主体多样化发展趋势。目前，国内关于林业经营主体的界定和划分并不明确，由于林业与农业在生产特点等方面存在着一定的共同特征，因此本章参考农业经营主体的界定和划分方法，在此基础上对林业经营主体进行界定和划分。

林业经营主体主要是指直接或间接参与林业生产、加工、销售和服务等林业经营环节的组织或个人。目前，我国的林业经营主体丰富多样，主体类型的划分没有统一的标准。从所有制角度对其进行划分可分为单一所有制经营主体和混合所有制经营主体。单一所有制经营主体是指林业的经营主体为单一的个人或组织，如普通林农、林业专业大户、家庭林场、国有林场等；与之相对应的，混合所有制经营主体是指多个组织或个人共同所有的林业经营组织形式，以新型林业经营主体为主，如股份合作林场、林业股份公司、林业合作社（联合社）等。从经营管理的作用形式，可以分为直接林业经营主体和间接林业经营主体。直接林业经营主体是指直接参与林业生产、经营和管理的主体形式，包括农户、林业企业和一体化组织等；间接林业经营主体则是指不直接参与林业生产经营，但会对林业发展起到促进作用的组织，如为林业生产经营提供服务的社区性组织、行业性组织以及农民合作组织等形式。从经营主体的组织属性对其进行划分，又可以分为家庭经营类、合作经营类、企业经营类、混合经营类等主体类型。从上述几种划分方式可以看出，林业经营主体呈现出多元化特征，不同经营主体之间差异显著，且呈现出由单一经营向混合经营发展的趋势，不同主体之间的联系日益紧密，共同构成了目前我国林业的多元化经营主体结构（张红宇，2015）。

1. 林业经营变迁总体分析

按照林业部门的统计方式，我国林业系统内各单位可以划分为国有经济单位、集体经济单位和其他各种经济单位。从 1998—2011 年（2011 年后不再以此划分，因此分析数据截至 2011 年）的数据来看，国有经济单位主体在我国林业经营中一直占据主导地位，但随着年份增加，国有经济单位主体在数量上呈现出明显的下降，这与该期间进行的一系列制度改革有重要联系，同时，这一时期，除国有经济和集体经济之外的其他各种经济主体在数量上还并未出现非常明显的增长，但随着林权制度改革的不断推进，这一类经济主体逐渐成为我国林业经营的重要组成部分。

由图 5 - 1 可知，1998—2011 年，全国林业系统经营主要以国有经济单位为主，与国有经济单位相比，集体经济单位和其他各种经济单位数量极少，并随着年份增加，国有经济单位数量有所减少，由 1998 年的 51138 个减少到 2011 年的 45991 个，减少了 10% 左右。集体经济单位数量下降趋势较为明显，由 1998 年的 1127 个减少至 2011 年的 165 个，其他各种经济单位则呈现波动变化的特征，整体变化幅度并不大。

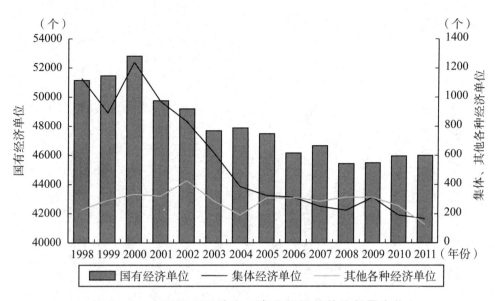

图 5 - 1　全国林业系统企、事业及机关单位数量变化

资料来源：《中国林业统计年鉴（1998—2011）》。

由图 5 - 2 可知，在几个主要森工集团林业系统内，国有经济单位数量依然占主导，数量也有所减少，由 1998 年的 465 个减少至 2011 年的 323 个，减少了 30% 左右。集体经济单位数量在 2000 年迅速减少，由 1998 年的 330 个减少至 95 个，此后除个别年份外基本呈逐年递减，到 2011 年已减少至 41 个。除此之外，其他各种经济单位数量整体上也呈下降趋势，1998 年其他各种经济单位数量为 201 个，2011 年仅为 7 个。

由图 5 - 3 可知，从全国林业系统各单位年末从业人数来看，国有经济单位的从业人数远高于集体经济单位和其他各种经济单位。1998 年，全国林业系统中国有经济单位从业人数为 2114248 人，是集体经济单位从业人数的 10 倍多，是其他各种经济单位从业人数的 60 倍。国有经济单位和集体经济单位从业人数都呈现出下降趋势，其中集体经济单位下降幅度巨大，由 1998 年的 209343 人减少至 2011 年的 5152 人，减少了 97.5%。其他各种经济单位从业人数在 2008 年后也出现了明显的下降，截至 2011 年仅有 9134 人。

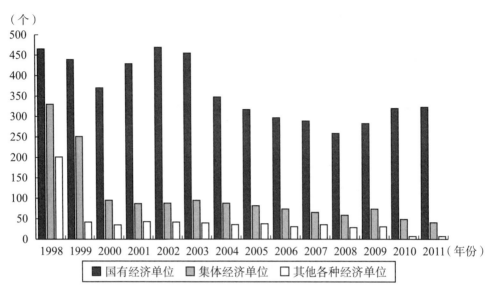

图5-2 主要森工集团林业系统企、事业及机关单位数量变化

注：主要森工集团包括内蒙古集团、吉林集团、黑龙江集团和大兴安岭集团。
资料来源：《中国林业统计年鉴（1998—2011）》。

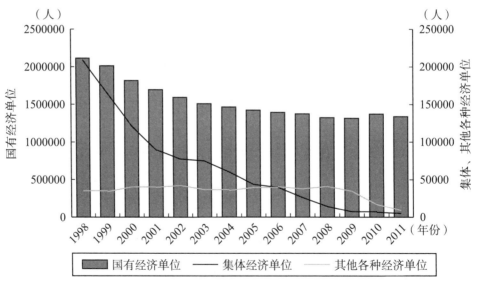

图5-3 全国林业系统企、事业及机关单位年末从业人数变化

资料来源：《中国林业统计年鉴（1998—2011）》。

2. 国有林区经营主体变迁

林业经营主体的历史变迁与林权制度变迁密不可分，林权制度改革在制度变迁中发挥着重要作用。按照林权制度安排的不同，我国的林权制度改革分为国有林权制度改革和集体林权制度改革，本节接下来分别总结概括国有林区和集体林区林权制度变革历程和阶段，并结合不同时期林业经营主体的变化特点，对我国林业经营主体的历史变迁过程进行分析。

国有林区在我国林业发展中始终占据重要地位，以东北林区为代表的重点国有林区是我国开发最早、面积最大的林区，为国家早期建设和经济社会发展做出了巨大贡献。我国国有林区主要分布在东北、内蒙古和西南、西北地区，东北、内蒙古等重点国有林区林地面积 4.4 亿亩，森林面积 3.9 亿亩，森林蓄积量 25.99 亿立方米，拥有 87 个国有森工企业，现有职工 67.2 万人，西南、西北国有林区林地面积达 1.4 亿亩，森林面积 1.2 亿亩，森林蓄积量 10.46 亿立方米，拥有 51 个国有森工企业，现有职工 3.16 万人。我国国有林场和国有林区林地面积达 18.6 亿亩，占全国林地总面积的 40%，是国家最重要的生态安全屏障，在经济社会发展和生态文明建设中发挥着不可替代的作用。早期以"木材"为中心的国有林区开发为国家经济建设做出了突出贡献，但由于管理体制和经营体制不灵活、支持保障政策不健全等弊端，国有林区和国有林场发展陷入困境，表现最为突出的是经营管理体制不灵活、经营主体地位不明确等问题，使国有林区发展缺乏活力，国有林区制度改革就是在这样的背景下展开的。国有林区经营主体变迁与国有林区的发展改革息息相关，随着国有林区发展阶段的变迁呈现出不同特点，下面将对不同阶段国有林区经营主体的变迁过程和特点进行具体分析。

中华人民共和国成立初期，国民经济建设和维护社会稳定是首要任务，薄弱的经济基础、匮乏的物质条件严重制约了当时的发展需求，木材作为重要的战略物资在支持经济建设和维护社会稳定发挥着重要作用。随着国家建设和人民生活对木材的需求不断加大,国家开始进行重点国有林区的开发建设。这一阶段国有林区的经营主体主要是政府,中央和地方林业主管部门掌握着国有林产权。具体来看,以东北重点国有林区为例,在哈尔滨市组建森工总局,在下属重要分区下设林业管理局,总局由中央直接领导,负责国有林区开发建设的具体组织和领导。这种中央领导下以政府为主体的林业经营在国有林区开发建设早期表现出充分的制度优势,尽管当时的国有林区条件极其艰苦,但在中央的统一指令下、在林区职工的艰苦奋斗下,重点国有林区以最少的建设投入为国家提供了大量的木材及其制品,在支持国家经济建设、满足人民生活需求等方面做出了巨大贡献。

20世纪70年代,随着经济发展和人口增长对木材需求的持续加大,重点林区可采森林资源也在急剧减少,木材生产数量不断下降,甚至出现了森林资源危机,同时,由于缺乏木材原料,林区的林业企业发展受限造成经济危困,职工收入不能正常发放,生活难以维持,林区社会的不稳定因素增加。进入80年代以后,重点国有林区的森林资源危机和经济危机不断加剧,社会不稳定问题凸显,林区职工上访、罢工事件屡次发生,重点国有林区亟须寻求新的发展模式。国有林区由此开始进行改革,在经营主体方面主要表现为国有林区的经营主体和经营形式逐渐多元。国营林场也可实行职工家庭承包或与附近农民联营,林业企业根据自身情况开展不同形式的承包经营,这一阶段的国有林区改革是在林区"两危"困境和市场经济渗入初期的背景下进行的,呈现出一定的市场化发展趋势,国有林区经营主体开始多元化,探索了多种形式的承包经营,实行了政企分离改革,明确林业企业的经营主体地位(王迎,2013)。

随着社会主义市场经济体制在我国的确立,国有林区改革也呈现出越来越多的市场化特征。这一阶段进行的林区改革和林业企业改制使国有林区的经营管理体制得到极大改善，增强了林业企业的发展活力，优化了林区的经济结构，推动了林区的经济发展。调整所有制结构、探索多种形式的公有制成为这一时期林区改革的重点，实行国有森工企业改革，对亏损严重的林业企业进行破产重组，减轻林业集团补贴负担；调整所有制结构，探索股份制、股份合作制、租赁经营、出售、兼并、联合重组、解体、委托经营以及合资合作等多种形式的国有中小企业改制，国有林区由单一的全民所有制向多种所有制结构并存转变，林区国有经济比例不断降低，集体经济、混合经济比例有所提高，个体经济比例显著上升；同时，创新林场经营管理方式，林场的生产经营可通过竞标的方式由林农专业户完成，出现了家庭林场和股份制林场，经营主体更加多元化，组织方式更加灵活（邢红，2006）。

自 2006 年起，开始正式实施的国有林权制度改革拉开了国有林区发展新的序幕，以伊春为起点的林权改革是在借鉴农地家庭承包经营经验基础上形成的"林地承包经营"，具体做法是在不改变林地国有性质和用途的前提下，将易于分户承包经营的部分国有商品林承包给林业职工家庭经营，承包期为 50 年，承包农户由此获得了林地的使用权、林木所有权和使用权，承包方式有拍卖、招标、协议等，在流转方式和经营方式上又因地制宜逐渐探索出三种主要的承包经营模式：一是由个人承包，对有经营能力的个人给予政策支持，自主承包经营；二是联户承包，分户经营，一般是由几个牵头农户共同承包一整片林地，各户按投资多少划分地块，每块林地产权归个人所有，实行联合管护，独立经营；三是股份合作，统一经营，这种模式往往是由几名职工牵头，吸纳一定数量的职工入股成立股份合作组织，共同承包较大面积的林地（刘世佳等，2017）。在林地承包经营的模式下，国有林区呈现出多种经营形式并存、经营主体多样化的特征。

伊春之后，其他地区的国有林权制度改革一定程度上汲取了伊春改革的有益经验，但在具体的改革制度的设置和实施上又因各地的现实情况而有所不同。如在权属证书的发放上，伊春改革只是将林权证发放到林业局而非承包户手中，黑龙江其他地区则将原先各林场的林权证先废止后重新核算发放，这样国有林产权更加明晰，承包户可进行出租、入股或抵押，提高了国有林的经营效率。此外，在国有林承包或流转后的处理方式上，伊春林改后，农户由于没有林权证无法转让，只能自己经营，黑龙江其他地区国有林可在承包5年后进行转让，这样，有能力经营的承包户可自主经营，没有能力经营的农户可将承包的林地流转给专业大户或其他规模经营主体，林业经营主体更加多样化，有利于发展多种形式的林业规模经营（朱洪革，2013）。

3. 集体林区经营主体变迁

南方集体林区是我国森林资源的重要组成部分，总面积达216.7万平方千米，占全国总面积的22.6%，林地面积5.29亿亩，主要分布在福建、湖南、湖北、江西、贵州等10个省（区、市）。南方集体林区地处亚热带地区，热量充足，雨水丰沛，适合经济林、用材林、防护林等林木的生长，是我国重要的速生丰产林生产基地。由于森林资源丰富，南方集体林区有着悠久的开发历史，在历史上曾是私有林区，经过不断发展逐渐形成了以农民为经营主体的完整稳定社会林业生产体系。新中国成立后，我国先是通过土地改革确立了农民土地私有制，林地、林木资源归农民个体所有，之后在农民合作化和人民公社运动时期，土地集体所有制逐渐确定起来，林业资源为农民集体所有，随后在集体林区虽又进行过多次改革，但林业资源的所有权主体始终未发生根本性变化，林业经营主体主要以农户家庭为主，随着改革开放和市场化的不断深入，集体林区林业经营形式日益多样，林业经营主体呈多元化发展趋势，特别是随着集体林权制度改革的不断推进和完善，林业经营主体发展呈现出新特点和新趋势。

（1）土地改革时期（1949—1951年）：农民个体经营。

中华人民共和国成立前，封建地主占有着包括林地在内的大部分土地，解放战争时期的土地改革运动奠定了土地制度变革的基础。1950年6月30日，中央人民政府委员会通过并颁布实施《中华人民共和国土地改革法》，从法律层面规定"废除封建地主土地所有制，实行农民土地所有制"。到1953年初，全国大部分地区（除新疆、西藏等少数民族地区以及台湾地区）实行了土地改革，封建土地所有制就此被彻底消灭。土地改革使农民得以获得山林，从地主手中没收的土地山林被按照"均田""均山"的思想按人口平均分配给无地和少地的农民，林地私人所有的产权制度得以确立，这一时期，林业的经营主体以农民个体为主，农民既是林地、林木的所有权主体，又是其所有林业资源的主要经营主体，林地私人所有的制度安排保障了农民的经营主体地位（张旭峰等，2015）。

土地改革后确立的林地私人所有制使农民获得了较为完整的排他性的林地产权，从而使农民的生产积极性得到极大提高。林地农民所有的制度安排虽在中华人民共和国成立初期较大地刺激了广大农民的积极性，满足了农民最迫切的土地需求，生产和生活条件得到一定程度上的改善，但随着生产进一步发展和国民经济建设推进，这种分散的农民个体经济形式实际上并不能满足生产发展的需要。首先，农民获得土地后仍然以家庭为单位进行生产，生产资料匮乏，生产率低且抗风险能力极差，这样分散落后的生产方式对农业的恢复和发展几乎起不到促进作用。其次，农业在当时仍然是国民支柱产业，要想大力发展农业就必然要进行大规模的农田水利基础设施建设，一家一户的生产模式无法满足建设大型设施的人力、物力等需要，以农民私有为基础的单一产权结构并不是国民经济建设的长久之计。

（2）农民合作化和人民公社运动时期（1951—1965 年）：由个体经营走向集体经营。

由于农户个体经营并不能有效促进农业生产发展和国民经济建设，因此自 1951 年起，农民互助合作运动开始兴起，并随着三大改造的完成，农民互助合作组织成为主要的林业经营主体。人民公社化运动时期，林业集体经营达到高潮。1951 年 9 月 9 日，中共中央召开的全国第一次互助合作会议，讨论并通过了《中共中央关于农业生产互助的决议（草案）》，提出要按照自愿互利的原则，引导农民开展互助合作运动，这一时期成立的林业互助合作组织仍然建立在林地农民私人所有的基础上。1953 年，全国进入计划经济建设时期，这一时期建立的初级林业生产合作社虽属于半社会主义性质的集体经济组织，但仍是建立在主要生产资料私有制的基础之上的，即林权私有化性质并未改变。1955 年，农业合作化进入高潮，从初级社向高级社的转变在全国展开。按照规定，除少量的林木仍归社员私人所有外，其余的幼林、苗圃以及经济林和用材林都必须折价入社，转为合作社集体所有，由合作社通过年终分红分步偿还山林价值。1958 年，《关于小型的农业合作社适当合并为大社的意见》等文件通过，标志着我国进入人民公社化时期。在这一时期，所有山林林权和农民自留山林权全部划归人民公社所有，山林权属"三级所有、队为基础"，乡村林场统一经营管理成为集体林的基本制度和经营方式。原先需要通过分红偿还的折价山林基本上被无偿划归人民公社集体所有，原属各合作社的一切土地和生产资料、一切公共财产也都无偿归为公社所有，由公社实行统一经营管理，社员统一生产和劳动，实行统一分配。

随着有计划的经济建设推进，互助组和初级社等集体组织形式的出现适应了当时经济建设的需要，一方面仍然保持了农民保有土地的要求，另一方面通过互助合作缓解了缺乏劳动力、农具、役畜的困难，适应了农业生产力的发展要求，也为实行集体所有制提供了过渡。高级合作社和人民公社化时期在当时实现了最大限度的资源整合，在一定程度上支持了农村生产和基础设施建设，土地利用率和农业生产力得到提高。但随着合作社规模的不断扩大以及后来人民公社的建立，这种高度集中的组织模式在生产经营和制度管理上的弊端逐渐暴露出来，脱离了当时生产力的发展水平，并最终造成了严重的后果。

公社集体所有取代农民私有的产权关系变化在物质方面剥夺了农民的私有财产权利，忽视了农民的个人利益，农民的生产积极性受到打击，同时产权制度的频繁变动会使农民对相关政策的预期不稳定，不利于林业生产的长期发展。其次，从林业生产自身的特点来看，林业生产具有生产周期长、劳动季节性变化大、生产空间广泛且分散等特点，因此对劳动力的数量和质量要求都较高，而统一劳动、统一分配的集体劳动模式和分配方式可能会造成生产责任不明晰、生产效率低下等问题，甚至出现"搭便车"行为，劳动监督成本过高，以公社为主体的林业经营方式显然难以满足林业生产的要求。

（3）林业"三定"时期（1977—1991 年）：农户自主经营和联合经营。

自 1978 年起，家庭联产承包责任制在农村地区广泛兴起和推广，农业由原来的公社化集体生产变为以家庭为单位的承包土地自主经营，"交足国家的，留够集体的，剩下的都是自己的"，农民生产积极性得到极大提高，农业产量快速增长。在借鉴"分田到户"经验基础上，1981 年 3 月，中共中央、国务院发布《关于保护森林发展林业若干问题的决定》，决定在集体林区开展"均山到户"的林业"三定"，即稳定山权林权、划定自留山和确定林业生产责任制。在林权关系的具体安排上，自留山的林地所有权仍归集体所有，林地使用权和林木所有权、收益权和部分处置权（允许继承）归于农户；责任山的林地所有权归于集体，林地经营权及部分林木所有权、收益权在集体和农户之间进行分配，但农户无林地处置权；统管山的林地、林木的所有权、使用权、收益权和处置权均归集体；同时，自留山、责任山和统管山的处置权均受到一定限制，采伐林木必须办理采伐证。1984 年，"林业三定"集体林权改革在全国正式启动，同年，福建三明开始进行集体林区改革试点，按照"分股不分山，分利不分林，折股经营，经营承包"的原则，采取集体山林折股经营，山林联系面积、联系产量的"双联"计酬承包管护方法，从而实现林地所有权和使用权的分离。1985 年，国家取消了对集体林区的木材统购，木材市场得以放开。

林业"三定"政策实行以后，到 1984 年底，95% 的集体林场完成了山权和林权的划定工作。"均山到户"赋予了农民部分林地使用权和收益权，林农获得了一定的自主经营权，林业资源利用效率得以提高，一定程度上实现了改革目标。但随着改革的推进，部分政策的宣传和落实不到位，引起了集体林区农户对森林资源的乱砍滥伐，造成了森林资源的极大破坏。

林业"三定"政策没有取得预期效果的原因主要有以下几点：首先，是由林业自身的特点决定的。林业不同于农业，林业要求广阔连片的生产空间，林木的生产周期也远长于一般的作物种植，自留山、责任山按人口、劳动力多少的划分方法造成林地被细碎分割，造成生产效率低下，不利于林业的持续经营和规模效益。同时，由于林地、林木资源不易流动的特性也诱使林农就地砍伐变现。林业的特殊性决定了"均山到户"难以取得"均田到户"的良好效果。其次，制度设计存在缺陷。林业"三定"虽强调赋予农户林地的承包经营权，但仅仅停留在政策层面，并未制定相关法律对产权关系予以明确和规范。法律保证的缺失使农民无法形成稳定的心理预期，就会采取着眼于短期利益的理性选择。除此之外，管理体制不健全也使政策效果大打折扣。部分地区"集体林"的用益物权受村干部操纵，被称为"干部林"，广大农户得不到实际的权利和收益，因此政策得不到真正贯彻实施。

（4）市场化探索时期（1992—2003 年）：多种合作经营新形式。

1992 年，党的十四大确立了建立社会主义市场经济体制目标，实行以公有制为主体、多种所有制形式共同发展的基本经济制度，为集体林权非公有化改革奠定了基础。1995 年颁布的《林业经济体制改革总体纲要》提出允许"四荒"使用权通过多种方式有偿流转，"开辟人工活立木市场"，允许森林资产通过招标、拍卖、租赁和抵押等形式变现。1998 年，《中华人民共和国森林法》颁布，规定森林、林木和林地使用权可以依法转让，也可以依法作价入股或作为合资、合作造林、经营林木的出资和合作条件。

这一时期进行的集体林权市场化探索使产权主体更加多元，除集体和农户外，企事业单位成为产权主体；产权更加明晰，林地所有权仍归集体所有，林地使用权和林木所有权为农户或企事业单位所有，林权排他性有所提高；利益分配更加明确，林地、林木的收益权和处分权在所有者和使用者之间进行分配，集体获得承包金或租金，农户和企事业单位获得剩余收益；使用权流转更加灵活，林业资产变现能力增强。

由于山区、林区资本的极度缺乏，集体林权市场化改革的探索过程十分艰难。土地收益权和林地使用权允许交易实行后，部分林农受限于资金缺乏和投资能力不足，将自有林权流转给地方大户，一些地方政府为吸引外部投资低价出让林区森林资源，"四荒拍卖"形成了大批的"大户林""干部林"，这就造成了林地资源集中化，农户从中得到的实际利益较少，大部分利益由占有大量资本资源的大户获得，森林和林地资源实现了由分到统，农户手中的林权和利益实际上被稀释了。

造成以上结果的原因可从以下几个方面进行分析。首先，资本不足是政策效果偏离预期的重要原因。由于资金缺乏，农户和地方即使拥有林地使用权和林木相关产权也无法增加投资使其变现，市场化交易为手中林业资源快速变现提供条件，因此成为农户和地方政府的主要选择。其次，林权流转政策、法规不健全也加剧了林权流转乱象。国家虽在政策层面提出允许流转，但并未对林权流转制定具体的制度和法律，导致流转行为不规范、流转乱象频现，林农的利益极易受到侵害。除此之外，宏观经济环境变化也是造成上述结果的重要原因。

（5）林权制度深化改革时期（2003 年至今）：新型林业经营主体、职业林农等。

2003 年以后，集体林权制度改革进入快速推进和深化发展阶段，明晰产权、放活经营、规范流转成为这一阶段改革的重点内容。2003 年 6 月，中共中央、国务院发布《关于加快林业发展的决定》，对集体林权制度改革做出总体部署。2006—2010 年连续五年的中央 1 号文件都提出要推进集体林权制度改革并做出具体要求，2008 年 7 月发布的《关于全面推进集体林权制度改革的意见》更是将集体林权制度改革提升到战略高度，明确了明晰产权、勘界发证、放活经营权、落实处置权、保障收益权、落实责任的主要任务。同时，"均山制"也是这一时期制度安排的重点，海南、江西、福建等多个省（区、市）按照"均山、均股、均利"要求进行集体林区改革实践并取得突出成果，集体林权制度改革进入深化阶段。2013—2016 年，连续 4 年的中央 1 号文件继续对深化和完善集体林权制度改革提出指导意见，集体林权制度改革进入新的发展阶段。这一阶段的集体林权制度改革以确定农民的林业经营主体地位为核心，产权主体呈多元化，包括所有权、使用权、经营权、处置权和收益权在内的林业产权进一步明晰。

由于这一时期改革着眼于农民收益权的落实，较大程度迎合了农民需求，农民积极性较高，改革取得显著成效。截至 2016 年底，全国不包括港澳台地区及上海和西藏的 29 个省（自治区、直辖市）已完成确权的集体林地面积达 27.05 亿亩，累计发证面积达 26.41 亿亩，占已确权面积的 97.63%，有 9000 多万农户拿到了林权证，户均拥有近 10 万元森林资源资产，广大农民发展林业的积极性大大提高，农民就业增收渠道进一步拓宽。同时，改革有效促进了林业新型经营主体和林业社会化服务体系的发展和完善，全国不包括港澳台地区各类新型经营主体达 23.15 万个，经营林地面积 5.29 亿亩，占集体林地面积的 18.9%，林权管理服务中心达 1800 多个，参保森林面积达 20.44 亿亩，林业累计抵押贷款达 3000 亿元，林业资源变现能力进一步增强（国家林业局，2016）。除此之外，林下经济、森林康养、森林旅游等新型林业产业发展迅速，实现了林业经济效益与生态效益的统一，新型林业发展道路正在形成。

5.2　当前中国新型林业经营主体状况及特征

新型林业经营主体，是相对于传统林业经营主体而存在的市场主体类型。既然区别于传统林业经营主体，有必要对新型林业经营主体的概念和特征进行界定。

首先，相对于传统小规模、分散的林业经营主体如个体林农而言，新型林业经营主体应当具有经营规模大、组织管理水平高、商品化程度高、适应市场能力强等特点。在此基础上，相对于国有林场、集体林场、村集体经济组织等具有一定规模的、有组织的林业经营主体来说，新型林业经营主体除了在经营规模、组织管理、适应市场等方面有较大提升外，应该更能满足现代林业的发展需求，符合当前生态林业的发展趋势，兼顾林业经济效益、生态效益和社会效益的统一。

随着工业化和城镇化进程的加快，传统的以小规模、自给半自给农户家庭为主体的小规模的林业经营体系已经不能适应现代林业的发展趋势和市场需求。新型林业经营主体是在新型农业经营主体的基础上提出的市场主体概念，具体来说是指在社会主义市场经济条件下，以明晰产权、承包到户为基础，以市场为导向，以保护生态环境、提高林业经济效益为目标，通过基层参与、政府引导或自发形成的，基于共同利益自愿组合在一起开展林产品生产、加工、销售等生产经营活动的有别于传统小规模、自给半自给农户家庭经营的林业经营主体。近年来，在国家政策的支持和引导下，新型林业经营主体不断发展壮大，逐渐形成了以林业专业合作社、家庭林场、林业专业大户、林业产业化龙头企业等多种主体组成的新型林业经营体系，并在探索中呈现出由单一主体向混合多元主体发展的趋势，如混合所有制经营主体等，截至 2017 年，全国已成立各类林业经营主体 23.1 万个，经营林地面积 5.29 亿亩，新型林业经营主体正成为现代林业发展的重要手段（国家林业局，2017）。

1. 林业专业合作组织

林业专业合作组织是指林农自愿组建或加入的进行林业经营活动的各种合作组织。新一轮集体林权制度改革在坚持家庭经营制度安排的基础上，推行包括农民林业专业合作社在内的新型林业经营形式。2009年 8 月，国家林业局出台《关于促进农民林业专业合作社发展的指导建议》，从制度和政策等方面鼓励、支持和引导农民林业专业合作社发展。林业专业合作组织是包括林业专业合作社在内的新型合作组织形式，除此之外还包括股份合作林场和林业专业协会等。林业专业合作组织在促进林业规模经营、推动林业产业化发展、推动林农与市场有机衔接等方面发挥着重要作用。

（1）林业专业合作社。

随着农业专业合作社的兴起和发展，林业专业合作社也应运而生。林业专业合作社是指在家庭承包经营基础上，林产品（同类）的生产经营者或生产经营服务的提供者和利用者进行自愿联合，实行民主管理的互助性合作经济组织。

林业专业合作社主要有会员制合作社和股份制合作社两种。会员制合作社是指合作社社员在生产环节上仍然以家庭为单位，合作社为成员提供采购、收购、技术、信息、运输和储藏、销售等服务。股份制合作社实际上是股份制与合作制的结合，成员以林业产权（林业承包经营权）入股入社，可参与也可不参与合作社的经营管理活动，合作社实行按交易额返还和按投资分配相结合的分配制度。

林业专业合作社的经营范围和类型一般较为丰富，主要包括林木种苗与花卉生产、森林管护、植树造林、林下种植、森林采伐、林间养殖、生态旅游、野生动物驯养繁殖、生产资料采购、林产品加工、销售、储藏与运输等。

（2）林业专业协会。

林业专业协会是指在农民自愿的基础上建立的专业服务组织。与农民专业合作社和股份合作林场相比，林业专业协会在组织形式上相对简单和松散，一般按照"民办、民管、民受益"的原则组建，会员缴纳一定的会费，协会进行自主经营，为会员的生产经营提供农业生产资料或产前、产中、产后的系列化服务。

林业专业协会的特点是不直接从事生产经营活动，主要为协会成员提供技术和信息服务。同时，林业专业协会是非营利性的组织，这种非营利性并不是指它在市场上不追求利润，而是指协会与其会员的业务是在"非营利或成本基础上"进行的，它通过对成员的低成本服务或基于惠顾的盈余返还来增加会员的收入，维护会员的合法权益（黄丽萍，2012）。

2. 家庭林场

家庭林场是指以农户家庭为基本单位，在自家承包林地或林地流转基础上，以家庭成员为主要劳动力，从事林业适度规模化、集约化、标准化经营，并以林业收入为主要收入来源的一种新型林业经营主体。家庭林场具有一定生产经营规模，经营面积一般应在 50 亩以上且经营权相对稳定，它是在林业承包责任制的基础上发展起来的一种林业生产经营形式。

林改后的家庭林场作为一种新型林业经营主体，在特征上与传统的家庭林场有所区别。首先，新型家庭林场在经营组织方式上更加多元化，当前，不仅有单个家庭经营的家庭林场，还有多家联合经营、股份合作经营等多种形式。其次，在经营规模上，新型家庭林场的经营面积更大，能够实现规模化和产业化经营。再次，在经营主体方面，新型家庭林场主往往具有相对较高的素质，在经营管理和技术上更具优势，能够通过调整生产投入和支出控制生产成本。最后，新型家庭林场不再局限于自给自足的家庭经营，而是往往以利润最大化为目标，能够提高生产经营的商品化程度。

家庭林场目前仍然缺乏统一的认定标准，发展仍处于探索阶段，不同地区的发展速度和规模也有所差异。家庭林场的类型主要有单一农户家庭林场、合作制家庭林场和股份制家庭林场三种。家庭林场的发展仍然面临着一些问题：一是由于缺乏明确的法律依据，家庭林场在资格认定、注册登记等方面不够规范，一定程度上影响了家庭林场参与市场竞争和获取政策支持；二是目前专门针对家庭林场的扶持政策并不是很多，家庭林场在资金、林地等方面受到制约；三是目前家庭林场的内部管理不规范，缺乏标准规范的管理章程，影响了家庭林场的经营效率。

股份合作林场是劳动联合和资本联合相结合的组织形式。股份合作林场一般由农户以山林入股，再筹集一定资金组建，林农入股和退股往往都有条件限制，同股同利，股份一般可以有限转让。在财产上实行共同共有和按份共有，利益共享，风险共担；在管理上，实行民主管理，一人一票或一股一票,或者两种方式相结合,在分配上实行按股分配和按交易额分配相结合,以按股分配为主(黄丽萍,2012)。

股份合作林场的特点在于林场的统一经营管理,而经营管理山林产权分为两种情况:一种是林农以分到户的林地的承包经营权入股,另一种是将不分到户的集体山林折成股份,按人口将股份分配给集体成员,各成员以所持股份分红。

3. 林业专业大户

林业大户是指在家庭经营的基础上,通过林地等生产要素流转和聚集,从事某种林产品专业化生产、加工和销售的一种新型林业经营主体。林业专业大户是在农户家庭经营的基础上发展起来的,但其经营规模要远大于普通农户,一般是由农村的种养殖能手或林业专业户通过林地流转,将生产要素和资源集聚起来从事林业生产经营,其在林业生产经营方面也更加专业化和市场化,但与林业专业合作社等新型林业经营主体相比,林业大户的专业化和集约化水平又相对较低,经营方式也比较粗放。林业专业大户作为一种新型林业经营主体,对林业生产经营结构调整、林业规模化、产业化经营具有重要影响。

4. 林业产业化龙头企业

林业产业化经营是由分散的家庭作坊式经营向现代林业开发经营转变的重要途径,这一经营模式的关键是通过林业产业化龙头企业带动。龙头企业是指与农户联系,发挥利益连接机制,从事林产品加工经营活动,引导农户进入市场,将林产品前端的生产与加工及终端的销售有机结合,形成林业产供销一体化的组织。龙头企业是种植和加工的龙头、市场的中介、服务的中心,它可以是生产型和加工型企业,也可以是中介组织和专业批发市场等流通企业。

龙头企业在适应复杂多变的市场环境中具有较大优势,作为林业产业化经营的重要力量,它能够为农户农产品生产的各个环节提供一条龙服务，能够完善与农户间的利益联结机制，是连接农户和市场之间的桥梁。通过龙头企业带动，解决了广大农户农产品难卖问题，刺激了农村种植业、养殖业的发展。通过龙头企业的深加工，还能提高资源利用率，形成"资源开发—深精加工—高附加价值产品—商品"良性循环模式。经营良好的龙头企业不只能带动一批相关产业的发展，还能促进产品延长产业链，最终形成一个具有区域经济特色的大基地、大产业、大市场。农业企业还在农业生产中扮演着运营中心、信息中心和服务中心的角色，同时农业企业还承担了技术创新领导者的任务。林业龙头企业是构建林业支柱产业的重要组成部分，在推进林业产业化进程、优化林业产业结构、提升林业发展水平上起到"排头兵"的作用，由此也得到了各级政府的大力推动，大批涉林企业快速成长（柯水发等，2015）。

5. 混合所有制林业

随着林业产权制度日益完善，各种所有制经营主体相互影响、相互作用，逐渐形成了由多种所有制成分共同组成的新型林业经营方式，即混合所有制林业。混合所有制林业的组成成分比较灵活，一般来说有国有经济、集体经济、个体经济和外资经济等，各种经济成分相互参股、融资，各所有制主体根据所占股份或经营贡献共享经营收益，共担经营风险。

混合所有制林业经营打破了单一所有制的传统林业经营方式，通过产权的混合和重组实现了林业生产经营效率和效益的提升。它的特点主要有以下几点：一是复合性，即混合所有制林业是一种由混合所有制成分混合而成的林业经营复合体，其实质是一种林业产权组织形式；二是开放性，开放性是混合所有制林业的重要前提，鼓励、支持各种林业资源、资本参与，这种开放性是其他林业经营主体所不具备的特征，也是混合所有制林业的重要优势；三是动态性，混合所有制是各类资本流动和重组的结果，又是扩大和加快各类资本流动和重组的方向和原因。在混合所有制下，不同类型的资本及其所有者的混合，并非一次完成就固定下来的静止状态，而是随着经济市场化程度的提高，产权流动和重组速度的加快，通过不断竞争调整，达到有进有出的有序动态过程。

混合所有制林业在实践中形成了多种形式，最具代表性的主要有以下几种：①国有林场＋村集体＋农户；②龙头企业＋合作社＋基地＋农户；③龙头企业＋联合社＋合作社＋农户；④合作社＋基地＋农户；⑤村委会＋合作社＋农户；⑥合作社＋家庭林场＋基地＋农户（柯水发等，2015）。

5.3　结论与展望

1. 未来中国林业经营面临的环境

中华人民共和国成立以来，中国林业经过 70 年的探索和积累，取得了举世瞩目的成就。在世界范围森林资源持续下降、森林面积锐减的背景下，中国成为世界上森林面积增长最多的国家。据联合国粮农组织（2015）统计，在 1990—2015 年的 25 年内，我国森林面积共增加了 11.2 亿亩，为保护全球森林资源、维护生态安全做出了突出贡献。在全球荒漠化不断加剧的趋势下，中国自 20 世纪 90 年代末期起致力于防治土地退化并取得了突出成绩，为全球土地环境保护做出了重要贡献。在过去的几十年里，中国完成了世界林业史上规模最大、影响范围最广的林业改革——集体林权制度改革，从而使 27 亿亩集体林地产权得以明晰，广大农民获得了法律承认的林业产权，这一创举极大地刺激了我国林业发展的活力，为实现林业现代化创造了广阔空间。除此之外，中国的林业产业实现了从落后到变大变强的巨大转变，改革开放以来，我国林业产值不断增长，到 2017 年实现了林业产业总产值 7.13 万亿元（国家林业局，2017），同时，随着我国经济结构不断调整优化，林业产业发展也更加注重高质量发展，林业产业结构得到明显优化，我国已经发展成为世界上林业产业发展最快的国家，同时也是全球林产品生产、消费和贸易第一大国，可以说，中国林业所取得的成就是世界林业发展史上的一个奇迹。

中国林业在取得巨大成就的同时，仍然蕴含着巨大的发展潜力，面临着诸多发展机遇。从国内来看，我国的林业经营水平还有着巨大的发展空间。尽管当前林业经营主体尤其是新型林业经营主体在数量上发展迅速，经营形式也在不断丰富和创新，但仍然存在许多问题，一些经营组织形式仍处于探索阶段，整体的经营水平并不高，但从世界林业产业的发展经验来看，我国林业仍然有着巨大的发展潜力。据统计，截至 2018 年，我国的林地面积共计 3.26 亿公顷，但我国总体的林业经营水平和单位林地面积产值与林业发达国家相比仍有较大差距，如果林业经营水平能够得到提升，提高单位林地面积产出效率，那么我国的林业产值将会得到巨大提高（封加平，2018）。

林业经营主体的生产经营水平直接影响了林业经营整体水平的高低，因此必须重视林业经营主体尤其是新型的林业经营主体的培育和发展。在中国林业快速发展的过程中，我国的林业经营主体也在不断发展和演变中，特别是随着林权制度改革的不断深化，林业经营主体也逐渐显现出许多新的发展的特征，在未来，在国际和国内林业快速发展的大背景下，我国的林业经营势必会机遇与挑战并存，未来的林业经营主体也将会呈现新的发展趋势。

2. 未来林业经营需要解决的问题

（1）新型林业经营主体的规范发展。

当前，新型林业经营主体虽被广泛看作是未来林业经营的重要力量，并且也得到了国家层面的认可和支持，但实际上其发展还缺乏相当的规范性。一是在界定上，除发展相对较快的林业专业合作社外，目前政府及相关部门并没有就各类新型林业经营主体给出统一的概念和特征等相关界定，只有个别地区根据地方实际制定了相关规定。缺乏官方界定可能会造成部分主体的主体资格得不到有效认定，影响其参与市场的能力，同时也可能给相关部门的统计工作和政策制定造成麻烦。二是在政策方面，与新型农业经营主体相比，目前针对林业新型经营主体的政策支持制度还不是很完善，部分林业经营主体可能由于缺乏资金、林地等而发展受限，因此在未来应该进一步加大对新型林业经营主体的政策支持力度，提供相应的优惠政策，特别是要加强对弱势经营主体的支持。三是在监管方面，鉴于新型农业经营主体在发展过程中出现的一些问题，在对林业经营主体进行支持和引导的过程中要加强预防和监管，尽可能地规范经营行为，促进林业经营主体的可持续发展。

（2）林业社会化服务体系的建立与完善。

全面完善的社会化服务体系是提高我国林业整体经营水平的重要环节，林业社会化服务体系不完善仍是目前我国林业发展亟待解决的问题之一。在过去，林业社会化服务体系的建立以政府和相关部门为主导，但由于完善的体系需要对产前、产中及产后各环节提供全方位服务，需要较强的专业性，政府主导的构建模式可能无法顾忌各个方面各个环节，这也给政府及部门造成了一定的压力。随着林业经营市场开放程度的不断提高，各类新型林业经营主体的快速发展为完善林业社会化服务体系提供了契机。

新型林业经营主体参与社会化服务体系建设，具有明显的优势：首先，在专业性上，新型林业经营主体中既有从事专业化生产经营的组织，如林业专业合作社、股份制林场、家庭林场等，又有专门为林业经营提供专业化服务的中介服务机构——林业专业协会，各类经营主体各司其职，可以专门从事林业产业其中的某一环节，也可以在其能力允许的范围内广泛参与产前、产中和产后各个环节。其次，新型林业经营主体参与社会化服务体系建设能够提高提供服务的效率，减轻政府负担。随着林业市场进一步开放，政府主导的林业社会化服务体系可能更多地被市场主导所代替，由市场主导、各类主体广泛参与建设的林业社会化服务体系一方面本身就具有更好的市场适应性，能够更好地满足服务对象的需求，另一方面能够极大地减轻政府负担，甚至政府也可以成为其服务对象，形成政府与市场间的良好互动关系。除此之外，部分新型林业经营主体既是服务的需求者，同时又是其他服务的提供者，这些主体参与林业社会化服务体系建设能够进一步降低服务成本，从而推动整个林业产业的良性发展。

3. 未来林业经营主体的发展趋势

（1）经营主体多元化。

多元化无疑将会是我国未来林业经营的重要趋势之一。当前，国家大力支持和培育各类新型林业经营主体，国家林业局 2017 年 7 月发布的《关于加快培育新型林业经营主体的指导意见》中提出，要坚持和完善农村基本经营制度，加快构建以家庭承包经营为基础，以林业专业大户、家庭林场、农民林业专业合作社、林业龙头企业和专业化服务组织为重点，集约化、专业化、组织化、社会化相结合的新型林业经营体系。由此可见，新型林业经营主体在国家层面上得到了一定的肯定和支持。随着林业经营主体培育政策、制度等方面的完善，各类经营主体的发展环境更为优化，新的经营主体可能会不断涌现，有一定发展基础的经营主体可能会不断发展壮大，经营水平也能够得到一定程度的提升。除了经营主体的多元化之外，经营形式的多元化也可能成为未来林业经营的重要趋势之一。随着当前林业产权制度不断完善，林业经营组织形式也在实践中不断得到创新和丰富，不同类型主体合作经营、多种所有制合作经营已经成为当前林业经营的重要特征之一，在未来，这种多元化的林业经营形式可能会不断演化，并有可能成为未来林业经营的主要推动力量。

尽管多元化可能只成为未来林业经营的重要发展趋势之一，但仍然需要注意的是，多元化并不应该只是经营主体类型或数量上的简单增长，而应该更加注重其发展的质量和水平，是否能够适应未来林业的发展要求，是否能真正参与市场竞争、满足市场需求，因此，未来的林业经营主体可能在经过较长时间的实践和积累后形成相对完善的林业经营体系。

（2）经营主体专业化。

专业化是高水平林业经营必须要具备的特征之一，也是未来我国林业经营主体发展的主要方向。过去，我国林业不管是国有经营、集体经营还是个体经营，经营方式都相对粗放，尤其是个体农户的经营管理素质一般较低，经营规模小且专业化水平不高，因而生产经营的商品化程度较低。随着我国林业市场化不断推进，未来的林业经营主体必须能够适应市场发展趋势和要求，这对林业经营的专业化水平就有了更高的要求。新型林业经营主体作为连接小农户与大市场的有机载体，必须不断提高自身的经营专业化程度。同时，生产经营纵向、横向一体化也可能成为未来林业发展的重要趋势，因此各类林业经营主体不仅要提高自身的经营管理水平，还要提高与整个林业产业上下游的协作能力，充分利用林业产业各环节的有效资源，提高经营效率，由此整个林业产业的经营水平也能得到共同提高。

（3）传统与新型林业经营主体相融合。

从对过去林业经营主体的历史变迁分析中不难看出，虽然新型林业经营主体的兴起和发展非常迅速，但与此同时传统的林业经营主体并没有因此消失，并且传统的和新型的林业经营主体呈现出相互融合的发展趋势，如混合所有制林业中不仅有国有林场、个体农户等相对传统的林业经营主体，还有林业专业合作社、林业龙头企业等新型林业经营主体，传统与新型的合作并不矛盾，反而成为当前林业经营快速变化过程中的一种有效的过渡形式，因此，我们认为在未来一定时间内，传统与新型林业经营主体相融合的趋势可能还会长期存在并不断发展完善。

那么在这一过程中，传统小农户是否还能一直存在呢，是否会被新型林业经营主体所替代？以家庭为单位的农户经营在我国有着悠久的历史，并且有其存在的必然性和合理性，但传统的家庭经营方式显然已经不能适应林业现代化和市场化的发展要求，传统小农户必须要做出改变以适应这种发展趋势，才不会被市场所淘汰。因此在未来，以家庭为单位的农户经营方式可能会大量减少，但并不会完全消失。一方面，随着林业产权制度不断完善，传统林农获得了得到法律认可的林业产权，如果林农自主经营林业的能力和意愿并不高，就可以将手中的林地经营权流转出去，从中获取收益，这样，实际进行自主经营的传统农户可能会减少，但流转的林地经过集中，规模经营的效率会提高。另一方面，如果农户不愿意流转自己的经营权，同样可以通过加入林业专业合作社、组建股份制家庭林场等方式参与林业经营，农户的个体经营身份仍然存在，也能通过参与新型林业经营组织方式提高自身的经营能力和水平。

第6章

新时代的中国林业

6.1 新 形 势

经过长期不懈努力，我国林业建设取得了举世瞩目的伟大成就，各项改革不断深化，森林面积持续增加，资源保护全面加强，生态状况明显改善，绿色产业快速发展，林业已经站在新的历史起点上。但总的来看，林业仍然是国家现代化建设中的短板，发展不平衡不充分的问题尤为突出，制约着经济社会可持续发展和国家现代化进程，也无法满足人民对美好生活的需要。林业发展水平落后，生态资源总量不足，已成为我国生态系统脆弱、生态产品短缺的重要原因（张建龙，2018）。

1. 高质量发展

2018 年政府工作报告提出，树立绿水青山就是金山银山的理念，以前所未有的决心和力度加强生态环境保护，森林也需要"高质量的发展"。

当前，林业草原工作的内外部环境、各方面条件都在发生深刻变化，林业草原工作面临着千载难逢的机遇：在习近平生态文明思想引领下，我国生态文明体制改革不断深入，地方各级党委政府对林业草原工作更加重视；林业草原融为一体，各类自然保护地实行统一监管，生态保护修复职责实现集中统一，山水林田湖草系统治理的思想得到全面落实；近 14 亿人对优质生态产品的巨大需求，吸引各种生产要素向林草行业聚集，大量金融资本和社会资本开始关注并进入林草行业等，这些都为林业草原事业高质量发展创造了前所未有的条件。

目前，中国实施森林质量精准提升条件十分有利，林场要加快转变林业发展方式，由以扩大森林面积为主的外延式发展向着力提高森林质量的内涵式发展转变；提倡多目标均衡经营，由追求森林的单一功能向发挥森林的多种功能转变；实施精准提升工程，由粗放经营向集约化、精细化经营转变。着力培育健康稳定优质高效的森林生态系统，充分发挥森林在陆地生态系统中的主体作用（崔涛，2018）。

2. 绿色发展

生态建设，林业是基础；美丽中国，绿色是底色。绿色资源成为发展基础。2018 年的政府工作报告提出，加强生态系统保护和修复，全面划定生态保护红线，完成造林 1 亿亩以上，扩大湿地保护和恢复范围。携手行动，建设天蓝、地绿、水清的美丽中国。如今，良好的生态环境和丰富的绿色资源，已经成为各地发展的基础和优势。

生态产品广泛惠及民生。党的十九大报告明确，我们要建设的现代化是人与自然和谐共生的现代化，既要创造更多物质财富和精神财富以满足人民日益增长的美好生活需要，也要提供更多优质生态产品以满足人民日益增长的优美生态环境需要。"优质生态产品"的提法是相对于过去从生产角度定义的物质产品和文化产品，包括优美环境、清新空气、清洁水源、宜人气候、安全生态和绿色产品等，用于满足人们健康和生命的需要。林业是生态产品生产的主要阵地，加强造林绿化和提高林业技术是增强生态产品生产能力的有效途径。林业可向开发生物产业、森林观光、保健食品、生态疗养等方向发展，满足人民群众对生态产品多样化的需求。

林业产业也要绿色发展。人民对美好生活的需要，不仅包括优质生态产品，也包括绿色林产品。2018 年全国林业厅局长会议指出，发展林业产业，关键要走绿色发展之路。人民群众对林产品的需求已从"吃到、吃好"提升到了"吃高质量、吃健康"。因此，需要增加优质林产品供给，加强科技创新，提升林产品质量，加强市场监管，确保人民群众获得无污染的绿色林产品（王钰等，2018）。

3. 共享发展

伴随着电子商务及移动互联网的发展，共享经济（sharing economic）在全球范围内迅速壮大，在我国也出现了网约车、共享单车、共享物流等新经济模式。实际上，林业已经参与到共享经济中，土地资源网等一些土地交易信息平台在撮合林地转让、出租、转包、合作入股；众筹网有长白山林下参、蜂蜜、猕猴桃等项目；货车帮等货运物流网站，提供大量的大型车辆运输服务信息，可以供木材运输服务；58 同城、赶集网、百姓网中有大量的花卉出租、木家具出租的信息；百度文库、道客巴巴等知识共享交易网站中有关于林业知识共享的内容。林业共享经济是以互联网为平台，由林业系统机构人员及公众提供并接受的林业资源租赁与林业服务交易活动。林业共享经济的基本形式是互联网 + 林业活动。

林业共享经济已经客观存在，当前摆在林业行业面前的问题不是林业能不能参与到共享经济中，而是林业主管部门需不需要主动组织、促进、规范林业共享经济，林业行业能在多大程度上共享经济，林业中哪些领域可能参与共享经济。

发展林业共享经济对落实国家开放共享的发展理念、提高林业发展效率、建设现代林业、推进林业改革、解决林农就业问题、提高林农收入具有重要意义，同时，发展林业共享经济也有利于满足公众的偏好，有利于林业部门提升管理水平。林业在闲置资源、互联网平台、潜在交易者三个方面具有一定的禀赋潜力，加之具备良好的外部发展环境，林业共享经济可在林地共享、房屋共享、机器设备共享、资金共享、林业经营服务共享、林产品共享及林业知识共享 7 个主要领域发展（张德成，白冬艳，2017）。

4. 新常态

所谓常态，就是正常状态；新常态，就是经过一段不正常状态后重新恢复正常状态。人类社会就是从常态到非常态再到新常态的否定之否定中发展，人对社会的认识就是从常态到非常态再到新常态的否定之否定中上升。贯穿在常态—非常态—新常态中的主线，是事物的本质与规律。人类总是在经历事物的正反面发展、总结正反面经验，经过感性—知性—理性、具体—抽象—具体的否定之否定后，才对事物有一个完整的认识，才能认识事物的规律与本质。

我国正处于一个新的历史发展时期，是我国全面建成小康社会、全面深化改革和实现第一个"百年"目标的关键时期，也是发展生态林业和民生林业，推进生态文明和美丽中国建设的重要战略机遇期。发展机遇前所未有，产业市场前景广阔，各种社会因素给林业产业的发展带来新的机遇。国家实施小康社会战略和生态文明建设为林业产业发展提供了良好的历史机遇；解决"三农"问题对提高林业产业发展提出更高的要求；木质非木质林产品供需矛盾给林业产业发展提供了巨大的市场空间；追求环保、绿色、生态的新型消费模式给林业产业带来巨大的发展动力；居民收入平稳较快地增长，有利于林产品消费保持稳定增长；林地资源中森林培育产业和森林资源开发利用前景广阔。

但是，与此同时，林业发展也面临着许多挑战。

首先，产业结构不合理，区域之间发展不平衡。我国林业产业的第二、第三产业占比较小，第一产业的比重仍然较大，与国外发达国家相比，第二产业和第三产业的占比有待提高。林业产业的技术设备水平低，企业规模小，产品的附加值低，精加工产品少，市场占有率不足，创新能力有待提高。部分地区林业资源配置不合理，区域性的产能不足或者过剩，技术创新与品质优化长期发展缓慢。总体来看，我国林业经济的发展水平不均衡，地区之间复杂差异大，对于林业副业的重视不足，产业结构的不合理阻碍了林业产业的快速、高效发展。

其次，木质林产品原料短缺，林木资源对外依存度高。我国地域广阔，森林资源丰富，但人均占有森林资源水平低，远低于世界平均水平。木制品、人造板的生产量增长迅速，但原料供应能力不足，尤其是天然林资源保护工程实施以后，一些地区的原料供应能力下降，制约了木制品生产的发展。加上缺少科学的统筹规划措施，一些林木资源生产模式落后，森林抚育缺乏，受自然灾害因素的影响，后备资源储备不足，林木品种呈下降趋势。从长期来看，我国木材对外依存度仍旧存在且会持续上涨，这是制约我国林业产业发展的因素之一。

再次，林业科技创新不足。目前，我国林业产业化发展的制约因素还有科学技术水平落后的原因。林业产业的科技含量低，产品的质量不高，初级产品比较多，对林木的深加工不足。科技成果的转化率低。近年来我国加大了对林业科研的投资力度，取得了一定的成果，但真正用于实践的比较少，转化为生产力的成果更少。缺乏林业高新技术人才。一般来说，林区的地理位置比较偏，使得人才的引进困难。有的林业企业的科技意识不强，对科技的作用不够重视，依然遵循传统的经验模式（石峰，2015）。

5. 创新创业

为了响应李克强总理提出的"大众创业，万众创新"的口号，各行各业开展了技术创新，并扶持了许多创新企业。林业作为国民经济的重要产业支柱，其发展和技术创新得到了重视。随着我国科技的迅猛发展，现代林业被我们接受，而现代林业的发展要想实现科技型转变，必须在林业技术创新上寻求突破。"两创"的提出给国民，尤其是农民群体带来了许多机遇，促进他们返乡创业，给林业带来了更多的资金要素，培养了许多专业化人才。小微型企业、家庭农场、家庭林场等新经营模式如雨后春笋般出现。

越来越多的林业技术工作者对林业技术创新愈加重视，但在对技术的引进和实施的过程中，由于经验的欠缺，出现了大量的问题和不足，使得林业技术创新不能真正地在林业发展中起到促进作用，这是需要引起我们重视和思考的。目前我国林业技术创新存在的问题有以下几方面。

首先，技术创新意识不足，资金不足。近些年来我国的林业发展取得了一定的成效，我国各地区的林业工作者也提高了对林业技术创新的重视，但还是存在一些地区缺乏重视，使得创新意识薄弱。

其次，体制落后，主体地位不明确。高等院校和相关的科研机构是我国林业创新的主要基地，但通过调查不难发现，由于林业单位参与度不够，科研经费投入过少，使得创新环节不能顺利地进行，再加上科研成果不足等因素，造成了林业发展中人力、物力以及财力等方面出现损失。

再次，科研成果较少，也很难将成果进行有效的推广、实施。我国国民经济迅速发展，国家把科研经费大部分投入到了见效快的工业以及农业，这在一定程度上限制了林业的发展。

随着科学技术的进步，林业发展要依靠林业技术创新。在我国当前的林业技术发展不健全的形势下，需要我国政府部门的积极引导，林业企业的参与和配合，大家齐心协力，使林业技术创新走上正轨，实现林业创新在林业发展中的不可替代的作用（张延超，2019）。

6. 乡村振兴与精准扶贫

当前，我国在林业产业中的发展速度不断的加快，其中林业资源具备非常重要的生态保护价值，林业资源也具备非常大的经济发展前景。

基于这种状况，以林业资源的发展作为我国重点的扶贫和脱贫的有效途径，可以实现对生态环境保护和精准扶贫脱贫的共赢局面。

首先，需要加大林业技术推广力度。从当前林业精准扶贫、脱贫工作实际来说，虽然获得了不错的成效，但是脱贫任务仍然艰巨。在具体实践中，需要加强林业建设，积极推广应用林业技术，落实资源培育、资源管护以及资源开发等工作，提高各项工作水平。

其次，需要优化升级林业产业。从经济发展的角度来说，若想获得更多的效益，必须进行产业优化和调整。目前，林业发展中，森林 + 旅游、森林康养等项目已获得初步成效。通过发展旅游业的方式，带动林业发展，可以在增加林业效益的同时，创造更多的就业岗位。除此之外，林下经济也是极具发展前景的产业模式之一，在部分地区实践中已经取得明显的成效。各地区在发展林业时，需要结合自身的实际情况，合理选择产业形式和发展模式，力求实现林业精准扶贫、精准脱贫的目标。

再次，要做好生态护林工作。林业精准扶贫、脱贫的实施，能够获得不错的成效。从当前实际来说，还需要相关部门和人员转变思想观念，认识到林业精准扶贫、脱贫的重要性，将其作为带动贫困地区致富的重要方式。在具体实施生态护林工作时，要全面贯彻落实生态扶贫规划，保证资金到位和合理利用。除此之外，按照精准扶贫工作的相关要求，加大对贫困县以及贫困村的帮扶力度，同时不断创新林业生产保护体制，在保护林业资源、合理开发林业资源的前提下，增加居民的收入，带动区域经济的发展，高效完成扶贫、脱贫任务（王健，2018）。

6.2 新 矛 盾

在中国林业发展历程中，过去的矛盾大多是体制机制的相对滞后，森林经营管理方式比较粗放。从国有森工到地方林业，森林粗放经营的问题都不同程度地存在。有的造林质量不高，幼林抚育跟不上，成效低下，采伐经营缺乏长远规划，森林培育严重不足；有的地方国有林场管理落后，集约化经营、精细化管理水平低，森林质量和林地生产力始终处于较低水平；有的项目管理不够规范，资金投入的有效性和效率有待提升。如果这种经营模式不发生根本转变，政策再优惠，投资再大，林业经营状况也很难发生根本性变化（马景龙，2013）。

随着时间的推移，当前中国林业发展出现了与过去完全不同的新矛盾。在我国，山区人民脱贫致富的梦想还没有完全实现，贫困地区人民收入对森林的依赖严重，国有重点林区"三危"困境依然存在。随着世界人口增长和消费方式的变化，社会经济发展对林产品和服务、粮食以及原材料的需求日益增加。这些都将在未来加剧对林产品及森林生态服务的需求，毁林和森林退化的压力短期内不会消除（雷靖宇，张根伟，2018）。

我们将新矛盾总结为以下几方面。

（1）日益增长的生态产品或服务的需求和有效供给之间的矛盾。当前尤其是城镇居民对原生态的农产品、食品、生态旅游等产业需求十分强烈，但是由于信息不对称、资金缺乏、人才不足等原因，生态供给远低于需求，两者之间存在矛盾。

（2）严格森林保护与森林有效利用之间的矛盾。2017年起，我国开始全面实施天然林禁伐，进行严格的森林保护。但是在严格保护的同时，如何有效利用森林资源，如何兼顾生态效益与经济效益，这一矛盾仍有待动态协调。

（3）林业发展的实践创新与落后的制度约束之间的矛盾。林业在发展实践中需要与时俱进、不断创新，然而部分林业制度供给不足，受政策制度掣肘，林业实践的多样化与单一落后的制度供给之间的矛盾突出，如何既保持制度的严谨性和规范性，同时也保持制度的弹性和适应性仍有待解决。

（4）林区可采森林资源枯竭与可持续生计的矛盾。在国有林区或集体林区，可采森林资源枯竭，林区职工或农户缺少可以持续维持生计的资源要素，林区资源保护与恢复、经济发展与可持续生计存在着阶段性矛盾。

（5）农村森林资源丰裕度与可价值化程度之间的矛盾。当前中国一些农村的森林资源较为丰富，但由于森林资源破碎化难以实现规模化开发利用、森林资源质量低没有价值，或森林资源价值没有合适的变现途径等因素，很多资源都未能有效地将其价值化。

（6）林产品国际贸易竞合矛盾。当前我国木材依存度较高，中国林产品进出口贸易活跃，但在贸易中存在的竞争、冲突、争端也日渐突出，同时林产品国际贸易的合作空间很大，在生产实践中也迫切需要加强贸易合作。因此，林产品国际贸易的竞合矛盾尚待进一步调解。

（7）林业与其他部门之间的利益冲突。林业与农业、国土资源、环境保护、水利等部门之间联系密切，既存在工作联系，也客观上存在部门利益纠葛，因此，有必要加强利益梳理、调解和优化。

（8）林业改革与其他改革之间的矛盾。林业改革与农业农村改革、土地改革、资源改革、产业变革等之间也有着密切的联系，有必要避免与其他改革产生冲突，进一步加强林业改革与其他改革的协同融合。

6.3　新时代的林业现代化建设任务

1. 新时代的根本任务

国家林业局局长张建龙在 2018 年全国林业厅局长会议上提出：生

态兴则文明兴，国家强林业必须强。建设社会主义现代化强国，实现中华民族伟大复兴，必须有良好的生态、发达的林业。当前林业发展水平离这样的目标要求还有很大差距，必须再接再厉、埋头苦干、迎头赶上，林业绝不能拖国家现代化的后腿，全体务林人应该有这样的责任担当和广泛共识。要举全行业之力，集各方面之智，坚定不移推进林业现代化建设，全面提升林业改革发展水平，为实现"两个一百年"奋斗目标作出更大贡献。这就是新时代林业的根本任务。

根据党的十九大对我国社会主义现代化建设做出的战略安排，国家林业和草原局综合考虑当前林业发展水平和人民对良好生态的需求等因素，对新时代林业发展目标进行科学谋划，以更好地指导全国林业现代化建设。经过初步测算和论证，提出如下预期目标（张建龙，2018）。

（1）力争到2020年，林业现代化水平明显提升，生态状况总体改善，生态安全屏障基本形成。森林覆盖率达到23.04%，森林蓄积量达到165亿立方米，每公顷森林蓄积量达到95立方米，乡村绿化覆盖率达到30%，林业科技贡献率达到55%，主要造林树种良种使用率达到70%，湿地面积不低于8亿亩，新增沙化土地治理面积1000万公顷，国有林区、国有林场改革和国家公园体制试点基本完成。

（2）力争到2035年，初步实现林业现代化，生态状况根本好转，美丽中国目标基本实现。森林覆盖率达到26%，森林蓄积量达到210亿立方米，每公顷森林蓄积量达到105立方米，乡村绿化覆盖率达到38%，林业科技贡献率达到65%，主要造林树种良种使用率达到85%，湿地面积达到8.3亿亩，75%以上的可治理沙化土地得到治理。

（3）力争到21世纪中叶，全面实现林业现代化，迈入林业发达国家行列，生态文明全面提升，实现人与自然和谐共生。森林覆盖率达到世界平均水平，森林蓄积量达到265亿立方米，每公顷森林蓄积量达到

120 立方米，乡村绿化覆盖率达到43%，林业科技贡献率达到72%，主要造林树种良种使用率达到100%，湿地生态系统质量全面提升，可治理沙化土地得到全部治理。推进新时代林业现代化建设，既是一项长期的战略任务，又是一项复杂的系统工程。

2. 新时代林业现代化建设的有利条件

国家林业和草原局张建龙局长于 2018 年 1 月在全国林业厅局长会议上的讲话中谈到了以下几条林业现代化建设的有利条件。

（1）建设社会主义现代化强国将为林业现代化建设提出更高要求。党的十九大提出，到 2035 年，我国基本实现社会主义现代化；到 21 世纪中叶，把我国建成富强民主文明和谐美丽的社会主义现代化强国。从全面建成小康社会到基本实现现代化，再到全面建成社会主义现代化强国，这是我们党对新时代中国特色社会主义发展做出的战略安排。这意味着，我国基本实现现代化的目标提前了 15 年，到 21 世纪中叶要全面实现现代化。随着国家现代化的加快，林业现代化必须提速，原定 2050 年的发展目标需要提前到 2035 年实现。提前实现这些目标，国家需要采取更为有力的政策措施，进一步加快林业发展，尽快补上国家现代化中林业这块短板。同时，到 21 世纪中叶，要全面建成社会主义现代化强国，美丽中国是主要标志，人与自然和谐共生是基本特征。林业在建设美丽中国和实现人与自然和谐共生方面具有不可替代的独特作用，各级党委政府将会更加重视林业，推动林业改革发展的举措将会更加协调有力，有利于全面提升林业现代化的质量和效益。

（2）社会主要矛盾转化将为林业现代化建设增添强大动力。党的十九大报告明确指出，我国社会主要矛盾已经转化为人民日益增长的美好生活需要和不平衡不充分的发展之间的矛盾；既要创造更多物质财富和精神财富以满足人民日益增长的美好生活需要，也要提供更多优质生态产品以满足人民日益增长的优美生态环境需要。这表明，我国稳定解决温饱之后，消费正在升级，人民期待天更蓝、地更绿、水更清，提供更多优质生态产品已成为社会主义现代化建设的重要任务。13亿多人对优质生态产品的巨大需求，必将产生强大的拉动力，带动林业不断提升生态产品生产能力。就像当年粮食紧缺一样，国家出台一系列政策支持农业生产，以确保饭碗牢牢端在自己手里。生态产品不可或缺、无法替代，也不能进口，只能立足国内满足人民需求。多年来，为改善生态状况，提高生态产品生产能力，国家采取了一系列重大举措支持林业改革发展，今后这方面的力度将会越来越大。同时，随着生态产品价值实现路径的多元化和生态产品价格形成机制的科学化，生态产品交易变现将会更加便捷可行，更多金融资本和社会资本将会进入林业，有利于进一步增强林业发展的活力和动力。

（3）加快生态文明体制改革将为林业现代化建设带来更大红利。党的十八大以来，以习近平同志为核心的党中央统筹推进"五位一体"总体布局，生态文明建设力度不断加大，一批破坏生态的重大案件得到严肃查处，各级党委政府重视林业的自觉性和主动性明显增强，全社会关注林业、保护生态的氛围更加浓厚，这是林业改革发展取得历史性成就的根本保证。党的十九大将生态文明建设摆在更加重要的位置，确定了加快生态文明体制改革的总体要求，号召全党全国人民牢固树立社会主义生态文明观，推动形成人与自然和谐发展的现代化建设新格局。林业作为生态文明建设的重要内容，可以抓住这一有利时机，继续深化各项改革，进一步解决体制不顺、机制不活等问题，构建完善的政策支持体系和法律法规体系，为林业现代化建设提供更好保障。同时，随着生态文明制度体系的逐步完善，特别是一系列带有强制性的目标任务、考核办法、奖惩制度的建立健全，制度的引导、规范、激励、约束作用将不断显现，各类开发、利用、保护行为将更加规范，有利于在全社会形成保护自然生态、推动林业发展的良好氛围。

（4）实施乡村振兴战略将为林业现代化建设提供有效抓手。党的十九大提出，按照产业兴旺、生态宜居、乡风文明、治理有效、生活富裕的总要求，实施乡村振兴战略，这是我们党着眼"两个一百年"奋斗目标，为解决"三农"问题、缩小城乡差距做出的重大决策部署。林业主要工作领域在农村，主要从业人员是农民，实施乡村振兴战略，既可以加快农业农村现代化步伐，也必将有力地推动林业现代化建设。当前，我国农业农村是发展不平衡不充分的重点领域。十九大报告明确要求，坚持农业农村优先发展，建立健全城乡融合发展体制机制和政策体系，这将进一步调整理顺工农城乡关系，从资源配置、财政投入、公共服务等方面对农业农村给予倾斜支持，也有利于各种生产要素向林业聚集。同时，还要看到，振兴乡村最大的优势在生态，最大的潜力在林业。为农业农村现代化提供生态支撑，满足城乡居民对绿水青山的巨大需求，必须依靠乡村这片广阔天地，努力打造生态宜居的美丽乡村，让广大农民能够安居乐业，让城镇居民方便寻找乡愁。在这方面，国内外有许多经验值得借鉴。日本的生态村建设、韩国的新农村运动，都把保护生态作为振兴乡村的重要着力点，实现了乡村振兴与生态改善良性互动。浙江省安吉县认真践行"两山"理论，积极做好山水文章，走出了一条依靠生态优势实现乡村振兴的发展之路。我们坚信，随着乡村振兴战略的深入实施，必将有力地促进生态改善和林业发展。

（5）决胜全面建成小康社会将为林业现代化建设夯实发展基础。全面建成小康社会关键在于打赢脱贫攻坚战，确保贫困人口和贫困地区全部脱贫。我国 60% 以上的贫困人口集中在山区林区沙区，是全面建成小康社会的最大难点。大多数贫困地区最突出的优势是生态，最适合的产业是林业。近几年来，中央和地方统筹整合资金，积极支持贫困地区开展生态保护修复和生态产业扶贫，有力带动了贫困人口精准脱贫，林业成为扶贫开发的最大亮点之一。山西省通过成立贫困人口占多数的专业合作社，从事造林绿化和森林管护经营，帮助贫困人口实现长期稳定脱贫。云南省贡山县选聘生态护林员 2500 多名，促进了全县 76.8% 的贫困人口脱贫增收。湖南省邵阳县种植油茶 65.4 万亩，年产值 14.5 亿元，带动 3.1 万人脱贫，占全县脱贫人口的 34.8%。宁夏等地将易地扶贫搬迁腾退的土地用于恢复生态，林草植被快速增加，生态状况明显好转。可以预见，随着精准扶贫力度的不断加大，贫困地区将会获得更多的政策、资金、技术支持，农村基础设施建设将会全面加强，林业林区生产条件将会继续改善，生态护林员规模将会进一步扩大，森林资源利用方式将会更加绿色，这些都将为林业现代化建设创造更好的条件（张建龙，2018）。

专栏 6-1 《林业发展"十三五"规划》的林业发展任务

根据《中华人民共和国国民经济和社会发展第十三个五年规划纲要》，国家林业局在 2016 年制定了《林业发展"十三五"规划》。规划中强调要紧紧围绕推进林业现代化建设的总体目标，按照"一圈三区五带"的林业发展格局，加快国土绿化，提升林业产业，深化改革创新，加强依法治林，强化保护经营，发展公共服务，强化基础保障，扩大开放合作。并具体提出了以下几个中国林业发展的新任务。

任务一　加快推进国土绿化行动。开展大规模国土绿化行动，加强林业重点工程建设，开展生态修复，系统修复森林、湿地、荒漠生态系统，增加森林、湿地面积和森林蓄积量，巩固和扩大生态空间，增强自然生态功能，构筑国土绿色生态安全屏障。

任务二　做优做强林业产业。充分挖掘林业产业在绿色发展中的优势和潜力，以政策引导、示范引领、龙头带动为抓手，发展特色产业，扶持新兴产业，提升传统产业，打造产业品牌，优化产业结构，培育龙头企业，壮大产业集群，推进林业一二三产业融合发展。

任务三 全面提高森林质量。按照因地制宜、分类施策、造管并举、量质并重的森林可持续经营原则，强化系统管理，实施科学经营，加快培育多目标多功能的健康森林。

任务四 强化资源和生物多样性保护。林业资源和生物多样性是大自然赋予人类的宝贵财富，是人类赖以生存的基本条件，是经济社会可持续发展的基础，保护生态首先要保护资源和生物多样性，构建生态廊道和生物多样性保护网络。

任务五 全面深化林业改革。全面推进国有林区和国有林场改革，进一步完善集体林权制度改革，发挥国有林区林场在绿化国土中的带动作用，增加林业发展内生动力。

任务六 大力推进创新驱动。在全社会林业需求旺盛和林业建设任务更加繁重的形势下，必须强化科技新引领、拓宽发展新模式、培育发展新动力，推动大众创业、万众创新，用创新驱动引领林业发展再上新水平。

任务七 切实加强依法治林。完善林业法治体系，提高林业法治水平，用最严格的制度、最严密的法治为推进林业现代化提供可靠保障。

任务八 发展生态公共服务。满足广大人民群众对良好生态的新期待，努力把良好的生态成果和生态效益有效地转化为生态公共服务，构建内容丰富、规模适度、布局合理，满足不同群体需要的生态公共服务网络。

任务九 夯实林业基础保障。重点解决林业装备落后、管理手段粗放、应急能力不足、信息化薄弱、科技含量低等突出问题，全面提升林业设施装备保障能力，提高生态风险防控能力，奠定林业现代化基础。

任务十 扩大林业开放合作。充分发挥林业独特优势和作用，拓宽林业发展的外部空间和环境，提升发展水平，服务国家外交战略和对外开放战略。

任务十一　建立健全国家森林公园体系，加强其建设。在不影响当地居民生计的同时保护环境，给人们提供优美的休憩场所。

6.4　新时代下的林业新业态

1. 智慧林业

据《中国智慧林业发展指导意见》中对智慧林业的解释，其基本内涵是指充分利用云计算、物联网、大数据、移动互联网等新一代信息技术，通过感知化、物联化、智能化的手段，形成林业立体感知、管理协同高效、生态价值凸显、服务内外一体的林业发展新模式。

云计算是一种新兴的信息共享架构的方法，它可以将巨大的分散的软硬件和数据连接在一起，建立一个虚拟运行的环境，提供各种硬件、软件、应用和存储服务。

物联网技术主要是通过智能感知、识别技术与计算、网络的融合应用，构建一个覆盖所有人与物的网络信息系统，实现物理现实世界与信息虚拟世界的无缝连接。

大数据技术就是指所涉及的数据量，规模大到无法通过目前的主流软件工具，在合理时间内达到存取、管理、处理，并整理成帮助管理者决策的资讯。当然大数据技术不仅在于掌握了庞大的数据信息，而主要在于对这些含有意义的数据进行专业转化处理。

感知化，就是利用传感设备，如红外、激光、射频、识别和智能终端，使林业系统中的森林、湿地、沙地、野生动植物等林业资源可以相互感知，能随时获取需要的数据和信息环境；物联化，就是利用内网和外网建立横向贯通，纵向顺畅，遍布各个末梢的网络节点，实现系统信息传输，交互共享，为智慧林业提供高效网络的通道；智能化，就是利用物联网、云计算、大数据、移动互联网和各种传感设备、智能终端、自动化装备等方面的技术，实现快捷、精准的信息采集、计算、处理和管理服务的智能化。

智慧林业在坚持统一规划、统一标准、统一制式、统一平台、统一管理基础上，注重整合资源、共享协同，注重融合创新、标准引领，注重统筹协调、管理提升，注重服务为本、推动转型，注重循序渐进、重点突破。

智慧林业建设目标如下：到 2020 年，智慧林业框架基本建成，信息基础设施高端完善、智能化的管理服务系统协同高效、最优化的生态价值全面显现、一体化的综合保障体系完备有效，生态、经济、社会价值大幅提升，有力支撑林业改革发展。具体目标包括林业立体化感知体系全覆盖、林业智能化管理体系协同高效、林业生态化价值体系不断深化、林业一体化服务体系更加完善、林业规范化保障体系支撑有力。

综上所述，智慧林业把林业看成一个有机联系的整体，运用遥感技术、互联互通技术和智能化技术使得这个整体运转得更加精准、高效，从而进一步提高林业产品的市场竞争力、林业资源发展的持续性以及林业能源利用的有效性，可以实现资源更加充分精准有效的配置，从而提高生产效率，节约和保护森林资源，实现更多的绿色福利。

2. 共享融合林业

共享经济的基本理念是"协同"和"合作"，强调"我的就是你的""我的就是我们的""我帮助别人""别人帮助我"的价值观。通过重复利用产品，充分利用每一个产品的价值，减少新产品的消费。对剩余物资或服务的分享，使闲置资源再利用，是共享经济的本质特征，也是共享经济之协作消费的核心价值。

融合林业是指与林业具有紧密联系的产业或同一林业产业内部的不同行业之间，原本各自独立的产品或服务在同一标准元件束或集合下，通过重组完全结为一体，从而发展出新的产业或合成产业。产业融合的最大作用在于通过融合不仅能发挥原来各自产业的优势，而且突破了产业间固定化边界的产业限制，打破了传统林业生产方式纵向一体化的市场结构，塑造出新型横向结构，产生信息型林业、观光型林业、标准化林业与林业加工业、林产品物流业、综合型林业等边缘、交叉产业，形成新的经济增长点。同时，通过产业融合，拉长林业产业链条，聚集并能释放出林业产业内部所具有的潜力，产生 $1 + 1 > 2$ 的效果。此外，产业融合带来的经营管理模式、运行机制的变革和创新、市场要素的重新配置，使得工业的技术手段、林业的资源、农村劳动力等各种要素能够更好地结合，实现经济的快速发展（李碧珍，2007）。

3. 互联网林业

"互联网"代表一种新的经济形态，即充分发挥互联网在生产要素配置中的优化和集成作用，将互联网的创新成果深度融合于经济社会各领域之中，提升实体经济的创新力和生产力，形成更广泛的以互联网为基础设施和实现工具的经济发展新形态。

"互联网"，其实就是"各个传统行业"。但这并不是简单的两者相加，而是利用信息通信技术以及互联网平台，让互联网与传统行业进行深度融合，创造新的发展生态，专家称为"互联网物理化"。其第一个层面即万物互联，人和人、人和机器、人和物，通过计算实现智能互联互通；第二个层面是用互联网拥抱传统产业，形成产业互联网或者行业互联网；第三个层面为智能的工作和生活。

"互联网 + 林业"也就是基于这一原理。它充分利用移动互联网、物联网、云计算、大数据等新一代信息技术，通过感知化、物联化、智能化的手段，形成林业立体感知、管理协同高效、生态价值凸显、服务内外一体的林业发展新模式，其核心就是利用现代信息技术，建立一种智慧化发展的长效机制。具体来讲，"互联网＋林业"应具备以下特性。一是信息资源数字化。实现林业信息实时采集、快速传输、海量存储、智能分析、共建共享。二是资源相互感知化。通过传感设备和智能终端，使林业系统中的森林、湿地、野生动植物等林业资源可以相互感知，能随时获取需要的数据和信息。三是信息传输互联化。建立横向贯通、纵向顺畅，遍布各个末梢的网络系统，实现信息传输快捷，交互共享便捷。四是系统管控智能化。利用物联网、云计算、大数据等方面的技术，实现快捷、精准的信息采集、计算、处理等。同时，利用各种传感设备、智能终端、自动化装备等实现管理服务的智能化。五是体系运转一体化。林业信息化与生态化、产业化、城镇化融为一体，使"互联网＋林业"成为一个更多功能的生态圈。六是管理服务协同化。在政府、企业、林农等各主体之间，在林业规划、管理、服务等各功能单位之间，在林权管理、林业灾害监管、林业产业振兴、移动办公和林业工程监督等林业政务工作的各环节实现业务协同。七是创新发展生态化。利用先进的理念和技术、丰富林业自然资源、开发完善林业生态系统，科学构建林业生态文明，并融入整个社会发展的生态文明体系之中，保持林业生态系统持续发展壮大。八是综合效益最优化。形成生态优先、产业绿色、文明显著的智慧林业体系，做到投入更低、效益更好，实现综合效益最优化。

4. 创意林业

创意林业处于萌芽期，目前多以创意元素的形式融入林业休闲旅游产品开发中，市场份额小。创意林业包括产品创意、服务创意、环境创意和活动创意等，目前主要以产品创意和活动创意为主。

在产品创意方面，主要是通过将产品功能与造型推陈出新或赋予文化新意，使普通林产品变成纪念品，甚至艺术品，从而身价倍增。在活动创意方面，主要是指通过定期或非定期举办创意活动，提高消费者体验价值。

6.5 结论与展望

中国是一个具有悠久历史的农业大国，在几千年的发展中产生了大量具有生态智慧的林业生产方式、技术、体系，有着丰富的林业文化遗产。近代中国林学引自西方，西方的学科体系、价值观念在不断影响和改变着中国林业的发展；而经济全球化的进行，科技进步速度不断加快，更是在很多层面冲击着我国的林业发展进程。

在党的十九大报告中，坚持人与自然和谐共生成为坚持和发展中国特色社会主义的基本方略之一，建设美丽中国成为建设社会主义现代化强国的重要目标之一，提供更多优质生态产品成为现代化建设的重要任务之一，绿水青山就是金山银山成为建设生态文明的重要理念之一。这些重大理论创新给林业现代化建设带来了深层次、全方位的影响，既赋予了林业新地位新使命，也对林业改革发展提出了新理念新要求。

在这种新形势下，中国特色新林业发展道路上出现了许多新矛盾，中国林业发展事业承载了许多新任务。我们必须把改善生态和改善民生作为林业的核心任务，大力发展生态林业和民生林业，让林业更好地造福社会和服务人民。

下篇　专题篇

第 7 章

中国林业生态建设中人工造林 40 多年回顾与展望

人工造林作为生态建设中林业建设的重要部分，对于我国的经济、生态、社会建设都具有重要意义。新时代中国特色社会主义思想中更是突出了生态建设的重要性。其中总任务是实现社会主义现代化和中华民族伟大复兴，在全面建成小康社会的基础上，分两步走在 21 世纪中叶建成富强民主文明和谐美丽的社会主义现代化强国。而建设美丽的社会主义现代化强国则需要注重生态建设的发展。改革开放以来，伴随中国经济的高速发展，难以避免地产生了资源的过度消耗、环境污染恶化和生态系统失衡等问题，这不仅仅严重影响了生态系统和自然环境的稳定，同时也严重威胁到了人类的健康和生存，生态系统保护问题成为目前我们关心的核心问题，而其中林业发展极为重要。持续开展人工造林、加强生态恢复和生态建设、构建生态安全屏障，已成为生态文明建设的重要举措。本书将对中国改革开放 40 多年以来生态建设中人工造林的发展历程进行分析，并提出相关展望和建议。

7.1 基本概念及范畴界定

1. 人工造林

人工造林是通过植苗或播种的方式进行的植树造林活动，是扩大森林资源、改善生态环境的主要途径之一。人工造林3年后，保存株数达到设计株数的65%，即为保存合格，林分郁闭度达到0.2以上，即为郁闭成林（矫永发，2017）。目前我国的人工造林发展取得了重大进展，我国的生态环境也得到比较好的改善，人工造林的数量和造林质量都在稳步提升。在人工造林过程中，多数地区为了让更多的人能参与到造林的工作来，推行了许多有关承包及租赁等各种各样的经营机制，既能达到绿化环境的目的，还能让企业和个人从中取得相应的收益。在近些年来人工造林所取得的成就的同时，也不能忽视目前存在的问题，如人工造林的树种结构较简单、资金投入的有效利用率低、林业管理存在漏洞等（贺湘安，2015）。

2. 人工造林更新

在进行人工造林更新工作时，需要确定出更新方式、造林的树种等，并对所需要的种苗机具和劳力进行全面计算。首先，要做好更新造林地调查区划工作，实行林班和小班等两种区划，将更新造林树种、立地条件、造林类型相同的地段划分为小班；若采伐迹地的小班区划与原伐区调查设计相一致，则不用另外进行区划。在人工造林更新工作中，还应遵守因地制宜的原则，考虑到造林地和树种的适应性。如果是根据造林地的自然条件来选择树种时，应该根据生态学的原理来选择与当地条件相适应的树种；如果是需要改变造林地的土质条件来适应树种时，就需要通过灌溉、整地、施肥等措施来改良造林地，来适应树种的生长发育；如果让树种来适应造林地的气候条件的话，就需要通过引种、育种等措施来改良树种适应当地气候的能力。此外，造林更新还应该规划好造林的密度，确保树木生长后期能够保持的密度，从而提高林副产品的质量（杨霞，2013）。

7.2　相关研究综述

针对林业建设和发展历程的研究成果较多，如张壮和赵红艳（2018）对于改革开放 40 多年来的相关林业政策的演变做出了系统又详尽的梳理，涵盖了 1978 年至今国家发布的各项重大林业政策及其变迁和发展，这对于了解林业发展与改革开放历程的密切关系具有重要意义。此外，崔海兴、温铁军、郑风田、孔祥智等（2009）也对林业政策建设的阶段划分与改革开放以来的各项政策进行了剖析和研究，并对我国林业建设未来发展提出了有效的建议和展望。

我国是一个林业大国，在人工造林方面，其成果十分显著。造林面积不断增加，造林技术也不断提高。为了保护森林资源，改善生态环境，我国进行了一些的措施，来促进资源的可持续发展。为了实现环境的可持续发展，维持生态平衡，开展人工造林非常必要。人工造林应从实际出发，因地制宜，并采用科学的方法来种植护林，以确保投入与产出相统一，实现资源、环境、经济的可持续平衡发展（贺湘安，2015）。

此外，周林（2017）就完善营林整地以及播种造林的措施方面进行探索和讨论，指出需要依据当前我国林业的发展现状而做出适当的造林措施的完善和改进，而其中最为重要的便是营林工作整地以及播种造林工作的开展与规划。

结合各位学者的研究，目前我国的林业发展，特别是人工造林在改革开放这 40 多年来取得了重大进展，其中林业政策、具体的人工造林措施和相关的林业管理措施都对林业建设有着至关重要的作用。纵观改革开放 40 多年来的林业发展，充分证明了我国在林业建设方面方向的正确性以及未来我国林业发展的大好趋势。未来我国将继续推进林业建设，促进生态文明得到进一步发展，推动美丽中国的建设和实现。

7.3 林业生态建设 40 多年的历程演进

伴随着改革开放 40 多年，我国的生态建设也与国家的政策和方针有着紧密联系。纵观我国生态建设的发展历程，其是伴随着改革开放同时推进的，比如"三北"防护林体系工程（简称三北工程）是我国第一个与改革开放相伴并同步推进的大型林业生态工程，也是我国第一个规划期限目标与中国特色社会主义现代化事业三步走发展战略期相吻合的大型林业生态工程，这是我国第一次以国家重点工程形式有组织开展大规模生态建设的政府行动，其规模之大，时间跨度之长，条件之艰难，效果之显著而倍受世界瞩目，远远超过美国的"罗斯福大草原工程"、前苏联的"斯大林改造大自然计划"和北非五国的"绿色坝工程"，被誉为"世界生态工程之最"和"改造大自然的伟大壮举"。

三北工程不仅开辟了农民增收的新渠道，更是生态建设工程的典范，强化了全社会的生态绿化意识，提高了我国在国际生态环保领域的地位。统计显示，三北工程累计完成造林保存面积 2918.5 万公顷，工程区森林覆盖率由 1977 年的 5.05% 提高到目前的 13.02%，森林蓄积量由 1977 年的 7.2 亿立方米提高到目前的 20.98 亿立方米，使区域内生态环境发生了显著变化，土地生产力明显提高（胡利娟，2018）。

改革开放的 40 多年来，林业经济也随着国家对林业政策的变化而发展，由于不同阶段国家政策以及对于林业的政策发布和实施的不同，因此人工造林建设也大致可以划分为 6 个阶段：林业建设恢复发展阶段（1978—1983 年）、林业加强保护初期（1984—1991 年）、林业市场化建设初期（1992—1997 年）、林业生态建设初期（1998—2008 年）、林业生态全面建设时期（2009—2014 年）和林业建设深化改革新时期（2015 年至现在）。

1. 林业建设恢复发展阶段（1978—1983 年）

以十一届三中全会为标志，中国经济社会发展开始步入正常轨道。1978 年 12 月，党的十一届三中全会做出了把全党工作重点转移到社会主义现代化建设上来的战略决策。在这一历史背景下，我国的林业建设重新步入正确的发展轨道，开始进入恢复发展阶段。同年，国家林业局正式成立，林业建设全面进入恢复发展时期。这一时期林业建设多以植树造林为主，实施了三北防护林体系建设工程。

2. 林业加强保护时期（1984—1991 年）

以 1984 年《中华人民共和国森林法》的出台为标志，我国林业建设进入了加强保护深化发展阶段。

随着经济体制改革的不断深入，木材市场开始逐步放开，允许林农和集体的木材自由上市，这进一步激发了植树造林的积极性。随着中国市场经济体制改革的深入实施，因缺乏有效政府监管，在经济利益驱使下，一些集体林区、国有林区，甚至是在自然保护区内，乱砍滥伐、偷盗林木等行为开始日益猖獗。与第三次森林资源清查（1984—1988 年）数据对比显示，中国南方集体林区森林蓄积量减少了 1.59 亿立方米，活立木总蓄积量减少了 1.86 亿立方米（国家林业局，1990）。加之期间中国多地发生多起森林火灾，特别是 1987 年中国大兴安岭地区发生的火灾，是中华人民共和国成立以来最为严重的一次火灾，给国家造成了非常严重的损失。这一时期在继续加强植树造林的同时，也开始增加对森林资源的重视程度。

3. 林业市场化建设初期（1992—1997 年）

20 世纪 90 年代中期，为了实现中国特色社会主义建设的伟大目标，政府严格限制人口的过快增长、减少资源浪费、积极开展生态文明建设，使人口增长、资源使用以及生态环境适应社会生产力的快速发展。面对国际国内的复杂形势，1992 年春天邓小平同志到南方考察，并于秋季召开了党的十四大，通过坚定不移地推进改革开放，确立了社会主义市场经济体制的改革目标。

1992 年党的十四大确立了社会主义市场经济的改革方向和目标之后，1993 年党的十四届三中全会通过了《关于建立社会主义市场经济体制若干问题的决定》，进一步确立了社会主义市场经济体制改革的基本内容。按照党的十四大和十四届三中全会确定的建立社会主义市场经济体制的目标模式和基本途径，到 2002 年，社会主义市场经济体制的基本框架初步建立。这一阶段，在基本经济制度方面，党的十五大确立了以公有制为主体、多种所有制经济共同发展的基本经济制度。

这一时期国家提出了可持续发展战略，把生态保护建设工作放到了突出位置，陆续制定出台了《中华人民共和国陆生野生动物保护实施条例》《关于当前乱砍滥伐、乱捕滥猎情况和综合治理措施的报告》《关于进一步加强造林绿化工作的通知》《关于加强森林资源保护管理工作的通知》《关于国有林场深化改革加快发展若干问题的决定》等一系列林业可持续发展政策（张壮，赵红艳，2018）。中国林业发展中存在的乱砍滥伐、毁林开荒、水土流失严重等问题得到了一定程度的遏制，生态保护取得了一定成效。

4. 林业生态建设初期（1998—2008 年）

20 世纪 90 年代以后，我国曾经连续发生了几次特大洪涝灾害，其中最严重的为 1998 年在我国南方和松花江流域发生了历史上罕见的洪涝灾害，对国家和人民的财产造成了极其严重损失。在此后几年，北方又连续出现重度的沙尘暴天气，严重影响了人民的生产生活。在自然灾害频频发生的情况下，党和国家加大了对生态建设的重视程度，并确定了以生态建设为主的林业发展战略。以 1998 年天然林保护工程的实施为标志，我国林业建设步入了全面发展的新阶段。其中最主要的政策措施有：实施应对气候变化国家方案、加快实现林业的五大转变、启动跨世纪的六大林业重点工程、加快林权制度改革等措施。

2003 年，党的十六届三中全会对建设完善的社会主义市场经济体制做出全面部署。自此，我国改革开放进入完善社会主义市场经济体制的新阶段。2003 年 6 月出台的《中共中央、国务院关于加快林业发展的决定》，把生态建设确定为中国林业发展的主攻方向，在中国林业发展史上具有重大作用和意义。随后陆续出台的《全国荒漠化和沙化监测管理办法》《全国林业产业发展规划纲要》《全国林业自然保护区发展规划（2006—2030 年)》《关于完善退耕还林政策的通知》《关于改革和完善集体林采伐管理的意见》等一系列的林业相关政策，标志着中国林业发展进入以生态建设为主的时期，此外随着六大林业重点工程的全面实施，造林绿化速度显著加快，有效地保护了森林资源。中国取得了令世界瞩目的林业建设成就，尤其是在世界森林资源总体下降的情况下，中国却实现了森林面积和蓄积量双增长。

5. 林业生态全面建设时期（2009—2014 年）

2009 年 6 月召开的《中央林业工作会议》系统研究了新形势下林业改革发展问题，突出强调林业在贯彻可持续发展战略、生态建设和应对气候变化中的重要地位和作用，标志着中国林业发展进入生态建设新时期。此后，国家又先后出台和实施了一系列林业相关政策，中国生态服务水平明显提高。特别是设立了祁连山、三江源等 10 个国家公园试点，建立各种类型、不同级别的保护区 2750 个，总面积约 14733 万公顷，约占中国陆地面积的 14.88%。自然保护区范围内分布有 3500 多万公顷的天然林和约 2000 万公顷的天然湿地，保护了 90.5% 的陆地生态系统、85% 的野生动植物种类、65% 的高等植物群落及 300 多种重点保护的野生动物和 130 多种重点保护的野生植物。党的十八大以来，中国治理沙化土地面积累计达 1000 万公顷，保护森林面积达 20800 万公顷，森林蓄积量达到 151.37 亿立方米，森林覆盖率达到 21.66%，成为全世界同期森林资源增长最多的国家（张建龙，2018）。

6. 林业建设深化改革新时期（2015 年至今）

2015 年 3 月，由中共中央、国务院正式印发的《国有林区改革指导意见》和《国有林场改革方案》通篇贯穿了绿水青山就是金山银山和人人都是生态文明建设者的发展理念，标志着我国林业进入了全面深化改革的新阶段，为推进国有林场和国有林区改革指明了方向。后来又陆续出台了一系列林业相关政策，我国林业发展开始进入体制机制改革时期。

党的十八大以来，我国生态环境保护从认识到实践发生了历史性、全局性变化，环境治理由此驶入快车道，生态环境保护的面貌焕然一新，是生态文明建设力度最大、成效最好的时期。

7.4 人工造林 40 多年变化的统计分析

改革开放 40 多年来，我国森林资源呈现出总量增加、质量提升、结构优化的变化趋势，在很大程度上要归功于我国持续的人工造林行动。如图 7-1 和图 7-2 所示，我国的人工造林长期保持较高水平，在 1983—1985 年，2002—2004 年期间，人工造林规模增加明显，人工造林面积在 2009 年以后基本持平。

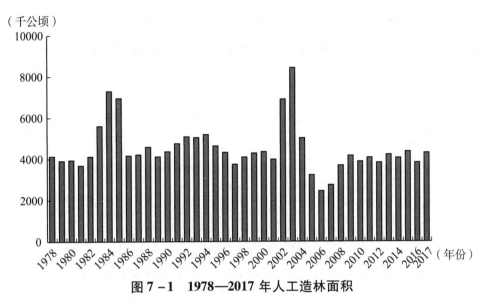

图 7 − 1　1978—2017 年人工造林面积

资料来源：《中国林业统计年鉴（1978—2017）》。

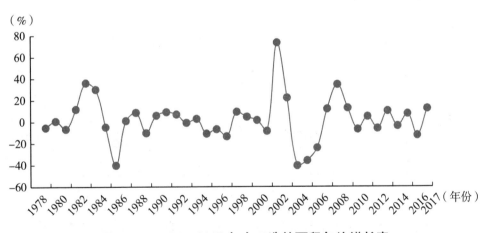

图 7 − 2　1978—2017 年人工造林面积年均增长率

资料来源：《中国林业统计年鉴（1978—2017）》。

在林业重点工程方面，由中国林业统计年鉴数据分析，如图 7 − 3 和图 7 − 4 所示。可以得到我国林业重点工程完成的造林面积从 1986 年至 1989 年的每年完成造林面积大致持平，1990 年出现了第一次显著增长，在 2002 年的年均增长率达到顶峰，在 2003 年造林面积达到最大，随后的完成造林面积略有波动，但总体呈现着增长的趋势。

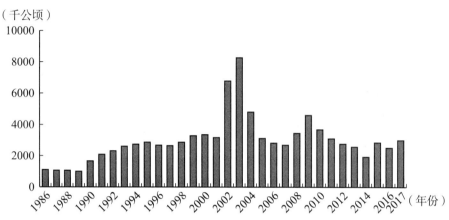

图 7-3 1986—2017 年全国历年林业重点工程完成造林面积

资料来源：《中国林业统计年鉴（1986—2017）》。

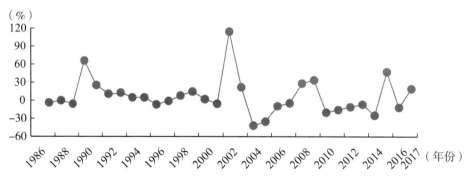

图 7-4 1986—2017 年全国历年林业重点工程完成造林面积年均增长率

资料来源：《中国林业统计年鉴（1986—2017）》。

加强林业生态建设，不但要增加林业生态的数量还要改善其质量，为林业可持续发展提供原材料的保障，满足人们日益增长的生态文明需求。这要求改变"可再生资源不限量"的错误观念，改变传统粗放式经营的思路，结合实际情况制定长远发展目标，将"可持续经营"作为新时期林业生态建设开发的新思路。林业生态资源虽然属于可再生资源，但是我们必须正确面对林业生态资源出现的"假枯竭"现象；坚持林业可持续发展之路，确保林区生态环境的平衡发展。据中国林业统计年鉴数据，从 1999—2017 年我国的幼林抚育面积如图 7-5 所示，1999—2002 年持续下降，2003—2005 年持续上升，2006—2009 年略有波动，在 2010 年明显下降后又缓慢上升，至 2014 年达到峰值后又突然下降之后又逐渐上升。

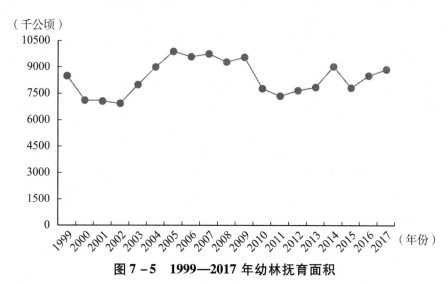

图 7-5 1999—2017 年幼林抚育面积

资料来源：《中国林业统计年鉴（1999—2017）》。

7.5 结论与展望

中国造林和绿化的成效显著，目前人工造林面积达 11.8 亿亩（7860 多万公顷），是全世界人工造林面积最多的国家。并且作为全球森林面积增加最快的国家，目前中国的森林面积达 2.08 亿公顷、森林覆盖率达 21.63%、森林蓄积量达 151.37 亿立方米、人工林面积 0.69

亿公顷、森林植被总碳储量 84.27 亿吨。但同时，中国仍是一个缺林少绿的国家，生态仍然非常脆弱，有待进一步提升绿化水平，提升森林质量（张建龙，2018）。

展望未来，人工造林可能会呈现出如下几点态势变化：①随着可造林地的锐减，人工造林的方式可能会发生变化，由工程造林转向零散造林，由政府投资直接造林转向政府生态购买式造林，由造纯林转向造混交林；②人工造林的经营管理水平会得到进一步提升，人工林的改造和管护会得到加强，人工造林的林分质量有望得到提升；③社会参与造林的方式将会发生改变，体验式造林、志愿造林、教育式造林、基于互联网金融的"蚂蚁造林"模式、基于市场化机制的"碳汇造林"等多种模式并存，社会参与造林的方式和渠道将呈现多样化；④人工造林所形成的森林，在强调保护的同时，也会积极去探索更多的合理开发和持续利用方式。

加强林业生态建设，适应了新时期加强生态环境建设的时代大潮，是人与自然和谐的本质要求，是我国生态经济建设的重要力量。加强生态林业建设是满足生态经济多样化的基础，是生态文明的重要载体，有着不可替代的重要作用。评价任何一个地区是否处于可持续发展状态，最基本的标准就是看资源的使用和保护是否维持平衡。保护生态环境就是保护生产力，要最大限度地发挥林业生态建设的作用。应赋予林业以重要地位，坚定不移地走可持续发展道路。

林业可以提供多种可再生资源。通过人工造林，恢复和扩大森林资源总量，通过保护这些人工森林资源，不仅可以创造经济效益，也可以满足日益增长的生态服务需求。林业不但能够提供丰富多样的生物资源，还能为人类提供良好的生态环境，为经济社会的发展提供坚实的基础。巩固绿化造林成果不仅仅是对于森林资源的保护，也要重视对森林资源的利用，力求可以在森林资源的整合利用支持下，将林业逐渐打造成为农村地区的主导产业，借助林业带动地区经济的建设和发展（蒋为升，2018）。

随着新时期社会不断进步，林业生态建设受到了高度的重视，国家对林业投入逐年在加大。生态的改善关系到整个综合实力的增强，合理利用自然资源，涉及全体公民的切身利益，要从维护生态平衡出发，采用各种科学的治理手段，科学规划、合理布局。同时，还要加强生态林的管理，解决建设过程中存在的各种问题，促进各种生物与环境之间和谐共存，调动全社会共同参与林业生态建设，建立并完善林业法律法规，使林业发展有法可依。

此外，还要建立并完善与市场经济相适应的林业资源管理体系，以市场为导向，综合考虑林业生态建设的整体情况，根据区域发展的实际情况，制定科学的林业生态建设与合理的保护规划，设定科学合理的开发规模。提高林业生态建设的重视程度。此外，适度加强人工造林资源的合理利用，如加强森林碳汇经济的研究和开发，增强林业发展的活力，为新时期经济社会的发展带来更多的收益。按照生态建设发展的客观要求，营造生态建设良好的政策环境，在科学有效的发展模式下，在科学合理开发的同时，加强林业生态建设和人工造林，使林业资源成为真正的"永不枯竭"资源，确保林业生态建设取得更好更多的经济效益、生态效益和社会效益。

第 **8** 章

中国林业产业发展 40 多年回顾与展望

　　林业产业纵跨国民经济的第一、第二、第三产业，涵盖范围广、产业链条长，是一个相对完整的产业体系。自 1992 年世界环境发展首脑会议以来，森林问题对经济社会可持续发展的影响日益受到各国的重视，许多国家参与了森林可持续经营进程，制定和实施了森林可持续经营的标准和指标。

　　林业产业体系的发展，能够保障国家的木材安全，保证林业生态、经济和社会三大功能的发挥，为林业生态体系和生态文化体系的发展提供支撑与物质保障。林业产业的发展，能够有效缓解国内木材供需矛盾。随着我国进入全面建设小康社会阶段和城镇化脚步的加快，必然会产生巨大的木材需求，加剧供需矛盾。因此，只有通过林业产业体系的快速发展，不断巩固提高以森林资源培育为基础的林业产业，提高木材综合利用率，增加国内木材资源的供给，保障木材需求。同时，林业产业体系的发展，对解决"三农"问题具有重要意义。"三农"问题是制约全面实现小康社会的关键因素，而解决的关键在于使农民增收。中国的山区总面积占国土面积的 69%，人口占全国人口的 56%，沙区占国土面积的 18.1%（贾治邦，2006）。要解决这些农民的增收问题，只有通过大力发展林业产业体系，大量解决农民就业，同时带动相关行业发展，进一步拉动社会就业。此外，林业产业体系的高速发展，可以不断

212

促进木材资源的再生产，同时通过创造和积累物质资本，为森林生态保护、生态体系建设提供物质支撑。

当前，党中央做出了全面落实科学发展观、构建社会主义和谐社会、建设社会主义新农村、建设资源节约型和环境友好型社会等一系列重大战略决策，为林业建设赋予了新的使命，对林业发展提出了新的要求。中国林业发展的基本思路就是要坚持以邓小平理论和"三个代表"重要思想为指导，用科学发展观统领林业工作全局，按照又好又快发展的要求，全面推进现代林业建设。目标就是构建完善的林业生态体系、发达的林业产业体系和繁荣的生态文化体系。构建发达的林业产业体系，是推进现代林业建设、维护国家木材安全、建设资源节约型、环境友好型社会和促进经济社会可持续发展的必然途径与根本要求。

在这种背景下，科学地评价产业体系的发展历程、分析产业发展的动力路径以及系统地规划发达的林业产业体系与发展战略具有重要理论价值和现实意义。

8.1　基本概念及范畴界定

1. 林业产业

林业产业是以森林资源为基础且受多角度因素影响和制约的产业。随着我国经济社会的快速发展以及人们对林业事业的理解逐步深化，林业产业的内涵也在不断丰富。

20 世纪，我们没有林业产业这一提法，只说林业和森工。所谓林业是培育保护森林以取得木材和其他林产品，利用林木的自然特性以发挥防护作用的社会生产部门，森工则是从事木材生产和加工利用的工业部门。20 世纪以来，林业产业概念不断丰富完善。从广义上来讲，林业产业与林业画等号，是一个相对完整的，集经济、生态和社会服务功能为一体的产业体系，包括产前、产中和产后的产业链。从狭义上讲，林业产业是以森林资源为基础，通过技术和资金等手段，有效组织生产和提供各种物质及非物质产品来获取经济效益的行业（邢美华，2009）。

在《中共中央　国务院关于加快林业发展的决定》中对林业做出新的科学定位，即"森林是陆地生态系统的主体，林业是一项重要的公益事业和基础产业，承担着生态建设和林产品供给的重要任务"（高敏雪，2008）。这提示我们要注重森林的多功能性，特别是生态功能，将林业产业定义为保护、培育、经营和利用森林资源，向社会提供林产品和森林服务的物质生产兼生态建设事业。

2. 林业产业体系

在林业统计方面，按照国民经济统计要求，将林业产业总产值分成第一产业、第二产业和第三产业三个部分。其中，林业第一产业包括木质林产品生产和非木质林产品生产；林业第二产业包括木质林产品加工业和非木质林产品加工制造业；林业第三产业包括森林生态服务业、森林旅游服务业和其他森林服务业。

3. 林业产业特征

（1）森林资源的基础性。

森林资源是林业产业发展的基础，经营好宝贵的森林资源不仅可以向市场提供木材等产品，同时也可以提供各种各样的森林服务。假若离开了森林资源，林业产业发展就失去了物质基础，也不可能实现可持续经营。

（2）生产周期多样性。

林业产业提供各类产品和服务，其生产周期也多种多样，同时具有复杂性。就木材而言，其生产周期较长，但是林木每年都能向社会提供生态服务，周期并不长。这就要求我们注重林业生产的连续性，因时制宜地制定相关政策，提供与各种周期合理搭配的产品和服务，以保证林业产业的正常经济循环。

（3）林业产业关联性。

林业产业的产业链一直延伸到森林资源的加工利用及森林旅游等各个产业中，形成了一个相互制约又相互促进的有机整体。森林资源培育是林产工业等后续产业发展的基础，对林业产业的整体具有推动作用；同时林产工业等后续产业是林业产业发展的龙头，对森林资源培育具有带动作用。所以林业产业的发展必须统筹兼顾，促进林业内部各项产业的协调发展。

8.2 相关研究综述

40 多年来，我国林业产业结构不断优化，林业第一二三产业呈现"一二三"向"二三一"演变的趋势。我国竹材、人造板、地板、木门、家具、松香以及经济林产品产量世界第一，已成为最具影响力的世界林产品生产、贸易和消费大国。

改革开放以来，林业总产值增长将近 400 倍。四川、云南以森林为依托的生态旅游业蓬勃发展，新疆、陕西大力发展特色林果业，林业产业正在变成地方经济增长的新亮点。

森林旅游产业创造的社会综合产值从 2012 年的 4400 亿元增长到 2016 年的 9500 亿元（国家林业局，2012—2016），成为最具增长潜力的林业朝阳产业。竹缠绕复合材料技术作为一项全球独创的竹材高附加值利用技术，刷新了中国竹材工业在世界的高度。木煤、生物质颗粒、生物质气化多联产等新兴产业体现出林业在可再生能源领域的潜力，大规模产业化应用前景可期。

产业集聚度不断提高，区域特色进一步突出。纤维板、木地板行业前 10 名企业的市场占有率达到 30%～50%。中东部地区已经成为人造板生产中心，东北已成为森林食品和北药的主要产区，东南沿海已成为花卉产业的主要基地（李亚彪，孙侠，2007）。

廖葱葱、周景喜（2003）指出我国林业产业经历了从以森林采运业为主导，原木、锯材为主要产品的时期，发展到以木材加工、林产化工、林业机械制造为主的时期，再发展到大力发展经济林、花卉、药材、森林食品和森林旅游与休闲服务等新兴产业的时期。杨云（2005）认为我国林业产业经历了初级经营、平面转换、立体开发三个阶段。我国林业产业结构现状相当于发达国家 19 世纪末 20 世纪初的水平，产业结构不合理表现在投资、职工人数配置与产值比例失去平衡，产业结构严重前倾，产业命运取决于森林资源状况。刘振清（2007）指出中国林业发展道路先后经历了传统林业发展道路、现代林业发展道路和林业可持续发展道路三个发展阶段，同时也体现了林业产业由以木材生产为主向以提供生态产品为主转变的观点。

8.3　中国林业产业 40 多年的历程演进

改革开放 40 多年来，中国的林业产业发展经历了以下几个阶段。

1. 改革探索时期（1978—1999 年）

1978 年，中国共产党十一届三中全会的召开推动了改革开放，中国的经济体制发生了根本性变革，社会主义市场经济体制取代计划经济体制成为各项产业发展的基础。林业产业也由初期的边缘化状态进入到改革原有体制、探索市场化的道路当中。其间，政府与市场之间对于林业产业配置主导权的博弈贯穿始终。这一阶段的林业产值发展迅猛，保持高速增长，由初期的 77 亿元迅速增长至 3187 亿元，林业产业结构也开始完善，第二产业不断崛起。

1981 年 3 月，中共中央、国务院发布《关于保护森林发展林业若干问题的决定》（以下简称《决定》），正式开始林业"三定"改革，即"稳定山权、划定自留山、确定林业生产责任制"，这是家庭联产承包责任制在林业当中的实践，体现了政府的适当放权。但该《决定》仍维持"统购统销"制度并执行木材采伐与运输的批准制度。与此同时，林业部、财政部联合发出通知，提高国有林区和集体林区育林基金和更新改造资金的提取标准，在现行提取标准的基础上每立方米原木增加 5 元，加重了林业税费的征收强度，加剧了林业产业利润的集权程度。1985 年，国家规定"集体林区取消木材统购，开放木材市场，允许林农和集体的木材自由上市，实行议购议销"正式开始了林业产业市场化道路的探索。但不完全的开放性市场造成了木材价格"双轨制"格局，计划内外的价格差距使得木材收购受到冲击（徐拓远等，2019）。由此产生的市场乱象与利益俘获问题使得该改革尝试陷入停滞。在此基础上，政府再一次通过财政与税费体制主导林业产业，对林木销售加征教育费附加、资源补偿费和林业建设基金等多项名目。在财政分权改革的背景下，各省在中央规定的林业税种与税目基础上，另行征收地方性税费，中央政府分权截留林业产业利润，加剧了林业市场的混乱。1993 年，我国第一个国家木材和林产品交易市场——北京（国家）木材和林产品交易市场正式成立，林业产业市场化程度有所增强。

可以看到这一时期林业产业发展的历程也是其市场化的过程，同样是政府调整宏观调控力度的过程，在市场自动配置与政府主动干预之间进行了多项尝试，为下一阶段产业体系的完善和成熟打下了基础。

2. 完善稳定时期（2000—2011 年）

这一时期的林业产业发展经历了加入世界贸易组织与集体林权制度改革两大历史性变革，其市场化程度大幅度上升，产值由 2000 年的

3555.47 亿元飙升至 2012 年的 39451 亿元，年平均增长 23.39%，大幅超过同期 GDP 增速，林业第二产业进一步占据主导地位，林业产业继续按照市场化思路向前推进。

2001 年，中国正式加入世界贸易组织（WTO），林业产业市场进一步放开。WTO 协定要求逐步减让林业产品关税，并不再使用非关税措施进行进出口限制（王明刚，王良志，2002），使得政府宏观调控受限，自由市场配置手段占主导地位，林业产业的国际化与市场化程度加深。与此同时，国家分税制改革进入后期稳定阶段，由此林业税费体制的改革效果凸显，税赋过重现象得到改善（徐拓远等，2019）。2000 年，中共中央颁布的《国务院关于进行农村税费改革试点工作的通知》中关于取消农民针对性税费以及单环节征税改革的规定，正式开启了农林业减税的序幕。此后多项减税、免税政策出台。2001 年 12 月，财政部、国家税务总局印发《关于对采伐国有林区原木的企业减免农业特产税问题的通知》，明确"采伐国有林区原木的企业，生产环节与收购环节减按 10% 的税率合并计算征收农业特产税；对东北、内蒙古国有林区原木的企业暂减按 5% 的税率征收农业特产税，对小径材免征农业特产税，对生产销售薪材、次加工材发生亏损的，报经省、自治区农业税征收机关批准后，可免征农业特产税"。2003 年，国务院《关于全面推进农村税费改革试点工作的意见》正式发布。同年，财政部、国家发展改革委员会、国家林业局共同出台《关于全面清理整顿涉及木材生产经营收费项目的通知》，重点整顿地区性乱收费现象，取消非全国统一征收的各项管理费、手续费等行政事业性收费。2004 年，财政部、国家税务总局联合出台的《关于取消除烟叶外的农业特产税有关问题的通知》，占据林业产业税费重头的农业特产税退出历史舞台。2009 年，财政部、国家林业局发布《育林基金征收使用管理办法》，将育林基金税率调低至 10%。经过一系列大刀阔斧地整顿，现行林业税费体系大幅缩减，专门针对林业征收的税目已全部取消，仅包含对全行业征收的流转税与流转税附加税，林业费仅包含森林植被恢复费、育林基金（含维简费）、陆生野生动物资源管理费、各项权证工本费以及必要的检疫费和新品种权费（徐拓远等，2019）。在林业税费体制改革过程中，中央政府的集权作用加强，取消了地方政府对林业税费的立法权，在一定程度上削弱了林业产业的政府调控力度，转变政府职能，增大了市场机制发挥空间。

此外，集体林权改革为林业产业市场化提供给了产权基础。2003年中共中央、国务院颁发联合发布的《关于加快林业发展的决定》被视为集体林权改革的开端。2008 年，中共中央与国务院出台的《关于全面推进集体林权制度改革的意见》明确"将用 5 年左右时间基本完成明晰产权、承包到户的改革任务"，并"完善林木采伐管理机制"。集体林权改革的本质是在保持集体林地所有权不变的同时，通过"分山到户"的形式将林地经营权、使用权以及林木所有权分配给林农个体，实现林权的良性流转与利用（贾治邦，2007）。在林业产业市场开放程度加深、市场经济体制完善等多方面要求之下，灵活明晰的林业产权制度以及林业贷款、保险等配套改革使得林业市场的交易对象、范围、主体均有所扩大。与此同时，2004 年颁布的《全国林业产业发展规划纲要》以及 2007 年国家林业局、国家发改委等 7 大部委联合发布的《林业产业政策要点》在税费、产权、非公有制经济、科技以及多元化发展方面提出了新的指导与理念，为林业产业的后续发展打下了坚实基础。

3. 多元化探索时期（2012 年至今）

2012 年，十八大报告正式将"大力推进生态文明建设"纳入中国特色社会主义建设总体布局当中。在可持续发展与环境保护的推动中，林业产业也进一步突破传统林木生产制造，探索碳汇、经济林等多元方向。林业产值在经历爆炸式增长后，呈现平稳上升状态，林业第三产业增长成为主流。

　　这一时期，林业产业市场主导地位基本形成，其发展方向发生重大变化，由原有单一的木材采伐加工转向可再生资源利用。首先，依靠木材或者森林生态系统的非破坏性资源开发产业受到重视。2012 年之后，国务院办公厅以及国家林业局先后出台了《关于加快林下经济发展的意见》《关于加快特色经济林产业发展的意见》《关于加快木本油料产业发展的指导意见》以及《关于切实加强野生植物培育利用产业发展的指导意见》等文件，用以推动非木材利用林业产业的发展，实现对森林资源的长期可持续利用。其次，在生态文明理论的推动下，森林多功能理论受到重视，林业产业开始向林木的生态功能、社会功能方向发展。碳排放权的设立是林业产业在探索森林生态价值过程中的一大突破。2011 年 10 月，国家发展改革委员会出台《关于开展碳排放权交易试点工作的通知》，要求在北京、天津、上海、重庆、广东、湖北、深圳等七省（区、市）进行碳排放权交易市场试点工作，使得我国碳排放权交易迈入崭新阶段。2014 年 10 月，国务院颁布《碳排放权交易管理暂行办法》，为推动建立全国碳排放权交易市场奠定制度基础。2017 年 12 月，国家发展改革委员会印发了《全国碳排放权交易市场建设方案（发电行业）》，该方案的出台正式启动了全国碳排放权交易市场，打破了原有市场的区域性和行业单一性限制，初步形成市场机制主导的联动性全国市场。此外，森林旅游与康养产业也随之而起。2016 年 5 月国家林业局出台的《林业发展"十三五"规划》以及 2017 年 7 月的《国家林业局办公室关于开展森林特色小镇建设试点工作的通知》都明确提出建设森林公园与特色小镇，发挥森林生态功能，推动林业综合服务业发展的要求。2019 年，国家林业和草原局联合民政部、国家卫生健康委员会以及国家中医药管理局共同发布《关于促进森林康养产业发展的意见》，重点提出加快国家森林康养基地发展，逐步建设覆盖全国的森林康养服务体系。

8.4 中国林业产业 40 多年变化的统计分析

改革开放 40 多年以来,中国经济社会飞速发展,我国林业产业也呈现持续高速增长的态势,产业规模不断壮大,总产值以高于国民经济 6~8 个百分点的速度快速增长,逐步发展成为纵跨国民经济第一二三产业,涵盖范围广、产业链条长,具有维护生态安全、木材安全和能源安全、缓解全球气候变暖,维护农村社会和谐稳定、促进农民就业增收等多功能的产业体系。本节将基于中国林业统计年鉴数据对中国林业产业体系的发展现状进行较为全面的介绍。

1. 林业产业总产值

改革开放 40 多年来,林业总产值稳步上升。由于统计年鉴中"林业产业总产值"这一指标只统计了 1994 年至今的数据,所以 1978—1993 年的总产值数据选取"林业总产值"这一指标进行分段分析。

1978—1993 年(见图 8-1),我国林业总产值从 48.06 亿元增至 494

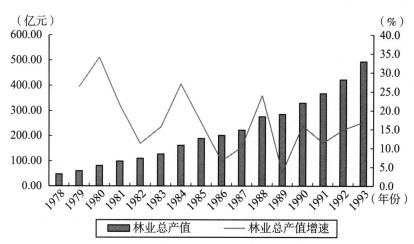

图 8-1 全国林业总产值(1978—1993 年)

资料来源:《中国林业统计年鉴(1978—1993)》。

亿元，同比增长 927.88%；1994—2017 年（见图 8-2），我国林业生产总值从 1337.55 亿元增至 71000 亿元，同比增长 5208.21%，可见我国林业事业在 40 多年增长之迅猛。

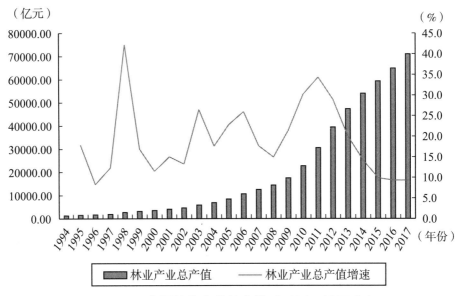

图 8-2　全国林业产业总产值（1994—2017 年）

资料来源：《中国林业统计年鉴（1994—2017）》。

　　无论是林业总产值还是林业产业总产值，通过与 GDP 增速对比可以看出两者的增速均以高于 GDP 的增速增长（见图 8-3 和图 8-4），尤其是 1994 年以后差距拉大，且年平均增速达 16.14%，高于同期国内生产总值 14.5% 的平均增速。此外，改革开放后林业产业发展呈现周期性规律，平均 4 年为一周期。1996—2000 年这一周期振幅较大，1996 年增速为 8.28%，1998 年增速高达 42.21%，该周期的波动可能与 1998 年天然林保护工程启动及林业建设全面转型有重要关系。

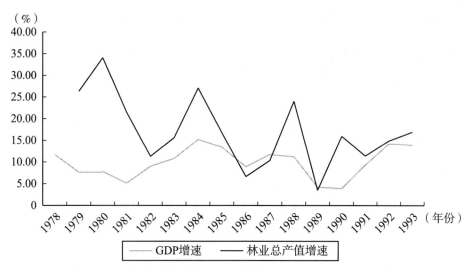

图 8 – 3　林业总产值与 GDP 增速对比（1978—1993 年）

资料来源：《中国林业统计年鉴（1978—1993）》。

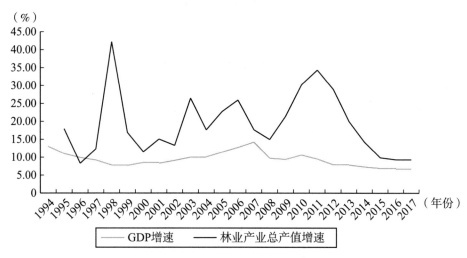

图 8 – 4　林业产业总产值与 GDP 增速对比（1994—2017 年）

资料来源：《中国林业统计年鉴（1994—2017）》。

分地区看（见图 8 – 5），以 2017 年为例中、西部地区林业产业增长势头强劲，增速分别达到 14% 和 18%。东部地区林业产业总产值所占比重最大，约占全部林业产业总产值的 45%。受国有林区天然林商业采伐全面停止和森工企业转型影响，东北地区林业产业总产值连续三年出现负增长（见图 8-6）。林业产业总产值超过 4000 亿元的省份共有 8 个，分别是广东、山东、广西、福建、浙江、江苏、湖南、江西，其中广东林业产业总产值遥遥领先超过 8000 亿元。

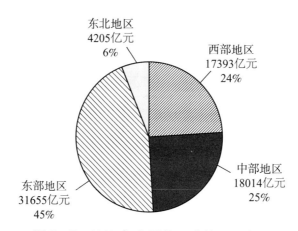

图 8-5　2017 年全国分区域林业总产值

资料来源：《中国林业统计年鉴（2017）》。

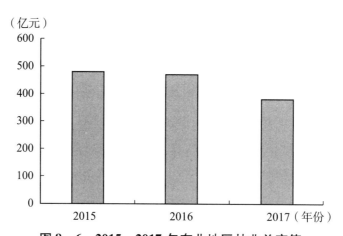

图 8-6　2015—2017 年东北地区林业总产值

资料来源：《中国林业统计年鉴（2015—2016）》。

2. 林业产业结构

改革开放 40 多年以来，林业工业化进程明显加快，林业产业结构逐步优化，产业结构由"一二三"向"二三一"转变，这是林业制造业从低端向高端的升级。

由于国家林业局从 1994 年才开始披露分产业结构情况，所以本文仅使用 1994—2017 年数据进行分析（见图 8 – 7 和图 8 – 8）。分产业看，第一第二第三产业产值均有不同程度增长。2017 年，第一产业产值 23365 亿元，比 2016 年增长 8.1%，占全部林业产业总产值的 32.8%；第二产业产值 33953 亿元，比 2016 年增长 5.8%，占全部林业产业总产值的 47.6%；第三产业产值 13949 亿元，比 2016 年增长 24.7%，占全部林业产业总产值的 19.6%。

虽然产值均有大幅增长，但是由于第一、第二、第三产业各自的增长率有着较大差异，使得林业产业结构在 20 多年间有了较大变化。林业产业结构由 1994 年的 67∶27∶6 变为 2017 年的 33∶48∶19，第一产业比重下降，第二三产业占比逐步上升，第二第三产业占比合计高达 67%。

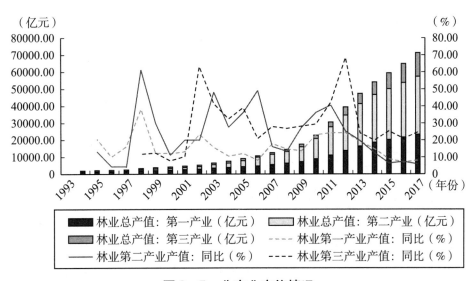

图 8 – 7　分产业产值情况

资料来源：《中国林业统计年鉴（1993—2017）》。

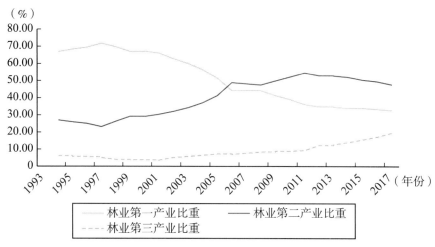

图8-8 林业三次产业的产值结构变化

资料来源:《中国林业统计年鉴(1993—2017)》。

目前,林业第二产业是占比最大的产业,同时也是林产品最丰富的产业,具有将小产品做成大产业的集聚优势。第三产业产值目前占比不高,但是从图8-8可以看出,第三产业的增长率高于第一第二产业,可见随着推进生态服务建设以及林业产业整体结构的优化调整,未来第三产业发展将潜力巨大。

2017年,林业支柱产业分别是经济林产品种植与采集业、木材加工及木竹制品制造业和以森林旅游为主的林业旅游与休闲服务业(见图8-9、图8-10和图8-11),产值分别达到14000亿元、13000亿元和11000亿元。第三产业中的林业旅游与休闲服务业产值首次突破万亿元,且近十年以高增速增长(见图8-11),较2008年总产值同比增长1448.05%。随着国有林场的改革步伐,我国森林旅游业迎来黄金时期,其发展势头强劲,潜力巨大,已成为世界旅游业的重要组成部分和现代林业必不可少的组成部分。

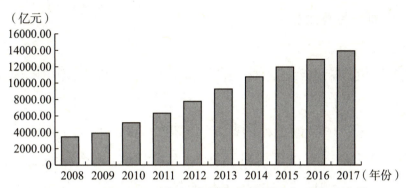

图 8 – 9 2008—2017 年经济林产品的种植与采集总产值

资料来源：《中国林业统计年鉴（2008—2017）》。

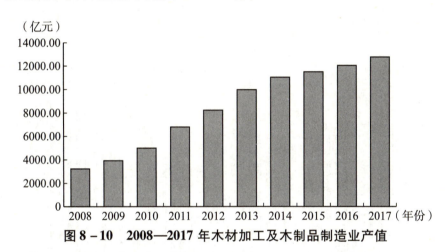

图 8 – 10 2008—2017 年木材加工及木制品制造业产值

资料来源：《中国林业统计年鉴（2008—2017）》。

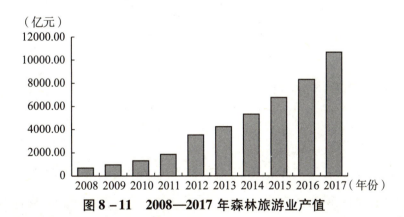

图 8 – 11 2008—2017 年森林旅游业产值

资料来源：《中国林业统计年鉴（2008—2017）》。

3. 主要产品及服务

（1）木材。

改革开放以来，我国木材产量总量上升，其间存在几次周期性波动（见图8-12）。1998年以前，木材产量基本稳定在5000万~6000万立方米。受到天然林保护工程的影响，1998—2002年木材产量呈现小幅度下降，2002年以后由于退耕还林工程以及速生丰产林的发展，出现恢复性增长。到2017年，中国木材产量达到8398.17万立方米，较比2016年增长8.0%。其中，原木产量7670.4万立方米，薪材产量727.76万立方米。

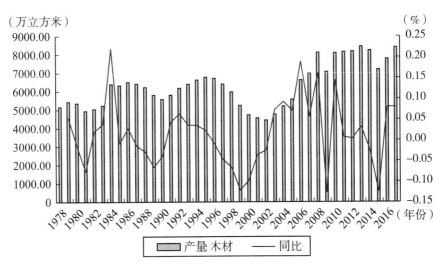

图8-12　全国木材产量

资料来源：《中国林业统计年鉴（1978—2017）》。

（2）竹材。

改革开放以来，国家积极把发展竹产业作为建设现代林业、促进绿色增长的重要任务来抓，取得了显著成就，使得竹材产量一直稳步提升（见图8-13和图8-14）。2017年全国竹材产量为272000万根，比

2016 年增长 8.5%，比改革开放之初增长近 10 倍，其中毛竹 160900 万根，小杂竹 1980.56 万吨。

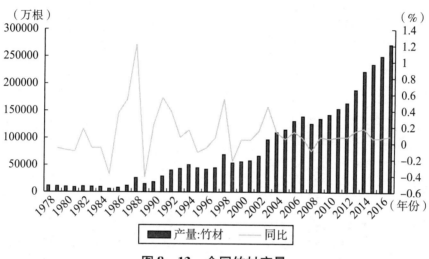

图 8 – 13　全国竹材产量

资料来源：《中国林业统计年鉴（1978—2017）》。

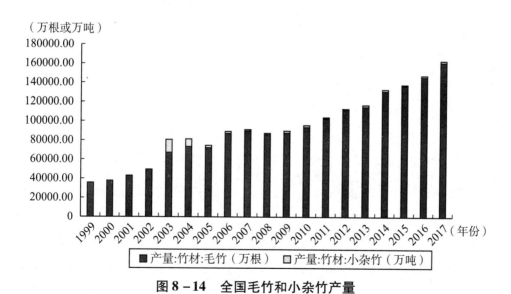

图 8 – 14　全国毛竹和小杂竹产量

资料来源：《中国林业统计年鉴（1999—2017）》。

中国竹子生产主要集中在"十大竹乡",包括浙江、安徽、福建、江西、湖北、湖南、广东、广西、四川和贵州十省份(见图 8 - 15)。2017 年竹产量超过 50000 万根的省份有福建和广西,两省份总量占全国总产量的 50.44%。

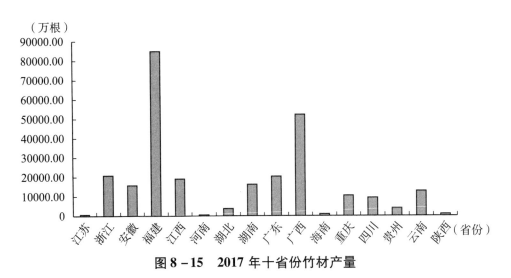

图 8 - 15　2017 年十省份竹材产量

资料来源:《中国林业统计年鉴(2017)》。

(3)锯材。

改革开放以来,我国人造板、家具等工业发展迅猛,然而锯材行业持续 20 多年徘徊不前(见图 8 - 16),锯材产量也由 1985 年 1590.76 万立方米下降至 1994 年的 1294.3 万立方米,全国年平均产量约 1500 万立方米。在当时,很多国有制材企业由于设备简陋、出材率低等问题相继关停,同时全球范围内木材采伐量受到限制且木材资源的恶化,锯材工业的发展一直很迟缓。

进入 21 世纪以来,锯材工业呈现恢复式的高速增长,截至 2017 年,全国锯材产量创历史新高,达到 8602.37 万立方米,较 2016 年同比增长 11.49%。

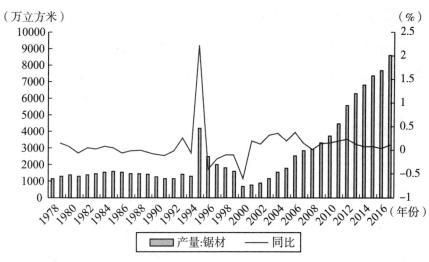

图 8 - 16　全国锯材产量

资料来源：《中国林业统计年鉴（1978—2017）》。

（4）人造板。

近年来中国人造板产业发展十分迅速，产业规模不断扩大（见图 8 - 17）。总体来看，2002 年之后中国人造板产量增速加快，特别在受日本地震灾区恢复重建等因素影响，山东、江苏等地的胶合板产量大幅增长。

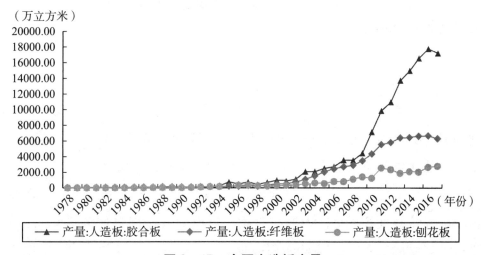

图 8 - 17　全国人造板产量

资料来源：《中国林业统计年鉴（1978—2017）》。

中国胶合板产量从 1988 年的 82.69 万立方米增至 2017 年的 17195.21 万立方米；纤维板产量从 1988 年的 148.41 万立方米增至 2017 年的 6297 万立方米；刨花板产量从 1988 年的 48.31 万立方米增至 2017 年的 2777.77 万立方米。以上数据可以看出，胶合板自 2009 年以后增长迅猛，提供大比例的产量（见图 8 – 18）。

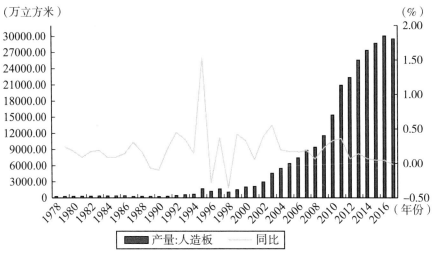

图 8 – 18　全国人造板产量（分类别）

资料来源：《中国林业统计年鉴（1978—2017）》。

（5）经济林产品。

我国各类经济林产品产量持续稳定增长（见图 8 – 19），2017 年达到约 18781 万吨，比 2016 年增长 4.4%。我国经济林资源非常丰富，但由于自然条件不同等原因，经济林分布很不平衡。2017 年经济林面积在 100 万公顷以上的有 17 个省份，经济林面积合计 3424.49 万公顷，占全国经济林面积的 85.89%。西藏、青海两省份因自然条件恶劣，只进行零星试验栽种，经济林面积很少。

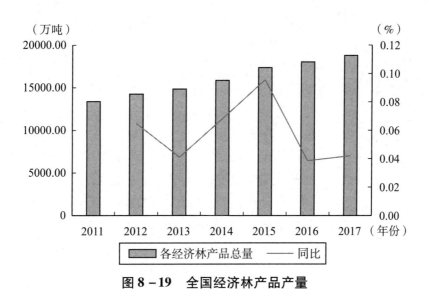

图 8 - 19　全国经济林产品产量

资料来源：《中国林业统计年鉴（2011—2017）》。

　　从产品类别看，2017 年，水果产量 15738 万吨、干果产量 1116 万吨、林产饮料 254 万吨、林产调料产品 78 万吨、森林食品 384 万吨、木本药材 320 万吨、木本油料 697 万吨、林产工业原料 195 万吨。由图 8 - 20 至图 8 - 27 中发展趋势来看，各类经济林产品产量均处于上升态势。

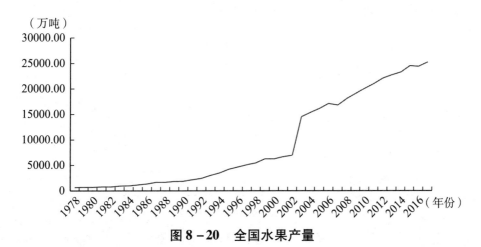

图 8 - 20　全国水果产量

资料来源：《中国林业统计年鉴（1978—2017）》。

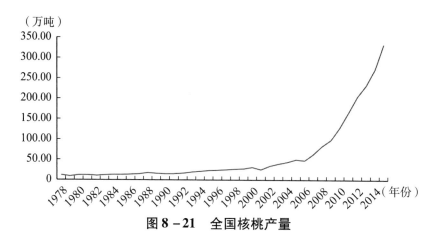

图 8 – 21　全国核桃产量

资料来源：《中国林业统计年鉴（1978—2016）》。

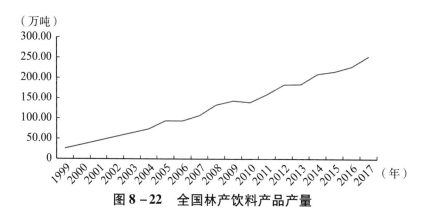

图 8 – 22　全国林产饮料产品产量

资料来源：《中国林业统计年鉴（1999—2017）》。

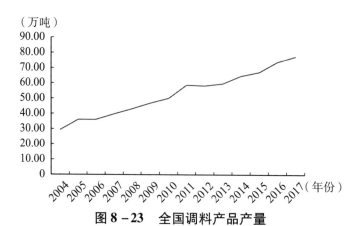

图 8 – 23　全国调料产品产量

资料来源：《中国林业统计年鉴（2004—2017）》。

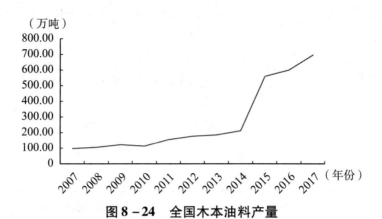

图 8 - 24　全国木本油料产量

资料来源:《中国林业统计年鉴（2007—2017）》。

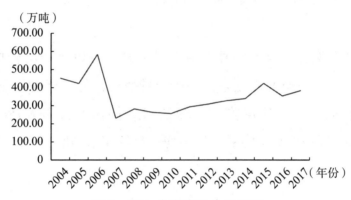

图 8 - 25　全国森林食品产量

资料来源:《中国林业统计年鉴（2004—2017）》。

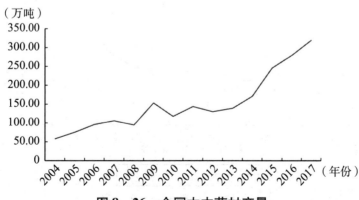

图 8 - 26　全国木本药材产量

资料来源:《中国林业统计年鉴（2004—2017）》。

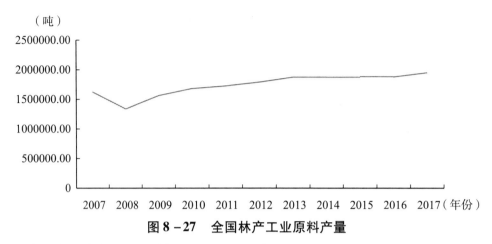

图 8 - 27　全国林产工业原料产量

资料来源：《中国林业统计年鉴（2007—2017）》。

　　松脂和油桐籽是重要的林工业产品原料，可以生产出合格的松香、松节油等产品。改革开放以来，松脂产量增长显著，从改革开放之初的 33.76 万吨增长至 2017 年的 144.39 万吨，同比增长 327.7%，而油桐籽的产量基本和 1978 年持平，年平均产量约 40 万吨（图 8 - 28）。

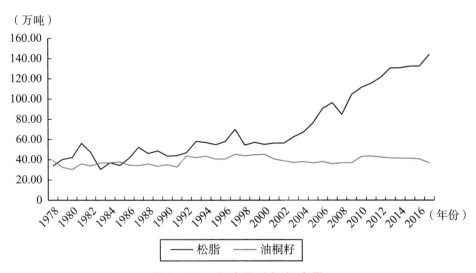

图 8 - 28　松脂及油桐籽产量

资料来源：《中国林业统计年鉴（1978—2017）》。

油茶籽因其很高的经济价值和作用被人们所青睐，用油茶籽榨出的油被人们称为"纯天然绿色食用油"，长期食用可以清热解毒、活血散瘀、延年益寿。改革开放以来，油茶籽产量稳步提升，截至 2017 年，其产量创历史新高，达到 243.16 万吨，较改革开放之初的 47.89 万吨增长 407.75%，如图 8 - 29 所示。

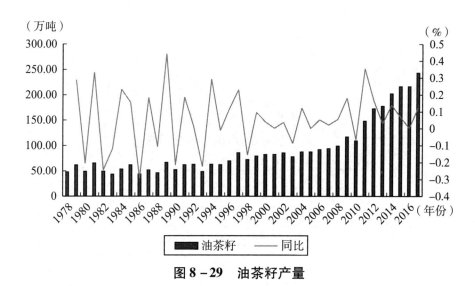

图 8 - 29　油茶籽产量

资料来源：《中国林业统计年鉴（1978—2017）》。

（6）森林旅游。

改革开放 40 多年来，我国森林旅游地从无到有，截至 2017 年底，全国森林公园总数达 3505 处，森林旅游从原来国有林场的附属工作发展为林业重要支柱产业，年综合产值已超过 11500 亿元。2017 年，全国森林旅游继续呈现良好的发展态势，我国森林旅游收入达 878.5 亿元，同比增长 12.4%，森林旅游游客接待数量达到 9.62 亿人次，相当于平均每个中国人都体验过一次森林旅游。

国家继续大力推进森林旅游产业，制定森林旅游标准化体系框架，纳入国家林业标准体系。国家林业局加强森林体验和森林养生（康养）的引导力度，印发《全国森林旅游示范市县申报命名管理办法》，命名10家全国森林旅游示范市、33家全国森林旅游示范县。主办2017中国森林旅游节，推介了第一批共15家全国冰雪旅游典型单位，森林旅游宣传推介力度不断加强（见图8-30~图8-32）。

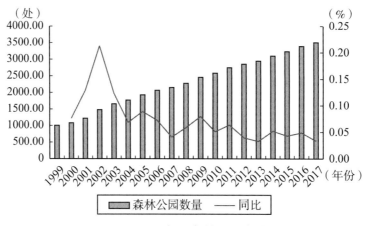

图8-30　全国森林公园数量

资料来源：《中国林业统计年鉴（1999—2017）》。

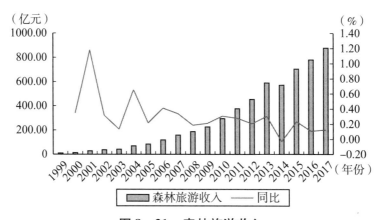

图8-31　森林旅游收入

资料来源：《中国林业统计年鉴（1999—2017）》。

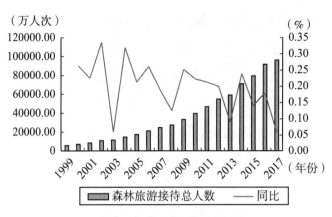

图 8 - 32　森林旅游接待人数

资料来源：《中国林业统计年鉴（1999—2017）》。

8.5　结论与展望

纵观改革开放 40 多年来，我国的林业产业发展所取得的成就是巨大的。我国已建立起适应市场经济的林产品生产、销售和服务的现代产业体系，实现林业产业发展模式由资源主导型向自主创新型、经营方式由粗放型向集约型、产业升级由分散扩张向龙头引领转变，产业结构呈现"一二三"向"二三一"演变的趋势。同时产业规模壮大，产业结构不断优化调整，林业产业链条不断延伸，产品系列化、品牌化发展加快，多种类型的林业产业共同发展，为国家建设和人民生活提供了包括木材、竹材、人造板、林化产品、木本粮油、花卉、森林旅游服务等在内的大量物质产品和非物质服务，不仅为社会生产提供了重要的原材料，在很大程度上丰富和满足了生活消费，为人们提供便利，而且有力支撑和促进了相关产业发展，创造了大量就业机会，在保障国民经济、带动生态建设、促进农村产业结构调整、解决山区农民脱贫致富等方面做出了重要贡献。

发达的林业是政治稳定、国家富强、民族繁荣、社会和谐、文化先进、生产力发展的重要象征。不同的时期我国在林业经济发展中遇到问题不同，在林业发展中有很多问题值得我们认真思考。由于我国多年来对森林过量采伐，使大木材比例大大减少，且多为国家保护的公益林。在中幼林中，人工林比重很大，由于人工林树种单一，稳定性差，易于死亡，所以我国森林质量严重下降，且处于低产期、低效益的状态，这必然影响林业经济的发展。此外，森林资源保护与管理等林业基础设施建设比较落后，对森林资源的保护处于比较落后的水平。同时，林业企业还普遍存在劳动密集型企业多，技术密集型企业少的不合理的产业机构，使生产效率低下，影响林业经济的发展。在政策方面，我国林业管理体制改革缓慢，束缚林业经济的发展。现行的林业经济体制还存在条块分割，政企职责不分，产权和经营权不清，企业经营自主权不足。国家对林业企业投入力度不够，企业自我技术改造和自我发展的能力不够，我国林业企业缺乏市场经济、自由竞争的意识。

展望未来，中国林业产业发展将呈现如下几点态势：①中国的林业产业规模将持续增加，但长远看增速会逐步放缓；②中国的林业产业结构会持续得到优化，第三产业的比重将不断提升；③中国林业产业的一些亚产业的发展潜力很大，一些产业的产能和产值还没有完全得到释放；④中国林业产业的绿色转型态势明显，林业产业绿色化，林业绿色资源产业化，林业生态产品和生态服务产业发展前景可观；⑤受自然因素、经济因素、政治因素、国际贸易因素等多种因素影响，林业产业发展过程中历经一些挫折和波动，也是在所难免的，但中国林业产业发展的前景是光明的，中国林业产业的质量水平和竞争力将随时间推移而不断提升。

第9章

中国集体林改革发展
40多年回顾与展望

全国共有集体林地 27.37 亿亩，集体林在推动中国林业和社会经济发展中发挥着重要作用。林地作为广义农用地中的一种，与其他类型的农用地之间存在着一定的联系，同时也带有自身的特点。中华人民共和国成立以来，我国集体林区围绕农民与集体林权关系进行了数次调整或变革，一直在探索"分与统"和"放与收"的林业管理和经营模式（刘璨等，2006）。从 2008 年 6 月 8 日《中共中央国务院关于全面推进集体林权制度改革的意见》正式出台以来，被称为"第三次土地革命"的新一轮集体林权制度改革在全国各地全面铺开。目前，全面推进与深化集体林权制度改革中以"明晰产权、承包到户"为核心的主体制度实践已基本完成，取得了良好成效。但与此同时，关于集体林权配套制度改革部分的深化改革工作却仍在进行中，本书着眼于改革开放 40 多年以来全国集体林区改革与发展变化，通过对 40 多年来全国集体林区改革发展规律与现实问题的总结，希望能为下一阶段深化改革的政策取向提供参考和借鉴。

9.1　基本概念及范畴界定

从林地所有权的角度来划分，我国林权的类型主要有两类：一类是集体林权；一类是国有林权。其中集体林地面积占大多数。集体林、山林权属于集体所有的森林。林权是以森林、林木和林地为客体的一项权利，包括所有权、使用权、处置权和收益权等，包括对森林的所有权、使用权和处理权以及对林地的使用权（魏倩，2010；罗必良，高岚等，2013）。集体林权则是以集体林地为主要反映对象的产权表现形式，指集体所有制的经济组织或单位对森林、林木和林地所享有的占有、使用、收益、处分的权利。而集体林权制度是指法律规定的集体林权制，即法律规定属于集体所有的森林、林木和林地的所有权和使用权。

9.2　相关研究综述

中华人民共和国的林权制度经历了丰富多彩的制度变革，整个发展历程呈现出明显的阶段性。关于阶段性的划分，被学界最普遍认可的是划分为五个时期，即土地改革分林到户时期；农业合作化山林入社时期；人民公社山林集体所有、统一经营时期；20世纪80年代初的林业"三定"时期以及2003年颁布《关于加快林业发展的决定》后的新一轮集体林权制度改革阶段。已有文献主要集中于对集体林权制度改革问题的研究（罗必良等，2013）。

国外学者对我国林权改革的研究始于20世纪八九十年代，主要侧重研究早期集体林权改革的制度绩效及影响因素。如宋雅杰等（Song

Y. et al.，1997）认为，我国林业家庭股份合作模式有利于调动林农的生产积极性，提高林业生产力。豪斯特等（Horst et al.，2006）也认为，我国林业家庭经营模式有益于林业经济增长与环境改善双重目标的实现。但是，由于林权改革政策不稳定（频繁变动）及一些不合理的制度安排，林权改革的效果受到了严重的影响（Sen Wang et al.，2004）。南方林权改革对林地增加有一定的积极影响，但受制于采伐限制等制度约束，林权改革对木材采伐量并没有产生积极效果；而集体林权制度变迁所导致的不确定性，显著地影响了农民造林与森林经营的积极性（Yaoqi Zhang et al.，2000）。林权改革本身对农户增收可能并没有什么效果，农户收入增长主要受制于诸如社会、文化、经济、生态环境等外部因素的约束。以上研究结果也印证了我国在新一轮集体林权制度改革中，要用 5 年时间完成明晰产权、承包到户改革任务的必要性。有学者初步分析了新一轮集体林权制度改革的成效，如陈权（Juan Chen，et al.，2013）基于 2006—2007 年福建等 8 个省份的调查数据分析，认为林改后，农户林业收入有所增加，林业生产投资增加，林改对实施当年的造林面积有显著的正影响。谢屹等（Yi Xie et al.，2013）基于福建永安和江西铜鼓的案例研究，认为新一轮集体林权制度改革有效地促进了农民增收。也有学者对农户林业投资的影响因素进行了分析（Yi Xie et al.，2014）。国外文献对新一轮集体林权制度改革成效的研究几乎都是国外的华人学者在国外期刊发表的研究成果。

国内文献对林改成效的研究成果较多。孔凡斌等（2009）基于福建、江西等试点省份的调查，认为新一轮集体林权制度改革后农户林业生产积极性提高，农户造林投入增加，造林面积增长。刘珉（2011）基于河南的实证研究发现，林权改革对增强农户种植林木的意愿有显著的促进作用。有学者认为通过确权、发放林权证和家庭经营极大地促进了用材林的规模扩大，并增加了林地的投资（徐晋涛等，2008），林农发展经济林、林下经济等生产积极性得到提高。也有学者指出，集体林产权制度改革不过为林农投入提供了一个前提条件——良好的产权环境而已。银小柯（2012）基于福建省漳平市、永安市、政和县、仙游县、永定县和长泰县6个地区的调查数据研究指出，产权明晰是林业投入的必要而非充分条件。即便是产权稳定，但如果配套的林木林地流转、抵押市场不完善，农户也会缺乏投资积极性（齐联等，2016）。

目前国内学者对新一轮集体林权制度改革的研究多从农户收入、地方收入、森林资源经营情况以及效率与公平出发，并多以南方个别省（区、市）、单一地区、某些方面为主要研究对象，进行阶段性的分析，而本文着眼于改革开放40多年以来全国集体林权改革发展的全面回顾与总结，通过查阅各个阶段全国各个地区集体林区改革发展的相关资料，总结归纳中国集体林区改革发展的规律，发现现阶段集体林区改革发展的主要障碍，从而为进一步推动集体林区改革发展工作顺利进行提供借鉴。

9.3　集体林改革 40 多年的历程

1. 1979—1991 年林业"三定"改革时期

1981 年，中共中央、国务院发布《关于保护森林发展林业若干问题的决定》，全国开展了以稳定山权林权、划定自留山和确定林业生产责任制为主要内容的林业"三定"工作。1985 年 1 月中共中央、国务院发布《关于进一步活跃农村经济十项政策》颁布，确定"取消木材统购，放开木材市场，允许林农和集体的木材自由上市，实行议购议销"，集体林区木材经营进一步放开。1987 年，中共中央、国务院发布了《关于加强南方集体林区森林资源管理，坚决制止乱砍滥伐的指示》，要求"集体所有集中成片的用材林，凡没有分到户的不得再分"

"重点产材县，由林业部门统一管理和进山收购"。

这一时期国家致力于在集体林区实行分林到户，实现开放性市场化运作政策，使农民拥有较为充分的林地经营权和林木所有权。此阶段林权安排的特点如下。①自留山：集体拥有林地所有权、农户拥有林地使用权和林木所有权、收益权和部分处分权（允许继承）；②责任山：集体拥有林地所有权、农户拥有林地经营权和部分林木所有权，收益权在集体和农户之间分配，农户无林地处分权；③统管山：集体拥有林地、林木的所有权、使用权、收益权和处分权；④三山的林木处分权都受到限制，即采伐林木要办理采伐证，1985 年前木材实行统购统销，1985年后实行议购议销，1987 年后规定在重点产材县，由林业部门统一收购，并要求严格执行森林采伐限额制度（郑风田，阮荣平等，2009）。

林业"三定"，实现"均山到户"之后，由于自留山、责任山的划分是按照林地的远近、质量的好坏，按人口或劳动力的多少平均、搭配划分的，因此，造成了分割细碎，"一山多主、一主多山"的现象。同时，许多地方把集体山林全部分给农户，这些地方只有家庭经营而没有集体经营，产生了许多"空壳村"。由于一家一户的分散，不具有抵御较大的自然灾害和市场风险的能力。另一方面，承包权只停留在政策层面，缺乏法律保护。林木、林地资源不能流动，木材经营放开无序，多家进山收购的现象十分普遍，导致了乱砍滥伐。政府主管部门指出："有些地方发生了严重的乱砍、偷盗和引发森林火灾等情况，违背了改革的初衷"（温铁军，2009），导致集体林区蓄积量在 300 万立方米的林业重点市由 50 年代的 158 个减到不足 100 个，能提供商品材的县由297 个减到 172 个。我国第三次森林资源清查（1984—1988 年）结果也显示，南方集体林区活立木总蓄积量减少 18558.68 万立方米，森林蓄积量减少 15942.46 万立方米（温铁军，2009）。其他农村地区也出现类似情况，如河北省赞皇县一带实行了农业包产到户，因对林业政策缺乏宣传，农民怕今后政策有变，以致先下手捞现货，砍了一些树。于是，集体林权改革被迫紧急刹车（国家林业局，2008）。

2. 1992—1998 年林业股份合作制和荒山使用权拍卖试点时期

1992 年，中国共产党第十四次全国代表大会明确提出中国经济体制改革的目标是建立社会主义市场经济体制。多个林业改革试验区开展了山地开发、资源林政管理、木竹税费、林产品流通市场、林业股份合作等一系列触及林权制度的改革实践，起到了作示范、探路子、出经验的作用，但没有形成以林权制度改革为核心的全局性的改革大势。

集体林产权制度改革受挫后，中央规定"对于已分山林要积极引导农民实行多种形式的联合采伐、联合更新造林"以进一步确认集体林产权。这一时期，在市场化制度改革的大背景下，国家主要推行林业股份合作制，按照"分股不分山分利不分林"的原则对责任山实行折股联营。林业产权得到进一步细分，林权的市场化运作不断涌现，集体林权出现多种模式，呈现多种形式并存的格局。

3. 1999—2003 年林业产权制度改革突破时期

这一时期林权安排的特点是：①集体拥有林地所有权、农户和企事业单位拥有林地使用权和林木的所有权；②收益权和处分权在所有者和使用者之间分配，集体获得承包金或者租金，农户和企事业单位拥有剩余收益权；③集体的处分权一般表示为"对于长期违约利用或开发的，可以收回使用权"，使用者的处分权为"可以在有效期限内转让的权利"，使用者的权利得到了强化；④林木的处分权要严格遵守年采伐限额制度（郑风田，阮荣平等，2009）。

该时期林权在向有利于森林可持续经营的方向发展的同时，实践中也暴露出许多新的问题，如缺乏规范的林地流转制度、规范的流转合同制度、林地资产评估制度、流转的中介组织制度、流转金的使用和管理制度，导致了流转行为不规范，流转合同的内容随意性大、流转缺乏公平性和透明度、流转的价格普遍偏低、流转金的使用和管理不规范等现象的产生。由于缺乏健全的林权流转政策和法规，一些地方出现了山林归大户，流转价格偏低，权力寻租等问题，留下隐患。在经济发展水平相对落后的地区，林业经营的自然条件相对较差，农户自身的经济能力有限，发展林业资金紧缺，通过金融贷款融资更是难上加难。特别是现行的林木采伐制度，制约和影响着各种社会主体投资林业的积极性。

4. 2004—2008 年集体林权制度主体改革时期

2003 年 6 月 25 日颁布的《中共中央国务院关于加快林业发展的决定》，确定了林业改革与发展的大政方针，对林业进行了科学定位，实现了林业建设指导思想的历史性转变；明确提出深化林业体制改革，完善林业产权制度，积极探索集体林有效的经营方式。《中华人民共和国物权法》《中华人民共和国农村土地承包法》颁布实施后，从法律上规定了农村土地依法实行土地承包经营制度，集体林权制度进入深化改革实质性推进阶段。

福建、江西、辽宁等省份率先进行了以"明晰所有权、放活经营权、落实处置权、确保收益权"为主要内容的集体林权制度改革的大胆探索，确立了农民的经营主体地位，重新构建了一个公正合理的利益分配格局并取得了显著成效。

此次集体林权制度改革的核心是确定农民经营林业的主体地位，将林业产权制度改革纳入整个农村工作中，林业产权制度改革与农村税费改革、机构改革和社会保障体制改革相结合，进一步落实林农的收益权，放手发展非公有制林业。除此之外，这一时期林权制度安排的另一个重要特点是实行"均山制"。温铁军等（2009）指出，此次改革是在耕地资源极度稀缺的压力下、仿照"均田制"的农村改革推进了"均山制"的林区改革。

此次改革系统性地深化推进了林业产权制度改革，促进产权经营主体多元化的实现，加快产权的界定、流转，保障产权权益的实现，进一步解放了林业生产力。而在肯定我国集体林权改革已经取得巨大成效的同时，也不能忽视其中或明显或隐藏地存在的许多问题，其主要可以概括为如下几个方面：①产权分配不公；②采伐限额分配中存在寻租现象；③配套改革不到位；④森林资源质量下降和烧材供需矛盾凸现。

5. 2009—2013 年集体林权制度配套改革时期

新一轮集体林权制度改革全面开始于 2008 年，中共中央、国务院印发《关于全面推进集体林权制度改革的意见》，提出用 5 年左右时间，基本完成明晰产权、承包到户的改革任务。在此基础上，通过深化改革、完善政策、健全服务、规范管理，逐步形成集体林业的良性发展机制，实现资源增长、农民增收、生态良好、林区和谐的目标。

2009 年 6 月，中央林业工作会议之后，各省份相继颁布了集体林产权改革的政策，全国集体林权制度改革全面推开。到 2009 年底，全国已确权林地面积 1 亿多公顷，占集体林地面积的 60%，发证面积 7573 公顷，占已经确权面积的 75%。通过承包到户，林农获得了林地的使用权和林木的所有权、经营权、处置权。全国集体林基本完成了由集体经营向由承包户个体经营的转变，集体林经营决策完成了由集体决策向承包户个人决策的转变（鲁德，2011）。

2013 年，中国集体林业改革又有新的突破，集体林权制度改革取得新进展。全国除上海、西藏及港澳台地区以外的 29 个省（自治区、直辖市）已确权面积 27.05 亿亩（国家林业局，2014）。全国累计发证面积达 26.41 亿亩，占已确权林地总面积的 97.63%。发证户数 9076.94 万户，占涉及集体林权制度改革总户数的 60.53%；26 个省（自治区、直辖市）建立了地方森林生态效益补偿基金制度；26 个省（自治区、直辖市）林权抵押贷款面积 7015.09 万亩，贷款金额 1166.00 亿元；24 个省（自治区、直辖市）开展了森林保险，投保面积

13.64 亿亩，保险金额 6571.84 亿元，保费 17.20 亿元；24 个省（自治区、直辖市）成立县级及以上的林权交易服务机构 1380 个，成立 855 个资产评估机构；全国累计流转集体林地 2.19 亿亩，占已确权林地的 8.10%；全国共建立林业专业合作组织 11.57 万个；2013 年，全国林下经济产值达 4575.75 亿元，参与农户 5301.90 万户（国家林业局，2014）。

截至 2013 年底，全国集体林区明晰产权、承包到户的改革任务基本完成。从整体来看，农户林地流转及参与合作组织的积极性并不高，但分林到户还是显著增加了农户流转林地和参加合作社的积极性。此外，随着政策社会保障制度的相继出台，农民造林及林地流转收益权逐步得到保障，合作社在促进农民增收方面也发挥了积极作用，公益林生态效益补偿也基本实现到户（朱莉华等，2017）。与此同时，这一阶段集体林权制度改革主要存在以下问题：①林权证登记不规范，发证管理与经营需求脱节；②扶持农民营地增收的资金、技术及服务难以落实；③农民很难也很少用林权证抵押贷款；④林业专业合作组织带动农民营地致富的作用不强；⑤公益林补偿标准偏低，商品林采伐受限（朱莉华等，2017）。

6. 2014 年至今集体林权制度改革全面深化与完善时期

为巩固和发展基础改革成果，进一步完善政策，逐步解决改革中存在的问题，2013 年 7 月，中国银监会、国家林业局联合出台了《关于林权抵押贷款的实施意见》，正式启动了让林业资源变现为资本的深化集体林权制度改革。2014 年 8 月，国家林业局在全国设立了 30 个深化集体林权制度改革试验示范区，示范区在突破解决集体林权到户后，林地承包经营方面存在的机制、体制问题上进行了创新实践。在总结各地实践创新的基础上，2016 年 11 月，《国务院办公厅关于完善集体林权制度的意见》出台，其主要是针对确权到户改革完成后出现的新情况、新问题，对 2008 年中央 10 号文件的补充完善。新文件围绕实施精准脱贫，对完善集体林权制度怎么发力，要处理好哪些关系，解决好哪些重大问题给出了指导意见，提出到 2020 年实现集体林区森林资源持续增长、农民林业收入显著增加、国家生态安全得到保障的目标。

据《2015 年中国林业发展报告》显示，2014 年林业政策体系进一步完善，林业法制建设逐步推进。国家林业局印发《进一步改革和完善集体林采伐管理的意见》。国家林业局出台了《全国集体林地林下经济发展规划纲要（2014—2020）》，编制印发了《全国林权管理服务体系建设规划（2015—2020）》，制定了《集体林业综合改革试验示范区工作方案》。报告显示，全国除上海、西藏及港澳台地区以外 29 个省（自治区、直辖市）已确权面积 27.05 亿亩。按林业经营主体划分，家庭承包经营 17.63 亿亩，集体经营 5.37 亿亩，其他形式经营 3.28 亿亩（国家林业局，2015）。

据《2016 年中国林业发展报告》显示，2015 年，集体林权制度改革深入推进全国"明晰产权、确权发证"的主体改革任务基本完成，确权集体林地面积 27.05 亿亩。推进新型林业经营主体建设，确定全国林业专业合作社示范社 348 家，会同农业部等 9 部委共同评定国家级农民林业专业合作社示范社 439 家。开展集体林业综合改革试验示范区建设，出台了《关于加强集体林业综合改革试验示范区工作的通知》，确定全国农村改革试验区 8 个和国家林业局集体林业综合改革试验示范区 22 个。

据《2017 年中国林业发展报告》显示，2016 年，集体林权制度改革进一步推进。2016 年 11 月 16 日，国务院办公厅印发了《关于完善集体林权制度的意见》。至 2016 年底，除上海和西藏及港澳台地区以外，全国 29 个省（自治区、直辖市）确权集体林地面积 27.05 亿亩，发证面积累积达 26.41 亿亩，发放林权证 1.01 亿本，约 5 亿农民获得了集体林地承包经营权。积极培育新型林业经营主体，评定了 348 家全国林业专业合作社示范社、117 家林业专业合作社入围 2016 年国家农民合作社示范社评选，85 家农民林业专业合作社纳入国家林下经济示范基地建设支持范围。28 个省（自治区、直辖市）出台了林下经济发展规划和支持林下经济发展的意见（国家林业局，2016）。

据《2017 年度中国林业发展报告》显示，2017 年集体林权制度改革进一步深化。国家林业局印发了《关于深入学习贯彻习近平总书记重要指示精神　进一步深化集体林权制度改革的通知》。2017 年，有 24 个省（自治区、直辖市）出台了深化集体林权制度改革的文件。全国确权集体林地面积 27.05 亿亩，占纳入集体林权制度改革林地面积的 98.97%（国家林业局，2017）。国家林业局印发了《关于加快培育新型林业经营主体的指导意见》，指导各地大力培育新型林业经营主体。

9.4　结论与展望

总结改革开放 40 多年来集体林权制度改革历程，我们不难发现：集体林权经历了频繁变迁的过程，集体林权不稳定特征明显，集体林权一系列变迁既受集体林区内在发展的动因影响，也有外在环境变迁的影响，既有来自基层的实践探索和创新，也有来自顶层的制度设计。集体林权制度改革实践中，既有诱致性制度变迁，也有强制性制度变迁。40 多年集体林权制度改革的过程是一个不断明晰产权、分权到户的过程，集体林权制度改革有效地激励了林业经营主体的林业经营积极性，进一步理顺了集体林业生产关系，也有力地解放了集体林业生产力。

展望未来，集体林权制度改革将呈现如下几点态势：①通过 40 多年的集体林权制度改革探索，集体林权体系渐趋于成熟和相对稳定；

②深化集体林权改革的任务重点在于深化保障集体林权安全、激活集体林权合理交易、促进集体林权收益的配套服务支撑体系；③集体林权制度改革与其他农村改革如集体林地的三权分置改革不断融合，也将持续融入乡村振兴战略，不断融入整个林业现代化建设体系；④集体林权制度改革的绩效将持续得到释放，但一种制度安排不可能永远有效和亘古不变，在未来新的形势下，集体林权制度创新还将会不断出现。

截至目前，全国集体林地资产存量和变现量之间还存在着巨大反差，集体林地经营水平还有待提升，就当前集体林区改革存在的主要问题，在此提出以下几点建议。

（1）推进集体林地三权分置，落实经营权。

要实现集体林地三权分置，就要在规范林权证登记管理的前提下，落实好三项权能，既要解决好林地承包到户后，农民既不造林，也不经营，又不流转，甚至撂荒的问题，又要解决好由于林权流入方没有相应的林权凭证，无法获得林权抵押贷款和林木采伐指标的问题。前者是由于当前集体经济组织缺乏对集体林地所有权权利行使的手段，不能有效地督促农户经营林地。后者一方面是由于承包权和经营权尚未分离，另一方面是由于农村青壮年劳动力外流，留下"老弱病残"无力经营林地。

（2）修法明确集体林地发展定位，扶持发展林下经济。

在完善集体林权制度改革阶段，对现行《森林法》进行修订时，应明确集体林地的发展定位。随着经济社会的不断发展，人民群众对林产品的需求逐年加大。与此同时，木本粮油、名贵中药材、干鲜果品等林产品的市场需求与日俱增。在国有林场和国有林区已定位于生态功能的新形势下，集体林地必然要承担更大的林产品供给任务。2012 年 8 月，公布的《国务院办公厅关于加快林下经济发展的意见》，有力地促进了集体林业产业发展。但整体上看，集体林业产业发展仍相对滞后，与其承担的功能不相适应。因此，需要在修订《森林法》时，从法律层面明确集体林地的发展定位。制定调整完善承包到户公益林的实施方案，落实公益林分级经营管理政策，鼓励非木质利用，设立林下经济发展中央财政专项补助资金，扩大林下经济补贴范围，放开集体商品林木采伐限额，推进择伐、渐伐方式实施森林可持续经营，充分调动广大林农经营林地、发展林下经济的积极性，提高集体林地经济效益。

（3）扶持培育新型林业经营主体，引导集体林地适度规模经营。

要实现适度规模经营，需要培育新型林业经营主体和推进集体林权流转。林改后，承包林地面积细碎、分散，农村劳动力老龄化、弱势化，青壮年林农进城打工、林地无人无力经营现象较为普遍。浙江省通过政策资金扶持、引导林地流转、加强科技信息服务等措施，形成了承包经营、股份合作经营、租赁经营、转包互换经营、托管经营 5 种林地流转模式，培育了专业大户、龙头企业、"林保姆"、股份制家庭林场、林地林木股份合作社等新型林业经营主体，促进了林业生产基地化、规模化、集约化、现代化；同时应规范林权流转行为，推进集体林地适度规模经营、多种经营。建立健全多种形式利益联结机制，让农民切实享受到林业增值收益。

（4）持续加大财政金融扶持，吸引社会资本进山入林。

林业是一个高投入低收益的行业，农户很难也很少能用林权证抵押贷到款。当前，由于集体林业发展的补贴机制不健全、融资政策不完善、管理政策不健全导致发展集体林业迫切需要投入却很难找到资金来源。因此，建立用林权资产注册企业合作社的模式，直接将林权资产作为工商注册的认缴资金，实现林权资产的资本化，增加了森林资源的财产属性，拓宽了林业融资渠道。例如福建省三明市组建林权收储机构，解决了不良林权抵押贷款处置难的问题。推行林权按揭贷款新模式，解决了林权抵押贷款期限短的问题。同时，严把资产评估、森林保险、林权监管、收购处置、收储兜底五道关口，有效防控了林权贷款风险。

（5）着力加强社会化服务体系建设，促进林地高质量经营。

集体林地使用权承包到户后，零散农户或新型林业经营主体在林地经营过程中，还迫切需要一系列的社会化服务支持，如林道建设服务、科技信息服务、林权登记变更服务、林权流转交易服务、森林资产评估服务、林权抵押贷款服务、森林保险服务等。在深化改革阶段不良林权抵押贷款的处置变现、林地经营权流转的不规范、林地经营技术欠缺等一系列问题要靠进一步完善社会化服务体系来加以解决。

第10章

中国国有林区改革发展
40 多年回顾与展望

我国的国有林区是从中华人民共和国成立初期开始，国家为加快森林资源培育，保护和改善生态状况，在重点生态脆弱地区和大面积集中连片的国有荒山荒地上，采取国家投资的方式，陆续建立起来的专门从事造林和森林管护的林业基层单位。改革开放以后，经过 40 多年几代人的共同努力，国有林区由少到多，由弱到强，逐步发展壮大，已经成为我国林业建设的重要组成部分。

10.1　基本概念及范畴界定

中华人民共和国成立初期，为了加强生态建设和森林资源利用，由国家投资建立了一批国有林场和国有林区。国有林场是在集中连片的国有宜林荒山荒地建立的专门从事营造林和森林管护的事业单位，全国现有国有林场 4855 个，分布在 31 个省份（不含港澳台地区）的 1600 多个县（市、区），大多地处江河两岸、水库周边、风沙前线、黄土丘陵、硬质山区等区域（崔海兴，2015）。

国有林区是中华人民共和国成立之初，为了生产木材和管理森林，分别在东北、内蒙古、西南、西北森林资源丰富的地区建立的。黑龙江、吉林、云南、四川、青海、陕西、甘肃、新疆、内蒙古等 9 省（区、市）建立了 138 个国有林业局，其中内蒙古森工集团（内蒙古大兴安岭林管局）、吉林森工集团、龙江森工集团（黑龙江省森工总局）、大兴安岭林业集团（大兴安岭林业管理局）、长白山森工集团所属的 87 个国有林业局组成了重点国有林区（王迎，2013）。

截至 2017 年，国有林区的资产总额达到 4800 亿元，在岗职工人数为 106 万人，经营总面积约 6000 万公顷；2017 年全国现有森林面积 20768.73 公顷，森林蓄积量 151.37 亿立方米，其中国有林区分别约占全国森林总面积的 1/5 和森林总蓄积量的 1/6；2017 年全国生产木材 8398 万立方米，国有林区产量约占全部木材产量的 1/5；国有林场累计人工造林面积 768.07 万公顷，抚育和改造天然疏林、残林 885.64 余万公顷（国家林业和草原局，2018）。

10.2　相关研究综述

重点国有林区长期以来扮演着国家经济建设的各类森林资源产品输出基地和后备森林战略资源储备基地的双重角色。经过 40 多年的建设，重点国有林区已经逐渐建立起了超过百万人口的完善的林区社会体系，而在这个社会体系正常运转过程中，森林资源的作用举足轻重。

以雷加富（2006）为代表的部分学者认为，现实的重点国有林区，森工企业是其政治、经济和社会主体。森工企业以企业形式出现，既经营着资源性资产，又管理着非资源性资产，如房屋、机械设备等；但同时又负载着庞杂的行政职能和社会管理职能。正是由于国有林区体制、制度的这种特殊性，决定了国有林区改革的整体性、综合性。既不能简单套用院墙式工业企业的改革模式，也不能机械套用农村土地承包的形式，必须正视国有林区的复杂性。

以万志芳（2004）为代表的学者认为国有林区林业企业虽历经 40 多年的改革，采取了诸多改革措施，但效果却与预期的目标相差很远。一方面是由于所采取的改革措施未能触及国有林区的根本矛盾，与国有林业企业特点结合不够；另一方面是由于林业以及国有林业的经营思路与战略也在发生调整与转变，客观上增加了国有林业企业改革的难度。她认为导致出现这个问题的主要原因有以下四点：一是缺乏对国有林业制度创新的迫切认识；二是对国有林业企业定位认识不准确和理论准备不足；三是政企不分，产权不清；四是长期以来国有林区以木材生产为核心的生产经营组织障碍。

王昌毅（2005）等学者认为在目前的管理体制下，国有林区的森工林业局既是经济组织的企业法人实体，还代表国家行使森林资源监督管理职能，又具有管理所辖林区的社会行政事务管理职能。森工林业局具有"三重身份"，即"国家森林资源的保护管理者""国有企业的经营管理者"和"地方政府的行政父母官"。这种管理体制在计划经济时期避免了重点国有林区资源、经济、社会、行政系统管理与地方多头属地管理的矛盾，保证了森林资源的集中统一管理。但是，随着我国社会主义市场经济体制的建立和经济全球化进程的加快，这种政企不分、政资不分、企资不分的管理体制越来越不适应发展的需要。

以朱震锋（2017）为代表的部分学者认为，从林业目前面临的形势和发展进程来看，必须以更大的决心深化改革，这是实现林业更快更好发展的根本措施之一。天保工程是国有林区的"救命工程"，解决了国有林区森林资源严重"透支"的燃眉之急，使国有林区的森林资源进入了休养生息、恢复发展的新阶段。但就林区发展整体而言，深化改革才是治本之策。只有深化改革才能巩固天保工程取得的成果，彻底摆脱国有林区的"两危"境地，才能实现建设社会主义新林区的目标，最终实现森林资源的可持续经营和林区经济社会的可持续发展。

此外，在国有林区改革研究方面，一些学者开展了相关研究，如佟立志（2011）对东北国有林区的改革模式所带来的经济效益、生态效益和社会效益进行评价研究。徐晋涛等（2006）认为国有加工业改革进展迅速，家庭式经营管理和市场化手段成为森林资源管护和经营的基本制度要素。张道卫（2006）分析了黑龙江省国有林区管理体制存在的政企合一、高度集权、森林资源权属不清、缺乏激励和约束等问题。

综合上述学者的研究来看，我国国有林区改革虽然取得了一些成就，但还存在着诸多问题。通过尽快完善国有林区制度改革，解决国有林区产权不清，资源危机等问题是当务之急。

10.3　国有林区改革 40 多年的历程

20 世纪 70 年代，重点国有林区可采森林资源危机和经济危困已初现端倪（见图 10 - 1），表现在木材生产数量下降，林业企业发展受制，林区职工减少，国家林业主管部门和林区广大干部职工开始反思并总结重点国有林区开发建设的经验教训，寻找重点国有林区发展的新出路。

特别是进入 20 世纪 80 年代后期，国有林区经济发展滞后的状况越发明显。主要表现为重点国有林区可采森林资源危机和经济危困加剧，木材生产总量大幅度下降，重点林业企业原料短缺，职工收入开始出现大幅度下降趋势。在这种状况下，国有林区社会不稳定的局面加重。造成这种状况的原因主要有：一是木材以销售为主，原木深加工滞后；二是林区经济发展结构单一，多种经营发展滞后；三是林区的社会负担沉重。在这一时期，国有林区虽出现了一系列重大问题，但是也没有提出

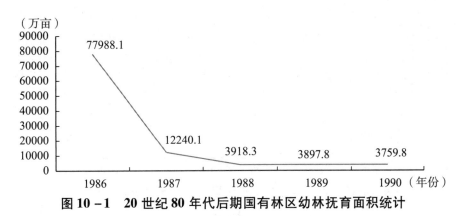

图 10 - 1　20 世纪 80 年代后期国有林区幼林抚育面积统计

资料来源：《中国林业统计年鉴（1986—1990）》。

可持续经营的办法和措施。因此，中央政府决定将重点国有林区下放地方，为保证林区经济发展和社会稳定，中央政府决定对重点国有林区和林地的森林资源实行管辖权，例如林区林权证由中央政府统一颁发，森林资源的采伐限额由中央政府制定，木材调拨实行双轨制等等。中央政府还决定林区各项建设投资仍由中央政府负责，林区企业实现的利润按照规定上缴地方财政。但是在这一时期，重点国有林区的行政管辖和森林资源管辖及建设投资实行的是多头管理体制，出现了森林超计划采伐的问题和中央政府和地方政府相互推诿的问题。

　　进入 20 世纪 90 年代，随着改革开放的逐步深入，通过对重点国有林区开发建设的反思和对国外先进经验的借鉴，我国林业管理部门逐步认识到重点国有林区出现的问题和长期忽视森林经营有密切的关系，重点国有林区的森林经营得到了更多的重视，主要表现为采伐方式的转变，由大面积采伐转变为一定强度的择伐；采取多种形式促进采伐迹地更新，例如采伐后按要求进行人工造林更新；开始重视大面积的人工造林和苗木培育、采种工作；开始重视天然林中幼林的抚育，制定了一系列幼中林抚育的扶持政策。在这一时期，国有林区造林面积明显提升（见图 10 - 2），重点国有林区森林的经营水平大大提高。

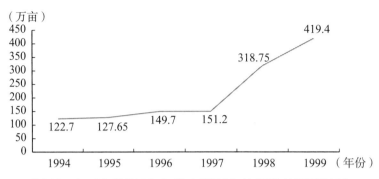

图 10 – 2 20 世纪 90 年代中期国有林区造林面积统计

资料来源：《中国林业统计年鉴（1994—1999）》。

20 世纪 90 年代中后期，是我国森林经营发生重要转折的时期。一是可持续发展理论成为林业经营的指导思想。国有林区的管理者认识到森林经营既要满足当代人的需求，又不能危及后代人的利益，将人与自然的对立关系转变为和谐关系。在森林经营上，森林的可持续发展应该包括森林生态的可持续发展、林业经济的可持续发展和促进社会的可持续发展。二是现代林业理论的提出。90 年代末国家林业的主管部门对现代林业理论的基本内容、坚持的原则、考核的指标以及推动现代林业发展的政策进行深入的研究，并提出今后我国森林经营之路必须坚持走森林多功能满足人类多需求的分类经营之路，对推动现代林业发展发挥了重要作用。但是，国有林区森林资源的管理体制机制仍然延续着过去形成的森林资源管理模式，仍在实行中央与地方多头管理办法，利益各取所需、责任相互推诿，林区内部仍在实行以木材生产为中心的资源管理办法，森林经营和资源管理与木材生产加工一体化的问题还没有解决。在林区内部的经济社会管理上，还在沿用森工集团与政府职能合一、林业职能与企业经营合一的模式，林业工作重心的转变难以实现。

进入 21 世纪，我国提出了加强生态文明建设的战略。林业在生态文明建设和国家经济发展中的特殊地位得到了进一步的提高。林业资源的培育走上了以高科技为依托的集约经营之路，森林幼中龄林的抚育也得到了更大的重视。自 2014 年起，国家林业局、财政部在重点国有林区启动全面停止天然林商业性采伐试点，黑龙江龙江森工集团、大兴安岭森工集团全面停止天然林商业性采伐。这是我国自 20 世纪 80 年代森林采伐限额制度实施以来再次针对森林采伐进行的重大制度设计和调整，也是我国进入"五位一体"建设期后，专门针对林业从森林资源恢复和国土生态安全保障层面，对党的十八大提出的生态文明建设的新实践。2015 年 11 月 3 日，《中共中央关于制定国民经济和社会发展第十三个五年规划的建议》提出，"完善天然林保护制度，全面停止天然林商业性采伐，增加森林面积和蓄积量。"这是我国在五年规划中，首次提出全面停止天然林商业性采伐。自停止天然林商业性采伐以来，国有林区的木材产出量明显下降（见图 10 - 3）。2015 年 2 月，党中央、国务院印发了《国有林区改革指导意见》（以下简称《意见》），正式启动重点国有林区深化改革工作。该意见明确了改革的主要任务是区分不同情况有序停止重点国有林区天然林商业性采伐，确保森林资源稳步恢复和增长；因地制宜逐步推进国有林区政企分开；逐步形成精简高效的国有森林资源管理机构；创新森林资源管护机制；创新森林资源监管体制；强化地方政府保护森林、改善民生的责任；妥善安置国有林区富余职工，确保职工基本生活有保障。

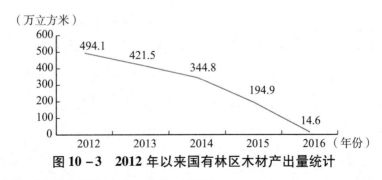

图 10 - 3　2012 年以来国有林区木材产出量统计

资料来源：《中国林业统计年鉴（2012—2016）》。

2017 年，党的十九大成功召开，习近平总书记在十九大报告中指出，加快生态文明体制改革，建设美丽中国。我们要建设的现代化是人与自然和谐共生的现代化，既要创造更多物质财富和精神财富以满足人民日益增长的美好生活需要，也要提供更多优质生态产品以满足人民日益增长的优美生态环境需要。同时习近平总书记强调要加大生态系统保护力度，实施重要生态系统保护和修复重大工程，优化生态安全屏障体系，构建生态廊道和生物多样性保护网络，提升生态系统质量和稳定性。开展国土绿化行动，推进荒漠化、石漠化、水土流失综合治理，强化湿地保护和恢复，加强地质灾害防治。完善天然林保护制度，扩大退耕还林还草。这为社会主义新时期我国国有林区的改革与建设提供了强大的理论指导和思想保证。

10.4　国有林区改革的主要路径

从目前国有林区改革的实践看，主要有以下四种模式。

一是以森工企业改革为突破口，带动国有林区的全面改革。这就是"吉林模式"。它是从转换森工企业的经营机制开始。2005年，借助吉林省实施国企改革攻坚战略部署的大环境，在国家林业局的支持下，吉林森工集团开始实施股份制改造，由国有独资公司转变为国有控股有限公司。此举标志着我国重点国有林区经营管理体制已由传统模式向现代模式转变。"吉林模式"的具体做法是实行"四全部一改造"，即国有资产全部退出加工性企业、社会性职能全部移交地方、森工辅业全部民营、职工身份全部转换，改造国有企业。吉林森工企业实行了政企分开、政社分开，以此来带动林区社会的整体改革。

二是以林权制度改革为突破口，推动整个国有林区的全面改革。2006 年 6 月 16 日，经国务院批准，伊春成为我国国有林权制度改革的首个试点，按照中央的要求，伊春国有林权改革试点，是在不改变林地国有性质和用途的前提下，选择 8 万公顷的国有商品林试点林地，由林业职工家庭承包经营，把林地的经营权、林木的所有权和处置权交给职工。承包经营期限为 50 年。这就是"伊春模式"。伊春林区的改革，是以商品林资源实行家庭承包经营为突破口，牵住了林权改革这一"牛鼻子"，然后实施整体改革和配套改革，进而推动整个林区经济社会的全面改革。

三是以森林资源管理体制改革为突破口，带动国有林区的全面改革。这就是已经实施的 6 个重点国有林区森林资源管理体制改革试点模式。试点改革主要解决在计划经济体制下形成的以木材生产为主的政企不分、资企不分、责权不清的森林资源管理体制阻碍林业生产力发展的问题。遵循"国家所有、强化监管、产权清晰、责权明确、资企分开、委托经营"的原则，建立权责利相统一，管资产和管人、管事相结合的森林资源管理体制。按照政企分开的原则，由专门设立的国有林管理机构代表国家行使国有森林资源管理职能并履行出资人职责，享有所有者权益。以此改革为突破口，带动国有林区的全面改革。

四是以林区管理体制改革为突破口。管理体制改革的目标是改变现行的既是政府又是企业的双重属性，分步实施改革，理顺关系。第一步先明确总局（或林业局）的行政管理机构性质，把企业剥离出去，组建各种集团、公司，实行混合制的、国有独资或国有控股的多元投资主体企业。第二步，待时机成熟后再逐步实现彻底的政企分开、资企分开、社企分开。

专栏 10－1   内蒙古大兴安岭重点国有林
管理局挂牌成立

2016 年 2 月 20 日，内蒙古大兴安岭重点国有林管理局成立大会在牙克石隆重举行。这是全国首家重点国有林管理机构，标志着内蒙古自治区重点国有林区改革取得重要阶段性成果。内蒙古大兴安岭重点国有林管理局正式挂牌成立，是内蒙古国有林区改革的重要成果，对于内蒙古进一步推进国有林区改革、生态文明建设具有重要意义。

内蒙古大兴安岭重点国有林管理局在原内蒙古森工集团林业管理机构的基础上组建，主要职责是保护管理重点国有林区动植物资源、开展森林资源监管和林业科学研究、组织编制实施森林经营方案、指导林业产业发展等。内蒙古大兴安岭重点国有林管理局是内蒙古自治区人民政府直属单位。2016 年 1 月，内蒙古自治区党委、政府印发了《内蒙古大兴安岭重点国有林区改革总体方案》，按照"人员只出不进、机构只减不增、社会和谐稳定"和精简高效的原则，撤销内蒙古大兴安岭林业管理局，重新组建内蒙古大兴安岭重点国有林管理局。重点国有林管理机构运转及林业生态建设经费，从中央财政给予的停伐补助经费、社会运行支出补助经费和天然林资源保护工程经费中支出，由自治区财政部门负责监管。

内蒙古是我国北方重要的生态安全屏障。习近平总书记指出，内蒙古的生态状况如何，不仅关系内蒙古各族群众生存和发展，也关系华北、东北、西北乃至全国生态安全。在国家林业局的关心指导和大力支持下，内蒙古自治区认真贯彻总书记的重要指示，一手抓重大生态修复工程，一手抓生态文明制度建设，坚定不移走绿色发展之路，推动生态环境持续改善。

内蒙古大兴安岭重点国有林区是我国四大国有林区之一，内蒙古大兴安岭国有林区南北长约 696 公里，东西宽约 384 公里，与俄罗斯、蒙古接壤的边境线长 440 公里。林业主体生态功能区总面积 10.6775 万平方千米，占整个大兴安岭的 46%；森林面积 8.17 万平方千米，活立木总蓄积 8.87 亿立方米，森林蓄积 7.47 亿立方米，均居全国国有林区之首。现有 70% 的森林被列为国家重点、一般公益林实行全封闭保护和限制性开发，其中有 110 万公顷是从未开发的原始林。

内蒙古大兴安岭国有林区是自治区生态保护和建设的主战场之一。几十年来，一代代林区干部职工以高度的责任感和使命感，艰苦奋斗、顽强拼搏、无私奉献，为服务国家和自治区经济建设、保障生态安全做出了重大贡献。特别是在林区转型发展的过程中，广大林区干部职工坚决服从大局，响应国家号召，确保了林区改革顺利进行，实现了从木材生产为主向生态修复建设为主的重大转变。

内蒙古大兴安岭重点国有林管理局的成立，标志着我区国有林区改革进入了一个新的阶段。坚持把保护和培育好森林资源放在首要位置，确保森林资源总量持续增加、质量持续提高、生态功能持续增强。坚持把改善民生作为基本前提，使林区职工得到妥善安置，使转岗人员基本生活有保障、生活水平不降低并逐步提高。坚持政事企分开，明晰森林资源所有权、管理权、经营权和处置权，形成职责清晰、精简高效的林区管理新体制。①

---

① 资料来源：中国林业网，http：//www.forestry.gov.cn/main/195/content－949062.html。

10.5　结论与展望

国有林区情况复杂多样，改革也要采取多条途径、多种模式。要从林区的实际出发，把握改革的总体目标，围绕既要降低改革成本和改革风险，又要提高改革效益和改革成功率来选择改革路径。

无论是过去、现在，还是将来，重点国有林区仍然是我国重要的木材生产战略基地和重要的生态屏障。改革开放以来，重点国有林区提供的木材占全国同期木材产量的50%左右，为国家经济建设和社会发展做出了巨大贡献。重点国有林区的森林，既维系着全国大部分地区的生态平衡，又影响着当地的生态安全。所以，我们既要保护好、培育好森林资源，又要经营好、利用好森林资源。

将来，国有林区迫切需要进一步深化改革，促进国有林区顺利转型。一是要深化国有林区管理体制改革，理顺中央、地方和森工集团的责权利关系；二是要构建完整的国有森林资源产权体系及保障体系；三是要建立森林资源有偿流转交易及利益分享体系；四是要构建资源保护和利用的动态监测及配套政策调整体系；五是要建立和完善林区人口流动和生计保障体系。

第 *11* 章

中国林业投资 40 多年回顾与展望

    林业作为一项综合性的产业，为人类提供多样化的林产品，具有重大的经济价值，同时，随着社会经济的进步、人类对气候变化等生态问题的持续关注，林业的生态功能被摆在了战略位置，林业的多功能性逐渐发展成为共识。改革开放以来，党和国家对林业工作高度重视，转变了中华人民共和国建立初期单纯将森林视为经济资源的理念，采取了一系列政策措施，有力地促进了林业的发展（夏阳，2006）。

    林业投资作为一种要素投入，是林业产业发展、生态建设的重要影响因素，在不同发展阶段、发展理念、政策体制下，我国林业投资呈现出阶段性变化的特征。本文就改革开放 40 多年来的中国林业投资进行全面的系统性的回顾，同时就当前林业投资领域存在的一些问题，对未来新时期我国的林业投资进行展望与探讨，以期推进林业投资朝更加协调、可持续的方向演进，提升林业投资项目的综合效益，从而促进林业产业的健康发展和林业生态建设的顺利开展。

11.1 基本概念及范畴界定

    一些学者从广义角度对林业投资进行定义。广义的林业投资是从生产能力上投入林业的资金、物力、财力，以及从质量和效率上增强林业发展能力的相应制度、法规和科教等方面的投资（何丹等，2006）。张长交（2000）从资本运营的角度定义林业投资，其是为实现林业运营资本的社会化、高效化、市场化目标，将一定量的资财（有形的或无形的）投放于营林基础产业、林产工业和林副产品加工业及多种经营和第三产业，以取得一定的经济效益、生态效益和社会效益的活动。

另有一些学者从资金投入角度对狭义上的林业投资进行定义。田治威、麦家松（1994）认为林业投资指投入林业各生产领域资金的总称，它包括投入到营林生产、木材采运生产、木材加工、林产品化工及机械制造等方面的资金，涉及林业行业所属的各种性质的生产经营单位。方园（2017）将林业投资界定为仅以资金投入方式对森林资源开发、利用和生态补偿等方面的经营活动。孔凡斌（2008）将林业投资定义为投入林业的各种资金和要素的价值量，具有产业性和生态性双重属性。

本文采纳狭义的林业投资定义，以投入林业的资金量进行衡量。本文数据主要是基于中国林业统计年鉴历年数据进行分析。由于相关统计口径在长期中随着实践的发展产生变化，本文将根据林业投资变化特征对我国林业投资进行阶段划分与描述性分析。

11.2　相关研究综述

一些学者运用定性分析的方法对我国林业投资问题进行探讨。夏阳（2006）认为，我国林业投资正逐步走向有序和规范，浅析了其面临的自然、社会、政策三大主要风险。田治威、麦家松（1994）则对市场体制下林业投资问题进行研究，就财税、投资、金融及外贸体制方面的重大改革措施对林业投资可能带来的影响进行初步的定性分析。张彩虹

（1997）同样关注社会主义市场经济体制下林业投资的发展方向，并从林业分类经营与投资机制问题、林业经营思想与林业投资体制、林业增长方式的转变与林业投资效率等角度通过定性分析的方法说明其对林业投资的具体思考与认识。另外，部分学者针对我国林业对外投资问题用定性方式进行研究。我国企业开展境外林业投资是适应经济全球化、利用世界资源、开拓国际市场、加快现代林业发展、促进全球森林资源可持续经营的现实要求和必然选择，相关学者运用定性分析的方法梳理我国企业对外林业投资的概况及存在的问题，并提出相关对策（盛俐，荆涛，2014；李静，荆涛，2015）。

　　已有研究较多地运用描述性分析方法对我国林业投资发展历程与阶段进行梳理与分析。一些学者运用较长时间段的数据对我国林业投资进行描述性分析。孔凡斌（2008）以 1995—2005 年相关统计数据为主要依据，对我国林业投资机制生成机理和规模变迁进行数量分析，对营林投资的森林资源发展绩效进行初步评价。胡永宏、陈建成（2006）运用投资周期理论和统计方法对 1951—2003 年我国林业固定资产投资总量和结构的周期波动进行测定和分析，发现我国固定资产投资总量增长和结构变化都存在明显的周期性波动规律。张昌达等（2010）基于 1950—2005 年中国林业基本建设投资的相关数据，运用投资周期理论对中国林业基本建设投资总量和结构的变动进行测定与分析，结果表明，中国林业基本建设投资总量增长和结构变化都存在着明显的周期性波动。部分学者则是基于短时期或局部地区的林业投资进行系统回顾。刘东生、王月华（2001）对"九五"时期林业投资的分析发现，该时期林业投资规模与机构有一定的变化，投资效果显著，但面临着林业投资总量不足、投资渠道单一、两大体系建设投资偏颇等问题。李树生、韩春明（2005）基于 1994—2003 年数据分析西部地区林业投资的特点及市场经济时期资金投入在西部林业中的作用。赵荣等（2013）在系统分析"十五"以来林业总投资和中央林业投资规模、结构、效果的基础上，深入研究中央林业投资运行和管理中出现的主要问题。

部分文献运用计量等实证方法对林业投资相关问题进行研究。李彦良等（2012）以1984—2010年统计数据为依据，对政府投资规模、结构和森林资源变化展开研究。盛均全、张娅（2013）根据1990—2010年间林业投入产出数据运用DEA方法对全国林业总投资、分地区林业投资的效率进行计算和分析。徐冬梅、高岚（2016）研究运用计量统计分析方法建立滞后模型，分析林业营林固定资产投资与林业碳储存增量的协整关系以及2个变量之间的Granger因果关系，得出我国林业营林固定资产投资对于林业碳储存增量存在长期的协整关系，但是其影响相对较小，且存在一定滞后期，投资效率偏低。

从以上对文献的梳理可以看出，有关林业投资的研究主要采用定性和描述性统计分析方法对我国和主要地区林业投资概况、构成等进行梳理，并结合其中存在的问题提供相关的建议。另外有部分研究则从林业投资效率、林业投资与森林增长、产业发展的关系等方面进行计量实证分析。本文在已有研究的基础上，纳入发展理念、投资政策等视角，对我国改革开放以来40多年（1978—2017）的林业投资发展情况进行概括总结，结合林业投资取得的成就与不足，对新时期林业投资进行展望。

11.3 中国林业投资40多年的历程演进

2017年，我国林业投资完成总额高达4800亿元，基于现价得到相比2016年的增速为6.4%；从资金来源看，国家投资完成额为2259亿元，包括中央财政资金和地方财政资金，占林业投资完成总额的47.1%，国内贷款、企业自筹、外资等社会资金占林业投资完成总额的

52.9%，投资结构呈现出国家投资与社会资金相结合的特征。从建设内容来看，林业投资完成总额用于生态建设与保护、林业产业发展、林业支撑与保障、林业社会性基础设施建设等方面，其中生态建设与保护、林业产业发展为主要建设内容，二者占林业投资总额的比重分别为42.0%、41.8%（国家林业和草原局，2018）。另外，通过将资金来源与建设内容结合起来发现，不同性质的资金来源的林业投资建设内容各有侧重，其中中央财政资金主要投向生态建设与保护领域，具体包括造林抚育与森林质量提升、湿地保护与恢复、防沙治沙、野生动植物保护及自然保护区；地方财政资金投资重点为生态建设与保护、林业支撑与保障两大方面；社会资金的重点建设内容为林业产业发展，其投入林业产业发展的资金占林业产业投资总额的 93.7%。木竹制品加工制造、林下经济、林业旅游休闲康养是当前林业产业投资的重点领域。

1978—2017 年间，我国林业投资规模扩张完成额总体呈现出持续增长的趋势，从 1978 年的 10.8 亿元增长到 2017 年的 4800.3 亿元（见图 11 -1）。林业投资快速增长的主要原因有：一方面是林业投资逐步被纳入公共财政体系，国家加大林业建设投资力度；另一方面是以林业重点工程为龙头的带动效应（李树生等，2005）。

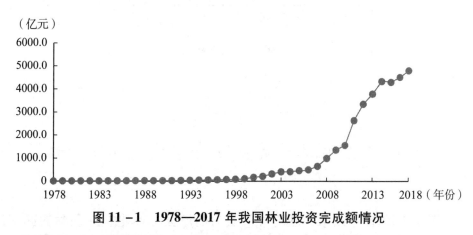

图 11 -1　1978—2017 年我国林业投资完成额情况

资料来源：《中国林业统计年鉴（1978—2017）》。

为了将我国历年林业投资总额进行对比，通过用固定资产价格指数将其换算为可比价格，以消除价格变动因素。根据国家统计局公布的自1990年开始的固定资产价格指数，以1990年为基期，通过计算得到自1991—2017年各年林业投资总额的增速情况，林业投资总额整体呈正增长，但是增速波动较大。同时用改革开放以来林业投资总额现价计算出未折算的增速，见图11-2。结果表明，总体来看，扣除价格变动因素的增速小于按照现价计算出的增速，且折算后的增速波动程度更小。

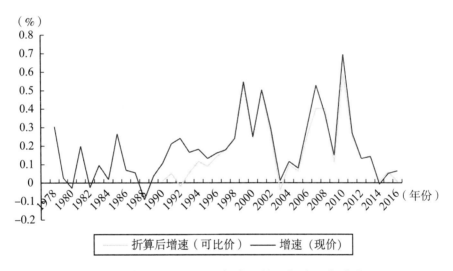

图11-2　1978—2017年我国林业投资总额变化

资料来源：《中国林业统计年鉴（1978—2017）》。

11.4　中国林业投资40多年变化的统计分析

我国自1978年以来，随着经济实力的增强、林业发展理念的调整，林业投资从规模、方向、资金来源结构上呈现阶段性的特征。另外，由原国家林业局编制的中国林业统计年鉴根据实际的变化，对林业投资相关数据的统计口径与范围进行适时调整。因此，本书结合国家的林业投资政策调整状况，将改革开放以来的林业投资划分为几个时期进行描述性分析与变化梳理。

固定资产投资包括固定资产的更新、改建、扩建和新建等，是各种建设资金投入的最终凝结，其规模变化能够说明林业建设资金的投入规模状况（李树生，韩春明，2005）。自 2011 年起，《中国林业统计年鉴》关于林业投资的章节标题由"林业固定资产投资"调整为"林业投资"，在统计林业投资实际完成总额的基础上，继续统计林业固定资产投资的状况。本书在进行描述性统计分析时，自 1978—2010 年林业投资总额实际是指林业固定资产投资完成总额。

1. 1978—1997 年：国家投资占比略有回落，以森工为主

这一时期是我国由计划经济体制向市场经济体制转轨的重要阶段，与此同时，国内外对生态问题的关注增强，逐步达成了可持续发展的共识与理念。为了适应改革与发展的需求，林业领域也进行了重大调整。

党和国家陆续出台一系列政策，颁布有关法令、通知，结合物价、财务改革等措施，推动林业发展。林业投资完成总额由 1978 年的 10.8 亿元增加到 1997 年的 74.2 亿元，国家投资占林业完成总额比重在波动中下降，如图 11-3 所示（国家林业局，1978—1997）。但是从规模上看，国家投资规模整体上呈扩张趋势，显现出财政对林业的扶持力度不断加大。鉴于统计数据的可获得性与统计口径变化，本书进一步将该时期划分为两个小阶段。

（1）1978—1987 年：我国林业基本建设投资。

这一时期，"三北"防护林工程等重点林业生态建设工程启动并深入开展。林业事业体系建设逐步完善，林业财政投入政策对促进林业快速发展发挥了重要的作用（李月梅，周莉，2013）。政府多次出台文件

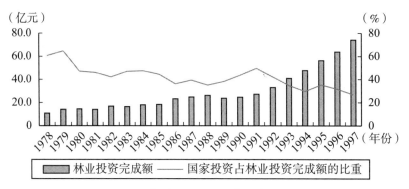

图 11 - 3　1978—1997 年我国林业投资总额及国家投资占比变化

推动开展植树造林、绿化祖国的活动，另外国家出台相关政策、文件规范林业资金使用与拓展林业资金来源。1981 年，中共中央、国务院在《关于保护森林，发展林业若干问题的决定》中，指出把国家林业投资、财政拨款、银行贷款、按规定提取的育林基金和更改资金，列入林业资金，由中央和地方林业部门按照权限建立国家林业基金制度，分级管理，专款专用。中国绿化基金会于 1984 年 3 月成立，通过多种形式和渠道，筹集绿化资金。另外，1984 年 11 月，中国政府与世界银行正式签署贷款协议书，世界银行向中国政府提供 4780 万个特别提款权（SDR）的贷款，用于支持中国的林业发展项目，开创林业利用外资的先河。

　　林业基本建设是政府扶持林业发展的主要渠道，我国林业基本建设的投资规模大致呈现出波动缓慢上升的趋势，林业基本建设投资总额由 1978 年的 8.5 亿元变化到 1987 年的 15.5 亿元（见图 11 - 4）。从林业基本建设的投资方向来看，这一时期仍旧以森工投资为主，在基本建设投资中的比重始终高于 50%，但营林在基本建设中比重在波动中小幅度增加，在 1979 年营林占比达到 49%，为该时期最高，表明这一时期重森工、轻营林的林业投资战略有所松动。

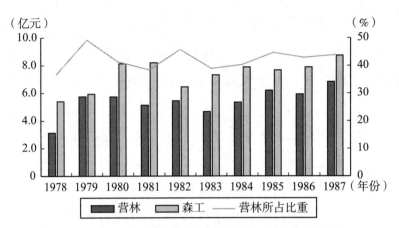

图 11 - 4　1978—1987 年林业基本建设投资结构

资料来源:《中国林业统计年鉴 (1978—1987)》。

在林业基本建设投资的资金来源方面,这一时期以国家投资为主,国家投资包括中央财政资金和地方财政资金,国家投资占林业基本建设资金比重最大的是在 1979 年,为 78%,最小出现在 1981 年,为 46%,国家投资以投入森工为主 (见图 11 - 5)。国家投资占林业基本建设投资比重变动趋势与森工中国家投资变化趋势具有一致性,体现出该阶段政府在林业投资里的主导性特征。

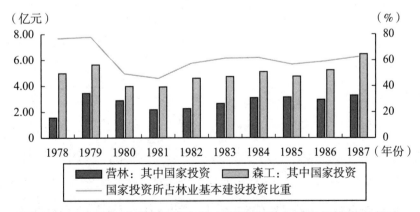

图 11 - 5　1978—1987 年林业基本建设投资中国家投资变化状况

资料来源:《中国林业统计年鉴 (1978—1987)》。

（2）1988—1997 年：可持续发展战略逐步确立。

20 世纪中期，为了实现中国特色社会主义建设的伟大目标，国家提出可持续发展战略，以实现人口增长、资源使用以及生态环境适应生产力的发展，把生态建设保护工作放到突出位置，制定了一系列林业可持续发展政策（张壮，赵红艳，2018）。1988—1997 年，林业固定资产规模呈持续扩张（见图 11 – 6），其中 1993—1997 年呈现集聚式增长，扣除价格因素后按照可比价计算其间增速分别为 24%、55%、25%、50%、29%。在林业固定资产投资方向，该时期初始是以森工为主，营林、森工比重差别较小，在 1997 年营林投资首次超过森工投资，二者差值逐年增加，转变为营林占主导，凸显出对林业生态功能的重视。

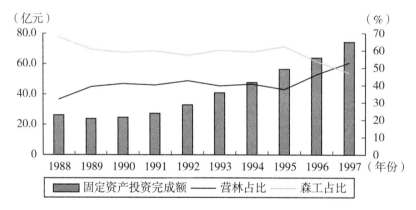

图 11 – 6 1988—1997 年我国林业固定资产投资完成额与投资方向构成

资料来源：《中国林业统计年鉴（1988—1997）》。

这一时期，我国进行了经济体制改革，实现了由计划经济向社会主义市场经济的过渡。在林业领域，自 1995 年开始，我国进行林业分类经营改革，明确分类投资的林业政策。为加快市场体系建设，国家减少使用财政力量直接干预商品经济发展。林业固定资产的投资比例下降，1997 年国家投资占固定资产完成额比重仅为 27%，银行贷款、自筹资金、利用外资等非国家投资比例整体呈上升特征（见图 11 - 7）。这反映出该阶段林业领域的投资主体与获益主体出现多元化现象。

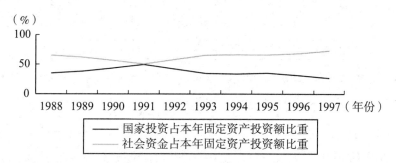

图 11 - 7　1988—1997 年我国林业固定资产投资完成额的资金构成

资料来源：《中国林业统计年鉴（1988—1997）》。

2. 1998—2010 年：坚持生态建设投资优先

1998 年，国家对林业重点工程进行整合，开始实施林业六大重点工程建设，林业建设进入以大工程带动大发展的新阶段，政府调整优化了林业投资的相关体制，强化财政对林业的扶持（李月梅，周莉，2013）。2001 年，中央对六大林业重点工程进行整合，推动有限资金发挥最大效率。2003 年，中共中央、国务院作出了《关于加快林业发展的决定》（以下简称《决定》），国务院召开了全国林业工作会议，以《决定》的颁发和全国林业工作会议的召开为标志，我国林业建设进入了一个由以木材生产为主转向以生态建设为主的新的历史时期。该阶段是我国全面实施以生态建设为主的林业发展战略，推动由传统林业向现代林业转变。

这一时期我国林业固定资产投资规模保持持续扩张态势，呈指数型增长，从 1998 年的 87.5 亿元增加到 2010 年的 1553.3 亿元，增加显著（见图 11 - 8）。同时，营林投资占比始终远超过森工投资，改变以往森工为主的投资结构，转变成以营林为主，这与我国在林业领域坚持生态优先的战略相吻合。

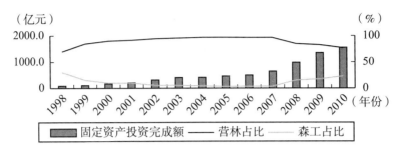

图 11 – 8　1998—2010 年我国林业固定资产投资完成额与投资方向构成

资料来源：《中国林业统计年鉴（1998—2010）》。

在资金构成上，林业资金来源呈现以国家投资为主、多元化趋势两大特征。自 1998 年以后，国债资金和中央财政专项补助资金大量注入林业投资领域，林业固定资产投资中国家投资比例开始回升，国家预算资金始终占比最高，国内贷款、外资、自筹资金等渠道比重尽管较小，但总体呈现波动中上升趋势，这反映出该时期政府在林业投资建设中的主体作用（见图 11 – 9）。

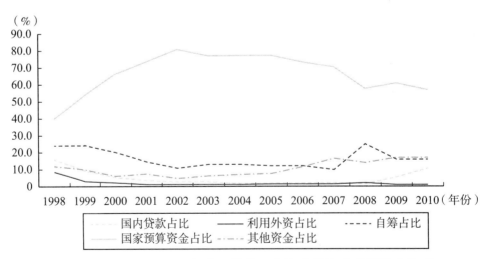

图 11 – 9　1998—2010 年我国林业固定资产投资完成额资金构成

资料来源：《中国林业统计年鉴（1998—2010）》。

自 2003 年以来，《中国林业统计年鉴》开始详细介绍外资利用的具体情况，外资利用情况是衡量全球化时代我国林业吸引外资的能力和对外开放程度的重要指标。在 2003—2010 年，林业固定资产完成额中利用外资比例一直较低，且持续下降，我国实际利用外资的金额呈现周期性变化，大致表现为 3 年一个周期，在个别年份可能因宏观经济形势、政治局势等发生较大变化。外资主要以外商投资、国外借款、无偿援助三大形式进入我国的林业投资领域，其中以外商投资为主，外商投资占实际利用外资比重始终在 55% 以上，2005 年甚至达到了 87.7%。另外，外资进入林业后所参与的林业活动有营造林、木竹材加工、林纸一体化、林产化工、非木质林产品加工、花卉种苗、科学研究等，其中以营造林、木竹材加工、林纸一体化为主要投资领域。

3. 2011—2017 年：生态建设持续发力，林业产业投资占比有所提升

在习近平总书记提出的创新、协调、绿色、开放、共享的发展理念指导下，我国林业在这一时期深入实施以生态建设为主的林业发展战略，全面提升自然生态系统稳定性和生态服务功能，以增质增效为基本要求，强化基础保障，以"一带一路"为契机，扩大开放合作，加快推进林业现代化建设，为全面建成小康社会、建设生态文明和美丽中国做出更大贡献。

在这一阶段，《中国林业统计年鉴》在林业投资方面统计口径方面产生调整，既纳入了林业投资总额，又继续进行林业固定资产的统计工作，本书将林业投资总额分为林业固定资产投资和其他投资两部分。

在投资规模方面，林业投资总额在该阶段保持增长，按照可比价计算得到的增速呈现先上升然后波动下降的特征。其中固定资产投资完成额占比始终较大，且规模基本保持稳定（见图 11 – 10）。另外，在资金构成上，国家投资在林业投资完成总额比重中占据主导，且维持在 35% ~ 50%，在某种程度上体现了国家资金与社会资金相结合的资金来源结构。

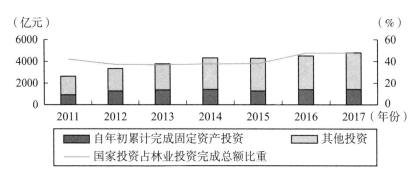

图 11 −10　2011—2017 年我国林业投资完成总额情况

资料来源：《中国林业统计年鉴（2011—2017）》。

　　在这一时期林业固定资产投资来源呈现多元化特征，自筹资金占比始终保持最大，在 2015 年达到最大值66%，其次依次是国家预算资金、自筹资金、国内贷款、利用外资、其他资金，见图 11 −11。其中外资占比在该阶段始终稳定在较低水平，说明我国林业投资对外开放程度仍有待进一步提高，外资的投资方式仍旧以外商投资为主，投资领域呈现更加多元的特征，其中木竹材加工、营造林、林纸一体化是外资重要的投资领域。

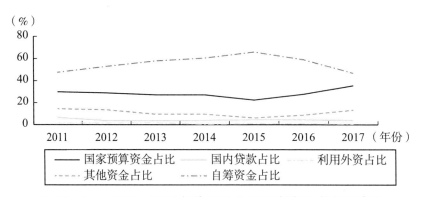

图 11 −11　2011—2017 年我国林业固定资产投资来源情况

资料来源：《中国林业统计年鉴（2011—2017）》。

自 2011 年起，林业投资领域部分统计口径发生变化，投资内容的指标由森工、营林变化为生态建设与保护、林业支撑与保障、林业产业发展、林业民生工程与其他这几项具体指标，逐渐发展演化成生态建设与产业发展并重的格局，越来越注重林业的生态与经济属性的平衡。其中用于生态建设与保护的林业投资比重最大，但有下降趋势，其次占比重较高的是林业产业发展，且比重整体呈上升趋势，见图 11 - 12。

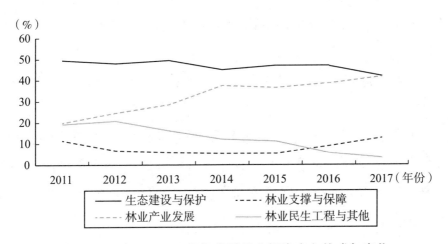

图 11 - 12　2011—2017 年我国林业投资方向构成与变化

资料来源：《中国林业统计年鉴（2011—2017）》。

11.5　结论与展望

改革开放以来，我国林业发展取得了长足的进步，财政支持林业的力度和支持方式使得林业生态建设体系得到加强、林业基础设施得到一定程度的改善、森林资源保护能力空前加强、林业产业体系更趋完善、林业事业发展能力大大增强等（苏宗海，2009）。我国林业投资变迁状况与经济体制、经济实力、发展理念、环境意识密切相关，无论从投资规模、投资方向还是从资金来源来看，呈现出阶段性特征。从投资规模来看，我国林业投资总额在改革开放初期缓慢扩张，进入 21 世纪之后规模迅速扩张，总量大幅上升，呈现出指数增长特征。从投资方向来看，林业投资从重森工转向重生态，林业生态建设与保护是当前投资的重点方向。从林业资金来源来看，国家投资所占比例经历了改革开放初期的上升到 20 世纪 90 年代中期的下降，再到 21 世纪初期快速上升，继而到目前规模保持稳定等阶段，自筹、贷款、外资等社会资金的活力不断增强，投资结构由以国家财政支持为主到逐渐优化，呈现多元化趋势。

站在新的起点上，本书基于我国林业投资 40 多年发展历程，对我国林业投资的未来进行展望，主要有以下三个方面。

（1）未来我国的林业投资规模将会持续扩大，但增速将会趋缓，且将会更加关注投资质量。未来有必要从生态效益、经济效益、社会效益等方面加强对林业投资项目的综合评估，强化林业投资建设项目的质量考核，提高林业资金的使用效率。

（2）在林业投资方向上，林业的多功能性应当被进一步强化认识。在林业投资中，要平衡林业的生态与经济效益二者的关系，进一步开展林业生态体系与产业体系建设，综合发挥森林效用，注重森林可持续经营。既要注重发挥森林的生态作用，促进生态建设与保护，提升环境质量和保持生态系统平衡，也要使林业的经济功能充分发挥。

（3）在林业资金方面，我国政府应当理清政府与市场的边界，完善相关的投资政策方案，推进林业的市场化改革，增加林业发展活力，努力扩大社会资金参与程度和深度，进一步完善和优化政府与社会资本合作模式（public-private partnership，PPP）。另外，我国政府可以继续以"一带一路"为契机，扩大开放程度，推动中国林业投资"走出去"。

第 12 章

中国森林采伐管理与木材生产
40 多年回顾与展望

随着社会经济增长的需要，社会对木材及林产品的需求呈上升态势，保护林业生态环境和满足经济发展需求成为当前林业的主要矛盾。实施森林采伐管理是有效利用森林资源，促进林业生态建设和地方经济协调发展的重要举措。

12.1 基本概念及范畴界定

森林采伐是指在一定的森林面积上，对生长到一定时候的人工林或天然林，依法进行抚育、改造、收获或更新等再造活动的总称。我国的森林采伐管理制度以采伐限额制度为核心，包括年度木材生产计划制度、采伐许可证制度、木材运输监督检查制度、经营加工许可证制度、森林采伐限额执行情况核查制度、森林采伐更新制度等方面。

森林采伐限额制度作为森林采伐管理的关键环节和森林经营的核心内容，是主管部门依据法定程序和方法制定的，经过国家行政管理部门批准的，具有法律效力的特定行政区域或经营单位每年以各种方式采伐消耗的森林资源蓄积最大限额，是国家对森林和林木采伐限定的最大控制指标。森林采伐限额直接关系到森林资源总量的增减和质量的优劣，是控制森林资源过量消耗最有效的措施。

木材是植物的木质化组织，是树木采伐后经过初步加工的木制材料，通常包括软材和硬材。工程中所用的木材主要取自树木的树干部分。木材因获取和加工容易，自古以来就是一种主要的建筑材料。按树种进行分类，木材一般分为针叶树材和阔叶树材。

12.2 相关研究综述

在实施森林采伐管理的背景下，我国学者的研究主要集中在以下三方面：森林采伐管理体系的构建、采伐管理制度的问题和解决措施的探索以及森林采伐管理与采伐限额制度的实际效果等。

针对森林采伐管理体系，李秋娟等（2009）认为中国现行森林资源采伐管理政策主要由《中华人民共和国宪法》和《中华人民共和国森林法》（以下简称《森林法》）两部法律构成，国务院出台的一系列的条例、规章、办法，以及林业主管部门出台的相关文件等构成。姚祖岩等（2010）将中华人民共和国成立以来的森林采伐管理划分为四个阶段，即 1950—1964 年的计划管理、1965—1978 年的过度采伐、1979—1987 年的森林采伐走向法制管理和 1987 年至今逐渐形成"以采伐限额管理为核心，以凭证采伐、凭证运输和木材加工监管为重点"的森林采伐管理体系。

关于我国采伐管理制度的问题也在不断被提出，李锴等（2004）认为存在采伐限额编制依据的准确性不高、超限额采伐现象严重、凭证采伐制度的执行力不足、现行的采伐限额制度妨碍了社会资金投资林业的积极性等问题。陈济友等（2011）基于对江西省的调查，发现现行森林采伐管理政策法规滞后，森林采伐限额政策对采伐类型、起源、权属限制得过死；受森林采伐限额木材生产计划制约，经营者林木处置权难以落实；由于集体林权改革以来林木采伐管理对象明显增多，基层林业人员监管难度加大。欧阳君祥等（2017）则指出目前森林抚育采伐限额不能满足森林抚育补贴工作开展需要、农民森林经营积极性不高、采伐量发证率低和短轮伐期工业原料林采伐管理过度宽松等问题，并建议要纠正采伐限额编制不合理的现象。

近些年，在森林采伐管理制度的成效和影响方面也出现了各种研究。何文剑等（2016）以其在 1991 年和 2001 年的制度改革为自然实验依据，通过精确断点回归模型估计出森林采伐限额管理制度变迁各阶段对森林资源的保护作用，认为 1991 年森林采伐限额管理制度在全国层面的实施并没能起到保护森林资源的作用，2001 年后国家加大采伐管制力度，即在加强公益林采伐管制的前提下，不断增加公益林区划面积的做法可能会造成森林资源遭受更严重的破坏。何文剑等（2016）还对森林采伐管理制度的管制强度对林农采伐收入的影响进行了研究，该研究发现，林业改革后政府的采伐管制强度对林农采伐收入具有显著的负向影响，这种负向影响是通过采伐量及林木收购价两个中介变量产生的。梅雨琴等（2017）基于 122 户农户实地调查数据的分析发现，采伐地距离农户居住地的路程以及采伐办证花费是否过高会对农户采伐行为有显著的负向影响。

12.3　森林采伐管理 40 多年的历程演进

改革开放的 40 多年，同样也是我国以采伐限额管理为核心的森林采伐管理制度不断发展的 40 多年，大致可分为以下三个阶段。

第一阶段是依法实施阶段（1978—1987年），国家试行并正式实施了《森林法》，陆续颁布了《森林法实施细则》《森林采伐更新管理办法》等配套林业法律法规及规章，将森林采伐限额管理纳入法制管理中。国务院又于1987年下发了《国务院批转林业部关于各省、自治区、直辖市年森林采伐限额审核意见的通知》，其中明确规定各省、自治区、直辖市在"七五"期间严格执行森林采伐限额管理制度。这一阶段使得我国森林采伐管理的法律制度逐步完备，森林采伐管理从此走向依法管理阶段。

第二阶段是森林采伐管理调整阶段（1988—2005年）。随着林业发展环境的变化和规划调整的需要，我国的森林采伐限额管理也从"八五"期间的消耗结构分项管理向"九五"期间的采伐类型分项管理过渡。"十五"期间，中共中央、国务院颁布的《关于加快林业发展的决定》（以下简称《决定》），首次提出了林业分类经营管理的思想，将全国林区分为公益林和商品林两大类，分别采取不同的管理体制、经营机制和政策措施。为了进一步对《决定》进行补充，国家林业局还先后出台了多项森林分类采伐管理的文件，对天然林和人工商品林的采伐做出了相应的调整和规定。公益林和商品林分类管理的措施适应了林业发展的需要，考虑了不同类型森林管理的特殊要求，使我国林业采伐管理体制上有了实质性改进。

第三阶段是森林采伐管理改革深化阶段（2006年至今）。从2006年起我国进入到"十一五"计划期间，森林采伐管理改革进一步深化。2008年国家林业局出台了《关于开展森林采伐管理改革试点的通知》，强调森林采伐管理改革是全面推进集体林权制度改革的必然要求。林业部门将大力推进集体林权制度改革，并在多地区开展改革试点。"十二五"期间继续坚持集体林权制度改革、森林资源培育和林业重点工程建设，年森林采伐限额与"十一五"限额相比，增加了2289.9万立方米，其中，天然林年森林采伐限额减少846.1万立方米，降低了9.3%；人工林年森林采伐限额增加 3136.0 万立方米，增长了 20.0%，显示了我国积极促进由采伐天然林为主向采伐人工林为主的转变趋势（国务院，2011）。"十三五"期间提出了牢固树立绿色发展理念，坚持保护优先、自然修复为主，坚持数量和质量并重、质量优先，坚持封山育林、人工造林并举，确保森林资源持续稳定增长的要求。历年出台的与采伐管理相关的文件如表 12 - 1 所示。

表 12 - 1　　　　　　　　　　　采伐管理相关文件

时间	事件、文件和政策
1979 年 2 月	通过《中华人民共和国森林法（试行)》
1979 年 12 月	召开十一届三中全会，对林业建设拨乱反正
1984 年	《森林法》正式颁布实施
1985 年	集体林区取消木材统购，开放市场，允许木材自由上市
1985 年	出台《制定年森林采伐限额暂行规定》《森林资源档案管理办法》
1986 年	出台《中华人民共和国森林法实施细则》
1987 年 6 月 30 日	国务院发布《关于加强南方集体林区森林资源管理坚决制止乱砍滥伐的指示》
1987 年 7 月	颁布《森林采伐更新管理办法》
1989 年	颁布《关于加强林木采伐许可证管理的通知》《东北、内蒙古国有林区森工企业试行采伐限额计划管理的决定》
1990 年	颁布《木材运输检查监督办法》《木材检查站管理办法》
1998 年	实行天然林资源保护工程，出台了《伐区作业质量检查验收办法》《采伐更新调查设计质量检查验收办法》
2001 年	国务院批准《关于各省、自治区、直辖市"十五"期间年森林采伐限额审核意见的报告》
2002 年	国家林业局发布《林业发展报告》《关于调整人工用材林采伐管理政策的通知》《关于国家重点防护林和特种用途林生态效益补偿重点单位"十五"期间年采伐限额调减的批复》
2003 年 6 月 25 日	颁布《中共中央、国务院关于加快林业发展的决定》，提出了林业分类经营管理的思想，将全国林区分为公益林区和商品林区两大类，分别采取不同的管理体制

时间	事件、文件和政策
2003 年 12 月 15 日	出台《国家林业局关于严格天然林采伐管理意见》
2003 年 12 月 30 日	出台《关于完善人工商品林采伐管理的意见》
2005 年 2 月 10 日	国务院同意国家林业局《关于各地区"十一五"期间年采伐限额的审核意见》
2006 年 6 月 8 日	国家林业局出台《关于加强工业原料采伐管理的通知》
2008 年	国家林业局出台《关于开展森林采伐管理改革试点的通知》
2009 年 3 月 19 日	国家林业局发布《国家林业局关于同意天津等省、自治区、直辖市森林采伐管理改革试点方案的批复》
2009 年 4 月 13 日	国家林业局发布了新的《森林采伐更新管理办法》
2009 年 6 月 29 日	国务院印发《"十二五"期间年森林采伐限额编制工作方案》
2009 年 7 月 15 日	国家林业局发布《国家林业局关于改革和完善集体林采伐管理的意见》
2010 年 12 月 30 日	国家林业局发布《国家林业局关于 2009 年度森林采伐限额执行情况检查结果的通知》
2011 年 1 月	国务院批准林业局《关于全国"十二五"期间年森林采伐限额审核意见》
2016 年 2 月	国务院同意林业局《关于全国"十三五"期间年采伐限额的请示》

12.4　木材产量与采伐限额 40 多年变化的统计分析

1. 森林采伐限额

森林采伐限额是各种采伐消耗林木总蓄积量的最大限量，根据国务院批准的年采伐限额，每 5 年调整一次。由图 12 - 1 可以看出，从"七五"到"十三五"这七个五年计划时期，采伐限额最低值出现在"七五"时期，为 12633.8 万立方米；最高值出现在"十二五"时期，为 27105.4 万立方米；平均值为 23325.8 万立方米。

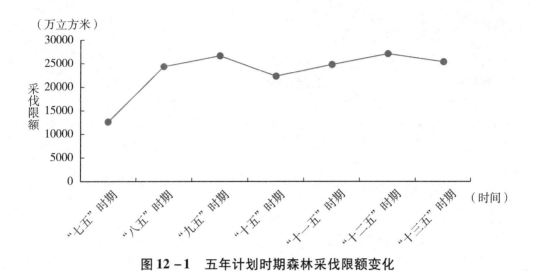

图 12 - 1　五年计划时期森林采伐限额变化

资料来源：中华人民共和国政府网站，http：//www.gov.cn/gongbao/content/2016/content_5045985.htm。

从"七五"时期到"九五"时期，我国森林采伐限额呈上升趋势，尤其是"七五"到"八五"时期采伐限额显著增长，但这是由于"七五"期间是首次开始实行森林采伐限额管理制度，采伐限额全部是商品材限额，没有农民自用材、烧材和其他限额，存在明显的缺陷，因此限额相对较低。"八五"和"九五"时期则出现了分项限额，限额标准也不断增长。"十五"时期采伐限额达到最低，这应该是为了满足该时期内森林分类经营、天然林保护工程的实施需要所致。"十一五"到"十三五"时期采伐限额整体较为平稳，在"十二五"时期出现的采伐限额最高值应该是配合我国集体林权制度改革，放活商品林采伐管理的需要。

2. 木材实际采伐量

根据第三次（1984—1988 年）、第四次（1989—1993 年）、第五次（1994—1998 年）、第六次（1999—2003 年）、第七次（2004—2008 年）和第八次（2009—2013 年）全国森林资源清查，得知我国实际年均林木采伐量如表 12 − 2 所示。

表 12 − 2 我国实际年采伐量

时间	年采伐量（万立方米）
1984—1988 年	34483
1989—1993 年	31992
1994—1998 年	37075
1999—2003 年	36538
2004—2008 年	37911
2009—2013 年	39179

资料来源：《中国林业统计年鉴（1984—2013）》。

由图 12 − 2 可知，长期以来，我国实际的林木采伐量都超出了采伐限额标准，且超限额采伐情况相当严重。这其中包含多方面的原因：①我国林木采伐量如此巨大，归根结底是出于我国经济社会快速发展的需要，也与我国生产经营方式不协调、林木资源利用率不高和资源浪费有关。采伐限额相对更低，正是为了促进林木资源的保护。②我国森林采伐限额的编制本身也不够合理。我国采伐限额编制是依据森林经营方案进行的，但目前我国诸多林木经营单位缺乏编制森林经营方案的经验，制订出的森林经营方案难以反映实际经营水平，可操作性太差，导致在其基础上测算出的采伐限额准确性不高。另外，我国规定森林经营方案每 10 年编制 1 次，年采伐限额 5 年编制 1 次，两者时间上的不配套，也增加了采伐限额编制的不合理性。③在采伐林木的过程中，采伐限额管理并没有完全落到实处。获取木材采伐许可证的复杂过程增加了审批成本，往往挫伤农户进行采伐许可登记的积极性，因此存在大量的无证采伐；相关政策法规的执行力度不足；采伐监管的缺失导致我国大量的违规采伐并未受到责任追究，违规成本低，进一步纵容了违规采伐和超额采伐的现象等。采伐限额管理和实际采伐活动的脱节，影响了采伐限额制度作用的发挥。

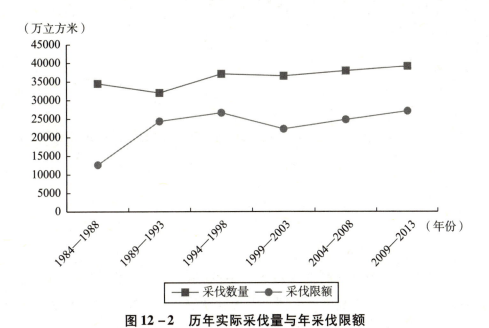

图 12 - 2　历年实际采伐量与年采伐限额

资料来源：（1）《中国林业统计年鉴（1984—2013）》；（2）中华人民共和国政府网站，http://www.gov.cn/gongbao/content/2016/content_5045985.htm。

但是从总体趋势来说，随着我国采伐管理制度的正式化，国家不断调整和规范相关的制度措施，超额采伐情况相对有所缓和。

根据我国历年林业统计年鉴，可以得出木材产品产量如图 12 - 3 所示。从图 12 - 3 可知，改革开放 40 多年以来，我国木材产品产量总体呈波动上升趋势，产量均值为 6322.9 万立方米，最大值出现在 2017 年为 8398.17 万立方米，在 1996—2002 年有明显的下降波动，并在 2002 年达到 40 多年中的最小木材产量值 4436.07 万立方米。

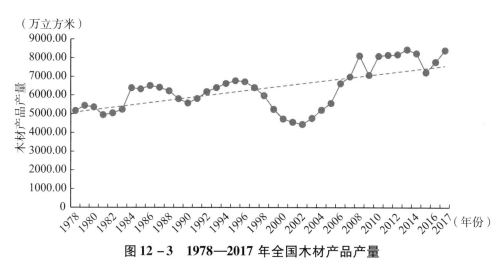

图 12 - 3　1978—2017 年全国木材产品产量

资料来源：《中国林业统计年鉴（1978—2017）》。

3. 木材产量与采伐限额

森林采伐限额管理制度规定了一定时期内的林木采伐限额，也将木材的生产纳入管理范围内。由图 12 - 4 和图 12 - 5 可知，木材产量整体上与采伐限额呈正相关关系，但木材产出量远低于采伐限额标准，占采伐限额的比例偏低，最高时达到 50%，究其原因，主要是因为当时 1987—

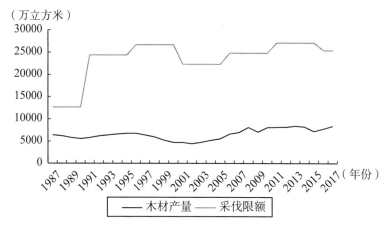

图 12 - 4　1987—2017 年木材产量与年采伐限额

资料来源：《中国林业统计年鉴（1978—2017）》。

图 12 – 5　1987—2017 年木材产量占采伐限额的比例

资料来源:《中国林业统计年鉴（1978—2017）》。

1991 年时期的采伐限额中只包含商品材的限额，采伐限额总体较低，因此不太具有普遍的比较性意义。而在 1991 年即"七五"时期后，采伐限额制度逐渐完善，木材产量占采伐限额的比例大致稳定下来，最低为 17.7%，最高在 2017 年达到 33%。

12.5　结 论 与 展 望

1. 采伐限额管理发展规律

从"七五"到"十三五"规划时期采伐限额的相关规定可知，总体来说，我国的采伐限额管理在逐渐放宽。自实行森林采伐管理以来，我国把控制森林资源的消耗作为主要任务，严格限制森林资源的采伐工作，不仅制定了严格的总量限额指标，还规定森林采伐限额不得突破木材生产计划。行政干预措施几乎渗透到森林采伐的每一个环节，管理内容宽泛，要求严厉苛刻，原本靠市场机制调节的一些森林经营活动也被限制得过于严格。此外，较大程度上忽视森林经营主体的决策权、处置权和收益权，这限制了森林经营者森林资产的变现，损害了森林经营者的利益。

近年来，为了适应林业发展的需要，森林采伐限额管理逐渐宽松，集体林权改革让林农获得了更多林地自主经营权，进一步简化林木采伐审批过程降低经营者的审批成本，并大力开展林木采伐改革试点工作推广改革经验惠及林农，采伐限额管理越来越注重森林资源保护与林农利益保障之间的协调，体现了可持续发展的要求。

2. 采伐管理中存在的问题

虽然我国采伐管理制度在不断改革，但仍存在一些问题，主要可分为三大块进行阐述，即采伐管理制度的制定、采伐管理制度的执行和采伐管理中的利益分配问题，每一部分中又存在许多具体问题。

（1）采伐管理制度的制定。采伐管理制度法规的制定是进行森林采伐管理的基础，但是我国依然存在法制建设相对滞后、采伐管理政策单一、采伐限额编制不合理、制度体系衔接不够缜密出现交叉模式等问题。

（2）采伐管理制度的执行。采伐管理的执行是采伐管理制度发挥作用的关键环节，直接关系到管理的实际效果。目前，相关采伐管理的实施机制也尚不完备，存在一些问题，如行政管理范围过宽、权力高度集中、技术手段较为落后、管理效率低下、采伐审批程序复杂、采伐量发证率低、政策法规执行力度不够、采伐改革政策宣传力度不足等。

（3）采伐管理中的利益分配问题。利益的分配问题是制定和执行管理制度的方向引领，在进行林木采伐管理保护森林资源的同时，也应该考虑到林农的合法利益。目前，非公有制经营主体利益的保障措施尚不完善，缺乏支持经营主体的信贷体系和保险体系，森林经营者指导培训制度也十分不健全，难以实现林农的林权持续收益目标。采伐限额的存在也常常限制林农进行森林经营的积极性。

3. 未来的展望

我国森林采伐管理体制变革应该紧紧围绕"生态保护、农民实惠"

的最终目标，转变行政管理理念，变直接管理为高效服务和依法监管。同时，引导社会或市场主体进行社会或自我管理，实现由林业管理向林业治理的转变。未来森林采伐将呈现以采伐南方森林为主，以采伐人工林为主，中短期内以进口海外木材或到海外合作开发生产木材为主。针对存在的问题，要不断完善相关管理制度，其中，森林资源分类管理更是未来我国林业持续发展中的关键问题，需要做好森林资源分项限额管理工作。因此，提出以下建议。

（1）理清公益林与商品林、天然林与人工林两套分项模式中相互交叉、重复的部分，清楚划分范围，便于分项采伐限额管理工作的开展。在公益林和商品林的采伐管理上，要协调好生态公益林和商品林的关系，商品林采伐不能完全取消森林采伐限额制度，应当继续执行森林采伐限额管理，并按照人工商品林和天然商品林的不同经营模式采取不同的采伐管理。生态公益林在发挥生态效益的基础上，也应发挥其经济效益，可以按有关规定划分为特殊保护、重点保护和一般保护三个不同保护等级，采取不同的采伐管理方式。

（2）在天然林和人工林的采伐管理上，在当前相当长时间全面停止天然林商业性采伐的背景下，对人工林的采伐限额适度放宽，对于成过熟的人工用材林、定向培育的工业原料林优先安排采伐。

（3）分类管理国有林区和集体林区的采伐限额，从严管控国有林区的森林采伐管理，继续适度放宽集体林区的森林采伐，积极探索通过编制森林经营方案来科学合理有效地实现森林采伐限额编制，采用采伐备案制发放采伐许可证。

（4）加强未来木材生产的森林资源储备，加强储备林建设，加强人工林和天然林经营，以便将来可以有更多的木材产出，确保未来的木材自主和木材安全。

第 13 章

中国森林公园建设发展
40 多年回顾与展望

改革开放 40 多年以来，中国的经济建设取得了巨大的成就，但是经济发展伴随的是资源的消耗和生态环境的破坏。如何在经济发展和生态环境保护之间保持平衡成为一大难题，而森林公园的建设正是解决这一难题的一种可行途径。自 1982 年中国第一个国家森林公园——张家界国家森林公园成立开始，到 2017 年底，我国已建成 3505 个森林公园（国家林业局，2017），取得了显著的成就，不但增加了旅游收入，带动了区域经济的发展，而且还增加了就业岗位。然而，中国森林公园建设的起步较晚，依然存在着很多亟待解决的问题，因此总结 40 多年森林公园发展历程和发展经验，探寻区域资源保护与经济发展的协调机制，对推动我国可持续发展具有重要意义。

13.1 基本概念及范畴界定

1. 森林公园

森林公园是一个综合体，它具有建筑、疗养、林木经营等多种功能，同时，也是一种以保护为前提利用森林的多种功能为人们提供各种形式的旅游服务的可进行科学文化活动的经营管理区域。森林公园是以大面积人工林或天然林为主体而建设的公园。公园内的森林，通常只采用抚育采伐和林分改造等措施，不进行主伐。

1994 年林业部颁布的《森林公园管理办法》规定，森林公园分为国家级、省级、市（县）级三级，主要依据森林风景的资源品质、区位条件、基础服务设施条件以及知名度等来划分。国家级森林公园由原林业部审批，省级和市（县）级森林公园相应由省级或市（县）级林业主管部门审批。森林公园的撤销、合并或变更经营范围，必须经原审批单位批准（赵敏燕，2016）。

2. 国家森林公园

国家森林公园，这一提法主要用于全国地区（不含港澳台地区），是各类别森林公园中等级最高的。中国的森林公园分为国家森林公园、省级森林公园和市、县级森林公园三级，其中国家森林公园是指森林景观特别优美，人文景物比较集中，观赏、科学、文化价值高，地理位置特殊，具有一定的区域代表性，旅游服务设施齐全，有较高的知名度，可供人们游览、休息或进行科学、文化、教育活动的场所，由国家林业局做出准予设立的行政许可决定。

3. 森林旅游

森林旅游是指在林区内依托森林风景资源发生的以旅游为主要目的的多种形式的野游活动，这些活动不管是直接利用森林还是间接以森林为背景都可称为森林旅游（游憩）或森林生态旅游，有狭义和广义之分。狭义的森林旅游是指人们在业余时间，以森林为背景所进行的野营、野餐、登山、赏雪等各种游憩活动；广义的森林旅游是指在森林中进行的各种活动，任何形式的野外游憩。张家界森林公园于 1982 年建立，标志着中国森林旅游业作为一项产业开始形成。

13. 2   相关研究综述

兰思仁等（2014）根据中国森林公园和森林旅游的发展历程，分析了中国森林公园和森林旅游 30 年发展所取得的巨大成就，并总结归纳出中国森林公园和森林旅游 30 年发展的五条基本经验：①思想观念是"总开关"；②政府主导、加强领导是森林旅游发展的关键；③市场需求是森林旅游发展的原动力；④广筹资金、创新机制是森林旅游发展的有效途径；⑤资源保护是森林旅游发展的基础。

李世东、陈鑫峰（2007）通过对森林公园数量、面积、游客量、旅游收入等指标变化的研究，将中国森林公园与森林旅游业发展分为四个阶段，即 1982—1990 年是起步阶段，这一阶段属于摸索时期，影响力较小，发展速度缓慢；1991—1993 年是急速发展阶段，全国掀起了森林公园建设高潮，规模较大，社会影响力较强；1994—2000 年是平稳发展阶段，森林公园数量增长明显趋缓，各项行业管理工作得到了全面加强；2001—2005 年是快速成长阶段，基本形成了中国森林公园体系在新的历史条件下的新理念、新思路。

罗芬、保继刚（2013）通过历史研究方法和实地访谈研究得出我国国家森林公园发展可以分为探索阶段（1982—1991 年）、参与阶段（1992—2001 年）和发展阶段（2002—2011 年）三个时期，其发展特点呈现出国家制度结构主导为先到资本主导与社会行动的兴起，再到制度结构主导对资本流动与社会行动的重构的空间生产的逻辑。

赵敏燕、陈鑫峰（2016）通过综合运用多种分析方法研究认为中国森林公园发展历经试点起步（1980—1990 年）、快速发展（1991—2000 年）、规范发展（2001—2010 年）、质量提升（2011 年至今）四个阶段。

13.3　森林公园 40 多年发展的历程演进

在前人的研究基础上，本书将改革开放以来 40 多年分为五个时期：
①1982—1990 年缓慢发展时期；②1991—1993 年高速发展时期；
③1994—1997 年为稳步发展时期；④1998—2005 年为完善发展时期；
⑤2006 年至今为深化发展时期。1997 年之前的三个时期主要为数量和
规模上的发展，1997 年至今主要为质量上的可持续发展。

1. 1982—1990 年缓慢发展时期

改革开放前的较长时期内重采伐、轻培育，没有把森林资源放到至
关重要的位置上，加上一个时期片面地强调"以粮为纲"和某些政策
上的失误，导致毁林开荒和乱砍滥伐林木，森林资源受到损失，生态平
衡遭到破坏，造成了国有林场原有的长期单一经营，入不敷出的状态
（罗芬，保继刚，2013）。这一时期的特点是发展速度很缓慢，每年批
建森林公园的数量较少；省部联合建设，投入相对较大；行业管理较
弱，影响力较小（赵敏燕，陈鑫峰，2016）。在 1981 年 6 月，国家计划
与发展委员会才提出兴建森林公园，开展森林旅游。截至 1990 年底，
全国森林公园总数为 27 处，其中国家级森林公园 16 处（罗芬，保继
刚，2013）。

在 20 世纪 80 年代末期，林业部提出要努力实现林业的四个转变的
战略思想，由传统、封闭的林业转为注重经济、生态、社会效益的现代
的社会林业。同时，政府、国有林场、民间资本等涌入林业产业，加快
了森林公园的建设步伐。至 1991 年底，林业部门累计投资 1 亿多元建
设森林公园，其中林业部投资 2408 万元（罗芬，保继刚，2013）。

2. 1991—1993 年高速发展时期

从 20 世纪 80 年代中期至 90 年代初期，国内木材价格上涨，大多

数国有林场招兵买马，砍伐大量木材，部分林场森林甚至所剩无几。随着木材价格的下降，企业招聘与政府安置的工人较多，大部分林场陷入资源危机与经济危机的"两危"状态，使得贫困林场的脱贫成为林业工作的重点。林场无木材可砍则需要发展多种经营；森林公园是一个全新观念，将成为林业经济新的增长点（罗芬，保继刚，2013）。

这一时期的特点是经济、生态和社会效益的带动作用逐渐显现；批建数量短期内猛增；同时建设质量和管理水平亟待跟进。导致这一特殊时期的原因有以下几点：一是1992年邓小平同志南方谈话后，国家做出了大力发展第三产业的相关决定，社会普遍认可了旅游业的巨大作用；二是随着林业"两危"（资源危机和经济危机）现象的日趋严重，林区长期以来单一木材生产的产业结构亟须得到调整；三是经过前一阶段的实践，建设森林公园、发展森林旅游所产生的经济、生态、社会效益及其强劲的带动作用为社会各界所认同；四是1992年林业部在大连召开了全国森林公园及森林旅游工作会议，要求森林环境优美，生物资源丰富，自然景观和人文景观比较集中的国有林场都应建立森林公园。由此在全国掀起了森林公园建设高潮，在短短3年时间内，共批建了218处国家森林公园，平均每年70余处。这种异常的发展速度是在上述特定的历史条件下形成的，它对森林公园事业的成长产生了有利、不利两方面的影响：有利方面是使森林公园体系在短期内形成了较大规模，形成了较强的社会影响力，确立了该项事业在自然资源保护和林业产业发展中的重要地位；不利方面是在法规、政策、标准不健全的情况下，这种急速增长导致国家森林公园的资源品位难以得到保证，造成了国家森林公园队伍中资源质量良莠不齐的情况，这种情况给后来的行业管理工作带来了较大的困扰（李世东，陈鑫峰，2007）。

3. 1994—1997 年稳步发展时期

经过前3年的急速发展，这个阶段中国家森林公园的数量增长明显趋缓，7 年时间里共批建国家森林公园 110 处，平均每年批建数量不到 16 处。尽管数量增长较慢，但是在这个阶段中，森林公园的各项行业管理工作得到了全面加强，形成了行业管理的基本框架。1994 年 1 月，林业部发布实施了《森林公园管理办法》，湖南、四川、广东、山西、贵州等省份也先后制定了森林公园管理条例或办法。1994 年 12 月，林业部组织成立了"中国森林风景资源评价委员会"，规范了国家森林公园的审批程序，加强了审批过程的技术支撑（兰思仁，2014）。

4. 1998—2005 年完善发展时期

1998 年特大洪灾以后，党中央、国务院从全国经济社会可持续发展的战略高度，做出了实施天然林资源保护工程（天保工程）的重大决策，国有林区森工企业由采伐森林向营造林转变。进入 21 世纪，国家确立了以生态建设为主的林业发展道路，林业由林产品的主要供给者转变为国土生态安全的保卫者。为了在加强资源保护的同时实现林区长久发展，也为了满足日益增长的走进森林、体验自然的国民精神文化需求，建立森林公园、发展森林旅游自然成为林区发展路径的一个重要选择。2003 年，党中央、国务院做出了《关于加快林业发展的决定》，强调要努力发展好森林公园，突出发展生态旅游等新兴产业。在这一时期，森林公园真正融入了经济社会发展大局，发展森林公园得到了各级政府的关注和重视，其作用得到了社会各界普遍认可（赵敏燕，陈鑫峰，2016）。

5. 2006 年至今深化发展时期

"十一五"（2006—2010 年）期间，追求可持续发展进一步成为世界各国的共识。中国在经历了长期经济高速增长后，面临着环境快速恶化、资源快速消耗等一系列严重问题，追求绿色发展和经济社会的协调可持续发展已成为十分迫切的战略选择，而推出国土主体功能区划分是实现可持续发展的重要举措。在这一时期，我国林业由传统林业向现代林业转变，进入了全面实施以生态建设为主的林业发展新时期。在《中华人民共和国国民经济和社会发展第十一个五年规划纲要》中，国家级森林公园被列入"国家禁止开发区域"。2007 年，国家级森林公园在国家发展和改革委员会牵头编制的《国家文化和自然遗产地保护"十一五"规划纲要》中被确定为"国家文化和自然遗产地"。这一定位在《中华人民共和国国民经济和社会发展第十二个五年规划纲要》《国家主体功能区规划》及《"十二五"国家文化和自然遗产地保护规划》中得到了延续和深化。作为"国家禁止开发区域"和"国家文化和自然遗产地"，要求国家级森林公园依法实施强制性保护，严格控制人为因素对自然和文化遗产原真性、完整性的干扰，严禁不符合主体功能定位的各类开发活动。2011 年，国家林业局颁布了《国家级森林公园管理办法》，进一步明确了资源保护是森林公园的首要任务，并确立了保护、教育、游憩三大主体功能。党的十八届三中全会审议通过的《中共中央关于全面深化改革若干重大问题的决议》在加快生态文明制度建设中提出建立国家公园体制，林业部门作为国家自然生态资源的重要管理者，在承接国家战略和对接国际体系发展中肩负着更加重要而艰巨的任务（赵敏燕，陈鑫峰，2016）。

2016 年 12 月 5 日，大熊猫、东北虎豹两个国家公园体制试点方案获批复。中央全面深化改革领导小组第三十次会议审议通过了《大熊猫国家公园体制试点方案》和《东北虎豹国家公园体制试点方案》。大熊猫国家公园试点区面积 2.71 万平方千米，覆盖了现有野生大熊猫种群数量的 86.59%。东北虎豹国家公园试点区面积 1.46 万平方千米，覆盖了我国东北虎豹野生种群总数量的 75% 以上。2016 年，9 个国家公园体制试点方案获得国家批复（国家林业局，2017）。2017 年，中共中央办公厅、国务院办公厅印发了《建立国家公园体制总体方案》，方案明确提出："到 2020 年，建立国家公园体制试点基本完成，整合设立一批国家公园，分级统一的管理体制基本建立，国家公园总体布局初步形成。到 2030 年，国家公园体制更加健全，分级统一的管理体制更加完善，保护管理效能明显提高。"国家公园是指由国家批准设立并主导管理，边界清晰，以保护具有国家代表性的大面积自然生态系统为主要目的，实现自然资源科学保护和合理利用的特定陆地或海洋区域。建立国家公园体制是党的十八届三中全会提出的重点改革任务，是我国生态文明制度建设的重要内容，对于推进自然资源科学保护和合理利用，促进人与自然和谐共生，推进美丽中国建设，具有极其重要的意义。

13.4　森林公园 40 多年变化的统计分析

由于前人对 1998 年以前的数据已经做了大量研究，本书主要对 1998 年之后的数据即可持续发展的整个阶段进行统计分析。

1. 森林公园建设发展总体情况

截至 2017 年底，全国共建立森林公园 3505 处（不含广东镇级森林公园、重庆社区森林公园和宁夏市民休闲公园），规划总面积 2028.19 万公顷；其中，国家级森林公园 881 处、国家级森林旅游区 1 处，面积 1441.05 万公顷；省级森林公园 1447 处，面积 448.14 万公顷；县（市）级森林公园 1176 处，面积 139 万公顷。森林公园数量超过 100 处的有 11 个省份，分别是广东省（709 处）、浙江省（262 处）、山东省（246 处）、江西省（179 处）、河南省（178 处）、福建省（177 处）、山西省（138 处）、四川省（137 处）、湖南省（131 处）、江苏省（106 处）和河北省（101 处）（国家林业和草原局，2018）。

如图 13-1 和图 13-2 所示，2000—2017 年，全国森林公园的数量和总面积保持增长态势，但是可以明显看出从 2007 年开始趋于放缓，这是由于国家开始强调可持续发展，更加注重森林公园的质量，且前一阶段数量和面积的高速增长，森林公园的数量和面积逐渐趋于饱和状态。从增速来看，2000—2007 年，增速基本维持在7%以上，且在2002年达到一个高峰值21.3%，从2007年开始，增速基本处于7%以下，且呈缓慢下降状态。

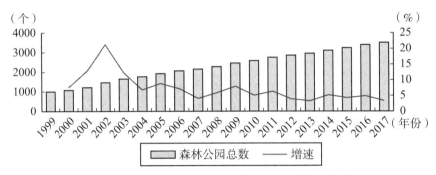

图 13 - 1 1999—2017 年森林公园总数及增速

资料来源：《中国林业统计年鉴（1999—2017）》。

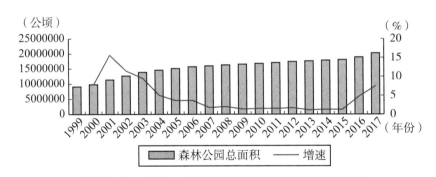

图 13 - 2 1999—2017 年森林公园总面积及增速

资料来源：《中国林业统计年鉴（1999—2017）》。

从2007—2017 年的数据来看（见图13 - 3、图13 - 4 和图13 - 5），省级森林公园占的比重最大，县级和国家级森林公园次之，同时，县级森林公园增长速度较快，而国家级森林公园增长速度较为缓慢。从1999—2017 年的数据来看，国家级森林公园的数量和面积的增速在2001 年都出现了峰值，分别达到15%和20%，这一点和全国总的森林公园态势基本一致，这与国家从"十五"时期开始，更加重视国家森林公园的建设密切相关。

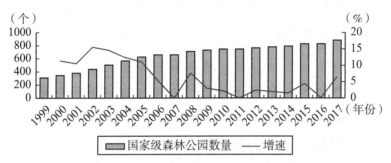

图 13 – 3　国家级森林公园数量及增速

资料来源：《中国林业统计年鉴（1999—2017）》。

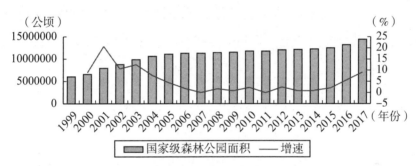

图 13 – 4　国家级森林公园总面积及增速

资料来源：《中国林业统计年鉴（1999—2017）》。

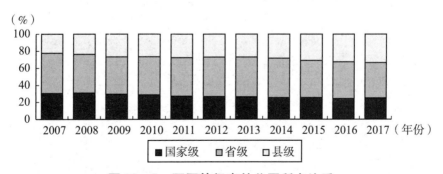

图 13 – 5　不同等级森林公园所占比重

资料来源：《中国林业统计年鉴（2007—2017）》。

2. 森林公园经营情况

2017 年，全国森林公园共接待游客 9.62 亿人次，直接旅游收入 878.5 亿元，带动社会综合收入近 8800 亿元。其中 1147 处森林公园免费接待公众，年接待游客达 2.83 亿人次，生态公共服务效益显著（国家林业和草原局，2018）。

由图 13 - 6 可以看出，1999—2017 年总旅游收入在不断增长，在 2001 年总旅游收入增速达到这一时期峰值，此后，增速有所波动，但是基本上呈现出波动下降趋势。旅游收入主要分为门票收入、食宿收入、游乐收入和其他（见图 13 - 7、图 13 - 8 和图 13 - 9），其中，食宿收入所占比重最大，门票收入和其他收入次之，游乐收入所占比重最小（见图 13 - 10）。由此可见，我国森林公园在游乐方面的建设缺乏吸引力，应在这方面加强创新，根据自身情况，打造具有特色的森林公园，完善相关职能。

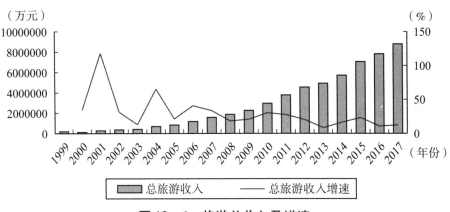

图 13 - 6　旅游总收入及增速

资料来源：《中国林业统计年鉴（1999—2017）》。

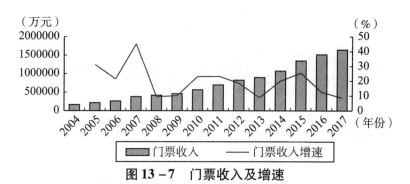

图 13－7　门票收入及增速

资料来源：《中国林业统计年鉴（2004—2017）》。

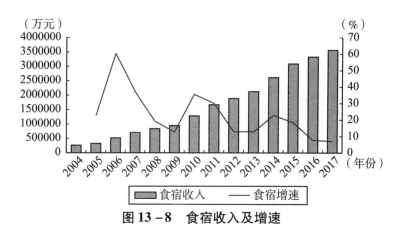

图 13－8　食宿收入及增速

资料来源：《中国林业统计年鉴（2004—2017）》。

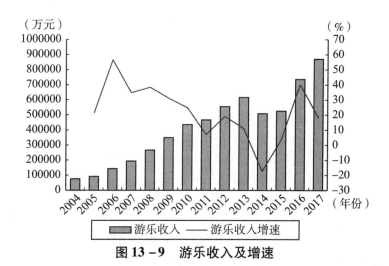

图 13－9　游乐收入及增速

资料来源：《中国林业统计年鉴（2004—2017）》。

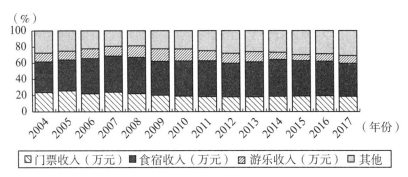

图 13 - 10　旅游收入中各部分收入所占比重

资料来源：《中国林业统计年鉴（2004—2017）》。

　　1999—2017 年，旅游人数呈现不断增长的趋势（见图 13 - 11），反映出国民生活水平的提高，对休闲娱乐的需求在增加，但是增速的波动较大，其中，海外旅游者人数从 1999—2013 年基本呈现增长趋势（见图 13 - 12），在 2013 年海外旅游者人数达到最大值，2013—2014 年，人数大量下降，且在随后几年里，基本维持在一个较为稳定的水平，森林公园对海外游客的吸引力在下降，应该针对海外市场，打造具有中国特色同时又能吸引海外游客的森林公园。

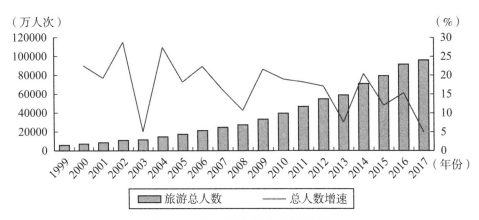

图 13 - 11　旅游总人数及增速

资料来源：《中国林业统计年鉴（1999—2017）》。

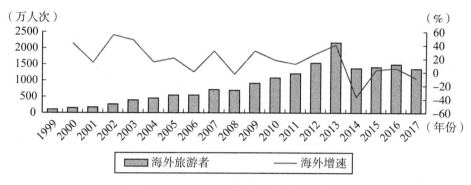

图 13 – 12　海外旅游者人数及增速

资料来源:《中国林业统计年鉴（1999—2017）》。

3. 森林公园建设情况

根据 31 个省（区、市）及内蒙古森工集团、吉林森工集团、龙江森工集团、大兴安岭林业集团共 2888 处森林公园（含白山市国家级森林旅游区）的统计数据显示（国家林业局，2017），2017 年森林公园共投入建设资金 573.89 亿元，其中用于环境建设方面的投资 60.38 亿元，营造景观林 7.36 万公顷，改造林 13.53 万公顷。截至 2017 年底，森林公园共拥有游步道 8.77 万公里，旅游车船 3.5 万台（艘），接待床位 105.68 万张，餐位 205.31 万个。从事森林公园管理与服务的职工达 17.63 万人，导游人员 1.59 万人。

总投入在 2003—2017 年大致处于增长趋势（见图 13 – 13），但是在 2013—2015 年有所下降，且在 2015 年总投入的增速达到最低值 −8.9%，为负增长。从 2004 年到 2017 年间，主要将投资分为国家投资、自筹资金和招商引资三种途径，其中招商引资所占的比重最大，国家投资较少（见图 13 – 14）。其中生态建设投资不断提升，但增速趋缓（见图 13 – 15）。

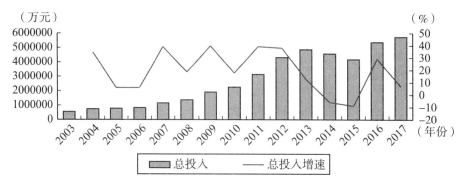

图 13 - 13　森林公园总投入及增速

资料来源:《中国林业统计年鉴（2003—2017）》。

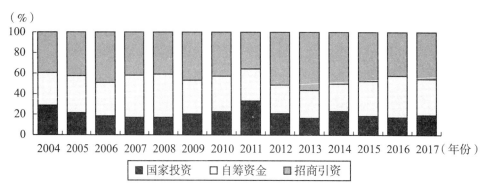

图 13 - 14　总投入中各投资类型所占比重

资料来源:《中国林业统计年鉴（2004—2017）》。

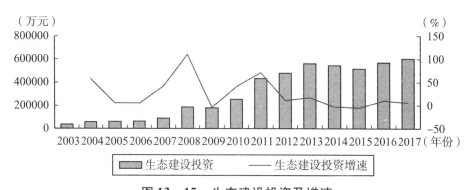

图 13 - 15　生态建设投资及增速

资料来源:《中国林业统计年鉴（2003—2017）》。

职工人数从 1999 年到 2017 年整体处于上升趋势（见图 13 - 16），但是职工人数的增速趋缓，并处于下降趋势，在 2001 年达到最大值 36% 。森林公园要真正起到保护自然环境和资源的作用就必须有一个有效的管理机构，要使其充分发挥效益，防止人为破坏、自然枯损，需要不同类型的工作人员，这提供了大量的就业岗位，一定程度上增加了就业人员，解决了一部分就业问题。

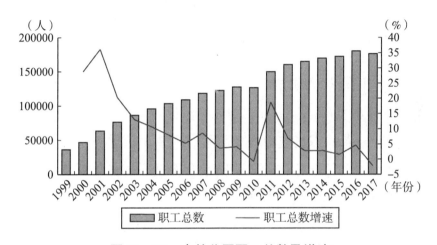

图 13 - 16　森林公园职工总数及增速

资料来源：《中国林业统计年鉴（1999—2017）》。

13.5　结论与展望

1. 结论

40 多年来，我国森林公园建设持续发展，森林公园的数量、面积、收入和投资等都有了明显的增加。结合前人相关研究以及相关的分析，将森林公园发展的 40 多年分为五个阶段：1982—1990 年缓慢发展时期；1991—1993 年高速发展时期；1994—1997 年为稳步发展时期；

1998—2005 年为完善发展时期；2006 年至今为深化发展时期。这五个时期内，森林公园的发展特点鲜明，中国森林公园的建设成就显著。

2. 森林公园建设发展中存在的问题

（1）国家对森林公园投资力度有待加强。

由于我国大部分的森林景区地处偏远林区，在基础建设上需要更多投入，而景区的基础设施建设、环境保护、人员工资等方面资金来源有限，2010—2014 年，国家投入变化不大，大部分的资金投入来自引资和自筹。

（2）森林公园旅游开发效益有待提高。

2014 年全国森林公园旅游收入总额达 572 亿元，占森林公园总收入的 80%，其中食宿收入及门票收入合计占 64%，而娱乐收入不到 10%。说明经营者的市场选择概念不强，对森林旅游产品深层次、多元化开发明显不够，且森林旅游产业技术含量低、服务体系不健全。

（3）妥善处理森林公园旅游开发与资源环境保护的矛盾。

不适当的开发森林资源，使森林旅游对环境造成了负面影响。比如由于大量人类的活动，以及所排放的废水、废气和废物，造成植被和动物生活环境受到威胁，因此要走绿色生态旅游之路，妥善处理好森林公园开发与资源环境保护的矛盾。

3. 对未来森林公园建设的政策建议

第一，要加大基础设施资金投入力度并吸引多方投资，政府应意识到公众对于户外旅游特别是森林旅游的需求正在日益高涨，应加大对于森林旅游景区的基础设施建设投资；要把森林公园的道路、水电和通信等基础设施建设纳入当地经济社会发展规划的范畴，促进森林公园的外部环境配套发展。

第二，要打造多元化经营模式，各个森林公园应根据自身优势，选择适合自己的经营模式，因地制宜，发挥当地最大优势，并借助网络和新媒体进行网络营销以提升旅游区知名度。

第三，要提升森林公园层次，对现有的森林旅游景区进行再整理规划，对存在问题的森林公园和森林旅游区进行整治，问题严重的可以摘牌，各地区不能满足于森林公园数量的增长，更应该重视现有森林公园质量的提高。

第四，要在重视森林公园建设的同时，还要兼顾周边社区的持续发展，尊重当地居民的传统资源使用权，积极探索共管共建机制和利益补偿机制，走包容性共享发展之路。

展望未来，中国的森林公园发展预计将呈现如下态势：①中国森林公园数量将持续微增，并最终趋于稳定，森林公园由重视森林数量转向重视森林质量建设，由重视新建森林公园转向重视现有森林公园的优化管理，森林公园的管理将更加规范化；②中国森林公园将承载更多的服务功能，包括观光、游憩、休闲、宣教、康养等多种功能，在重视服务功能开发的同时，也将更加注重森林公园资源的保护；③森林公园的建设投入将持续加大，除了政府投入渠道之外，市场化配置机制将不断完善和更加有效，各类社会资本将积极投入参与到森林公园建设中来；④森林公园将出现分化，包括类型分化、功能分化、级别分化、管理分化和投资分化，国家森林公园的建设将更受重视；⑤森林公园建设与社区发展、区域发展将进一步融合。

第14章

中国林产品国际贸易
40 多年回顾与展望

我国自 1978 年实行改革开放以来，不断开拓国内和国际两个市场。随着我国开始广泛地开展林产品对外贸易，我国林产品贸易额迅速增加。分析我国改革开放 40 多年来中国林产品国际贸易历程，有利于了解我国林产品国际贸易发展取得的进步和成就，有利于了解我国林产品国际贸易发展存在的问题，有利于为我国的林产品国际贸易的持续发展提供借鉴。

14.1 基本概念及范畴界定

1. 林产品范围的界定

林产品，从国际通用的统计口径来看，它是包括以森林资源为基础生产的木材和以木材为原料的各种产品，主要包括原木、锯材、木质人造板、各种木质成品和半成品、木浆、以木材为原料的各种纸及纸制品、林化产品等。从我国的统计口径来看，林产品除包括林业部门和其他部门生产的上述产品外，还包括种苗、花卉、林化机械、园林机械、林区土特产品、林果类产品等。

根据 1993—2017 年《中国林业统计年鉴》，中国的林产品分为木质林产品和非木质林产品。木质林产品划分为 8 类：原木（包括针叶原木和阔叶原木）、锯材（包括特形材）、单板及人造板（人造板包括刨花板、纤维板、胶合板）、家具、木制品、纸类（包括木浆、纸和纸制品、印刷品等）、木片和其他（薪材、木炭等）；非木质林产品划分为 7 类：果类，林化产品类（松香等），菌、竹笋、山野菜类，茶、咖啡类，竹、藤、软木类（含竹藤家具），调料、药材、补品类，苗木类。本章主要分析的林产品为木质林产品。

2. 统计数据的来源

本书在分析过程中使用的 1993—2017 年中国林产品贸易总额和数量的统计数据主要来源于《中国林业统计年鉴》，由于年鉴中缺少 1978—1993 年的数据，所以本章没有进行 40 多年的全景分析。而 2000—2016 年我国主要贸易进出口国的数据来自《中国林业发展报告》，其中 2001 年、2003 年和 2004 年的主要进出口国贸易份额的数据在报告中未提及。

14.2　相关研究综述

在对林产品国际贸易跨时期的研究方面，林凤鸣等（1991）研究了改革开放 10 多年来中国林产品的发展状况、存在问题及建议。张少博等（2017）从进出口贸易额和贸易量、产品进出口结构和产品进出口市场结构三个方面阐述了中国林产品国际贸易从 1993—2015 年的变化和发展情况。张丽媛和曹旭平（2018）研究了 2006—2016 年这 10 年间中国木质林产品出口的波动特征及成因分析。

熊立春和程宝栋（2017）利用 2000—2014 年中国与 20 个林产品贸

易伙伴国的双边贸易数据，运用诺维（Novy，2011）的模型测算中国林产品进出口贸易成本，并采用改进型引力模型分析影响林产品进出口贸易成本的主要因素。田明华等（2018）基于引力模型进行了中国木质林产品进出口的影响因素研究以及贸易潜力的测算。顾雪松等（2018）通过理论分析与宏观数据实证相结合，揭示我国林业对外直接投资对林产品进出口影响机制与效果，提出林业对外直接投资促进林产品进出口贸易，进而通过贸易与投资共同协调发展提升我国林业国际竞争力的战略思路。

从 2015 年开始，中国学者开始研究"一带一路"背景下中国林产品贸易应如何发展，尤以 2018 年为多。程宝栋等（2015）集中探讨了"一带一路"倡议下林产品贸易发展问题，主要分析林产品贸易发展特征，林产品贸易转型定位、转型条件、转型难点等。李进芳（2017）通过研究丝绸之路经济带沿线国家林产品的贸易状况和特点，针对中国与俄罗斯、印度及中亚国家林产品贸易的互补性特征给出了具体的合作建议。吴天博和张滨（2018）基于比较优势与引力模型，探讨了中国与"一带一路"沿线国家木质林产品贸易的特征、比较优势、产品国际市场占有率、影响因素、贸易潜力等相关问题。

作为世界林产品生产和贸易大国，我国林产品出口贸易发展受到绿色贸易壁垒的严重制约，以绿色技术标准、卫生检验检疫制度和各种认证制度为主要形式的绿色贸易壁垒已经成为我国林产品出口的重要障碍（丛磊等，2013）。由于对中国林产品贸易壁垒研究进程及原因进行分析可知林产品国际贸易壁垒研究不足：林产品贸易壁垒数据更新速度慢；林产品国际贸易壁垒的研究对象倒向木质林产品；相关定量研究少。因此，廖灵芝和吕宛青（2015）提出加强非木质林产品贸易壁垒、贸易壁垒影响量化等方面的研究。

由此可见，关于林产品国际贸易的研究主要偏重于分析中国林产品进出口影响因素、面临问题及对策研究，"一带一路"下中国林产品贸易的发展及森林认证、木材合法性贸易要求等绿色壁垒对中国木质林产品贸易的影响。而且林产品国际贸易的相关研究涉及的时间跨度一般是从 1993—2017 年，这是因为从 1978 年改革开放至 1992 年关于林产品国际贸易的相关文献及数据都比较少。

14.3　中国林产品国际贸易 40 多年的历程演进

党的十一届三中全会前，我国没有实行对外开放政策，我国的林产品对外贸易量较少。改革开放后，我国积极开展林产品对外贸易，我国林产品贸易额迅速增加。

根据田明华在《中国林产品贸易政策演变及其评述》对于中华人民共和国成立后我国的林产品贸易体制及政策的时期的划分，结合我国林产品国际贸易的实际发展变化情况，可以将我国林产品国际贸易划分为以下几个时期。

（1）计划进口贸易时期（1978—1992 年）。这一时期开始实行改革开放，中国的经济体制仍以计划经济为主，林产品贸易迅速发展。林产品被政府列为重点发展项目，国家财政安排专项资金用于林产品进口，并指定公司专营林产品进口业务。

（2）进出口贸易初期（1993—1997 年）。中国开始逐步建立社会主义市场经济体制，中央计划林产品比例逐年减少，直至 1993 年完全取消计划内林产品进口。自 1993 年关贸协定乌拉圭回合签字起，多次自主大幅降低进口关税（田明华等，2008）。这一时期，林产品进口额逐年增加，出口额总体也呈上升趋势，即使偶有波动。

（3）进出口自由贸易初期（1998—2003 年）。在进口方面，从

1998 年 12 月 1 日起取消了原定的"只有经过国家审核确定的专营单位才有权从事国际林产品贸易"的管理办法，按新规定，凡具有外贸经营权的公司、企业均可在自负盈亏的基础上自主进口。从 1999 年 1 月 1 日起，为了鼓励木材进口，实行木材进口零关税政策，原木、锯材、薪材、木片、纸浆和废纸等进口税调减到 0，胶合板的进口税也由原来的 20% 调减到 15%。2001 年 1 月 1 日起，中国林产品平均关税为 12.3%。2001 年 12 月 11 日，中国正式加入 WTO，中国严格按照入世承诺，对 249 种林产品降低关税，并逐步取消非关税措施，向世界开放林产品市场。2002 年，中国木材、纸及其制品平均关税已降至 8.9%，同时，取消部分非关税壁垒，如取消胶合板进口限量、放宽外汇管制等。2003 年，中国木材、纸及其制品平均关税仅为 7%。在出口方面，1998—2003 年这段时间内，中国对所有木质林产品实行了出口退税，只是对不同的林产品出口退税率不同（侯方淼等，2010）。这一时期，林产品贸易进一步趋向自由化，林产品进出口贸易额逐年增加。

（4）林产品国际贸易快速发展时期（2004—2012 年）。2005 年，我国又将家具进口关税降为 0，纸及纸制品的关税由 7.5% 降至 4.6%。2008 年，金融危机爆发后，我国在 8 月、11 月、12 月，经过 3 次调整提高了 117 种林产品出口退税，采取了多种措施促进林业产业发展和林产品贸易（侯方淼等，2010）。在这一时期，林产品贸易飞速发展，市场对进口林产品的需求迅速增加，进口数量和品种增多，中国林产品国际贸易基本处于逆差状态。

（5）林产品国际贸易深化发展时期（2013 年至今）。这一时期中国的林产品国际贸易进出口规模持续增加，随着中国林产品加工产业的快速发展，林产品国际贸易活跃，开始出现贸易顺差，且总体上贸易顺差额在增加，但近些年林产品国际贸易争端也在不断加剧，2017 年重现贸易逆差。林产品国际贸易面临新的一系列国内国际因素挑战，林产品国际贸易格局面临新的调整和变化。

14.4 林产品贸易 40 多年变化的统计分析

1. 中国林产品进出口贸易总额变化情况

由图 14-1 可知，中国林产品进出口贸易总额总体呈上升趋势。出口总额从 1993 年的 3886196 千美元增加到 2017 年的 73405906 千美元，进口总额从 1993 年的 3793827 千美元增加到 2017 年的 74983984 千美元。25 年间出口额大约增加了 18.89 倍，进口额增加了约 19.76 倍。

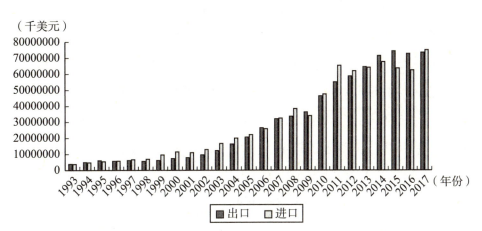

图 14-1　1993—2017 年林产品进出口贸易总额变化情况

资料来源：《中国林业统计年鉴（1993—2017）》。

中国林产品进出口贸易差额显示（见图 14-2），中国在 1996—2012 年（除 2006 年和 2009 年外）和 2017 年，中国林产品国际贸易呈现逆差状态。1993—1995 年、2006 年、2009 年和 2013—2016 年，中国的林产品国际贸易呈现顺差状态。

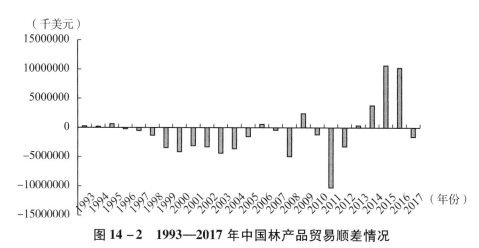

图 14 - 2　1993—2017 年中国林产品贸易顺差情况

资料来源:《中国林业统计年鉴（1993—2017）》。

2. 中国林产品贸易产品结构变化情况

由图 14 - 3 可知，原木、锯材（包括特形材）和纸类（包括木浆、废纸、纸和纸制品）的进口额多于出口额，木制品、家具、木炭的出口额基本多于进口额。单板（包括刨花板、纤维板、胶合板）的进口额在 2003 年以前多于出口额，2003 年以后出口额多于进口额。木片的出口额在 2004 年以前多于进口额，在 2004 年以后少于进口额。

在木质林产品出口方面，由图 14 - 4 可知，1993—2017 年家具、纸类（包括木浆、废纸、纸和纸制品）、单板（包括刨花板、纤维板、胶合板）和木制品 4 种林产品出口额呈上升态势。而原木、锯材（包括特形材）、木片、木炭这 4 种林产品出口额呈下降趋势。

由图 14 - 5 可知，中国的林产品出口产品主要属于制成品类的深加工产品，包括家具、纸类（包括木浆、废纸、纸和纸制品）单板（包括刨花板、纤维板、胶合板）和木制品，但是木制品的出口额占出口总额的比重在下降，纸类（包括木浆、废纸、纸和纸制品）的出口额占出口总额的比重在上升。原木、锯材（包括特形材）、木片、木炭这 4 种林产品的出口额在减少且有逐渐变为纯进口林产品的趋势。

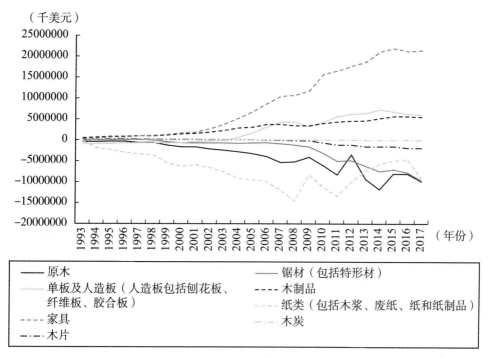

图 14 - 3　1993—2017 年各木质林产品出口额与进口额的差值

资料来源：《中国林业统计年鉴（1993—2017）》。

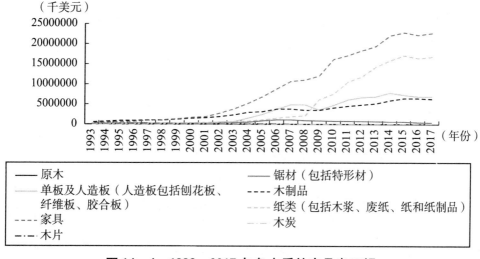

图 14 - 4　1993—2017 年各木质林产品出口额

资料来源：《中国林业统计年鉴（1993—2017）》。

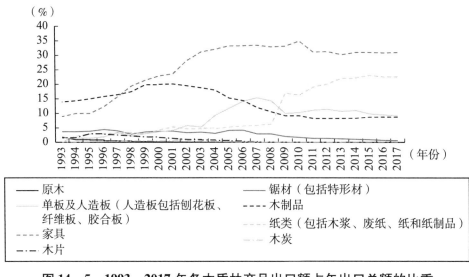

图 14 - 5 1993—2017 年各木质林产品出口额占年出口总额的比重

资料来源:《中国林业统计年鉴（1993—2017）》。

由图 14 - 6 和图 14 - 7 可知，在木质林产品进口方面，主要的进口木质林产品包括纸类（包括木浆、废纸、纸和纸制品）、原木和锯材（包括特形材），这三种林产品的进口额呈上升趋势。纸类（包括木浆、

图 14 - 6 1993—2017 年各木质林产品进口额

资料来源:《中国林业统计年鉴（1993—2017）》。

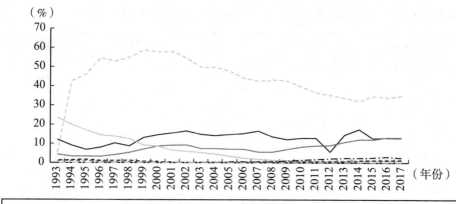

图 14 – 7　1993—2017 年各木质林产品进口金额占年进口总额的比重

资料来源：《中国林业统计年鉴（1993—2017）》。

废纸、纸和纸制品）的进口额占总进口额的比重呈逐年下降趋势，原木的进口额占总进口额的比重变化较小，锯材（包括特形材）的进口额占总进口额的比重有小幅度上升。其余 5 种林产品的进口额有小幅度上升，但是进口额占总进口的比重仍然较小。

3. 中国林产品进出口市场结构变化情况

（1）中国林产品主要出口贸易伙伴及市场份额变化情况。

由表 14 – 1 可知，中国林产品主要出口贸易伙伴有美国、日本、中国香港、英国、韩国、德国、加拿大、澳大利亚、马来西亚、越南，我国林产品市场正在出现逐步分散态势。其中美国（除 2001 年外）一直是中国林产品的第一大出口国，且市场份额基本保持在 20% ~ 30%。

表 14 - 1　　　　　　　中国林产品主要出口贸易伙伴及市场份额

年份	贸易伙伴 1	贸易伙伴 2	贸易伙伴 3	贸易伙伴 4	贸易伙伴 5
2016	美国 22.8%	中国香港 9.01%	日本 7.33%	% 越南 4.19%	英国 4.11%
2015	美国 22.86%	中国香港 7.44%	日本 7.15%	英国 4.32%	越南 3.78%
2014	美国 21.23%	日本 8.24%	中国香港 6.71%	英国 4.09%	韩国 3.20%
2013	美国 22.23%	日本 9.19%	中国香港 6.53%	英国 4.13%	马来西亚 3.71%
2012	美国 22.97%	日本 10.06%	中国香港 5.29%	英国 4.36%	澳大利亚 3.19%
2011	美国 21.73%	日本 10.17%	中国香港 5.28%	英国 4.08%	德国 3.16%
2010	美国 23.98%	日本 9.72%	中国香港 5.24%	英国 4.62%	德国 3.23%
2009	美国 24.54%	日本 10.99%	中国香港 5.60%	英国 4.81%	德国 3.31%
2008	美国 27.01%	日本 10.98%	英国 4.78%	中国香港 4.15%	加拿大 3.30%
2007	美国 28.64%	日本 11.43%	中国香港 6.43%	英国 5.05%	韩国 3.64%
2006	美国 30.98%	日本 13.48%	中国香港 8.32%	英国 4.82%	韩国 3.83%
2005	美国 30.95%	日本 15.89%	中国香港 9.69%	英国 4.20%	韩国 3.21%
2001	日本 27.49%	美国 23.53%	中国香港 12.39%	韩国 4.15%	德国 3.25%

资料来源：笔者根据《中国林业统计年鉴（2001—2016）》整理。

由表 14 - 2 可知，中国林产品主要的进口国有美国、印度尼西亚、马来西亚、泰国、俄罗斯和加拿大，主要进口国变化不大。从 2008 年后，美国成为中国的第一大林产品进口国，市场份额基本保持在 12% ~ 13%。泰国和印度尼西亚逐渐成为中国的第二大和第三大林产品进口国。

表 14 - 2　　　　　　　中国林产品主要进口贸易伙伴及市场份额

年份	贸易伙伴 1	贸易伙伴 2	贸易伙伴 3	贸易伙伴 4	贸易伙伴 5
2016	美国 13.1%	泰国 9.72%	印度尼西亚 8.58%	俄罗斯 7.38%	加拿大 6.5%
2015	美国 12.58%	泰国 10.81%	印度尼西亚 9.53%	加拿大 7.23%	俄罗斯 6.52%
2014	美国 12.67%	泰国 10.83%	印度尼西亚 8.93%	加拿大 7.55%	马来西亚 6.08%
2013	美国 13.14%	泰国 12.03%	印度尼西亚 9.28%	加拿大 8.05%	马来西亚 7.02%
2012	美国 12.64%	泰国 11.46%	印度尼西亚 11.33%	马来西亚 8.41%	加拿大 7.60%

续表

年份	贸易伙伴1	贸易伙伴2	贸易伙伴3	贸易伙伴4	贸易伙伴5
2011	美国 12.93%	泰国 11.34%	印度尼西亚 10.85%	马来西亚 10.42%	加拿大 8.45%
2010	美国 12.88%	印度尼西亚 11.03%	泰国 10.36%	马来西亚 9.90%	俄罗斯 7.40%
2009	美国 12.17%	印度尼西亚 10.66%	马来西亚 10.64%	泰国 8.99%	俄罗斯 8.78%
2008	马来西亚 13.21%	美国 12.79%	印度尼西亚 11.48%	俄罗斯 10.08%	泰国 8.25%
2007	马来西亚 12.88%	美国 12.39%	俄罗斯 11.72%	印度尼西亚 10.07%	泰国 8.14%
2006	马来西亚 11.94%	印度尼西亚 11.84%	俄罗斯 11.49%	美国 11.04%	泰国 9.31%
2005	印度尼西亚 11.98%	美国 11.68%	马来西亚 11.58%	俄罗斯 11.41%	泰国 8.18%
2001	印度尼西亚 14.77%	美国 11.42%	俄罗斯 10.35%	马来西亚 7.66%	加拿大 6.11%

资料来源：笔者根据《中国林业统计年鉴（2001—2016）》整理。

（2）中国林产品进出口市场集中度变化情况。

由图14-8和图14-9可知，在进出口市场集中度方面，中国前五位的出口贸易伙伴累计市场份额从2001年的70.81%迅速下降到2016年的47.44%，前五位的进口国累计市场份额从2001年的50.31%下降到2016年的45.28%。中国林产品出口的市场集中度下降速度快于进口市场集中度的下降速度。中国前五位进出口贸易伙伴的累计市场份额总体呈下降趋势，说明中国的林产品进出口市场呈现多元化特征，有利于降低进出口市场风险。

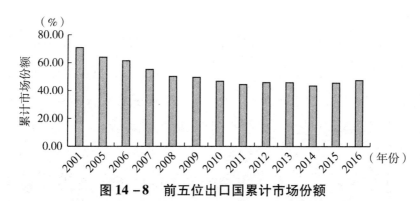

图 14-8 前五位出口国累计市场份额

资料来源：《中国林业发展报告（2002—2017）》。

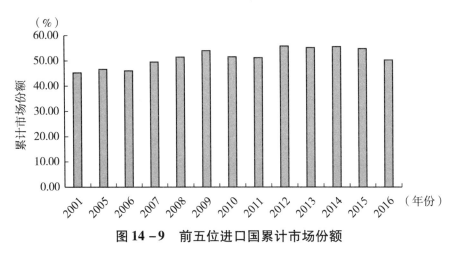

图 14 – 9 前五位进口国累计市场份额

资料来源：《中国林业发展报告（2002—2017）》。

14.5 结论与展望

中国是一个林产品进出口大国，几十年来林产品的消费规模和贸易规模在不断的扩大，如何更加有效地利用林业资源是我国值得思考的一个问题。中国的林产品贸易还处于初级加工阶段，是世界的"加工厂"或者"生产车间"。要想改变我们在林产品国际贸易中的低端位置，我们应该主动做出战略性调整，提高林产品的附加值和竞争力。中国林产品的国际贸易主要进口贸易伙伴是林业资源比较丰富的东南亚、北美以及俄罗斯等，主要的出口贸易伙伴是经济发展较好的发达国家，如美国、日本、韩国等。进出口主要贸易伙伴变化不大，但中国木质林产品的出口和进口市场更加多元化。我国应积极拓宽林产品进出口渠道，减少因过于依赖某些贸易伙伴的林产品带来的风险。

展望未来，中国的林产品贸易可能会出现如下态势。

（1）中国的林产品贸易规模和总额会持续增加，但增速会逐步趋缓，林产品进出口国际贸易额趋于平衡。

（2）中国的林产品国际贸易将会面临更多的贸易壁垒，贸易争端也会呈常态化，但同时也会驱使中国的林产品生产转型，通过强化绿色森林产品认证，实现林产品质量升级，林产品贸易结构会不断优化。

（3）会有越来越多的中国林业企业到海外办厂，与海外林业组织合作开发森林资源，实行本土化林产品生产经营，实现林产品在当地生产加工销售。但同时，也会有更多有实力的国外林业企业来华投资参与中国的林业经营。

随着林产品贸易组织化、贸易专业化和竞争化需求提升，林产品贸易联盟会得到强化。林产品贸易的国际竞争、冲突、争端和合作交织，将会成为新常态。

附 录

改革开放以来中国林业发展
大事记（1978—2019 年）

1978 年中国林业发展大事记

4 月 24 日，国家林业总局成立。

9 月 23 日至 10 月 12 日，国家林业总局在北京昌平县召开全国林业局长会议。会议总结了中华人民共和国成立以来林业建设的经验教训，讨论了《森林法（草案）》和林业发展规划，研究了加快发展林业的措施。

11 月 25 日，国务院批转国家林业总局《关于在"三北"（东北、华北、西北）风沙危害、水土流失的重点地区建设大型防护林的规划》，规定：从 1978 年至 1985 年，在此地区建设 8000 万亩的防护林。8 年规划实现以后，加上原有的造林保存面积，使"三北"防护林达到 1.2 亿亩。

1979 年中国林业发展大事记

1 月 15 日，国务院发布《关于保护森林，制止乱砍滥伐的布告》，在维护森林所有权、严禁乱砍滥伐、严禁毁林开荒、加强木材市场管理、健全护林防火组织和制度、大力提倡植树造林、开展爱林护林教育，以及加强对林业工作的领导等方面，作了十条规定。

2 月 16 日，中共中央、国务院决定撤销农林部，成立农业部、林业部。

2 月 17 日至 23 日，第五届全国人民代表大会常务委员会第六次会议原则通过《中华人民共和国森林法（试行）》；根据国务院的提议，决定 3 月 12 日为我国的植树节。

11 月 3 日，国务院批准成立"三北"防护林建设领导小组。

1980 年中国林业发展大事记

3 月 5 日，中共中央、国务院发布《关于大力开展植树造林的指示》。

6 月 25 日，经国务院批准，我国加入濒危野生动植物国际贸易公约。为此，我国在林业部设立了中国濒危动植物进出口办公室，负责全国的濒危物种的进出口管理工作。

12 月 1 日，林业部、公安部、司法部和最高人民检察院联合发出《关于在重点林区建立和健全林业公安、检察、法院机构的通知》，要求在全国重点国有林区的国营林业局、木材水运局建立林业公安局、林区检察院和森林法院（后改为林业法院）。

12 月 5 日，国务院发布《关于坚决制止乱砍滥伐森林的紧急通知》。

1981 年中国林业发展大事记

2 月 16 日至 3 月 7 日，国务院在北京召开全国林业会议，讨论林业调整问题。

3 月 8 日，中共中央、国务院发布《关于保护森林发展林业若干问题的决定》，明确规定保护森林发展林业的方针、政策，提出当前林业调整和今后林业发展的战略任务。

6月5日至11日，林业部在北京召开8省、市林业"三定"（稳定山权林权、划定自留山、确定林业生产责任制）工作座谈会，研究林业"三定"有关政策问题。

7月21日，国务院办公厅转发林业部《关于稳定山权林权，落实林业生产责任制情况简报》，要求各地尽快做出部署，组织力量在明春以前完成这项工作。

11月26日，林业部、财政部联合发出通知，规定从1982年1月1日起，国有林区和集体林区育林基金和更改资金的提取标准，在现行提取标准的基础上每立方米原木增加5元。

12月13日，第五届全国人民代表大会第四次会议通过《关于开展全民义务植树运动的决议》。

1982 年中国林业发展大事记

2月27日，国务院颁发《关于开展全民义务植树运动的实施办法》。

2月28日，中央绿化委员会成立。中央绿化委员会办公室设在林业部，下设3个组：城市组设在国家城建总局；农村组设在林业部；部队组设在总后勤部。

3月11日，中共中央办公厅发出通知，号召各地开展文明礼貌月和植树节活动。

6月4日，国务院发布《中华人民共和国进出口动植物检疫条例》。

7月30日，林业部发出《关于国营林场、苗圃进行全国整顿的通知》，要求根据中共中央、国务院《关于国营工业企业进行全国整顿的决定》精神，对国营林场、苗圃进行全面整顿。

10 月 20 日，中共中央、国务院发出《关于制止乱砍滥伐森林的紧急指示》，要求各地省委、县委和县人民政府采取果断措施，限期制止乱砍滥伐森林的事件。

1983 年中国林业发展大事记

1 月 3 日，国务院颁发《植物检疫条例》。

3 月 28 日，林业管理干部学院在北京大兴县黄村成立，培训对象主要是林业系统的县团级以上领导干部。

6 月 21 日至 7 月 1 日，林业部在北京召开全国林业厅局长会议，着重研究建立和完善林业生产负责制问题。

9 月 19 日，国家计划委员会、国家经济委员会、林业部、国家物资局、国家统计局联合发出《关于执行全国木材生产计划"一本帐"的通知》指出：实行"一本帐"后，国家计划中列"木材"和"木材上调量"两个指标，从 1984 年起，按此两项进行统计。

12 月 22 日，中国野生动物保护协会在北京成立。

1984 年中国林业发展大事记

1 月 13 日，国务院常务委员会议审议通过《森林法（修改草案)》。

3 月 1 日，中共中央、国务院发出《关于深入扎实开展绿化祖国运动的指示》。

9 月 20 日，第六届全国人民代表大会常务委员会第七次会议通过《中华人民共和国森林法》，自 1985 年 1 月 1 日起施行。

1985 年中国林业发展大事记

1月1日,《中华人民共和国森林法》开始施行。

1月1日,中共中央、国务院颁发《关于进一步活跃农村经济的十项政策》,决定进一步放宽山区、林区政策。山区25度以上的坡耕地要有计划有步骤地退耕还林还牧;集体林区取消牧场统购,开放牧场市场,允许林农和集体的牧场自由上市,实行议购议销;国营林场,也可实行职工家庭承包或与附近农民联营。

1月19日,国务院批准成立中国绿化基金会。

5月13日,最高人民检察院、最高人民法院和公安部联合发出《关于盗伐滥伐森林案件改由公安机关管辖的通知》。

6月7日,最高人民检察院(85)高检人厅字第34号文件同意在林业部内设置检察院、法院工作办公室。

6月8日,林业部颁发《制定年森林采伐限额暂行规定》。

6月10日,林业部颁发《森林资源档案管理办法》。

6月21日,国务院批准《森林和野生动植物类型自然保护区管理办法》。

7月6日,经国务院批准,林业部公布了《森林和野生动物类型自然保护区管理办法》。

7月16日,国家经委体改局原则同意林业部关于18个林机厂分批下放的意见。

9月20日,国有林区企业管理座谈会在西安举行。这次座谈会着重研究了如何加强国有林区企业经营管理,眼睛向内,挖掘内部潜力,增强企业活力的问题。

12月30日,林业部根据最高人民检察院(85)高检人厅字34号函并征得最高人民法院同意，成立"林业部检察院法院工作办公室"。

1986 年中国林业发展大事记

1 月 24 日，经国务院批准，林业部加入联合国粮农组织亚洲太平洋区域林业委员会。

1 月 26 日，林业部、国家计委、财政部和国家物价局联合发出《关于搞活和改善国营林场经营问题的通知》。

1987 年中国林业发展大事记

1 月 15 日，林业部、经贸部、国家计委、国家经委、国家工商行政管理局联合发出《关于加强松香管理的联合通知》，将松香的产、供、销统一交由林业部门经营管理。

5 月 6 日至 6 月 2 日，大兴安岭林区发生特大森林火灾，这是中华人民共和国成立以来毁林面积最大、伤亡人员最多、损失最为惨重的一次。

6 月 30 日，中共中央、国务院发布《关于加强南方集体林区森林资源管理坚决制止乱砍滥伐的指示》。

8 月 15 日，国务院发出《关于坚决制止乱捕滥猎和倒买走私珍稀野生动物的紧急通知》。

8 月 19 日，国务院决定，将原由林业部负责的大兴安岭林业管理局的企业管理职权委托给黑龙江省代管，成立大兴安岭林业公司，实行政企分开、计划单列和投入产出包干。

1988 年中国林业发展大事记

1月16日，国务院、中央军委批准森林警察列入武警序列，全部实行现役。

1月16日，国务院发布《森林防火条例》。

1989 年中国林业发展大事记

3月1日，《中华人民共和国野生动物保护法》自1989年3月1日起施行。

3月13日，国务院总理李鹏签发中华人民共和国国务院第31号令，颁布《中华人民共和国种子管理条例》，自1989年5月1日起施行。

5月5日至9日，林业部在京召开东北、内蒙古重点森工企业负责人会议，决定林业部向黑龙江省森工总局、吉林省林业厅、内蒙古大兴安岭林业管理局和大兴安岭林业公司派驻厅级森林资源监督员和处级监督员。

5月31日，林业部印发《关于加强林木采伐许可证管理的通知》，开始实行全国统一的林木采伐许可证制度。

6月21日，国家计划委员会批复林业部《关于长江中上游防护林体系建设第一期工程总体规划》。该工程地跨江西、湖北、湖南等9个省份。工程建设的整体目标是用30~40年时间，在长江中上游地区植树造林，增加森林面积3亿亩。1990—2000年为一期工程，主要任务是在保护现有森林植被的基础上，新增森林面积1亿亩。

7月17日，国务院批复同意林业部核发黑龙江省森工总局、大兴安岭林业公司、吉林省林业厅、内蒙古大兴安岭林业管理局4个单位所属各国营林业局的林权证。

12 月 5 日，林业部颁发《东北、内蒙古国有林区森工企业试行采伐限额计划管理的决定》的通知，明确指出，实行采伐限额计划管理是林业计划管理和整个林业管理的一项重大改革，势在必行。

12 月 18 日，国务院总理李鹏签发中华人民共和国国务院第 46 号令，发布施行《森林病虫害防治条例》。

1990 年中国林业发展大事记

2 月 13 日，根据人事部批复，林业部新成立 4 个事业单位，即林业部林业工作站管理总站、林业部林业基金管理总站、林业部世界银行贷款项目管理中心、林业部林木种苗管理总站。

3 月 20 日，林业部、公安部向各省（自治区、直辖市）林业、公安部门发出通知，实行林业公安领导干部"下管一级"制度，以加强林业公安队伍管理。

6 月 12 日，林业部成立环境保护工作领导小组。环境保护工作领导小组下设办公室，对外称野生动物和森林植物保护司环保处。

7 月 12 日，林业部印发《林业部科技兴林方案（1990—1995）》和《林业部关于加强林业科学技术工作的若干政策性意见》。

10 月 29 日，国家物价局、林业部印发出《关于提高东北、内蒙古国有林区统配木材价格及加强对非统配木材价格管理的通知》，决定从 10 月 10 日起，适当提高东北、内蒙古国有林区统配木材价格，同时建立林价制度。这次提价，包括统配木材、锯材、胶合板等。其中，统配木材出厂价格平均提高幅度为 48%，锯材价格平均提高幅度 27.6%，胶合板出厂价格平均提高幅度为 53%。

11 月 1 日，林业部颁发《木材运输检查监督办法》和《木材检查站管理办法》。

11 月 12 日，林业部批准政策法规司成立法律事务处，对外称林业部行政复议办公室。

11 月 19 日，林业部颁布《林木种子检验管理办法》。

12 月 5 日，国务院批准《林业部关于各省、自治区、直辖市"八五"期间年森林采伐限额审核意见的报告》。国务院要求各地严格执行新的采伐限额指标，不得突破和相互挪用。

12 月 15 日，最高人民法院、最高人民检察院、林业部、公安部、国家工商行政管理局联合发出《关于严厉打击非法捕杀、收购、倒卖、走私野生动物活动的通知》，要求各地和有关部门立即采取有力措施，严厉打击非法捕杀、收购、倒卖、走私野生动物犯罪活动，切实加强野生动物保护管理工作。

1991 年中国林业发展大事记

1 月 17 日，国务院下发《关于研究解决森工企业困难问题的会议纪要》。决定在增加投入、调整经济政策、减免税收、理顺管理体制等方面对国有林区森工企业实行重大扶持政策。

2 月 4 日，国家税务局发出《国家税务局关于东北、内蒙古林区原木减税问题的通知》，决定自 1991 年 1 月 1 日起至 1995 年 12 月 31 日止，对东北、内蒙古国有林区森工企业生产的原木暂按 5% 的税率征收产品税。

7 月 11 日，林业部印发《关于进一步加强林地管理工作的通知》，就切实加强林地管理，坚决制止随意侵占林地提出了七条要求。

12 月 14 日，国务院正式批准在东北、内蒙古国有林区组建四个企业集团。

12 月 16 日，林业部发布《长江中上游防护林体系建设工程管理办法》，对"长防林"工程的计划、资金和组织管理等作出了具体规定。

1992 年中国林业发展大事记

3 月 1 日，经国务院批准、林业部发布实施《中华人民共和国陆生野生动物保护实施条例》。

6 月 8 日，国务院办公厅批转林业部、国家计委、国家土地管理局、国家物价局《关于进一步加强林地保护管理工作的请示》。要求各级人民政府高度重视林地保护管理工作。凡征用、占用林地，必须经林业主管部门同意；征、占用林地必须进行补偿。要进一步建立健全林地保护管理制度。

7 月 31 日，我国正式加入《关于特别是作为水禽栖息地的国际重要湿地公约》组织。

9 月 5 日，林业部同意建立武汉城市林业建设试验区。

12 月 5 日，国务院批准林业部《关于当前乱砍滥伐、乱捕滥猎情况和综合治理措施的报告》，并由国务院办公厅转发各地执行。

12 月 21 日，林业部、世界自然基金会举行新闻发布会，宣布中国保护大熊猫及其栖息地工程开始启动。

1993 年中国林业发展大事记

2 月 22 日，林业部印发《关于在东北、内蒙古国有林区森工企业全面推行林木生产商品化改革的意见》。这项改革的主要内容是：全面推行林价制度，改革营林资金管理体制。

2 月 24 日，国务院决定，适当调整农林特产税税率，以适应农村社会主义经济发展的需求。调整后，原木的农林特产税税率由8%降为7%。对国有林区的森工企业，凡是上交计划木材和利润任务的，仍暂缓征收。对新开发的荒山、荒地、滩涂、水面从事农林特产生产的，1~3年给予免税照顾。

2月26日，国务院发出《关于进一步加强造林绿化工作的通知》，提出在加快改革开放和经济发展的新形势下，进一步加强造林绿化工作的10条重要措施和要求。

5月13日，林业部发出《关于坚决制止乱砍滥伐、乱捕滥猎和加强林地管理的紧急通知》。

5月27日，林业部与国家国有资产管理局联合下发《关于加强国有森林资源产权管理的通知》，要求切实加强对国有林地和国有林木的产权管理。

5月29日，国务院发出《关于禁止犀牛角和虎骨贸易的通知》。

6月4日，中国竹产业协会成立。

6月20日，国务院召开电话会议，宣布第一批取消中央国家机关各有关部门涉及农民负担的37个集资、基金、收费项目。其中，取消向农村集体和农民收取林政管理费、林区管理建设费、绿化费，取消预留森林资源更新费。

7月17日，经国家计委、国家体改委、国家经贸委批准，中国龙江森林工业集团正式成立。

8月28日，林业部召开新闻发布会，会上宣布：我国又一项大型重点林业建设工程——太行山绿化工程，从今年起开始全面启动。这项工程涉及北京、河北、河南、山西四省份的110个县（市、区）。

8月30日，林业部发布实施《林地管理暂行办法》。

9月11日，中国治沙暨沙业学会在京成立。

11月4日，经国家计委、国家体改委、国家经贸委批准，中国吉林森林工业集团正式成立。

11 月 15 日，我国第一个国家木材和林产品交易市场——北京（国家）木材和林产品交易市场在京正式成立。

11 月 23 日，经部党组研究，决定成立林业警官学校。该校在原南京林校的基础上改建开办。

11 月 30 日，经国家计委、国家体改委、国家经贸委批准，中国内蒙古大兴安岭森林工业集团正式成立。

1994 年中国林业发展大事记

1 月 30 日，国务院办公厅印发《林业部职能配置、内设机构和人员编制方案》。

2 月 24 日，全国绿化委员会、林业部印发《关于在全国开展争创造林绿化千佳村、百佳乡、百佳县、十佳城市活动的实施方案》。

5 月 16 日，国务院办公厅发出《关于加强森林资源保护管理工作的通知》，要求各级政府和有关部门正确处理改革开放、经济发展与森林资源保护管理的关系。

6 月 7 日，世界银行执行董事会批准中国"森林资源发展和保护项目"，项目总投资 3.6 亿美元，其中世行贷款 2 亿美元。这是我国林业继"国家造林项目"之后又一世行贷款项目。

8 月 18 日，中央机构编制委员会办公室批复同意成立北京木材交易中心。

8 月 18 日，林业部召开新闻发布会，宣布正式成立森林国际旅行社。

9 月 28 日，中央机构编制委员会批复同意成立林业部南京人民警察学校。

12 月 31 日，中央机构编制委员会办公室批复同意将林业部林木种苗管理总站更名为林业部国有林场和林木种苗工作总站、中国林业科学研究院林业经济研究所更名为林业部经济发展研究中心。

1995 年中国林业发展大事记

1 月 10 日，林业部发出《关于实行使用林地许可证制度的通知》，决定从 1995 年起在全国实行使用林地许可证制度，并对使用林地许可证的使用范围、审批单位与权限等作出了明确规定。

3 月 21 日，国务委员、国务院环委会主任宋健主持召开第三届环委会第五次会议，审议通过《中国 21 世纪议程林业行动计划》和《关于执行〈森林问题原则声明〉的实施方案》。

4 月 11 日，中央机构编制委员会办公室批复同意成立林业部宣传中心和林业部信息中心。

7 月 24 日，中央机构编制委员会办公室批复同意成立林业部濒危物种进出口管理中心（对外称中华人民共和国濒危物种进出口管理办公室）。

10 月 12 日至 14 日，林业部在北京召开全国林业科学技术大会。

1996 年中国林业发展大事记

5 月 8 日，林业部发出《关于开展林业分类经营改革试点工作的通知》。

7 月 2 日，我国林机系统第一家上市股份公司——常林股份有限公司成立。

9 月 13 日，林业部发出《关于国有林场深化改革加快发展若干问题的决定》，对国有林场实行分类经营、调整组织结构、转换经营机制、合理利用资源、优化产业结构等工作提出具体要求。

9 月 30 日，国务院总理李鹏签发《中华人民共和国野生植物保护条例》。该条例从 1997 年 1 月 1 日起施行。

12 月 18 日，"ABT 生根粉系列的推广"项目获国家科技进步奖特等奖。

1997 年中国林业发展大事记

2 月 16 日，经全国人大常委会批准，我国正式加入联合国防治荒漠化公约。为此，在林业部设立全国荒漠化防治中心，具体负责执行公约的工作。

11 月 6 日，《成立国际竹藤组织的协定》在北京举行签字仪式。

11 月 7 日，国际竹藤组织在京举行成立大会，宣告该组织正式成立。该组织由中国和加拿大两国率先发起，是第一个总部设在中国的政府间国际组织。

12 月 26 日，《中国绿色时报》创刊新闻发布会在京举行。

1998 年中国林业发展大事记

1 月 1 日，由《中国林业报》更名的《中国绿色时报》创刊。

1 月 13 日，经中央机构编制委员会办公室批准，林业部设立防治荒漠化管理中心。"中心"为林业部直属的行使行政管理职能的事业单位。

1 月 27 日，全国绿化委员会、林业部、交通部、铁道部联合发出《关于在全国范围内大力开展绿色通道工程建设的通知》，决定从 1998 年开始，在全国范围内开展以公路、铁路和江河沿线绿化为主要内容的绿色通道工程建设高潮，力争用 3 ~ 5 年时间构建起我国国土绿化的新格局。

2 月 18 日，林业部印发《林业部森林病虫害工程治理管理暂行办法》。

3 月 10 日，九届全国人大一次会议通过国务院机构改革方案。林业部改为国务院直属机构国家林业局。

3 月 29 日，《国务院关于议事协调机构和临时机构设置的通知》明确，保留全国绿化委员会，具体工作由国家林业局承担。

4 月 29 日，第九届全国人大常委会第二次会议审议通过了《全国人民代表大会常务委员会关于修改〈中华人民共和国森林法〉的决定》（以下简称《决定》），并于同日由中华人民共和国主席江泽民签署第三号主席令予以公布，自 1998 年 7 月 1 日起施行。同时，还公布了根据《决定》修正的《中华人民共和国森林法》。

6 月 23 日，国务院印发《国家林业局职能设置、内设机构和人员编制规定》。按照国务院规定，国家林业局是主管林业工作的国务院直属机构，设 11 个内设机构。

6 月 26 日，国家林业局第五次局长办公会议审议通过《国家林业局关于授权森林公安机关代行行政处罚权的决定》，并于同日发布，自 1998 年 7 月 1 日起施行。

8 月 5 日，国务院发出《国务院关于保护森林资源制止毁林开垦和乱占林地的通知》。通知要求必须采取严厉措施，坚决制止毁林开垦和乱占林地的行为，抢救和保护森林资源，并提出 7 项具体要求。

10 月 20 日，最高人民法院、最高人民检察院、国家林业局、公安部、监察部联合发出《关于开展严厉打击破坏森林资源违法犯罪活动专项斗争的通知》。

1999 年中国林业发展大事记

1 月 15 日，国家林业局、财政部联合组织的总投资为 30 亿元，总产值可达 460 亿元的世行贷款项目——"贫困地区林业发展项目"正式启动实施。

2 月 5 日，国务院、中央军委印发《国务院、中央军委关于调整武警黄金、森林、水电、交通部队领导管理体制及有关问题的通知》，明确森警部队实行新的领导管理体制，改称武警森林部队，接受武警总部和国家林业局的双重领导。

4 月 23 日，我国正式加入《国际植物新品种保护公约》，并成为国际植物新品种保护联盟（UPOV）成员国。

5 月 6 日，国家林业局印发《国家林业局关于加强重点林业建设工程科技支撑的指导意见》。

6 月 29 日，国家林业局印发《关于开展全国森林分类区划界定工作的通知》。

8 月 10 日，国家林业局第 3 号令发布《中华人民共和国植物新品种保护条例实施细则（林业部分)》。

12 月 15 日至 16 日，由中国国家开发银行、国家林业局和世界银行联合举办的林业发展与融资国际研讨会在北京召开。

2000 年中国林业发展大事记

1 月 29 日，国务院总理朱镕基签署第 278 号国务院令，发布《中华人民共和国森林法实施条例》。

3 月 9 日，国家林业局、国家计委、财政部印发《关于开展 2000

年长江上游、黄河上中游地区退耕还林（草）试点示范工作的通知》，确定在长江上游的云南、四川、贵州、重庆、湖北和黄河上中游的陕西、甘肃、青海、宁夏、内蒙古、山西、河南、新疆 13 个省（区、市）的 174 个县（团、场），开展退耕还林（草）试点示范工作。

3 月 13 日，国家林业局局长王志宝签署国家林业局第 6 号令，发布《林业工作站管理办法》。

3 月 22 日，国家林业局印发《国家林业局关于重点林业工程资金稽查工作的暂行规定》。

4 月 10 日，中国正式成为湿地国际第 57 个国家会员。

4 月 18 日，国家林业局决定实行全国统一林权证式样。

7 月 8 日，九届全国人大常委会第十六次会议审议通过《中华人民共和国种子法》。国家主席江泽民签署第 34 号主席令予以公布，自 2000 年 12 月 1 日起施行。

9 月 1 日，我国第一部林业法律法规数据光盘——《中国林业法律法规大典》出版发行。大典收集了 1949 年以来我国颁布的部分共同法律，林业及与林业相关的法律法规、政府规章、司法解释及规范性文件，各省、自治区、直辖市颁布的地方性法规、政府规章及规范性文件等，计 3466 条（件），1300 余万字。

9 月 10 日，国务院发出《国务院关于进一步做好退耕还林还草试点工作的若干意见》。

9 月 11 日，国家林业局颁布实施《中国湿地行动计划》。

10 月 11 日，国务院发出《国务院关于进一步推进全国绿色通道建设的通知》，要求各地、各部门进一步推进全国绿色通道建设。

10 月 30 日，南京森林公安高等专科学校成立庆典大会在南京举行。

11 月 22 日，最高人民法院公布《最高人民法院关于审理破坏森林资源刑事案件具体应用法律若干问题的解释》。

11 月 27 日，最高人民法院公布《最高人民法院关于审理破坏野生动物资源刑事案件具体应用法律若干问题的解释》。

12 月 1 日，国家林业局、国家计委、财政部、劳动和社会保障部印发《长江上游、黄河上中游地区天然林资源保护工程实施方案》和《东北、内蒙古等重点国有林区天然林资源保护工程实施方案》。

12 月 5 日，国家林业局发布《公益林与商品林分类技术指标》（林业行业标准）。

12 月 20 日，中央机构编制委员会办公室同意成立"国家林业局科技发展中心（国家林业局植物新品种保护办公室）"。

12 月 27 日，中央机构编制委员会办公室同意成立"国家林业局对外合作项目中心"。

12 月 29 日，第一部中国林业白皮书《2000 年中国林业发展报告》出版发行。

12 月 31 日，国家林业局局长周生贤签署国家林业局第 1 号令，发布《林木和林地权属登记管理办法》。

2001 年中国林业发展大事记

1 月 1 日，国家林业局公众信息网（域名为 www. forestry. gov. cn）正式开通。

1 月 1 日，国家林业局在东北、内蒙古重点国有林区正式启用统一印制的"重点国有林区林木采伐许可证"。

1 月 4 日，国家林业局局长周生贤签署国家林业局第 2 号令，发布《占用征用林地审核审批管理办法》。

2 月 2 日，历时 22 年，由 260 多位专家学者编撰的《中国森林》全部出版。全书共分 4 卷，总计 360 多万字。《中国森林》还包括各省出版的系列专著。

2月7日，国家计委、财政部、国家林业局联合印发《关于加快造纸工业原料林基地建设的若干意见》。

3月12日，全国绿化委员会办公室发布《中国国土绿化状况公报》。

3月13日，国家林业局印发《国家公益林认定办法（暂行)》。

3月18日，国家林业局成立"林业生物基因工程安全委员会"，负责全国林业转基因生物安全性评价工作。

4月11日，国家林业局宣布组建六大林业工程管理办公室，分别是：天然林保护工程管理办公室，设在天然林保护工程管理中心；三北和长江中下游地区等重点防护林体系建设工程设立2个办公室，三北防护林工程管理办公室设在三北防护林工程建设局，长江中下游地区等防护林工程管理办公室设在植树造林司；退耕还林（草）工程管理办公室；环北京地区防沙治沙工程管理办公室，设在防治荒漠化管理中心（国家林业局防沙治沙办公室）；速生丰产用材林基地建设工程管理办公室，设在国家林业局世界银行贷款项目管理中心；野生动植物保护及自然保护区建设工程管理办公室，设在野生动植物保护司。

4月16日，国家林业局、公安部联合印发《森林和陆生野生动物刑事案件管辖及立案标准》。

4月17日，国家林业局印发《国家林业局立法工作管理规定》。

4月29日，财政部、国家税务总局印发《关于三剩物和次小薪材为原料生产加工的综合利用产品增值税优惠政策的通知》。

5月8日，国家林业局印发《天然林资源保护工程管理办法》和《天然林资源保护工程核查验收办法》。

7月20日，中国森林认证工作领导小组正式成立，其主要职责是：协调建立中国森林认证标准与指标体系，负责制定森林认证政策、组织机构建设与运作，以及加入国际森林认证组织等重大问题。

8月20日，国家林业局印发《关于加强野生动物外来物种管理的通知》，明确从2002年1月1日开始，对引进外来物种开展驯养、繁殖活动实行审核审批制度，禁止开展外来物种野外放生活动，维护生态安全。

8月28日，中央机构编制委员会办公室批复国家林业局成立"全国木材行业管理办公室"，负责指导全国木材行业和国务院确定的重点国有林区的管理工作。

8月31日，九届全国人大常委会第二十三次会议审议通过《中华人民共和国防沙治沙法》。同日，国家主席江泽民签署第55号主席令予以发布，自2002年1月1日起施行。

9月24日，国家林业局印发《关于造林质量事故行政责任追究制度的规定》。

11月1日，经国务院批准，财政部、国家税务总局印发《关于林业税收问题的通知》，明确对森林抚育、低产林改造及更新采伐过程中生产的次加工材、小径材、薪材，经省级人民政府批准，可以免征或者减征农业特产税；对包括国有企事业单位在内的所有企事业单位种植林木、林木种子和苗木作物以及从事林木产品初加工取得的所得暂免征收企业所得税。

11月20日，全国森林生态效益补助资金试点工作正式启动。试点范围包括河北、辽宁、黑龙江、山东、浙江、安徽、江西、福建、湖南、广西、新疆11个省（区、市）的685个县（单位）和24个国家级自然保护区，涉及重点防护林和特种用途林2亿亩，每亩补助5元，以期通过试点探索建立森林生态效益补偿制度的经验。

11月27日，国家林业局、铁道部、交通部、民航总局、国家邮政局印发《关于国内托运、邮寄森林植物及其产品实施检疫的联合通知》，明确对国内托运、邮寄森林植物及其产品实施检疫制度。

12 月 14 日，财政部、国家税务总局印发《关于对采伐国有林区原木的企业减免农业特产税问题的通知》，明确对采伐国有林区原木的企业，生产环节与收购环节减按 10% 的税率合并计算征收农业特产税；对东北、内蒙古国有林区原木的企业暂减按 5% 的税率征收农业特产税，对小径材免征农业特产税，对生产销售薪材、次加工材发生亏损的，报经省、自治区农业税征收机关批准后，可免征农业特产税。

12 月 21 日至 22 日，全国野生动植物保护及自然保护区建设工程正式启动。规划工程建设期从 2001 年到 2050 年，分近、中、远 3 期进行。建设期内，拟拯救一批国家重点保护野生动植物，扩大、完善和新建一批国家级自然保护区、禁猎区和野生动物种源基地及珍稀植物培育基地，恢复和发展珍稀物种资源。

12 月 26 日，国家林业局、外经贸部、海关总署印发《进口原木加工锯材出口试点管理办法》。

2002 年中国林业发展大事记

3 月 3 日，国务院批准《京津风沙源治理工程规划》。京津风沙源治理工程在历经两年试点的基础上全面启动实施。工程计划用 10 年时间，通过采取多种生物措施和工程措施，增加森林覆盖率，治理沙化土地，减少风沙和沙尘天气危害，最终使京津及周边地区生态有明显的改观，从总体上遏制土地沙化的扩展趋势。

3 月 12 日，全国绿化委员会印发《关于进一步推进全民义务植树运动加快国土绿化进程的意见》。

3 月 15 日，国家林业局印发《林业重点工程资金违规责任追究暂行规定》。

4 月 11 日，国务院印发《国务院关于进一步完善退耕还林政策措施的若干意见》。

4 月 12 日，国务院办公厅印发《国务院办公厅关于进一步加强松材线虫病预防和除治工作的通知》。

4 月 17 日，国家林业局印发《造林质量管理暂行办法》和《林木种苗质量监督抽查暂行规定》。

4 月 19 日，国家林业局决定在国有林场和林木种苗工作总站加挂"国家林业局森林公园管理办公室"牌子，加强森林公园和森林旅游行业管理工作。

4 月 23 日，国家计委、国家林业局、农业部、水利部联合印发《京津风沙源工程建设管理办法》。

6 月 6 日，国家林业局党组成员、中国林科院院长江泽慧获"全球环境基金 2002 年全球环境领导奖"。

6 月 16 日，联合国防治荒漠化公约秘书长迪亚洛先生签署证书，授予中国国家林业局局长周生贤"防治荒漠化杰出贡献奖"。这是自《联合国防治荒漠化公约》常设机构成立以来首次对国家政府主管部门领导颁奖。

7 月 2 日，中国政府与世界银行签订中国林业持续发展项目贷款协定和赠款协定，为林业持续发展项目人工林营造部分提供 9390 万美元；全球环境基金为林业持续发展项目保护地区管理部分提供 1600 万美元赠款。

7 月 4 日，国家计委正式批复实施《重点地区速生丰产用材林基地建设工程规划》。

8 月 1 日，重点地区丰产用材林基地建设工程宣布启动。工程总投资规模 718 亿元，工程建设的总体目标是：到 2015 年，新造和低产林改造 1333 万公顷，提供国内生产用材需求量的 40%，保证国内木材供需基本趋于平衡。

8月22日，国家林业局印发《关于调整人工用材林采伐管理政策的通知》。

9月28日，国务院副总理温家宝在中南海主持召开会议，听取中国可持续发展林业战略研究项目阶段性成果汇报。温家宝指出：林业是经济和社会可持续发展的重要基础，是生态建设最根本、最长期的措施。在可持续发展中，应该赋予林业以重要地位；在生态建设中，应该赋予林业以首要地位。

10月8日，中央机构编制委员会办公室印发《关于国家林业局向重点林区增派及调整森林资源监督机构的批复》。同意国家林业局新增派驻郑州、西安、武汉、贵阳、海口、合肥、乌鲁木齐7个森林资源监督专员办事处。对原派驻吉林、四川、福建省森林资源监督专员办事处予以更名，并调整监督范围。

10月10日，经党中央、国务院、中央军委批准组建的武警四川、新疆、西藏3个森林总队正式成立并举行挂牌仪式。

10月12日，经中央机构编制委员会办公室批准，国家林业局决定在原森林火灾预报信息中心的基础上成立"国家林业局森林防火预警监测信息中心"。

10月16日，我国治沙英雄石光银获得联合国粮农组织（FAO）颁发的杰出林农奖。这是继我国治沙模范牛玉琴获得1992年度联合国粮农组织首届杰出林农奖之后，第二位在治沙领域做出突出贡献的获奖者。

10月25日，财政部、国家林业局印发《森林植被恢复费征收使用管理暂行办法》。

10月26日，《中国可持续发展林业战略研究总论》首发式在北京举行。

11月2日，周生贤局长签署第4号、第5号国家林业局令，公布

《林业行政处罚听证规则》和《林木种子生产、经营许可证管理办法》。

11 月 11 日，财政部印发《林业治沙贷款财政贴息资金管理规定》。

11 月 21 日，中国绿化基金会设立我国第一个"防沙治沙专项基金"。

12 月 14 日，国务院总理朱镕基签署第 367 号国务院令，公布《退耕还林条例》，自 2003 年 1 月 20 日起施行。

12 月 28 日，国家林业局决定在植树造林司设立"国家林业局防止外来有害生物入侵管理办公室"，加强对外来林业有害生物管理工作。

2003 年中国林业发展大事记

1 月 3 日，国家林业局印发《关于进一步加强京津风沙源治理工程区宜林荒山荒地造林的若干意见》，明确在签订合同的基础上，个体治沙可以享受国家补助，依法核发林权证。

1 月 24 日，国家林业局、国家工商行政管理总局联合印发《关于对利用野生动物及其产品的生产企业进行清理整顿和开展标记试点工作的通知》，规定自 2004 年 5 月 1 日起，开始采用统一的"野生动物经营利用管理专用标识"。

4 月 5 日，党和国家领导人胡锦涛、江泽民、吴邦国、温家宝、贾庆林、曾庆红、黄菊、吴官正、李长春、罗干在北京奥林匹克森林公园参加义务植树活动。胡锦涛同志指出："植树造林，绿化祖国，加强生态建设，是一件利国利民的大事。我们要一年一年、一代一代坚持干下去，让祖国的山川更加秀美，使我们的国家走上生产发展、生活富裕、生态良好的文明发展道路。"

4 月 30 日，经国务院批准，国家林业局会同财政部、中国人民银行联合印发《关于做好天然林资源保护工程区森工企业金融机构债务处理工作有关问题的通知》。

5月30日，国家林业局印发《引进林木种子苗木及其它繁殖材料检疫审批和监管规定》。

6月25日，《中共中央、国务院关于加快林业发展的决定》颁发。

7月9日，国家林业局、最高人民检察院等12个部门联合印发《关于适应形势需要做好严禁违法猎捕和经营野生动物工作的通知》。

8月14日，周生贤局长签署第9号国家林业局令，公布《林业标准化管理办法》，自2004年9月1日起施行。

8月21日，最高人民法院和最高人民检察院联合发布《关于执行〈中华人民共和国刑法〉确定罪名的补充规定（二)》，公布了7项新确立的罪名，其中有3项新罪名与林业相关。同日，国家林业局出台《退耕还林工程建设监理规定（试行)》。

9月18日，财政部、国家发展和改革委员会、国家林业局联合印发《关于全面清理整顿涉及木材生产经营收费项目的通知》。

10月14日，国家林业局印发《关于实行林业综合行政执法的试点方案的通知》，决定在11个省、直辖市的21个县和县级单位开展林业综合行政执法体制改革试点工作。

10月24日，中国野生植物保护协会在京成立。

10月26—28日，中国林木业可持续发展国际研讨会在京举行。

11月6日，中央机构编制委员会办公室批准成立国家林业局森林资源监督管理办公室。

12月15日，由德国政府提供511万欧元的资金支持，项目执行期为4年的中德技术合作"林业与可持续发展整体项目"两国政府正式换文。项目的目标是为中国西部地区森林可持续经营管理制定合适的政策和法律框架条件、战略和措施，并有效实施。

12月17日，中共中央文献研究室、国家林业局在人民大会堂举行《毛泽东论林业》（新编本）出版座谈会暨首发式。

12 月 18 日，国家林业局、公安部印发《关于加强森林公安队伍建设的意见》。

12 月 23 日，国家林业局印发《全国荒漠化和沙化监测管理办法（试行）》。

12 月 30 日，国家林业局印发《关于完善人工商品林采伐管理的意见》。

2004 年中国林业发展大事记

1 月 13 日，国家林业局出台《关于严格天然林采伐管理的意见》。

2 月 16 日，经国务院批准，由国家发展和改革委员会牵头，国家林业局、轻工业部门共同完成的《全国林纸一体化工程建设"十五"及 2010 年专项规划》开始实施。

3 月 20 日，国务院印发《关于坚决制止占用基本农田进行植树等行为的紧急通知》。

4 月 11 日，国家林业局局长周生贤签署国家林业局第 10 号令，发布《国家林业局关于废止部分部门规章和部分规范性文件的决定》。

4 月 15 日，国务院办公厅印发《关于进一步加强森林防火工作的通知》。

4 月 16 日，国务院办公厅印发《关于完善退耕还林粮食补助办法的通知》。

5 月 21 日，国家林业局召开东北、内蒙古重点国有林区森林资源管理体制改革试点工作会议。决定选择 6 个森工企业局开展森林资源管理体制试点，组建国有林管理机构，实现国有森林管理权与经营权彻底分开。这标志着东北、内蒙古重点国有林区森林资源管理体制改革试点工作正式启动。

5 月 26 日，国家林业局、财政部联合印发《重点公益林区划界定办法》。

6 月 8 日，国务院办公厅印发《关于加强湿地保护管理的通知》。

7 月 1 日，国家林业局局长周生贤签署国家林业局第 11 号令，发布《营利性治沙管理办法》，自 2004 年 9 月 1 日起施行。

7 月 16 日，"中国/全球环境基金干旱生态系统土地退化防治伙伴关系项目启动大会"在北京召开。

7 月 26 日，国家林业局发布 2004 年第 3 号公告，公告 32 项林业行政许可的名称、实施机关、承办机构、依据、条件、程序、期限、收费标准及其依据等内容。

7 月 28 日，财政部、国家发展改革委、国务院西部开发办、农业部、国家林业局、国家粮食局、中国农业发展银行联合印发《关于退耕还林、退牧还草、禁牧舍饲粮食补助改补现金后有关财政财务处理问题的紧急通知》。

11 月 5 日，国家林业局印发《全国推进依法治林实施纲要》。

11 月 29 日，国家林业局印发《全国林业产业发展规划纲要》。

12 月 10 日，财政部、国家林业局联合印发《中央森林生态效益补偿基金管理办法》。

12 月 23 日，国家林业局、卫生部、国家工商行政管理总局、国家食品药品监督管理局、国家中医药管理局联合印发《关于进一步加强麝、熊资源保护及其产品入药管理的通知》。

2005 年中国林业发展大事记

3 月 23 日，国家标准化管理委员会和国家质量监督检验检疫总局联合发布《飞播造林技术规程》，自 2005 年 9 月 1 日施行。

4月2日，党和国家领导人胡锦涛、吴邦国、贾庆林、曾庆红、黄菊、吴官正、罗干等在北京奥林匹克森林公园参加首都义务植树活动。胡锦涛强调：环境是经济社会可持续发展的依托，是我们共同生存的家园。加强环境保护和建设，是树立和落实科学发展观的必然要求，是坚持以人为本的具体体现。全社会都要坚持不懈地做好爱护环境、保护环境、建设环境的工作，努力实现人与自然和谐发展的目标。

4月8日，中央编制委员会办公室下发《关于增加国家林业局森林公安局直属机动队专项行政编制的批复》，同意成立国家林业局森林公安局直属机动队，专项行政编制4名。

4月17日，国务院办公厅下发《关于切实搞好"五个结合"进一步巩固退耕还林成果的通知》。

5月17日，国家林业局印发《国家林业局关于停止施行林木种子生产经营许可证年检制度的通知》。

5月23日，国家林业局局长周生贤签署国家林业局第13号令，公布《突发林业有害生物事件处置办法》。

5月25日，财政部、国家林业局印发《林业有害生物防治补助费管理办法》。

5月27日，国家林业局局长周生贤签署国家林业局第14号令，公布《林业行政处罚案件文书制作管理规定》。

6月1日，国家林业局局长周生贤签署国家林业局第15号令，公布《林业统计管理办法》。

6月7日，我国湿地保护领域最大外援项目"中国湿地生物多样性保护与可持续利用"项目第二阶段全面启动。

6月14日，国务院新闻办公室召开新闻发布会，通报第三次全国荒漠化和沙化监测结果，全国沙化土地实现了自新中国成立以来的首次缩减，沙化土地面积由20世纪末年均扩展3436平方公里转变为目前年均缩减 1283 平方公里。

6 月 16 日，财政部、国家林业局出台《林业贷款中央财政贴息资金管理规定》。财政部原《林业治沙贷款财政贴息资金管理规定》同时废止。同日，国家林业局局长周生贤签署国家林业局第 16 号令，公布《国家级森林公园设立、撤销、合并、改变经营范围或者变更隶属关系审批管理办法》。

6 月 27 日，中国银行业监督委员会、国家林业局联合印发《关于下达天然林保护工程区森工企业金融机构债务免除名单及免除额（第一批）的通知》。

7 月 4 日，财政部、国家林业局联合印发《国有贫困林场扶贫资金管理办法》。

7 月 14 日，国家林业局印发《国家林业局林木种子经营行政许可监督检查办法》。

7 月 28 日，国务院办公厅印发《关于解决森林公安及林业检法编制和经费问题的通知》。

8 月 16 日，经中央机构编制委员会办公室批准，国家林业局成立湿地公约履约办公室。

8 月 19 日，中国国家林业局与野生救援协会在北京共同签署《国家林业局和野生救援协会合作框架》协议，双方将通过多方面合作，推动中国野生动植物保护事业发展。

8 月 27 日，国务院批准《全国湿地保护工程实施规划（2005—2010 年）》。

9 月 6 日，国家林业局印发《国家林业局关于加快速生丰产用材林基地工程建设的若干意见》。

9 月 8 日，国务院颁发《国务院关于进一步加强防沙治沙工作的决定》。

9 月 23 日，国家林业局局长周生贤签署国家林业局第 17 号令，公布《普及型国外引种试种苗圃资格认定管理办法》。同日，国家林业局局长周生贤签署国家林业局第 18 号令，公布《松材线虫病疫木加工板材定点加工企业审批管理办法》。

9 月 27 日，国家林业局局长周生贤签署国家林业局第 19 号令，公布《引进陆生野生动物外来物种种类及数量审批管理办法》。

9 月 28 日，国家林业局、国家发展和改革委员会、财政部、国土资源部、水利部、农业部、国家环保总局联合下发《关于印发〈全国防沙治沙规划（2005—2010 年）〉的通知》。

10 月 31 日，国家林业局印发《关于进一步加强林业科技工作的决定》。

11 月 10 日，由国家林业局、浙江省人民政府和中国林学会联合主办的"首届中国林业学术大会"在浙江开幕。

11 月 15 日，中国在第九届湿地公约缔约方大会上当选为新一届常务理事会理事国。这是我国自 1992 年加入湿地公约以来首次当选国际湿地组织的常务理事国。

11 月 29 日，国务院办公厅印发《国务院办公厅转发发展改革委等部门关于加快推进木材节约和代用工作意见的通知》。

12 月 5 日，国家林业局成立"全国野生动植物保护及自然保护区建设工程——兰科植物种质资源保护中心"。

12 月 19 日，最高人民法院审判委员会第 1374 次会议通过《最高人民法院关于审理破坏林地资源刑事案件具体应用法律若干问题的解释》，于 2005 年 12 月 30 日起施行。

2006 年中国林业发展大事记

1 月 4 日，国务院召开第 119 次常务会议，决定在伊春开展国有林区林权制度改革试点工作。

3 月 28 日，国家林业局印发《关于贯彻〈中共中央国务院关于推进社会主义新农村建设的若干意见〉的实施意见》。

4 月 29 日，国务院总理温家宝签署第 465 号国务院令，公布《中华人民共和国濒危野生动植物进出口管理条例》，自 2006 年 9 月 1 日起施行。

同日，国务院总理温家宝专门听取了贾治邦局长关于 2006 年春季沙尘暴情况及林业工作的汇报并作出重要指示：要充分认识林业建设的成绩和问题；坚定不移地深化林业改革；大力加强林业基础设施建设；处理好兴林与富民的关系；高度重视、切实加强森林防火工作；巩固退耕还林成果，稳步推进退耕还林。

同日，国家林业局印发《国家林业局行政许可违规行为责任追究办法》。

5 月 11 日，国家林业局局长贾治邦签署第 20 号令，公布《开展林木转基因工程活动审批管理办法》，自 2006 年 7 月 1 日起施行。

5 月 19 日，国家林业局、财政部联合下发《关于做好天然林保护工程区森工企业职工"四险"补助和混岗职工安置等工作的通知》。

5 月 23 日，国家林业局印发《关于加强派驻森林资源监督机构自身建设的意见》。

5 月 29 日，国务院办公厅发出《关于成立国家森林防火指挥部的通知》。

6 月 6 日，经国务院批准，财政部、国家税务总局联合下发《财政部、国家税务总局关于中国老龄事业发展基金会等 8 家单位捐赠所得税政策问题的通知》，批准中国绿化基金会享受捐资全额免税政策。

7 月 18 日，国家林业局印发《全国林业自然保护区发展规划（2006—2030 年）》。

7 月 26 日，中国银监会和国家林业局联合下发《关于下达天然林保护工程区森工企业金融机构债务免除额（第二批）等有关问题的通知》，免除森工企业金融机构债务 8.24 亿元。

8 月 3 日，财政部、国家税务总局印发《关于以三剩物和次小薪材为原料生产加工的综合利用产品增值税即征即退政策的通知》。

8 月 15 日，国家林业局、财政部、中国银监会联合下发《关于做好天然林保护工程区木材加工等企业关闭破产工作的通知》。

8 月 28 日，国务院下发《国务院关于深化改革加强基层农业技术推广体系建设的意见》。

8 月 29 日，经中央机构编制委员会办公室批准，北京林业管理干部学院更名为国家林业局管理干部学院。

9 月 1 日，民政部批准设立中国治理荒漠化基金会。

11 月 1 日，国家林业局会同财政部、国家发展改革委、农业部、税务总局联合下发《关于发展生物能源和生物化工财税扶持政策的实施意见》。

11 月 13 日，国家林业局局长贾治邦签署第 21 号令，公布《林木种子质量管理办法》，自 2007 年 1 月 1 日起施行。

11 月 14 日，国家林业局印发《国家林业局关于贯彻落实〈国务院关于深化改革加强基层农业技术推广体系建设的意见〉的指导意见》。

11 月 21 日，国家林业局印发《中国森林可持续经营指南》《森林经营方案编制与实施纲要（试行）》。

11 月 28 日，全国林业血防工程正式启动。工程建设范围包括湖南、湖北、江西、安徽、江苏、四川和云南 7 个省的 194 个县（市），建设期 10 年。

12 月 21 日，中央机构编制委员会办公室批准设立国家森林防火指挥部办公室，与森林公安局合署办公。同日，国家林业局印发《国家林业局关于加快森林公园发展的意见》《退耕还林工程质量评估办法（试行）》。

12 月 27 日，国家林业局印发《关于发展油茶产业的意见》。

12 月 31 日，国务院办公厅印发《"十一五"期间国家突发公共事件应急体系建设规划》，森林防火、沙尘暴和陆生野生动物突发疫情应急能力建设被纳入该规划。

2007 年中国林业发展大事记

1 月 1 日，《林木种子质量管理办法》开始施行。

1 月 19 日，中共中央政治局委员、国务院副总理回良玉在听取国家林业局党组汇报林业工作时指出，2006 年林业发展取得重大进展，林业改革取得重大突破，森林防火取得重要成绩，进一步开创了林业改革与发展的新局面。回良玉强调，要充分认识新时期林业巨大的生态功能，努力加强生态建设和保护，切实担负起促进人与自然和谐发展的神圣使命；要充分认识林业巨大的经济功能，努力保障木材供给和发展林产业，切实担负起促进农民增收、新农村建设和国民经济又好又快发展的光荣任务；要充分认识林业巨大的社会功能，努力增加就业和建设生态文明，切实担负起促进社会和谐、推动社会进步的重要职责。

2 月 7 日，中国绿化基金会中国艺术家生态文化工作委员会在北京成立。

3 月 15 日，财政部、国家林业局联合出台新修订的《中央财政森林生态效益补偿基金管理办法》。

4 月 1 日，党和国家领导人胡锦涛、吴邦国、温家宝、贾庆林、曾庆红、吴官正、罗干等在北京奥林匹克森林公园参加首都义务植树活动。胡锦涛强调：保护生态、美化环境，是全面落实科学发展观的必然要求，也是关系人民群众切身利益的一件大事，一定要坚持不懈、年复一年地抓好。我们每一个公民都要把植树造林、绿化祖国作为自己的义务和责任，积极投身全民义务植树活动。

4 月 3 日，中华人民共和国国际湿地公约履约办公室在北京挂牌成立。

4 月 6 日，国务院办公厅印发《国务院办公厅关于发布河北塞罕坝等 19 处新建国家级自然保护区名单的通知》，林业部门新增国家级自然保护区 15 处，从而使林业部门管理的国家级自然保护区达到 213 处，占全国国家级自然保护区数量的 75%。

4 月 6 日，国家林业局与中国粮油食品（集团）有限公司在北京举行合作框架协议签字仪式，共同发展林业生物质能源。

5 月 2 日，国家林业局印发《中国森林防火科学技术研究中长期发展纲要（2006—2020 年）》。

5 月 12—22 日，由中央农村工作领导小组办公室、国家发改委、财政部、人民银行、国家林业局、国务院研究室等 6 部门组成的集体林权制度改革调研组，到江西、福建两省就集体林权制度改革情况进行专题调研。

5 月 25 日，《中华大典·林业典》编纂和中国林业史料收集工作在北京启动。这是新中国成立以来林业系统规模最大的两项生态文化工程。

5 月 25 日，经国务院批准，国家发改委和国家林业局等 8 部（委、局）共同下发《国家文化和自然遗产地保护"十一五"规划纲要》。

6 月 20 日，国务院总理温家宝主持召开国务院常务会议，决定延长退耕还林政策补助期，即现行补助期满后，中央财政再延长一个周期对退耕农户给予适当补助。

7 月 20 日，中国绿化基金会中国绿色碳基金成立仪式在北京举行。

8 月 9 日，国务院印发《关于完善退耕还林政策的通知》。

8 月 14 日，国家林业局、国家发改委、财政部、商务部、国家税务总局、中国银监会、中国证监会七部门联合印发《林业产业政策要点》。

8 月 20 日，全国林业产业大会暨中国林业产业协会成立大会在浙江杭州召开。

8 月 27 日，国家林业局、商务部联合编制的《中国企业境外可持续森林培育指南》正式发布。

9 月 8 日，国家林业局贾治邦局长签署国家林业局令第 22 号，发布《林木种质资源管理办法》，该办法自 2007 年 11 月 1 日起施行。

11 月 1 日，国家林业局、中国生态道德促进会向福建省莆田市授牌"中国生态文明建设湄州岛示范基地"，标志我国第一个海岛生态文明建设示范基地诞生。

2008 年中国林业发展大事记

2 月 12 日，国家林业局发布《南方雨雪冰冻灾害地区林业科技救灾减灾技术要点》。

3 月 19 日，国家林业局印发《京津风沙源治理工程区人工造林特大灾害损失面积核定办法（试行）》。

3 月 24 日，经国务院同意，国家发展改革委、国家林业局等 6 部委局联合印发《岩溶地区石漠化综合治理规划大纲》，并启动岩溶地区石漠化综合治理试点项目。同日，国家林业局印发《促进野生动植物资源和自然保护区生态系统灾后恢复的指导意见》。

3 月 31 日，国家林业局发布 2008 年第 6 号公告，公布《森林生态系统服务功能评估规范》等 48 项林业行业标准目录。

4 月 5 日，党和国家领导人胡锦涛、吴邦国、温家宝、贾庆林、李长春、习近平、李克强、贺国强等在北京奥林匹克森林公园参加首都义务植树活动。胡锦涛强调：全民义务植树活动，是动员全社会参与生态文明建设的一种有效形式。我们今天多种一棵树，祖国明天就会多添一片绿。全国人民持之以恒地开展植树造林，我国生态环境就一定能够不断得到改善。

4月17日，中共中央总书记胡锦涛主持召开中央政治局常委会，研究部署全面推进集体林权制度改革工作。

4月28日，中共中央总书记胡锦涛主持中央政治局会议，研究部署推进集体林权制度改革。会议认为，集体林地是国家重要的土地资源，是林业重要的生产要素，是农民重要的生活保障。实行集体林权制度改革，在坚持集体林地所有权不变的前提下，依法将林地承包经营权和林木所有权承包和落实到本集体经济组织的农户，确立农民作为林地承包经营权人的主体地位，对于充分调动广大农民发展林业生产经营的积极性，促进农民脱贫致富，推进社会主义新农村建设，建设生态文明，推动经济社会可持续发展，具有重大意义。会议指出，集体林权制度改革，是农村生产关系的一次变革，事关全局，影响深远。必须坚持农村基本经营制度，确保农民平等享有集体林地承包经营权；坚持统筹兼顾各方利益，确保农民得实惠、生态受保护；坚持尊重农民意愿，确保农民的知情权、参与权、决策权；坚持依法办事，确保改革规范有序；坚持分类指导，确保改革符合实际。各地区各部门要切实加强组织领导，在认真总结试点经验的基础上，依法明晰产权、放活经营、规范流转、减轻税费，全面推进集体林权制度改革，逐步形成集体林业的良性发展机制，实现资源增长、农民增收、生态良好、林区和谐的目标。

4月30日，国家林业局印发《国家林业局政府信息公开指南》及《国家林业局政府信息2003年至2007年面向社会公开目录》。

5月6日，人力资源和社会保障部印发《关于批准国家林业局防治荒漠化管理中心、国有林场和林木种苗工作总站、林业工作站管理总站、西北华北东北防护林建设局参照公务员法管理的函》，至此，国家林业局参照公务员法管理的单位已达到 21 个，编制总数为 555 名。

6 月 1 日，国家林业局、商务部联合制定的《中国企业境外可持续森林培育指南》中英文版正式出版发行。

6 月 5 日，国务院办公厅印发《国务院办公厅关于调整全国绿化委员会组成人员的通知》。

6 月 8 日，中共中央印发《中共中央　国务院关于全面推进集体林权制度改革的意见》。

7 月 10 日，国务院办公厅印发《国务院办公厅关于印发国家林业局主要职责内设机构和人员编制规定的通知》。规定：国家林业局设 11 个内设机构（副司局级），包括办公室、政策法规司、造林绿化管理司（全国绿化委员会办公室）、森林资源管理司（木材行业管理办公室）、野生动植物保护与自然保护区管理司、农村林业改革发展司、森林公安局（国家森林防火指挥部办公室）、发展规划与资金管理司、科学技术司、国际合作司（港澳台办公室）和人事司。机关行政编制 292 名。国家林业局增设国家森林防火指挥部专职副总指挥 1 名，总工程师 1 名。

8 月 1 日，国家林业局局长贾治邦签署第 25 号令，公布《林业行政许可听证办法》，自 2008 年 10 月 1 日起施行。

9 月 25 日，亚太森林恢复与可持续管理网络和网络网站在北京启动。

10 月 8 日，中国生态文化协会在北京成立。

10 月 24 日，国家林业局会同环境保护部、农业部、水利部汇总完成了《汶川地震灾后恢复重建生态修复专项规划》，国家发展改革委和国家林业局联合环境保护部、农业部、水利部印发，作为国家汶川地震灾后恢复重建的 10 个专项规划之一。

10 月 29 日，《中国应对气候变化的政策与行动》白皮书正式对外发布。白皮书全面介绍了气候变化对中国的影响、中国减缓和适应气候变化的政策与行动，以及中国对此进行的体制机制建设，充分肯定了植树造林对控制温室气体排放、提高适应气候变化能力的作用。

11 月 12 日，国务院第 35 次常务会议听取并原则同意雨雪冰冻和地震灾后林业生态恢复重建政策措施等有关问题的汇报，确定组织编制《雨雪冰冻灾后林业生态恢复重建规划》，按程序报国务院审批，明确了灾后林业生态恢复重建的各项政策。同日，国务院审议通过雨雪冰冻灾后林业生态恢复措施，明确规定"对林木良种繁育给予适当支持"和"建立政策性森林保险制度"等林业政策。

11 月 19 日，国家林业局印发《防护林造林工程投资估算指标（试行）》。

12 月 1 日，新修订的《森林防火条例》公布，自 2009 年 1 月 1 日起施行。

2009 年中国林业发展大事记

2 月 3 日，国家林业局印发《全国林业信息化建设纲要》和《全国林业信息化建设技术指南》。

3 月 18 日，国务院总理温家宝主持召开国务院常务会议，审议通过《全国森林防火中长期发展规划》。

3 月 23 日，国务院办公厅印发《国务院办公厅关于转发林业局等部门省级政府防沙治沙目标责任考核办法的通知》。同日，国家林业局、商务部联合发布《中国企业境外森林可持续经营利用指南》。

4 月 15 日，国家林业局决定成立油茶产业发展办公室。

4 月 27 日，经中央机构编制委员会办公室批准同意，国家林业局亚太森林网络管理中心成立。

5 月 25 日，财政部、国家林业局联合发出《财政部、国家林业局关于印发〈育林基金征收使用管理办法〉的通知》。

5 月 26 日，中国人民银行、财政部、银监会、保监会和国家林业局联合发布《关于做好集体林权制度改革和林业发展金融服务工作的指导意见》。

5 月 27 日，中国林科院推荐的澳大利亚籍专家维克多·罗伊·斯夸尔获中华人民共和国国际科学技术合作奖。这是我国林业系统国际合作专家首次获此殊荣。

6 月 1 日，国家湿地科学技术专家委员会在北京成立。

6 月 17 日，中国林科院荒漠化研究所成立。

6 月 22—23 日，中央林业工作会议在北京举行。中共中央政治局常委、国务院总理温家宝会见出席会议的全体代表并发表重要讲话。温家宝总理在讲话中明确指出，林业在贯彻可持续发展战略中具有重要地位，在生态建设中具有首要地位，在西部大开发中具有基础地位，在应对气候变化中具有特殊地位。

7 月 16 日，国家林业局印发《关于改革和完善集体林采伐管理的意见》。

8 月 7 日，国家林业局驻各地方森林资源监督专员办与国家林业局濒危物种进出口管理中心各办事处正式合署办公。

8 月 15 日，国务院办公厅印发《国务院办公厅关于进一步推进三北防护林体系建设的意见》。

8 月 18 日，国家林业局印发《关于促进农民林业专业合作社发展的指导意见》。

10 月 15 日，国家林业局印发《关于切实加强集体林权流转管理工作的意见》。

10 月 19 日，经国务院批准，国家林业局和国家发展改革委员会联合印发《全国森林防火中长期发展规划》。

10 月 29 日，国家林业局、国家发展改革委、财政部、商务部、国家税务总局联合印发《林业产业振兴规划（2010—2012 年)》。

10 月 30 日，国家林业局、财政部印发《国家级公益林区划界定办法》。

11 月 6 日，国家林业局发布《应对气候变化林业行动计划》。

11 月 9 日，国家发展改革委、财政部、国家林业局联合发布《全国油茶产业发展规划（2009—2020 年)》。

11 月 10 日，经国家认监委批准书，国家林业局委托中国林业产业协会筹建的中林天合森林认证中心正式成立。

11 月 23 日，中国林业产权交易所在北京揭牌运营。

11 月 25 日，国务院总理温家宝主持召开国务院常务会议，研究部署应对气候变化工作。会议决定，通过植树造林和加强森林管理，到 2020 年森林面积比 2005 年增加 4000 万公顷，森林蓄积量增加 13 亿立方米。

11 月 30 日，中国林科院湿地研究所成立。

2010 年中国林业发展大事记

1 月 1 日，农业部、国家林业局发布 2010 年第 1 号，公布《农村土地承包经营仲裁规则》，自 2010 年 1 月 1 日起施行。

1 月 1 日，农业部、国家林业局发布 2010 年第 2 号令，公布《农村土地承包仲裁委员会示范章程》，自 2010 年 1 月 1 日起施行。

1 月 12 日，国家林业局召开电视电话会议，正式启动全国森林抚育试点工作。财政部和国家林业局决定：从 2009 年底起开展森林抚育补贴试点，拨付试点补贴资金 5 亿元，安排试点任务 500 万亩，每亩补助 100 元。这是我国继建立生态补偿基金制度后林业政策的又一重大突破，标志着我国森林经营补贴机制正式建立。

3月10日，中央机构编制委员会办公室批复同意成立国家林业局信息中心。

3月18日，教育部批复同意在南京森林公安高等专科学校基础上建立南京森林警察学院。批准南京森林警察学院全日制在校生规模暂定5300人，首批设置5个本科专业，即：治安学、侦查学、刑事科学技术、消防工程（林火管理方向）、信息安全。4月27日，中央机构编制委员会办公室批复同意南京森林公安高等专科学校更名为南京森林警察学院。

3月25日，联合国粮农组织发布2010年全球森林资源评估主要结果报告，充分肯定了中国在造林绿化、林业发展和生态建设中取得的瞩目成就，高度评价了中国在扭转全球森林资源持续减少中所作的重大贡献。报告先后4次提及和列举中国，中国是被提及次数最多的国家。报告在阐述世界森林资源分布时提到，"全球超过50%的森林资源集中分布在5个国家，中国是其中之一，列俄罗斯、巴西、加拿大和美国之后，位居第五"；在评价世界森林资源变化时报告称，"进入新世纪以来，亚洲地区森林面积在上世纪90年代减少的情况下，出现了净增长，主要归功于中国大规模植树造林，抵消了南亚及东南亚地区森林资源的持续大幅减少"；在评估世界人工林资源发展状况时又提到，"2005—2010年世界人工林面积每年增加约500万公顷，主要原因是中国近年来在无林地上实施了大面积造林"；在分析世界防护林资源变化原因时特别指出，"1990—2010年世界防护林面积增加了5900万公顷，主要归结于20世纪90年代以来，中国大面积营造防风固沙林、水土保持林、水源涵养林和其他防护林"。

4月3日，党和国家领导人胡锦涛、吴邦国、温家宝、贾庆林、李长春、习近平、李克强、贺国强等，在北京市海淀区北坞公园参加首都义务植树活动。胡锦涛强调：开展全民义务植树活动，对于改善环境质量、建设生态文明、应对气候变化、推动科学发展，都具有重要意义。要持之以恒地把这项活动开展下去，动员全社会为建设祖国秀美山川作出不懈努力，为广大人民群众创造一个优美宜居的生活环境。

4 月 11 日，中共中央政治局常委、国务院总理温家宝在安徽省考察时说，我特别重视集体林权制度改革这件事，因为它给山区农民开辟了一条致富的路子。农民有了经营权，就可以在林地上做大文章，不仅可以种植林木，还可以发展林下产业，不仅有经济效益，还有生态效益和社会效益。我们要加强制度建设并给予技术指导，把这件事情办好。

5 月 21 日，国家林业局发布 2009 年全国林业统计年度报告。结果显示：全国造林面积连续 4 年大幅增长，全国林业产业总产值年平均增速为 19.92%。2009 年林业投资增长 36.88%，是近年来增速最快的一年。

5 月 31 日，财政部、国家林业局联合印发《关于 2010 年湿地保护补助工作的实施意见》，决定从 2010 年起开展湿地保护补助工作。

6 月 9 日，国务院总理温家宝主持召开国务院常务会议，审议并原则通过《全国林地保护利用规划纲要（2010—2020 年）》。会议指出，林地是国家重要的自然资源和战略资源，是森林赖以生存发展的根基。编制实施全国林地保护利用规划纲要，加强林地保护、提高林地利用效率，对于发展现代林业、保障国土生态安全、建设生态文明和应对全球气候变化，具有重要意义。

7 月 19 日，中国绿色碳汇基金会在民政部注册成立，业务主管部门是国家林业局。该基金会是中国第一家以增汇减排、应对气候变化为目的的全国性公募基金会。中国绿色碳汇基金会致力于推进以应对气候变化为目的的植树造林、森林经营、减少毁林和其他相关的增汇减排活动，普及有关知识，提高公众应对气候变化意识和能力，支持和完善中国森林生态补偿机制。

8月17日，国务院总理温家宝在北京主持召开国务院振兴东北地区等老工业基地领导小组第二次全体会议。会议审议并原则通过《大小兴安岭林区生态保护和经济转型规划》与《关于加快东北地区农业发展方式转变建设现代农业的指导意见》。

9月28日，财政部和国家林业局决定，自2010年起设立中央财政森林公安转移支付资金，并下达2010年中央财政转移支付资金5亿元。

10月20日，经国家林业局批准，绿色经济研究中心、竹藤资源与环境研究中心、竹藤生物质新材料研究中心、竹藤资源化学利用研究中心、基因科学与基因产业化研究中心和热带森林植物种质资源试验中心6个研究机构，在国际竹藤网络中心揭牌成立。

10月22日，国家林业局林业碳汇计量监测中心揭牌仪式在北京举行。

11月1日，国家林业局、国家发展改革委、财政部联合印发《全国林木种苗发展规划（2011—2020年)》。

11月4日，经国家林业局批准，依托北京大学建立的国家湿地保护与修复技术中心在北京举行揭牌仪式。

11月20日，我国竹藤领域中第一个新型的产学相结合的国家级工程中心——国家竹藤工程技术研究中心建设项目，在国际竹藤网络中心安徽太平试验中心举行开工仪式。

11月26日，国家林业局林业资源综合监管服务体系试点建设项目正式启动。

12月29日，国务院总理温家宝在北京主持召开国务院第138次常务会议。会议决定，2011年至2020年，实施天然林资源保护二期工程，实施范围在原有基础上增加丹江口库区的11个县（市、区），中央投入2195亿元。力争经过10年努力，新增森林面积520万公顷，森林蓄积净增加 11 亿立方米，森林碳汇增加 4.16 亿吨，生态状况与林区民生进一步改善。

2011 年中国林业发展大事记

1 月 4 日，国家林业局发布第四次全国荒漠化和沙化监测成果。截至 2009 年底，全国荒漠化土地面积 262.37 万平方公里，沙化土地面积 173.11 万平方公里，分别为国土总面积的 27.33% 和 18.03%。2005—2009 年，全国荒漠化土地面积年均减少 2491 平方公里，沙化土地面积年均减少 1717 平方公里。

1 月 25 日，贾治邦局长签署国家林业局令第 26 号，公布《国家林业局关于废止和修改部分部门规章的决定》，废止《林业系统内部审计工作规定》，对《植物检疫条例实施细则（林业部分）》等部门规章的部分条款作出修改。

1 月 26 日，财政部、国家林业局印发《中央财政林业科技推广示范资金绩效评价暂行办法》。

2 月 14 日，国家林业局印发《全国木材（林业）检查站建设规划（2011—2015 年）》。

2 月 15 日，国家林业局发布《能源林可持续培育指南》及《小桐子可持续培育指南》。

3 月 9 日，国家林业局印发《全国防沙治沙综合示范区建设规划（2011—2020 年）》。

3 月 11 日，财政部印发《关于整合和统筹资金支持木本油料产业发展的意见》，决定从 2011 年起整合和统筹资金支持木本油料产业发展，当年实施范围包括 21 个省（自治区、直辖市）。

3 月 25 日，国家林业局印发《全国林业信息化发展"十二五"规划（2011—2015 年)》。

3 月 30 日，国务院总理温家宝主持召开国务院常务会议，讨论通过《青藏高原区域生态建设与环境保护规划（2011—2030 年)》。

4 月 19 日，经中央编制委员会办公室批复，设立国家林业局驻北京、上海森林资源监督专员办事处；撤销国家林业局驻兰州森林资源监督专员办事处；撤销国家林业局濒危物种进出口管理中心北京、上海等 22 个办事处。调整后，国家林业局设立 15 个派驻地方森林资源监督专员办事处，除大兴安岭专员办外，其他 14 个专员办均加挂"中华人民共和国濒危物种进出口管理办公室××办事处"牌子。

5 月 4 日，国家林业局印发《林业生物能源原料基地检查验收办法》。

5 月 11 日，国家林业局、国家旅游局在北京举行《关于推进森林旅游发展的合作框架协议》签字仪式。

5 月 20 日，贾治邦局长签署国家林业局第 27 号令，公布《国家级森林公园管理办法》，自 2011 年 8 月 1 日起施行。同日，国家林业局印发《履行濒危野生动植物种国际贸易公约发展规划（2011—2015 年)》。

5 月 26 日，国家林业局、中国科学院野生动物疫病研究中心挂牌仪式在中国科学院动物研究所举行。

5 月 30 日，国家林业局印发《国家重点林木良种基地管理办法》。

6 月 16 日，全国绿化委员会、国家林业局联合印发《全国造林绿化规划纲要（2011—2020 年)》。

6 月 28 日，中国林产工业协会红木分会成立，挂靠中国林业科学研究院木材工业研究所。

7 月 18 日，经中央机构编制委员会办公室批复，同意在国家林业局国有林场和林木种苗工作总站加挂"国家林业局森林公园保护与发展中心"牌子，其管理实行"一套人马、两块牌子"。

7 月 25 日，国家林业局贾治邦局长签署国家林业局令第 28 号，发布《大熊猫国内借展管理规定》，自 2011 年 9 月 1 日起施行。

8 月 15 日，国家林业局印发《国家林业局关于进一步加强林业有害生物防治工作的意见》。

8 月 29 日，经中央机构编制委员会办公室批复，国家林业局国际竹藤网络中心更名为国家林业局国际竹藤中心。

8 月 30 日，国家林业局印发《林业发展"十二五"规划》。

9 月 6 日，首届亚太经合组织林业部长级会议在人民大会堂开幕。国家主席胡锦涛出席并致辞。会议主题是"加强区域合作，促进绿色增长，实现亚太林业可持续发展"。

9 月 7 日，"亚太森林恢复与可持续管理组织"揭牌仪式在北京举行。国务院副总理回良玉出席揭牌仪式。

9 月 21 日，国家林业局印发《国家林业局关于加强林业系统廉政风险防控机制建设的意见》。

9 月 26 日，财政部、国家税务总局印发《关于天然林保护工程（二期）实施企业和单位房产税、城镇土地使用税政策的通知》，明确 2011—2020 年国家对用于天然林保护工程的房产、土地，以及实施天然林保护工程闲置一年以上不用的房产和土地，免征房产税、城镇土地使用税。

10 月 17 日，国家林业局、国家发展改革委联合发出通知，在河北、浙江、安徽、江西、山东、湖南、甘肃 7 省开展全国国有林场改革试点。试点工作原则上在 2 年内完成。

10 月 30 日，中国绿色能源发展基金在北京成立。

10 月 31 日，国家林业局印发《全国林业"十二五"利用国际金融组织贷款项目发展规划》。

11 月 1 日，经国家林业局同意，中国绿色碳汇基金会与华东林业产权交易所先行开展林业碳汇交易试点，这是我国启动的首个林业碳汇交易试点。

11月2日，国家林业局正式启动森林资源可持续经营管理试点工作，拟在全国200个单位开展以森林采伐管理改革为核心的森林资源可持续经营管理试点工作。

11月9日，国务院总理温家宝主持召开国务院常务会议，讨论通过《"十二五"控制温室气体排放工作方案》，明确了我国控制温室气体排放的总体要求和重点任务。其中，努力增加森林碳汇成为该方案的重要内容之一。

同日，国家林业局、国家旅游局印发《关于加快发展森林旅游的意见》，提出共同把发展森林旅游上升为国家战略，作为建设生态文明的重要任务，实现兴林富民战略支撑点，推动绿色低碳发展的重点领域，促进旅游业发展的新的增长极。

11月10日，财政部、国家林业局印发《中央财政湿地保护补助资金管理暂行办法》。

11月15日，国家林业局石漠化监测中心在长沙市挂牌成立。

11月16日，国务院总理温家宝主持召开国务院常务会议，决定建立青海三江源国家生态保护综合试验区。会议批准实施《青海三江源国家生态保护综合试验区总体方案》。试验区包括玉树、果洛、黄南、海南4个藏族自治州21个县和格尔木市唐古拉山镇。

11月21日，经国务院批准，财政部、国家税务总局印发《关于调整完善资源综合利用产品及劳务增值税政策的通知》，明确对以三剩物、次小薪材和农作物秸秆为原料生产的综合利用产品将继续实行增值税即征即退等优惠政策。

11月22日，国务院新闻办公室发布《中国应对气候变化的政策与行动（2011）》白皮书，提出我国应对气候变化的主要目标，其中包括

3 项重要林业指标："十二五"时期我国新增森林面积 1250 万公顷，森林覆盖率提高到 21.66%，森林蓄积量增加 6 亿立方米。

12 月 1 日，中共中央、国务院印发《中国农村扶贫开发纲要（2011—2020 年）》，提出农村扶贫开发工作的总体要求和目标任务。其中，林业和生态扶贫目标任务是：到 2015 年，贫困地区森林覆盖率比 2010 年底增加 1.5 个百分点；到 2020 年，森林覆盖率比 2010 年底增加 3.5 个百分点。

12 月 28 日，国家林业局印发《全国林业人才发展"十二五"规划》和《全国林业教育培训"十二五"规划》。

2012 年中国林业发展大事记

1 月 4 日，国家林业局发布《关于开展森林经营样板基地建设的指导意见》。

1 月 8 日，国家林业局集体林权制度改革项目荣获第六届"中国地方政府创新奖·特别奖"。

1 月 14 日，国家林业局印发《中央财政造林补贴检查验收管理办法（试行）》，自发布之日起施行。

2 月 10 日，国家林业局印发《主要林业有害生物成灾标准》。

2 月 23 日，国家林业局发布 2012 年第 5 号公告，公布《国家森林城市评价指标》等 103 项行业标准，自 2012 年 7 月 1 日起实施。

3 月 9 日，全国绿化委员会、国家林业局决定将福建省长汀县作为"全国生态文明建设和现代林业建设示范县"。

4 月 3 日，党和国家领导人胡锦涛等到北京市丰台区永定河畔参加首都义务植树活动。胡锦涛强调，开展全民义务植树活动，是应对气候变化、改善生态环境、实现绿色增长的有效途径。我们要年复一年地把全民义务植树活动开展下去，广泛动员干部群众，充分发挥科技作用，积极扩大绿化面积，努力巩固植树成果，为祖国大地披上美丽绿装，为科学发展提供生态保障。

4月24日，国家林业局知识产权研究中心在中国林科院挂牌成立。

5月14日，国家林业局印发《灌木能源林培育利用指南和无患子原料林可持续培育指南》。同日，国家林业局印发《关于支持贵州省加快林业发展的意见》。同日，国家林业局印发《森林抚育检查验收办法》，自公布之日起执行。

6月5日，全国林业党建研究会成立大会在北京召开。会议审议通过《全国林业党建研究会章程》，选举张建龙同志任全国林业党建研究会会长。

6月14日，国务院新闻办公室举行我国岩溶地区第二次石漠化监测结果新闻发布会，截至2011年，我国石漠化土地面积为1200.2万公顷，占监测区国土面积的11.2%，占岩溶面积的26.5%。与2005年相比，石漠化土地净减少96万公顷，减少了7.4%；年均减少1600平方公里，缩减率为1.27%。结果表明，我国土地石漠化整体扩展的趋势得到初步遏制，由过去持续扩展转变为净减少，岩溶地区生态状况呈良性发展态势，但局部地区仍在恶化，防治形势仍很严峻。

6月20—22日，联合国可持续发展大会在巴西里约热内卢举行，联合国193个成员国近130位国家元首和政府首脑出席会议。中国国务院总理温家宝在会上发表了《共同谱写人类可持续发展新篇章》的演讲。大会最终通过的会议成果文件《我们憧憬的未来》，涉及林业问题内容全面、基调积极，体现了各方对林业与减贫、发展绿色经济、防治荒漠化、保护生物多样性和山区综合开发等问题认识的不断深入，对确立林业在促进全球经济繁荣、社会包容和环境保护中的地位具有重要的指导意义。

6 月 28 日，国家林业局、教育部、共青团中央和中国生态文化协会联合授予云南省施甸县善洲林场"国家生态文明教育基地"荣誉称号。

7 月 5 日，国家林业局印发《林业科学和技术"十二五"发展规划》。

7 月 16 日，全国森林消防和林业有害生物防治标准化技术委员会在北京成立。

7 月 16—21 日，中共中央政治局常委、全国人大常委会委员长吴邦国赴黑龙江大兴安岭等地调研时，要求继续实施林业重点工程建设，要立足于让林区老百姓增收致富，走出一条林业转型发展、林农增收致富的新路子。

7 月 24 日，国家林业局出台《国有林场森林经营方案编制和实施工作的指导意见》。

7 月 30 日，国务院办公厅印发《关于加快林下经济发展的意见》。

9 月 21 日，国家林业局印发《关于加快科技创新促进现代林业发展的意见》。

10 月 9 日，国家林业局生态监测评估中心在北京成立。

10 月 13 日，国家林业局、住房城乡建设部、中国科学院联合出台《关于加强植物园植物物种资源迁地保护工作的指导意见》。

10 月 15 日，中央财政新增安排国有林场改革试点补助资金 12 亿元，用于浙江、安徽、江西、山东、湖南和甘肃等 6 个试点省份解决国有林场职工社会保险和分离办社会职能等问题。

10 月 29 日，国家林业局印发《关于加强国有林场森林资源管理保障国有林场改革顺利进行的意见》。

11 月 7 日，国家林业局、财政部、人力资源和社会保障部联合印发《关于切实做好天然林资源保护工程一次性安置职工社会保险补贴政策落实工作的通知》，中央财政新增安排天保工程一次性安置职工社会保险补贴资金50.75亿元，支持有关省（区、市）解决天保工程安置职工生活困难和社会保障问题。

12月5日，中国政府网站绩效评估结果发布会在人民大会堂召开，中国林业网（国家林业局政府网）由部委网站第十名越升到第四名，荣获中国互联网最具影响力政府网站等重大奖项。

12月17日，国务院办公厅印发《国务院办公厅关于印发国家森林火灾应急预案的通知》，2005年5月14日经国务院批准、由国务院办公厅印发的《国家处置重、特大森林火灾应急预案》同时废止。

12月25日，国家林业局印发《未成林地自然灾害受损核定办法（试行）》。

12月26日，国务院办公厅印发《国务院办公厅关于加强林木种苗工作的意见》。

12月31日，财政部、国家林业局联合印发《中央财政林业补贴资金管理办法》，林木良种、造林、森林抚育等林业补贴资金由试点正式步入常态化、制度化轨道。

2013 年中国林业发展大事记

1月4日，国家林业局印发《关于开展森林经营样板基地建设的指导意见》，有效期至2018年6月30日。

1月22日，国家林业局局长赵树丛签署第30号令，公布《国家林业局委托实施野生动植物行政许可事项管理办法》，自2013年4月1日起施行。

同日，国家林业局局长赵树丛签署第31号令，公布《陆生野生动物疫源疫病监测防控管理办法》，自2013年4月1日起施行。

1月28日，国家林业局印发《全国林业机械发展规划（2011—

2020 年）》。

1 月 31 日，国家林业局印发《全国林业科技推广体系建设规划（2011—2020 年）》。

2 月 5 日，国家林业局印发《全国木材战略储备生产基地建设规划（2013—2020 年）》。

2 月 17 日，国家林业局印发《太行山绿化三期工程规划（2011—2020 年）》《珠江流域防护林体系建设三期工程规划（2011—2020 年）》。

2 月 22 日，《2012 年国民经济和社会发展统计公报》发布，公报显示，2012 年，我国林业事业发展平稳，持续推进，全年完成造林面积601 万公顷，其中人工造林 410 万公顷。林业重点工程完成造林面积274 万公顷，占全部造林面积的 45.6%。全年木材产量 8088 万立方米，人造板产量 20696 万立方米。

2 月 25 日，国家林业局印发《国家珍贵树种培育示范县管理办法（试行）》。

3 月 5 日，国家发展改革委、国家林业局、农业部、水利部联合印发《京津风沙源治理二期工程规划（2013—2022 年）》，标志着为期 10年的京津风沙源治理二期工程正式启动。

3 月 20 日，经国务院批准，《全国防沙治沙规划（2011—2020年）》正式发布实施。

3 月 28 日，国家林业局局长签署第 32 号令，公布《湿地保护管理规定》，自 2013 年 5 月 1 日起施行。

4 月 2 日，党和国家领导人习近平、李克强、张德江、俞正声、刘云山、王岐山、张高丽等来到位于北京市丰台区永定河畔的植树点参加义务植树。习近平强调，要加强宣传教育、创新活动形式，引导广大人民群众积极参加义务植树，不断提高义务植树尽责率，依法严格保护森林，增强义务植树效果，把义务植树深入持久开展下去，为全面建成小康社会、实现中华民族伟大复兴的中国梦不断创造更好的生态条件。

4月8日，国家林业局印发《长江流域防护林体系建设三期工程规划（2011—2020年)》。

4月23日，国家林业局印发《全国平原绿化三期工程规划（2011—2020年)》。

4月27日，国家林业局、财政部联合印发《国家级公益林管理办法》。

5月2日，国家林业局局长赵树丛、国家档案局杨冬权签署第33号令，公布《集体林权制度改革档案管理办法》，自2013年6月22日起施行。

5月28日，国家林业局印发《全国林业生物质能源发展规划（2011—2020年)》。

6月6日，由国家林业局、住房和城乡建设部、中国科学院共同设立、由中科院牵头组建的中国植物园联盟正式启动建设。

6月8日，国家林业局局长赵树丛主持召开局党组会，研究成立林业改革领导小组等事宜。会议决定成立国家林业局林业改革领导小组，主要职责是：贯彻执行党中央、国务院关于林业改革的方针政策，负责指导全国林业改革工作；提出林业改革工作的指导意见；研究解决林业改革中出现的重大问题。

7月10日，国家林业局在北京举行新闻发布会，正式启动实施长江流域防护林体系建设、珠江流域防护林体系建设、太行山绿化、平原绿化三期工程（2011—2020年)。到2020年，国家将投资2129亿元，完成造林2167.2万公顷（包括人工造林、封山育林、飞播造林），促进工程区防护林体系更趋健全，生态状况明显改善，工程区森林覆盖率平均提升4.1个百分点。

7月29—30日，我国国有林场举办的首届国家级职业技能竞赛——首届国有林场职业技能竞赛在河北省塞罕坝机械林场总场举行。

8 月 2 日，国家林业局印发《全国竹产业发展规划（2013—2020 年)》。

8 月 5 日，经国务院同意，国家发展和改革委员会、国家林业局正式批复河北、浙江、安徽、江西、山东、湖南、甘肃 7 个省的国有林场改革试点方案，我国国有林场改革试点正式启动。

8 月 12 日，国家林业局印发《关于进一步加快林业信息化发展的指导意见》。

8 月 21 日，国家林业局印发《中国智慧林业发展指导意见》。

9 月 3 日，中央财政启动林下经济中药材种植补贴试点工作。

9 月 6 日，国家林业局印发《推进生态文明建设规划纲要》。

11 月 1 日，《中国森林经营国家报告》出版，《报告》系首次综合反映新时期中国森林可持续经营进展的国别报告。

11 月 20 日，国家林业局印发《林业专业合作社示范章程（示范文本)》，有效期至 2018 年 12 月 31 日。

12 月 18 日，国务院总理李克强主持召开国务院常务会议，部署推进青海三江源生态保护、建设甘肃省国家生态安全屏障综合试验区、京津风沙源治理、全国五大湖区湖泊水环境治理等一批重大生态工程。

12 月 31 日，国家林业局印发《国家沙漠公园试点建设管理办法》。《办法》自 2014 年 2 月 1 日起施行，有效期至 2017 年 9 月 30 日。同日，国家林业局印发《林业固定资产投资建设项目管理办法》。

2014 年中国林业发展大事记

1 月 9 日，国家林业局印发《关于切实做好全面停止商业性采伐试点工作的通知》。

1 月 10 日，竹藤产业发展创新驱动联盟在北京成立。

1 月 13 日，国家林业局在国务院新闻办公室召开新闻发布会，公布第二次全国湿地资源调查结果。调查结果显示：全国湿地总面积5360万公顷，湿地面积占国土面积的比率（即湿地率）为5.58%。

1月15日，国家林业局、国家标准化管理委员会联合印发《国家林业标准化示范企业管理办法》。本办法自2014年2月1日起施行，有效期至2018年12月31日。

1月16日，国家林业局印发《国家林业局高端科技人才引进管理办法》。

1月27日，国家林业局印发《松材线虫病疫区和疫木管理办法》。

1月30日，全国绿化委员会、国家林业局印发《关于进一步规范树木移植管理的通知》。

2月8日，国家林业局印发《全国防沙治沙综合示范区建设中央预算内投资计划管理办法（试行）》。

2月9日，国家林业局局长赵树丛、海关总署署长于广洲共同签署第34号令，公布《野生动植物进出口证书管理办法》，自2014年5月1日起施行。

2月25日，国务院新闻办公室举行发布会，公布第八次全国森林资源清查结果。结果显示，全国森林面积2.08亿公顷，森林覆盖率21.63%，森林蓄积151.37亿立方米。人工林面积0.69亿公顷，蓄积24.83亿立方米。

2月27日，国家林业局办公室印发《2013年林业应对气候变化政策与行动白皮书》。

3月1日，《退耕还林工程生态效益监测国家报告（2013年）》正式发布，结果显示，截至2013年底，冀、辽、鄂、湘、云、甘6个退耕还林工程重点监测省份每年的生态效益价值量总和为4502.39亿元。

3月31日，国家林业局、财政部在北京召开全面停止黑龙江重点国有林区天然林商业性采伐试点启动会。国家林业局局长赵树丛要求，积极探索停伐后林区治理新机制、落实好中央的决策部署。4 月 1 日起，我国在黑龙江重点国有林区 50 个林业局正式启动全面停止商业性采伐试点。中央财政从今年起到 2020 年，每年对龙江森工、大兴安岭林业集团公司增加安排天保工程财政资金 23.5 亿元。

4 月 4 日，党和国家领导人习近平、李克强、张德江、俞正声、刘云山、王岐山、张高丽等到北京市海淀区南水北调团城湖调节池参加首都义务植树活动。习近平强调，全国各族人民要一代人接着一代人干下去，坚定不移爱绿植绿护绿，把我国森林资源培育好、保护好、发展好，努力建设美丽中国。

4 月 14 日，国家林业局办公室印发《国家储备林划定办法（试行）》，《办法》共 7 章 27 条，自发布之日起施行。

4 月 29 日，国家林业局印发《关于推进林业碳汇交易工作的指导意见》，该《意见》自 2014 年 6 月 1 日起实施，有效期至 2017 年 5 月 31 日。

5 月 26 日，国务院办公厅印发《关于进一步加强林业有害生物防治工作的意见》，要求全面加强防治检疫队伍建设，到 2020 年林业有害生物成灾率控制在 4‰以下。同日，国家林业局、国家发展改革委、财政部联合印发《全国优势特色经济林发展布局规划（2013—2020 年）》。

8 月 1 日，国家林业局印发《陆生野生动物收容救护管理规定》。同日，国家林业局印发《林业植物新品种保护行政执法办法》。

8 月 21 日，国家林业局发布 2014 年第 12 号公告，公布《森林生态系统生物多样性监测与评估规范》等 183 项林业行业标准，自 2014 年 12 月 1 日起实施。

9 月 29 日，国家林业局印发《森林抚育作业设计规定》和《森林抚育检查验收办法》。

10 月 27 日，中共国家林业局党组印发《关于落实党风廉政建设主体责任和监督责任的实施意见》。

12月2日，国家林业局与国家质检总局在北京签署《关于促进生态林业民生林业发展合作备忘录》。共同推进林产品地理标志和生态原产地保护，树立生态文明的国家品牌，促进林产品国际贸易和林业持续健康发展。

12月18日，国家林业局印发《关于做好东北内蒙古重点国有林区2015年度森林采伐管理工作的通知》。

12月25日，国家林业局印发《全国集体林地林下经济发展规划纲要（2014—2020年）》。

12月26日，国务院办公厅印发《关于加快木本油料产业发展的指导意见》。

2015 年中国林业发展大事记

1月7日，国家林业局发布2015年第1号公告，公布取消和下放的行政审批项目目录。

1月9日，国家林业局印发《关于切实加强野生植物培育利用产业发展的指导意见》。

1月27日，国家林业局发布2015年第6号公告，公布《森林资源资产评估技术规范》等90项林业行业标准目录，自2015年5月1日起实施。

2月3—6日，国务院副总理汪洋在内蒙古考察国有林区改革工作时强调，要加快完善国有林区森林资源保护机制和监管体制，因地制宜推进森工企业改制和改革，多措并举促进职工就业增收，推动林区森林资源持续增长、生态产品生产能力持续增强、绿色富民产业持续发展。

2月13日，国家林业局印发《关于集体林业综合改革试验示范区的通知》。确定北京房山区等 22 个地区开展改革试验任务，探索破解农村林业发展的体制机制问题。

2 月 26 日，国家林业局发布 2015 年第 7 号公告，决定从公告发布之日起至 2016 年 2 月 26 日止，我国临时禁止进口《濒危野生动植物种国际贸易公约》生效后所获的非洲象牙雕刻品，国家林业局暂停受理相关行政许可事项。

2 月 27 日，国家林业局印发《林业植物新品种测试管理规定》。

2 月 28 日，中共中央、国务院印发《国有林场改革方案》和《国有林区改革指导意见》。

3 月 30 日，国家林业局局长赵树丛签署第 36 号令，公布《林业固定资产投资建设项目管理办法》，自 2015 年 5 月 1 日起施行。

3 月 31 日，国家林业局局长赵树丛签署第 35 号令，公布《建设项目使用林地审核审批管理办法》，自 2015 年 5 月 1 日起施行。

4 月 10 日，经国务院同意、民政部批准，中国湿地保护协会在北京成立。

4 月 25 日，中共中央、国务院印发《关于加快推进生态文明建设的意见》。

4 月 30 日，国家林业局局长赵树丛签署第 37 号令，公布《国家林业局关于修改部分部门规章的决定》，自公布之日起施行。

5 月 4 日，国家林业局印发《全国集体林地林药林菌发展实施方案（2015—2020）》。

5 月 8 日，"中国—全球环境基金（GEF）干旱生态系统土地退化防治伙伴关系"第二阶段以及伙伴关系框架下的"中国西部适应气候变化的可持续土地管理项目"（三期项目）在北京启动。

5 月 18 日，国家林业局下发《关于严格禁止围垦占用湖泊湿地的通知》，坚决打击围垦湖泊湿地行为，积极开展围垦湖泊湿地退耕还湿。

5月28日，国家林业局印发《国家沙化土地封禁保护区管理办法》，从2015年7月1日起施行，有效期至2020年12月31日。同日，国际标准化组织（ISO）技术管理局批准正式成立竹藤技术委员会，秘书处设在中国。

6月9日，国家林业局、人力资源和社会保障部联合印发《国有林场岗位设置管理指导意见》，对国有林场岗位类别设置、岗位等级设置、专业技术岗位名称及岗位等级作出了明确规定。

7月16日，国家林业局办公室和财政部办公厅联合印发《关于做好国家储备林建设工作的通知》，决定配合全面保护天然林，以建立国家用材林储备制度为目标，大力开展国家储备林建设，维护国家生态安全和木材安全。

9月7—11日，国家林业局局长张建龙出席在南非德班举行的第十四届世界林业大会并在高级别论坛上发表演讲。大会期间，世界粮农组织（FAO）发布《2015年全球森林资源评估结果》，评估结果集中反映了中国在推进国土绿化、加快林业改革、推进森林资源保护发展中取得的积极成就，充分肯定了中国在扭转全球森林资源持续减少趋势中所作出的巨大贡献，凸显了中国在国际和区域林业发展中的重要地位。

9月17日，国家林业局印发《关于进一步加强林业标准化工作的意见》。

11月4日，全国人大常委会第十七次会议修订通过《中华人民共和国种子法》，自2016年1月1日期施行。

11月12日，国家林业局印发《关于进一步加强乡镇林业工作站建设的意见》。

11月24日，国家林业局局长张建龙签署第39号令，公布《林业工作站管理办法》，自2016年1月1日起施行。同日，国家林业局会同财政部、国务院扶贫办、国家开发银行印发了《关于整合和统筹资金支持贫困地区油茶核桃等木本油料产业发展的指导意见》。

11月26日，中国林业智库建设正式启动。首批专家团队由林业、农业、环境、水利、生态领域的14位两院院士和50多名资深专家组成。

1月27日，中国林业网荣获2015"中国互联网＋政务"优秀实践案例50强，并荣获最佳政务治理数据化平台第一名。

12月12日，中国生态修复产业技术创新战略联盟在北京成立。

12月17日，国家林业局与国家开发银行签署《共同推进国家储备林等重点领域建设发展合作协议》。

12月28日，中国大熊猫保护研究中心在卧龙大熊猫基地内正式挂牌。

12月29日，国务院新闻办公室在北京举行新闻发布会，国家林业局局长张建龙在新闻发布会上介绍了第五次全国荒漠化和沙化土地监测情况。监测结果显示，截至2014年，我国荒漠化土地面积261.16万平方公里，沙化土地面积172.12万平方公里。与2009年相比，5年间荒漠化土地面积净减少12120平方公里，年均减少2424平方公里；沙化土地面积净减少9902平方公里，年均减少1980平方公里。监测结果表明，自2004年以来，我国荒漠化和沙化状况连续3个监测期"双缩减"，呈现"整体遏制、持续缩减、功能增强、成效明显"的良好态势，但防治形势依然严峻。

12月30日，国家林业局印发《林业植物新品种保护行政执法办法》。

12月31日，国家林业局印发《国家储备林制度方案》。要求各地各部门科学编制建设规划、大力推进国家储备林基地建设、认真研究制定相关实施细则。

2016 年中国林业发展大事记

3 月 21 日，国家发展改革委、国家林业局、农业部、水利部联合印发《岩溶地区石漠化综合治理工程"十三五"建设规划》。

4 月 5 日，党和国家领导人习近平、李克强、张德江、俞正声、刘云山、王岐山、张高丽等在北京市大兴区西红门镇植树点参加首都义务植树活动。习近平强调，义务植树是全面参与生态文明建设的一项重要活动，不仅要把全民义务植树抓好，生态文明各项工作都要抓好，动员全社会参与。要着力推进国土绿化、建设美丽中国，还要通过"一带一路"建设等多边合作机制，互助合作开展造林绿化，共同改善环境，积极应对气候变化等全球性生态挑战，为维护全球生态安全做出应有贡献。

4 月 19 日，国家林业局局长张建龙签署第 40 号令，公布《林木种子生产经营许可证管理办法》，并自 2016 年 6 月 1 日起施行。

4 月 26 日，国际标准化组织竹藤技术委员会（ISO/TC296）在北京成立。

6 月 23 日，京津冀协同发展生态率先突破推进会在河北省张家口市举行。国家林业局与北京市、天津市、河北省签署《共同推进京津冀协同发展林业生态率先突破的框架协议》，并成立京津冀协同发展生态率先突破工作领导小组。

8 月 16 日，国家林业局办公室、财政部办公厅、国家扶贫办人事司联合印发《关于开展建档立卡贫困人口生态护林员选聘工作的通知》。

9 月 9 日，印发《国家林业局关于着力开展森林城市建设的指导意见》。

10 月 12 日，国家林业局林业产业工作领导小组成立，国家林业局局长张建龙任组长。

11 月 16 日，国务院办公厅印发《关于完善集体林权制度的意见》，针对集体林业发展中的主要问题提出相应政策措施，充分发挥集体林业在维护生态安全、实施精准脱贫、推动农村经济社会可持续发展中的重要作用。

11 月 30 日，国务院办公厅印发《湿地保护修复制度方案》。《方案》指出，湿地是生态文明建设的重要内容，事关国家生态安全，要实行湿地面积总量管控，到 2020 年，全国湿地面积不低于 8 亿亩，确保湿地面积不减少。

12 月 19 日，国家林业局、国家发展改革委、财政部联合发布印发《全国森林防火规划（2016—2025 年）》。《规划》指出，未来 10 年，我国规划投资 450.95 亿元，重点实施林火预警监测系统、通信和信息指挥系统、森林消防队伍能力、森林航空消防、林火阻隔系统、森林防火应急道路六大建设任务等，形成完备的预防、扑救、保障三大体系建设，全面提高森林火灾综合防控能力，24 小时火灾扑灭率超过 95%，森林火灾受害率稳定在 0.9‰以内，推进森林防火治理体系和治理能力现代化。

12 月 28 日，国家林业局发布 2016 年第 22 号公告，根据《国家沙化土地封禁保护区管理办法》有关规定，将内蒙古自治区新巴尔虎左旗嵯岗等 61 个沙化土地封禁保护区，统一划定为国家沙化土地封禁保护区。

2017 年中国林业发展大事记

1 月 9 日，中国第一颗专为林业定制的卫星"吉林林业一号"在甘肃酒泉发射成功。

1月31日，中央办公厅、国务院办公厅印发《东北虎豹国家公园体制试点方案》《大熊猫国家公园体制试点方案》。

2月20日，内蒙古大兴安岭重点国有林管理局在内蒙古呼伦贝尔市牙克石挂牌成立，这是中国第一个挂牌成立的重点国有林管理机构，标志着国有林区改革迈出了关键一步。

3月16日，国家林业局、黑龙江省人民政府、国家开发银行在北京签署合作协议，共同推进黑龙江国家储备林建设等林业重点领域发展，建设东北生态安全屏障和国家木材战略储备基地。

3月28日，国家林业局、国家发展改革委、财政部联合印发《全国湿地保护"十三五"实施规划》。

3月29日，习近平、张德江、俞正声、刘云山、王岐山、张高丽等党和国家领导人到北京市朝阳区将台乡植树点，同首都群众一起参加义务植树活动。习近平总书记在活动中强调，植树造林，种下的既是绿色树苗，也是祖国的美好未来。要组织全社会特别是广大青少年通过参加植树活动，亲近自然、了解自然、保护自然，培养热爱自然、珍爱生命的生态意识，学习体验绿色发展理念，造林绿化是功在当代、利在千秋的事业，要一年接着一年干，一代接着一代干，撸起袖子加油干。

5月4日，国家林业局、国家发展改革委联合印发实施《全国沿海防护林体系建设工程规划（2016—2025年）》。规划提出，中国将通过加强沿海防护林体系建设，加固万里海疆绿色生态屏障，到2025年，工程区森林覆盖率将达到40.8%，沿海地区生态承载能力和抵御台风、海啸、风暴潮等自然灾害的能力明显增强。

5月11日，国家林业局、国家发展改革委、财政部、国土资源部、环境保护部、水利部、农业部、国家海洋局联合印发《贯彻落实〈湿地保护修复制度方案〉的实施意见》，提出确保到2020年，建立较为完善的湿地保护修复制度体系，为维护湿地生态系统健康提供制度保障。

5 月 22 日，国家林业局、国家发展和改革委员会、科学技术部、工业和信息化部、财政部、中国人民银行等 11 部委联合印发《林业产业发展"十三五"规划》。

5 月 23 日，习近平总书记对福建集体林权制度改革工作作出重要指示，充分肯定福建集体林改取得的明显成效，明确要求继续深化集体林权制度改革，更好实现生态美、百姓富的有机统一，充分体现了对集体林改工作的高度重视，是继续深化改革的基本遵循。

6 月 2 日，中国首个国家公园管理条例——《三江源国家公园条例（试行）》经青海省第十二届人大常委会第三十四次会议审议通过。

6 月 13 日，全国绿化委员会印发《全民义务植树尽责形式管理办法（试行）》，明确全民义务植树尽责形式分为造林绿化、抚育管护、自然保护、认种认养、设施修建、捐资捐物、志愿服务、其他形式 8 类。

6 月 26 日，中央全面深化改革领导小组第 36 次会议审议通过《祁连山国家公园体制试点方案》，决定开展祁连山国家公园体制试点。

7 月 18 日，国家林业局印发《关于加快培育新型林业经营主体的指导意见》，鼓励和引导社会资本积极参与林业建设，培育林业发展生力军，释放农村发展新动能，实现林业增效、农村增绿、农民增收。

7 月 19 日，中央全面深化改革领导小组第 37 次会议审议通过《建立国家公园体制总体方案》。

8 月 19 日，东北虎豹国家公园国有自然资源资产管理局、东北虎豹国家公园管理局成立座谈会在长春召开。这标志着中国第一个由中央直接管理的国家自然资源资产和国家公园管理机构正式建立。

9 月 11—12 日，《联合国防治荒漠化公约》第十三次缔约方大会高级别会议在内蒙古鄂尔多斯市召开。中共中央总书记、国家主席习近平致信祝贺。中央政治局委员、国务院副总理汪洋在开幕式上宣读习近平的贺信并发表主旨演讲。大会达成了具有历史意义的成果《鄂尔多斯宣言》。中国因防沙治沙取得的巨大成就被世界未来委员会和联合国防治荒漠化公约联合授予 2017 年"未来政策奖"银奖，国家林业局局长张建龙被授予"全球荒漠化治理杰出贡献奖"。

9 月 19 日，中共中央办公厅、国务院办公厅印发《建立国家公园体制总体方案》。《方案》将提出按照"科学定位、整体保护，合理布局、稳步推进，国家主导、共同参与"的原则，到 2020 年，基本建立完成国家公园体制试点，整合设立一批国家公园，分级统一的管理体制基本建立，初步形成国家公园的总体布局。

9 月 28 日，国家林业局印发《关于加强林下经济示范基地管理工作的通知》，要求各级林业主管部门加强林下经济示范基地培育和建设工作。

9 月 27 日，国家林业局印发《国家沙漠公园管理办法》，该办法自 2017 年 10 月 1 日起实施，有效期至 2022 年 12 月 31 日。

10 月 25 日，国家林业局局长张建龙签发第 45 号国家林业局令，公布《国家林业局委托实施林业行政许可事项管理办法》。《办法》自 2017 年 12 月 1 日起施行，2013 年 1 月 22 日发布的《国家林业局委托实施野生动植物行政许可事项管理办法》同时废止。

11 月 1 日，国家林业局局长张建龙签发第 46 号国家林业局令，公布《野生动物及其制品价值评估方法》，自 2017 年 12 月 15 日起施行。

11 月 10 日，国家林业局印发《关于加快深度贫困地区生态脱贫工作的意见》，明确到 2020 年，在深度贫困地区，力争完成营造林面积 80 万公顷，组建 6000 个造林扶贫专业合作社，吸纳 20 万贫困人口参与生态工程建设，新增生态护林员指标的 50% 安排到深度贫困地区，通过大力发展生态产业，带动约600万贫困人口增收。

11月13日，国家林业局公布第一批国家森林步道名单，分别是秦岭、太行山、大兴安岭、罗霄山、武夷山5条国家森林步道。国家森林步道是指穿越生态系统完整性、原真性较好的自然区域，串联一系列重要的自然和文化点，为人们提供丰富的自然体验机会，并由国家相关部门负责管理的步行廊道系统。

同日，国家林业局废止《关于颁布〈林业部关于加强森林资源管理若干问题的规定〉的通知》等25件规范性文件。2013年以来，国家林业局累计宣布失效或废止的规范性文件110余件，现行有效的规范性文件有203件。

11月24日，国家林业局印发《关于切实做好东北虎豹、大熊猫、雪豹等珍稀濒危野生动物和森林资源保护工作的通知》，要求迅速组织开展专项行动，严厉打击各种违法行为，切实做好国家公园试点区域内东北虎豹、大熊猫、雪豹等珍稀濒危野生动物和森林资源保护工作。

12月1日，国家林业局局长张建龙签发第47号国家林业局令，公布《野生动物收容救护管理办法》。《办法》自2018年1月1日起施行。

12月5日，国家林业局局长张建龙签发第48号国家林业局令，公布《国家林业局关于修改〈湿地保护管理规定〉的决定》，自2018年1月1日起施行。

12月8日，国家林业局公布2017年度加入国家陆地生态系统定位观测研究站网生态站名录，新增9个生态站。至此，国家林业局已建立森林、荒漠、湿地等国家陆地生态系统定位观测研究站188个。

同日，中国第一个以林业、生态等领域文化与自然遗产为研究对象的专门机构——北京林业大学文化与自然遗产研究院成立。

2月19日，中国银监会、国家林业局、国土资源部联合印发《关于推进林权抵押贷款有关工作的通知》。

2018 年中国林业发展大事记

1 月 4 日，国家林业局印发《国家湿地公园管理办法》。

1 月 26 日，按照国务院扶贫开发领导小组统一部署，国家发展改革委、国家林业局、财政部、水利部、农业部、国务院扶贫办共同制定印发了《生态扶贫工作方案》。

4 月 10 日，国家林业和草原局、国家公园管理局举行揭牌仪式。

4 月 16 日，国务院总理李克强签署国务院令，公布《国务院关于修改和废止部分行政法规的决定》，林业领域有两部重要法规有变，一个是《中华人民共和国森林法实施条例》，一个是《中华人民共和国濒危野生动植物进出口管理条例》。

同日，国家林业和草原局下发了《国家林业和草原局关于充分发挥乡镇林业工作站职能作用全力推进林业精准扶贫工作的指导意见》，为乡镇林业站扶贫工作指明了方向。

4 月 18 日，国家林业和草原局下发了《国家林业和草原局关于充分发挥乡镇林业工作站职能作用全力推进林业精准扶贫工作的指导意见》，为乡镇林业站扶贫工作指明了方向。

5 月 18 日，为进一步规范管理中国森林旅游节，扩大品牌影响力，推动森林旅游绿色创新发展，国家林业和草原局印发《中国森林旅游节管理办法》。

7 月 12 日，中国野生动物保护协会志愿者委员会在北京成立。新成立的委员会将着力加强自身建设和管理，吸纳更多民间力量加入，以推动野生动物保护事业。

7 月 14 日，国务院印发了《关于加强滨海湿地保护严格管控围填海的通知》，进一步提高滨海湿地保护水平，严格管控围填海活动。

7 月 18 日，国家林业和草原局印发《全国检疫性林业有害生物疫区管理办法》。

7 月 27 日，国家林业和草原局印发《关于从严控制矿产资源开发等项目使用东北、内蒙古重点国有林区林地的通知》。

8 月 10 日，国家林业和草原局对规章《建设项目使用林地审核审批管理办法》《林木种子生产经营许可证管理办法》涉及的证明材料，自公告之日起停止执行，规章按程序修改后另行公布。

8 月 13 日，根据《国家沙化土地封禁保护区管理办法》有关规定，公布了内蒙古自治区阿拉善右旗阿拉腾朝格等 31 个国家沙化土地封禁保护区。

8 月 16 日，国家林业和草原局办公室发布《关于组织推荐国家林业和草原长期科研基地的通知》。

9 月 4 日，《国家林业和草原局关于进一步加强网络安全和信息化工作的意见》正式印发。

10 月 12 日，国家林业和草原局正式下发通知，同意成立"林业生物灾害监测预警国家创新联盟"。林业生物灾害监测预警国家创新联盟由国家林业和草原局森林和草原病虫害防治总站牵头。

2019 年中国林业发展大事记

1 月 4 日，中共中央政治局常委、国务院副总理韩正到国家林业和草原局调研并主持召开座谈会。韩正表示，组建国家林业和草原局是以习近平同志为核心的党中央作出的重大决策。机构改革后林草系统要有新气象新作为，坚持改革创新，勇于担当负责，全力推动林业草原事业高质量发展。

1 月 21 日，林业生物灾害监测预警国家创新联盟成立大会在沈阳召开。

1月23日，国家林业和草原局印发《国家林业和草原局专业标准化技术委员会管理办法》。

2月18日，国家林业和草原局印发《国家林业和草原长期科研基地管理办法》。

3月12日，林业草原生态扶贫专项基金在北京成立。

4月14日，中共中央办公厅、国务院办公厅印发的《关于统筹推进自然资源资产产权制度改革的指导意见》提出，到2020年，我国将基本建立归属清晰、权责明确、保护严格、流转顺畅、监管有效的自然资源资产产权制度。

4月29日，国家林业和草原局国家公园监测评估研究中心在国家林业和草原局调查规划设计院挂牌成立。

5月10日，国家林业和草原局决定组建成立"国家林业和草原局国家自然保护地专家委员会"和"国家林业和草原局国家级自然公园评审委员会"，并制定了相应工作规则。

6月26日，中共中央办公厅、国务院办公厅印发了《关于建立以国家公园为主体的自然保护地体系的指导意见》。

7月22日，国家林业和草原局印发修订后的《国家级森林公园总体规划审批管理办法》。

8月1日，国家林业和草原局麝类保护繁育与利用国家创新联盟成立大会在成都市召开。同日，中国野生动物保护协会保护繁育与利用委员会麝类养殖专业委员会成立。

8月29日，国家林业和草原局草原资源监测中心在国家林业和草原局调查规划设计院挂牌成立。

9月16日，国家林业和草原局印发《在国家沙化土地封禁保护区范围内进行修建铁路、公路等建设活动监督管理办法》。

10月14日，财政部印发《重点生态保护修复治理资金管理办法》。

10月30日至31日，第一届中国自然保护国际论坛在深圳召开。

11月9日，以"创新引领林业和草原事业高质量发展"为主题的第七届中国林业学术大会在南京林业大学举办。大会由中国林学会主办。

（备注：本附录由本书著者根据中国林业网 http：//www. forestry. gov. cn 的相关资料整理）

参 考 文 献

[1] 柏章良. 林业可持续发展在国家可持续发展战略中的地位和作用 [J]. 世界林业研究, 1997 (1): 2 - 8.

[2] 才琪, 陈绍志, 赵荣. 中央林业投资与林业经济增长的互动关系 [J]. 林业科学, 2015, 51 (9): 126 - 133.

[3] 曹玉昆, 梁悦晨, 崔海日. 林下经济能否支撑停伐后的国有林区经济? ——绥阳林业局黑木耳产业调研报告 [J]. 林业经济, 2015 (11): 68 - 93.

[4] 常钦. 三北工程造林保存面积 3000 多万公顷 [N]. 人民日报, 2018 - 12 - 01.

[5] 陈冲影. 森林碳汇与农户生计——以全球第一个森林碳汇项目为例 [J]. 世界林业研究, 2010, 23 (5): 15 - 19.

[6] 陈济友, 严成. 森林采伐管理面临的问题与对策探讨——基于江西省的调查 [J]. 林业经济, 2011 (6): 18 - 21.

[7] 陈京华. 世界银行贷款林业项目科研推广管理现代模式初探 [J]. 林业经济, 1998 (3): 59 - 65.

[8] 程宝栋, 秦光远, 宋维明. "一带一路" 战略背景下中国林产品贸易发展与转型 [J]. 国际贸易, 2015 (3): 22 - 25.

[9] 褚家佳, 张智光. 文明进程视野下森林食品安全与生态安全关系演变规律 [J]. 世界林业研究, 2016, 29 (1): 1 - 7.

［10］丛磊，李洋，朱江梅．中国林产品出口面临的绿色贸易壁垒［J］．东北林业大学学报，2013，41（7）：145－150．

［11］崔海兴，温铁军，郑风田，孔祥智，毛慧．改革开放以来我国林业建设政策演变探析［J］．林业经济，2009（2）：38－43．

［12］崔海兴．新型城镇化背景下国有林场所功能及改革发展策略分析［J］．林业经济，2015（3）：41－45．

［13］崔涛．人大代表的林业情怀：森林也要"高质量发展"［EB/OL］．（2018－3－14）［2019－6－10］．http：//www.chinanews.com/gn/2018/03－14/8467352.shtml．

［14］但新球．中国历史时期的森林文化及其发展［J］．中南林业调查规划，2003，22（1）：62－64．

［15］董玮，秦国伟．新时期实施林业绿色减贫的理论和实践研究——以安徽省界首市刘寨村为例［J］．林业经济，2017，39（10）：3－7．

［16］杜受祜．参与式管理与农民权益保护［J］．林业与社会，2004，12（1）：1－7．

［17］方园．我国林业财政投资对林业生态经济发展的影响研究［D］．合肥：安徽大学，2017：12－13．

［18］封加平．改革开放40年：中国林业产业发展回顾与展望——在2018年中国林业产业联合会理事会议上的专题报告［J］．中国林业产业，2018（Z2）：6－12．

［19］冯彩云．世界非木材林产品的现状及其发展趋势［J］．世界林业研究，2002（1）：43－52．

［20］冯彩云．世界非木材林产品现状、存在问题及其应对政策［J］．林业科技管理，2001（2）：56－59．

［21］高敏雪．现代林业统计范围和产出测算相关问题探讨［J］．统计研究，2008（1）：16－20．

［22］葛全胜，赵名茶，张雪芹，郑景云，孙惠南，张丕远．过去50年中国森林资源和降水变化的统计分析［J］．自然资源学报，2001（5）：413－419．

［23］谷梅，张升，邓翼凌．我国贸易摩擦研究现状——兼论对林产品贸易摩擦研究的启示［J］．林业经济，2008（6）：48－52．

［24］顾雪松，王可瑞，盛爽，李佳妮，程宝栋．中国林业对外直接投资对林产品贸易的影响研究——理论机制与实证分析［J］．林业经济，2018，40（3）：22－27．

［25］关百钧．森林资源消长与人类发展的关系［J］．农业经济丛刊，1987（3）：43－44．

［26］国家林业和草原局．2017年度中国林业和草原发展报告［R］．北京：中国林业出版社，2018．

［27］国家林业．全国林业生物质能发展规划（2011－2020）［EB/OL］．（2013－06－14）［2019－8－10］．http：//www. forestry. gov. cn/main/4818/content－797364. html．

［28］国家林业局．2016中国林业发展报告［M］．北京：中国林业出版社，2016．

［29］国家林业局．中国荒漠化和沙化状况公报［EB/OL］．（2015－12－29）［2019－8－10］．http：//www. forestry. gov. cn/main/69/content－831684. html．

［30］国家林业局．国务院关于自然保护区建设和管理工作情况的报告［EB/OL］．（2016－06－30）［2019－08－10］．http：//www. npc. gov. cn/npc/xinwen/2016－07/01/content_1992679. htm．

［31］国家林业局．国家林业局关于印发"中国实施2030年可持续发展议程国家计划——林业行动计划"的通知［EB/OL］．（2017－01－06）［2019－08－10］．http：//www. forestry. gov. cn/main/58/content－

937020. html.

[32] 国家林业局.2018. 充分发挥林业生态扶贫优势，积极助力精准扶贫精准脱贫［EB/OL］.（2018－06－29）［2019－8－10］. http：//www. forestry. gov. cn/main/195/20180629/095611776653180. html.

[33] 国家林业局. 国家森林资源清查1973－2018［DB］. 北京，中国.2019. http：//www. forestry. gov. cn/data. html.

[34] 国家林业局. 中国林业统计年鉴（1978－2017）［M］. 北京：中国林业出版社，1979－2018.

[35] 国家林业局.2014 中国林业发展报告［M］. 北京：中国林业出版社，2014.

[36] 国家林业局.2015 中国林业发展报告［M］. 北京：中国林业出版社，2017.

[37] 国家林业局.2016 中国林业发展报告［M］. 北京：中国林业出版社，2016.

[38] 国家林业局. 第八次全国森林资源清查［J］. 林业资源管理，2014（1）：1－2.

[39] 国家林业局. 中国林业发展报告（2017）［R］. 北京：中国林业出版社，2017.

[40] 国家林业局. 中国林业年鉴（1989）［M］. 北京：中国林业出版社，1990.

[41] 国家林业局. 中国农村改革发展史上的一座里程碑——辉煌林业30 年之集体林改革篇［R］.2008.

[42] 国家林业局资源司. 第八次全国森林资源清查主要结果（2009－2013 年）［EB/OL］.（2014－02－25）［2019－8－10］. http：//www. forestry. gov. cn/main/65/content－659670. html.

[43] 国家林业重点工程社会经济效益测报中心，国家林业局发展

计划与资金管理司（2003－2008）国家林业重点工程社会经济效益监测报告［M］. 北京：中国林业出版社，2004－2009.

［44］国务院. 国务院批转林业局关于全国"十二五"期间年森林采伐限额审核意见的通知［Z］. 2011－01－26.

［45］国务院. 中国 21 世纪议程——中国 21 世纪人口、环境与发展白皮书［M］. 北京：中国环境科学出版社，1994.

［46］国有林场和种苗管理司. 2017 年度森林公园建设发展情况［EB/OL］.（2018－04－18）［2019－8－10］. http：//www. forestry. gov. cn/2018－04－18.

［47］何丹，焦凤红，陈珂. 林业投资研究综述［J］. 辽宁林业科技，2006（6）：36－38.

［48］何文剑，徐静文，张红霄. 森林采伐管理制度的管制强度如何影响林农采伐收入［J］. 农业技术经济，2016（9）：104－118.

［49］贺湘安. 当前我国人工造林存在的问题及对策研究［J］. 农家科技（下旬刊），2015（11）：190.

［50］洪家宜，李怒云. 天保工程对集体林区的社会影响评价［J］. 植物生态学报，2002，26（1）：115－123.

［51］洪燕真，刘伟平，戴永务. 森林食物在人类营养结构中的贡献研究［J］. 林业经济问题，2009，29（5）：400－405.

［52］侯方淼，宋维明，陈伟，范悦. 中国林产品对外贸易政策评价初探［J］. 世界林业研究，2010，23（5）：44－48.

［53］侯方淼，田朝，曹月明. 基于全球价值链下的中国上市林业企业林产品出口贸易增加值率微观测算［J］. 世界林业研究，2017，30（3）：81－85.

［54］侯方淼，庄季乔.《欧盟木材法案》对中国木质家具出口欧盟的影响分析［J］. 西安财经学院学报，2015，28（4）：99－105.

［55］胡鞍钢，沈若萌，郎晓娟．中国森林资源变动与经济发展关系的实证研究［J］．公共管理评论，2013（2）：61－75．

［56］胡利娟．世界生态工程之最：40年造林2918.5万公顷［EB/OL］．（2018－01－26）［2019－8－10］．http：//www.stdaily.com/zhuanti01/lyzx/2018－01/26/content_629739.shtml.

［57］胡霞．退耕还林还草政策实施后农村经济结构的变化——对宁夏南部山区的实证分析［J］．中国农村经济，2005（5）：63－70．

［58］胡运宏，贺俊杰.1949年以来我国林业政策演变初探［J］．北京林业大学学报（社会科学版），2012，11（3）：21－27．

［59］黄洁嫦．论林业在生态文明建设中的地位和作用［J］．山西农经，2018（20）：54．

［60］黄丽萍．农民林业专业合作经济组织发展研究［M］．厦门：厦门大学出版社，2012．

［61］吉蕾蕾．四条生态红线划定 全国林地面积不低于46.8亿亩［N］．经济日报，2013－07－25．

［62］贾治邦．坚持兴林富民 加快发展步伐 努力构建我国发达的林业产业体系［J］．林业经济，2007（10）：3－8．

［63］贾治邦．提高认识 完善政策 确保退耕还林巩固成果稳步推进［EB/OL］．（2006－09－16）［2019－8－10］．https：//www.docin.com/p－106601038.html.

［64］江泽慧．中国林业发展与新农村建设［J］．林业经济，2006（5）：3－5．

［65］姜雪梅，徐晋涛．国有林区森林资源变化趋势及影响因素分析［J］．林业经济，2007（4）：23－26．

［66］蒋为升．巩固造林绿化成果加快林业建设的措施探讨［J］．绿色科技，2018（3）：123－124．

［67］矫永发．人工造林、封山育林、飞播造林三种造林方式成林效果分析［J］．内蒙古林业调查设计，2017，40（2）：39，58．

［68］柯水发，潘晨光，潘家华，郑艳，张莹．中国森林公园旅游业发展的就业效应分析［J］．中国人口·资源与环境，2011，21（S1）：202－205．

［69］柯水发，潘晨光，温亚利，潘家华，郑艳．应对气候变化的林业行动及其对就业的影响［J］．中国人口·资源与环境，2010，20（6）：6－12．

［70］柯水发，王亚，孔祥智，崔海兴．新型林业经营主体培育存在的问题及对策——基于浙江、江西及安徽省的典型调查［J］．林业经济问题，2014，34（6）：504－509．

［71］柯水发，王亚，孔祥智，崔海兴．新型林业经营体系培育的动因、特征及经验——基于浙江、江西及安徽3省的调查［J］．林业经济，2015，37（1）：96－105．

［72］孔凡斌，杜丽．新时期集体林权制度改革政策进程与综合绩效评价——基于福建、江西、浙江和辽宁四省的改革实践［J］．农业技术经济，2009（6）：96－105．

［73］孔凡斌．我国林业投资的机制转变和规模结构分析［J］．农业经济问题，2008（9）：91－96．

［74］兰思仁，戴永务，沈必胜．中国森林公园和森林旅游的三十年［J］．林业经济问题，2014，34（2）：97－106．

［75］郎晓娟，沈若萌，刘珉．林业与绿色经济研究进展［J］．林业经济，2013（1）：36－41．

［76］雷加富．关于深化重点国有林区改革的几点思考［J］．北京林业大学学报，2006（5）：143－146．

［77］雷靖宇，张根伟．以生态建设为主体的新林业发展战略构想

[J]. 农业与技术, 2018, 38 (6): 209.

[78] 冷梅. 新常态下发展休闲林业的思考 [J]. 中国林业经济, 2018 (4): 24 – 25.

[79] 李碧珍. 产业融合: 林业产业化转换的路径选择 [J]. 林业经济, 2007 (11): 59 – 62.

[80] 李朝洪, 赵晓红. 关于中国林业生态建设的思考 [J]. 林业经济, 2018, 40 (5): 3 – 9.

[81] 李尔彬, 孙延华, 曹玉昆. 论黑龙江省国有森工林区贫困成因与脱贫对策 [J]. 林业经济问题, 2016, 36 (1): 1 – 8.

[82] 李富. 论美国林业科技创新及对我国的启示 [J]. 科技管理研究, 2007 (8): 98 – 100.

[83] 李建锋, 郝明. 我国国有林场改革历程与发展思路 [J]. 中国林业, 2008 (20): 26 – 27.

[84] 李进芳. 丝绸之路经济带国家林产品贸易现状及其合作前景分析——以俄罗斯、中国、印度、哈萨克斯坦等国为例 [J]. 世界农业, 2017 (4): 75 – 83.

[85] 李静, 荆涛. 我国企业境外林业投资现状分析与建议 [J]. 林业资源管理, 2015 (6): 59 – 63.

[86] 李锴, 张明. 我国森林采伐限额制度面临的问题及其解决措施 [J]. 江西社会科学, 2004 (12): 242 – 246.

[87] 李兰英, 楼涛. 非木质资源利用实践研究 [J]. 林业经济问题, 2000, 20 (6): 340 – 342.

[88] 李莉, 李飞. 中国林业史研究的回顾与前瞻 [J]. 自然辩证法研究, 2017, 33 (12): 93 – 97.

[89] 李凌超, 李心斐, 程宝栋, 刘金龙. 基于环境库兹涅茨曲线的中国森林转型分析 [J]. 世界林业研究, 2016, 29 (4): 56 – 61.

［90］李凌超，刘金龙，程宝栋，杨文涛．中国劳动力转移对森林转型的影响［J］．资源科学，2018，40（8）：1526－1538.

［91］李怒云，洪家宜．天然林保护工程的社会影响评价——贵州省黔东南州天保工程评价［J］．林业经济，2000（6）：37－44.

［92］李秋娟，靳爱鲜，张玉珍，李金兰，原民龙，黄选瑞．中国现行森林资源采伐管理体系及其改革策略［J］．中国软科学，2009（9）：9－14.

［93］李世东，陈鑫峰．中国森林公园与森林旅游发展轨迹研究［J］．旅游学刊，2007（5）：66－72.

［94］李树生，韩春明．西部林业投资状况分析——1994至2003年西部林业固定资产投资分析［J］．首都经济贸易大学学报，2005（4）：32－36.

［95］李西林，周秀佳，南艺．中药濒危药用动植物资源保护与可持续利用［J］．上海中医药大学学报，2006，20（6）：69－72.

［96］李晓莉．论云南彝族原始宗教信仰对生态环境的保护作用——以直苴彝族村为例［J］．西南民族大学学报（人文社科版），2004（6）：17－21.

［97］李亚彪，孙侠．林业产业保持高速增长 出现三大"结构之变"［EB/OL］．（2007－08－20）［2019－8－10］．http：//news.hexun.com/2007－08－20/100229150.html.

［98］李彦良，贾进，戴芳，马春雷．中国政府林业投资和森林资源发展的研究［J］．林业经济问题，2012，32（5）：440－443.

［99］李颖乔，益凯．发展林下经济实现森林康养和经济的可持续发展［J］．中国林业经济，2017（2）：75－76.

［100］李玉文．林业在农村经济发展中的作用［J］．现代农业科技，2016（4）：309.

[101] 李月梅, 周莉. 我国政府林业投资的历程演变、存在问题及对策 [J]. 林业经济评论, 2013 (3): 70 - 79.

[102] 李祉诺. 云菌成为云南第四大出口创汇林下经济产业 [N]. 都市时报, 2015 - 04 - 18.

[103] 李周. 改革以来的林业经济研究评述——祝贺《林业经济》创刊 100 期 [J]. 林业经济, 1996 (6): 21 - 27.

[104] 李周. 关于国有林业改革的几点思考——对国有林区实施天然林保护工程的建议 [J]. 林业经济, 1999 (5): 42 - 47.

[105] 李周. 林权改革的评价与思考 [J]. 林业经济, 2008 (9): 3 - 8.

[106] 李周等. 森林资源丰富地区的贫困问题研究 [M]. 北京: 中国社会科学出版社, 2004.

[107] 栗晓禹. 我国东北国有林区森林资源结构变化及经营研究 [N]. 北华大学学报 (自然科学版), 2017, 18 (6): 802 - 807.

[108] 梁丹. 生态文明与中国林业现代化 [J]. 林业经济, 2013 (1): 28 - 35.

[109] 廖葱葱, 周景喜. 国内外林业产业结构研究评述 [J]. 林业建设, 2003 (3): 30 - 33.

[110] 廖灵芝, 吕宛青. 中国林产品贸易壁垒研究综述 [J]. 林业经济问题, 2015, 35 (6): 558 - 561.

[111] 林凤鸣, 石峰, 朱永杰, 侯知正. 对我国近 10 年来林产品进出口状况的分析 [J]. 林业经济, 1991 (2): 7 - 13.

[112] 林毅夫. 北大经研中心林毅夫教授等人的最新研究成果——市场化程度决定地区发展差异 [J]. 领导决策信息, 1998 (10): 11.

[113] 刘璨, 吕金芝, 王礼权, 林海燕. 集体林产权制度分析——安排、变迁与绩效 [J]. 林业经济, 2006 (11): 8 - 13.

［114］刘璨，吕金芝．中国集体林产权制度问题研究［J］．制度经济学研究，2007（1）：80-105．

［115］刘璨，吕金芝．中国森林资源环境库兹涅茨曲线问题研究［J］．制度经济学研究，2010（2）：138-161．

［116］刘璨，孟庆华，李育明，吕金芝．我国天然林保护工程对区域经济与生态效益的影响——以四川省峨边县和盐边县为例［J］．生态学报，2005，25（3）：428-434．

［117］刘璨，张巍．退耕还林政策选择对农户收入的影响——以我国京津风沙源治理工程为例［J］．经济学（季刊），2006，6（1）：273-290．

［118］刘璨．我国南方集体林区主要林业制度安排及绩效分析［J］．管理世界，2005（9）：79-87．

［119］刘畅，董伟．第三次土地改革艰难破冰：集体林权制度改革记事［N］．中国青年报，2006-8-24．

［120］刘东生，林少霖，黄东，蔡兴旺，刘志斌，周月华，许忠坤．强化合作组织建设和政策扶持推进森林可持续经营进程——赴德国、捷克考察报告［J］．林业经济，2010（10）：115-118．

［121］刘东生，王月华．“九五”时期林业投资分析［J］．林业经济，2001（12）：23-27．

［122］刘浩．林业重点工程对农民持久收入的影响研究［J］．林业经济，2013（12）：75-82．

［123］刘家顺．中国林业产业政策研究［D］．哈尔滨：东北林业大学，2006．

［124］刘金龙，张明慧，张仁化．彝族生计、文化与林业传统知识——以云南省南华县为例［J］．中国农业大学学报（社会科学版），2015，32（6）：37-45．

［125］刘金龙，张明慧，和志鹏，谷莘．重构森林传统知识和文化［J］．绿叶，2013（Z1）：152－158.

［126］刘丽华．林业精准扶贫精准脱贫的实践研究［J］．低碳世界，2018（1）：378－379.

［127］刘珉．集体林权制度改革：农户种植意愿研究——基于Elinor Ostrom的IAD延伸模型［J］．管理世界，2011（5）：93－98.

［128］刘珉．林业投资研究［J］．林业经济，2011（4）：43－49.

［129］刘珉．森林资源变动及其影响因素研究［J］．林业经济，2014，37（1）：80－86.

［130］刘世佳，华景伟，常延廷．改革林权制度创新发展模式——对伊春市国有林地承包经营的调查［J］．学术交流，2007（5）：5－10.

［131］刘振清．走向科学发展——改革开放以来中国林业发展道路演进［D］．北京：中共中央党校，2007.

［132］刘志坚．"人工林可持续经营"项目考察团调研茂源林业［J］．纸和造纸，2016，35（4）：56.

［133］龙贺兴，傅一敏，刘金龙．国际森林治理的变迁历程和展望［J］．林业经济，2016（3）：3－7.

［134］鲁德．中国集体林权改革与森林可持续经营［D］．北京：中国林业科学研究院，2011.

［135］陆霁，吴水荣．林业适应气候变化研究的现状及展望［J］．林业经济，2018，40（8）：75－79.

［136］罗必良，高岚等．集体林权制度改革——广东的实践与模式创新［M］．北京：中国农业出版社，2013.

［137］罗芬，保继刚．中国国家森林公园演变历程与特点研究——基于国家、市场和社会的逻辑［J］．经济地理，2013，33（3）：164－169.

［138］罗攀柱，杨玉清．湖南省靖州县股份合作林场发展历程及其启示［J］．林业经济问题，2012，32（1）：26－31．

［139］罗祖平．林业在生态文明建设中的地位分析［J］．现代园艺，2018（22）：136－137．

［140］马景龙．现代林业发展面临的矛盾问题及措施［J］．生物技术世界，2013（10）：139．

［141］马元．林业与世界粮食安全［J］．全球科技经济瞭望，1997（2）：16．

［142］曼丽．绿色工作国际战略和在中国的试点项目［C］.//中华人民共和国环境保护部、联合国环境规划署．第五届环境与发展中国（国际）论坛论文集．中华环保联合会，2009：5．

［143］梅雨晴，沈月琴，张晓敏，陈俊，方秋爽，孟记住．采伐限额制度改革背景下农户木材采伐行为影响因素分析［J］．浙江农林大学学报，2017，34（4）：751－758．

［144］宁久丽．试论林业在新农村建设中的重要地位和作用［J］．河北林果研究，2010（1）：34－37．

［145］欧阳君祥，李宇昊，吴小群，曹娟．森林采伐管理若干问题的分析研究［J］．林业资源管理，2017（5）：4－8．

［146］潘标志．福建森林非木质资源利用［J］．中国林业，2004（10）：35．

［147］彭芬芳．全省首个亚太森林恢复与可持续管理项目在临安落地［J］．杭州（周刊），2017（12）：58．

［148］彭姣婷，杨从明．林业发展与社会主义新农村建设［J］．林业经济，2007（4）：17－19．

［149］蒲实，袁威．中国改革开放39年农业用地制度研究［J］．中国土地科学，2017，31（7）：91－96．

［150］齐宏伟，李富．论商品林产业化中的林业外资监管［J］．西藏发展论坛，2007（5）：33-34．

［151］齐宏伟，李富．我国林业产业的比较优势及引资风险分析［J］．开发研究，2007（5）：79-81．

［152］齐联，马驰知，胡耀升．深化集体林权制度改革地方实践创新［J］．林业经济，2016（1）：142-152．

［153］裘菊等．林权改革对林地经营模式影响分析——福建林权改革调查报告［J］．林业经济，2007（1）：23-27．

［154］全国绿化委员会办公室．2017年中国国土绿化状况公报［R］．2018-03-18．

［155］邵飞．中国玉米经济：供给与需求分析［D］．咸阳：西北农林科技大学，2011．

［156］沈茂成．关于推进我国林业又好又快发展保障国家生态文明建设的思考［J］．林业经济，2015，37（10）：3-7．

［157］盛俐，荆涛．我国企业对外林业投资问题及对策［J］．林业资源管理，2014（3）：37-41．

［158］施韶宇．我国林业一年贡献近6亿吨碳汇［EB/OL］．（2017-12-27）［2019-8-10］．http：//www.forestry.gov.cn/main/72/content-1061281.html．

［159］石春娜，王立群．影响我国森林资源质量及变化的社会经济因素分析［J］．世界林业研究，2008，21（4）：72-76．

［160］石峰，揭昌亮，张忠涛．新常态下林业产业发展面临的形势与挑战［J］．林产工业，2015，42（2）：3-7．

［161］史莹赫，于豪谅，田明华．中国木材对外贸易依存度问题研究［J］．林业经济，2018（4）：25-32．

［162］苏宗海．改革开放以来林业财政政策与评述［J］．林业经

济，2009（6）：13-20.

[163] 唐帅，宋维明. 中俄林业合作面临的形势和发展趋势 [J].
国际经济合作，2013（11）：52-55.

[164] 唐忠，柯水发，田晓晖. 停伐背景下国有林区产业转型研
究 [M]. 北京：中国林业出版社，2019.

[165] 田杰. 中国林业生产要素配置效率研究 [D]. 咸阳：西北
农林科技大学，2014.

[166] 田明华，李明，周小玲. 中国林产品贸易政策演变及其评
述 [J]. 对外经贸实务，2008（10）：25-57.

[167] 田明华，史莹赫，高薇洋，王芳，魏僮. 基于引力模型的
中国木质林产品进出口影响因素研究及贸易潜力测算 [J]. 林业经济问
题，2018，38（5）：10-18.

[168] 田明华，张卫民，陈建成. 中国森林采伐限额政策评价
[J]. 中国人口·资源与环境，2003（1）：120-122.

[169] 田新程，张一诺，王钰. "一带一路"——生态外交实力和
更大林业空间 [N]. 中国绿色时报，2016-3-17.

[170] 田治威，麦家松. 市场经济体制下林业投资问题研究 [J].
林业经济，1994（6）：30-35.

[171] 佟立志. 东北国有林区改革模式的评价研究 [D]. 哈尔滨：
东北林业大学，2011.

[172] 万志芳，耿玉德. 国有林区林业企业改革的主要障碍及路
径研究 [J]. 中国林业企业，2004（1）：13-15.

[173] 王刚，胡明形，陈建成，刘珉. 中国林业就业历史数据估
算与分析 [J]. 林业经济，2017，39（1）：62-70.

[174] 王洪玉，翟印礼. 产权制度变迁下农户林业生产行为研究
[J]. 农业经济，2009（3）：71-73.

［175］王健．林业精准扶贫精准脱贫的思考探析［J］．农民致富之友，2018（21）：217.

［176］王兰会，刘俊昌．1978—1998 年中国森林覆盖率变动的影响因素分析［J］．北京林业大学学报（社会科学版），2003（1）：33 – 36.

［177］王立群．从林业生态与经济协调发展看林业分类经营［J］．林业经济问题，1998（5）：32 – 35.

［178］王笑婷．黑龙江省木质林产品市场营销策略［J］．森林工程，2005，21（6）：63 – 65.

［179］王心同．中国林业发展的经济政策研究［D］．北京：北京林业大学，2008.

［180］王新清．集体林权制度改革绩效与配套改革问题［J］．林业经济，2006（6）：15.

［181］王毅昌，蒋敏元．东北、内蒙古重点国有林区管理体制改革探求［J］．林业科学，2005（5）：163 – 168.

［182］王毅昌．黑龙江森工林区发展问题研究［D］．哈尔滨：东北林业大学，2008：1 – 2.

［183］王迎．我国重点国有林区森林经营与森林资源管理体制改革研究［D］．北京：北京林业大学，2013.

［184］王永清，黄金凤．可持续发展林业科技创新能力建设研究［J］．中国软科学，2004（3）：100 – 105.

［185］王钰，赵向往，张兴国．推进绿色发展 林业效益持续显现［N］．中国绿色时报，2018 – 3 – 19.

［186］王钰．张建龙建议完善森林质量精准提升保障政策［N］．中国绿色时报，2018 – 03 – 09.

［187］王自力．新时期国有林场改革与可持续发展研究［D］．北京：北京林业大学，2008.

[188] 危结根，徐志刚，徐晋涛．劳动力市场发育、产权改革与中国森林资源退化［J］．北京林业大学学报（社会科学版），2005（2）：44－50．

[189] 魏倩．中国农村土地产权的结构与演进——制度变迁的分析视角［J］．社会科学，2002（7）：18－22．

[190] 温铁军，王平，陈学群．国有林区改革的困境和出路［J］．林业经济，2007（9）：23－26．

[191] 温铁军．我国集体林权制度三次改革解读［N］．经济参考报，2009－08－12．

[192] 温雅莉．中国林业对外开放的实践典范［N］．中国绿色时报，2017－1－10．

[193] 吴成亮，高岚，袁功英，彭华．林业科技进步贡献率测算方法的比较研究［J］．北京林业大学学报（社会科学版），2007（4）：56－59．

[194] 吴昊．全国政协委员、河南省政协副主席高体健呼吁维护国家生态安全要从七个方面着力［N］．中国矿业报社，2019－03－14．

[195] 吴水荣，刘璨，李育明．天然林保护工程环境与社会经济评价［J］．林业经济，2002（11）：34－35．

[196] 吴天博，张滨．"一带一路"建设视域下的中国木质林产品贸易——基于比较优势与引力模型的实证研究［J］．经济问题探索，2018（6）：123－134．

[197] 武洪威．新常态下林业产业发展面临的问题与解决对策［J］．吉林农业，2019（3）：103．

[198] 习近平．决胜全面建成小康社会 夺取新时代中国特色社会主义伟大胜利［N］．人民日报，2017－10－28．

[199] 夏阳．浅析林业投资的机遇与风险［J］．林业经济，2006

（6）：54－57.

［200］谢晨，李周，张晓辉.森林资源禀赋、改革路径选择与我国农村林业发展［J］.林业经济，2007（1）：45－52.

［201］谢和生，胡元辉，汪国中，王冬，王登举，焦龙鳍.赴瑞典家庭林主协会考察报告［J］.国际木业，2018，48（3）：42－45.

［202］谢和生.集体林权制度改革下林农合作组织形式研究［D］.北京：中国林业科学研究院，2011.

［203］邢红.中国国有林区管理制度研究［D］.北京：北京林业大学，2006.

［204］邢美华.林权制度改革视角下的林业资源利用：方式·目标·政策设计［D］.武汉：华中农业大学，2009.

［205］熊立春，程宝栋.中国林产品贸易成本测算及其影响因素研究［J］.国际贸易问题，2017（11）：25－35.

［206］徐冬梅，高岚.我国营林固定资产投资对林业碳储存增量的影响研究［J］.林业经济，2016，38（12）：41－45.

［207］徐晋涛，陶然，危结根.信息不对称、分成契约与超限额采伐——中国国有森林资源变化的理论分析和实证考察［J］.经济研究，2004（3）：37－46.

［208］徐晋涛，姜雪梅，季永杰.重点国有林区改革与发展趋势的实证分析［J］.林业经济，2006（1）：10－10.

［209］徐晋涛，孙妍，姜雪梅，等.我国集体林区林权制度改革模式和绩效分析［J］.林业经济，2008（9）：27－38.

［210］徐康宁，王剑.自然资源丰裕程度与经济发展水平关系的研究［J］.经济研究，2006（1）：78－89.

［211］许勤，赵萱.中德技术合作"中国森林可持续经营政策与模式"项目正式启动［J］.林业经济，2008（4）：80.

［212］杨春玉．我国非木质林产品开发利用现状与对策分析［C］．中国环境科学学会学术年会论文集，2010：4052－4055.

［213］杨焕军．林业在生态环境中的地位和作用［J］．科技资讯，2015，13（10）：116.

［214］杨霞．论我国人工造林更新特点存在问题及对策［J］．民营科技，2013（10）：239.

［215］杨燕，翟印礼．农户行为对森林资源消长变化的影响［J］．资源科学，2016，38（3）：0512－0522.

［216］杨云．福建省林业产业结构研究［D］．福建农林大学，2005.

［217］姚祖岩，尹晓阳，胡军华．关于改革当前森林采伐管理机制若干问题的思考［J］．林业资源管理，2010（1）：19－22.

［218］叶智．生态文明、美丽中国与森林生态系统建设［J］．世界林业研究，2014，27（3）：1－6.

［219］银小柯．不同经营模式下福建林农林业投入研究［D］．福州：福建农林大学，2012.

［220］印红．全国森林面积由1992年1.34亿公顷增加到现在1.95亿公顷［EB/OL］．（2012－06－04）［2019－8－10］．http：//www. gov. cn/wszb/zhibo515/content_2152395. htm.

［221］英剑波．深化生态产品供给侧改革［J］．群众，2016（3）：39－41.

［222］雍文涛．发展林业一定要同振兴地方经济帮助群众脱贫致富紧密结合起来［J］．林业经济，1987（2）：1－5.

［223］雍文涛．林业面临的两种趋势［J］．农业经济问题，1982（9）：14－17.

［224］余涛，齐鹏飞．我国林业生态文化建设的有关问题探讨

［J］．林业资源管理，2016（6）：1 – 4.

　　［225］臧良震，张彩虹，郝佼辰．中国农村劳动力转移对林业经济发展的动态影响效应研究［J］．林业经济问题，2014，34（4）：304 – 308.

　　［226］张爱美，谢屹，温亚利，等．我国非木质林产品开发利用现状及对策研究［J］．北京林业大学学报（社会科学版），2008，7（3）：47 – 51.

　　［227］张彩虹．关于林业投资问题的几点看法［J］．林业经济问题，1997（6）：42 – 45.

　　［228］张昌达，王战男，李桂梅．中国林业基本建设投资的波动分析［J］．中国林业经济，2010（1）：22 – 25.

　　［229］张道卫．对东北国有林区森林资源产权及其改革的调查与思考［J］．林业经济，2006（1）：16 – 21.

　　［230］张德成，白冬艳．我国发展林业共享经济的意义及可能性［J］．林业经济，2017，39（10）：80 – 84.

　　［231］张殿发，欧阳自远，王世杰．中国西南喀斯特地区人口、资源、环境与可持续发展［J］．中国人口·资源与环境，2001（1）：78 – 82.

　　［232］张海鹏，徐晋涛．集体林权制度改革的动因性质与效果评价［J］．林业科学，2009，45（7）：119 – 126.

　　［233］张红宇．新型农业经营主体发展趋势研究［J］．经济与管理评论，2015，31（1）：104 – 109.

　　［234］张建龙．继续深化集体林权制度改革，全面提升集体林业经营发展水平［J］．林业经济，2016（1）：3 – 8.

　　［235］张建龙．培育、保护和管理森林资源对维护国家生态安全具有决定性作用［EB/OL］．（2017 – 06 – 13）［2019 – 08 – 10］．www.gov.

cn/xinwen/2017 – 06/13/content_5202107. htm.

[236] 张建龙. 发展林业是应对气候变化的战略选择（节选）[J]. 中国林业产业, 2017 (12)：2 – 3.

[237] 张建龙. 改革开放 40 年林业和草原建设回顾与展望——在建设现代化强国中谱写新篇 [J]. 人民论坛, 2018 (33)：6 – 9.

[238] 张建龙. 坚持新思想引领 推动高质量发展 全面提升新时代林业现代化建设水平——在全国林业厅局长会议上的讲话 [EB/OL]. (2018 – 1 – 4) [2019 – 6 – 10]. http：//www. forestry. gov. cn/portal/main/s/325/content – 1093760. html.

[239] 张建龙. 为美好生活提供更多优质生态产品 [J]. 绿色中国, 2018 (5)：8 – 11.

[240] 张蕾. 半个世纪的奋进——中国林业 50 年发展成就和展望 [J]. 中国林业, 1999 (10)：4 – 7.

[241] 张丽媛, 曹旭平. 中国木质林产品出口波动特征及成因分析 [J]. 林业经济问题, 2018, 38 (6)：15 – 20.

[242] 张少博, 田明华, 于豪谅, 胡明形, 王春波, 刘祎. 中国木质林产品贸易发展现状与特点分析 [J]. 林业经济问题, 2017, 37 (3)：63 – 69.

[243] 张守攻, 陆文明, 徐斌, 等. 中华人民共和国林业行业标准：中国森林认证森林经营 [S]. 国家林业局, 2007.

[244] 张涛. 河南林业发展对新农村建设作用分析 [J]. 农业与技术, 2012 (7)：43.

[245] 张晓东, 张健飞, 张洪生. 林业在建设小康社会中的地位和作用 [J]. 辽宁林业科技, 2004 (4)：37 – 39.

[246] 张鑫. 中国林业利用外商直接投资效应研究 [D]. 哈尔滨：东北林业大学, 2011.

［247］张兴国，赵向往，王钰．两会聚焦：乡村振兴，林业做什么？［N］.中国绿色时报，2018 - 03 - 16.

［248］张旭峰，吴水荣，宁攸凉．中国集体林权制度变迁及其内在经济动因分析［J］.北京林业大学学报（社会科学版），2015，14（1）：57 - 63.

［249］张延超．林业技术创新对林业发展的影响［J］.农民致富之友，2019（8）：210.

［250］张英，宋维明．林权制度改革对集体林区森林资源的影响研究［J］.农业技术经济，2012（4）：96 - 104.

［251］张媛．生态资本的界定及衡量：文献综述［J］.林业经济问题，2016，36（1）：83 - 88.

［252］张云龙，陈莹莹．京津风沙源治理工程实施10多年建设林地超1亿亩［EB/OL］.（2012 - 05 - 25）［2019 - 8 - 10］.http：//www.gov. cn/jrzg/2012 - 05/25/content_2145414. htm.

［253］张长交．林业资本运营的探讨［J］.林业经济问题，2000（3）：188 - 189.

［254］张壮，赵红艳．改革开放以来中国林业政策的演变特征与变迁启示［J］.林业经济问题，2018（4）：1 - 5.

［255］赵丽娟，王立群．沽源县退耕还林工程对农民收入的影响分析［J］.林业调查规划，2006，31（6）：89 - 92.

［256］赵敏燕，陈鑫峰．中国森林公园的发展与管理［J］.林业科学，2016（1）：119 - 127.

［257］赵荣，陈绍志，张英，宁攸凉．中央林业投资现状、问题与政策建议［J］.林业经济，2013（6）：46 - 50.

［258］郑风田，阮荣平，孔祥智．南方集体林区林权制度改革回顾与分析［J］.中国人口·资源与环境，2009（1）：25 - 32.

[259] 中国林业科学研究院林业政策与信息研究所. 我国林业产业的竞争力如何? 潜力在哪里? [N]. 中国绿色时报, 2018 – 02 – 01.

[260] 周林. 浅谈如何完善营林整地及播种造林的措施 [J]. 中国科技投资, 2017 (9): 333.

[261] 周生贤. 大力推进科技进步和创新, 为实现林业跨越式发展提供强大支撑 [J]. 林业科技管理, 2001 (2): 4 – 13.

[262] 朱春燕, 杨光华. 社会治理视角下的林业专业合作社制度创新 [J]. 江汉学术, 2016, 35 (2): 43 – 47.

[263] 朱冬亮, 肖佳. 集体林权制度改革: 制度实施与成效反思——以福建为例 [J]. 中国农业大学学报 (社会科学版), 2007 (3): 81 – 91.

[264] 朱洪革. 国有林权制度改革跟踪: 理论与实证研究 [M]. 北京: 光明日报出报社, 2013.

[265] 朱莉华, 马奔, 温亚利. 新一轮集体林权制度改革阶段成效、存在问题及完善对策 [J]. 西北农林科技大学学报 (社会科学版), 2017 (3): 143 – 151.

[266] 朱玉杰, 胡建伟, 马继东. 林产品结构高速方案的研究 [J]. 森林工程, 2002, 18 (6): 24 – 25.

[267] 朱震锋, 曹玉昆, 王雪东. SSP 范式下黑龙江省森工林区全面停伐试点政策的影响分析 [J]. 林业经济问题, 2014 (5): 402 – 408.

[268] 朱震锋, 曹玉昆. 国有林区经济增长与资源消耗的伪脱钩风险识别及破解思路 [J]. 林业科学, 2017, 53 (4): 139 – 149.

[269] 朱震锋, 曹玉昆. 中国国有林业改革进程中的林区社会福利变迁 [J]. 世界林业研究, 2016, 29 (5): 41 – 47.

[270] Ajay Mahapatra and C. Paul Mitchell. Sustainable development of nontimber forest products: implication for forest management in India [J].

Forest Ecologyand Management, 1997 (94): 15 −29.

[271] Carle J, Holmgren P. Wood from planted forests. A global outlook 2005 −2030 [J]. Forest Products Journal, 2008, 58 (12): 6 −18.

[272] Deacon, R. T. Deforestation and the Rule of Law in a Cross −Section of Countries [J]. Land Economics, 1994, 70 (4): 414 −431.

[273] FAO. Global forest resources assessment, How are the world's forests changing? [R]. Food and Agriculture Organization of the United Nations, Rome, 2015.

[274] FAO. Forests for improved nutrition and food security [R]. FAO, Rome, Italy. 2011.

[275] FAO. More than wood special options on multiple use of forest 1997 [EB/OL]. (1999 −11 −01)[2006 −01 −15]. http: //www. fao. org/docrep/v2535e/v2535e00. htm.

[276] Foster, Andrew D, Rosenzweig, Mark R. Economic Growth and the Rise of Forests [J]. Quarterly Journal of Economics, 2003, 118 (2): 601 −638.

[277] H. Ade Freeman and Scott M. Swinton (eds.). Natural Resource Management in Agriculture: Methods for Assessing Economic and Environmental Impacts [M]. London: CAB International, 2005.

[278] Horst Weyerhaeuser, Fredrich Kahrl, Su Yufang. Ensuring A Future for Collective Forestry in Chinas Southwest: Adding Human and Social to Policy Reforms [J]. Forest Policy and Economics, 2006 (8): 375 −385.

[279] Hou, J. Y. , Yin, R. S. , Wu, W. G. Intensifying forest management in China: what does it mean, why and how? [J]. Forest Policy and Economics, 2019 (98): 82 −89.

[280] Hu Yunhong, He Junjie. Evolution of China's Forestry Policies

since 1949 and Experience and Implications ［J］. Asian Agricultural Research, 2013, 5（6）: 136 – 139.

［281］ Hyde, W. F., Belcher B., Xu, J. China's Forests: Global Lessons from Market Reforms ［M］. Washington, DC: Resources for the Future and Bogor, Indonesia: Center for International Forestry Research, 2003.

［282］ Hyde, W. F., Yin, R. S. 40 years of China's forest reforms: summary and outlook ［J］. Forest Policy and Economic, 2019, 98: 90 – 95.

［283］ Jacoby, H. G. L. G. Hazards of Expropriation: Tenure Insecurity and Investment in Rural China ［J］. The American Economic Review, 2002, 92（5）: 1420 – 1448.

［284］ Juan Chen, John L Innes. The Implications of New Forest Tenure Reforms and Forestry Property Markets for Sustainable Forest Management and Forest Certification in China ［J］. Journal of Environmental Management, 2013（18）: 206 – 215.

［285］ Komarek, A. M. A. S. Household-level effects of China's Sloping Land Conversion Program under price and policy shifts ［J］. Land Use Policy, 2014（40）: 36 – 45.

［286］ Lerman, Z. Land Reform and Farm Restructuring: What Has Been Accomplished to Date? ［J］. American Economic Review, 1999, 89（2）: 271 – 275.

［287］ Lin, Y. S. Impact of the Sloping Land Conversion Program on rural household income: An integrated estimation ［J］. Land Use Policy, 2014（40）: 56 – 64.

［288］ Liu, C., Liu, H., Wang, S. Has China's new round of collective forest reforms caused an increase in the use of productive forest inputs?

[J]. Land Use Policy, 2017a, 64: 492 –510.

[289] Liu, C., Wang, S., Liu, H., Zhu, W., Q. Why did the 1980s' reform of collective forestland tenure in southern China fail? [J]. Forest Policy and Economics, 2017b, 83: 131 –141.

[290] Liu, C. J. R. Estimation of the Effects of China's Priority Forestry Programs on Farmers'Income [J]. Environmental management, 2010, 45 (3): 526 –540.

[291] Liu, D. Tenure and Management of Non –State Forests in China since 1950: A Historical Review [J]. Environmental History, 2001, 6 (2): 239 –263.

[292] Liu, J., Liang, M., Li, L., Long, H., Jong, W. Comparative study of the forest transition pathways of nine Asia –Pacific countries [J]. Forest Policy and Economics, 2016, 7: 25 –34.

[293] Liu, P., Yin, R. and Zhao M. Reformulating China's ecological restoration policies: what can be learned from comparing Chinese and American experiences [J]. Forest Policy and Economics, 2019, 98: 55 –61.

[294] Liu, Z., and Lan, J. The Sloping Land Conversion Program in China: Effect on the Livelihood Diversification of Rural Households [J]. World Development, 2015, 70: 147 –161.

[295] Mendelsohn, R. Property Rights and Tropical Deforestation [R]. Oxford Economic Papers, 1994, 46: 750 –757.

[296] Nair, P. K., Garrity, D. Agroforestry-the future of global land use [M]. Springer, USA, 2012.

[297] Ogle, B. M., M. Johansson, H. T. Tuyet and L. Johanesson. Evaluation of the significance of dietary folate from wild vegetables in Vietnam [J]. Asia Pacific Journal of Clinical Nutrition, 2001, 10 (3): 216 –221.

［298］ Payn, T. A. C. J. Changes in planted forests and future global implications ［J］. Forest Ecology and Management, 2015, 352: 57 – 68.

［299］ Pretty J, et al. The top 100 questions of importance to the future of global agriculture ［J］. Int J Agric Sustain, 2010, 8 (4): 219 – 23.

［300］ Richardson. S. D. Forests and forestry in China: Changing patterns of resource development ［M］. Island Press, 1990.

［301］ Rinawati. F, Stein. K, Lindner. A. Climate change impacts on biodiversity-the setting of alingering global crisis ［J］. Diversity, 2013, 5: 11 – 12.

［302］ Rozelle, S. , Huang, J. and Benziger, V. Forest Exploitation and Protection in Reform China: Assessing the Impact of Policy, Tenure, and Economic Growth ［C］. // Hyde, W, Belcher, B, and Xu, J. China's Forests: Global Lessons from Market Reforms. Washington, DC: Resources for the Future and Bogor, Indonesia: Center for International Forestry Research, 2003: 109 – 134.

［303］ Rozelle, Scott, Jikun Huang, Syed Arif Husain and Aaron Zazueta, China: From Afforestation to Poverty Alleviation and Natural Forest Management ［M］. Washington D. C. : the World Bank, 2000.

［304］ Salant, S. W. Y. X. Forest loss, monetary compensation, and delayed re-planting: The effects of unpredictable land tenure in China ［J］. Journal of Environmental Economics and Management, 2016, 78: 49 – 66.

［305］ Scherr, S. J. W. A. A new agenda for forest conservation and poverty alleviation: making markets work for low-income producers ［R］. Forest Trends and the Centre for International Forestry Research, Washington DC, USA, 2003.

［306］ Sen Wang, G Cornelis van Kooten. Mosaic of Reform: Forest Policy in Post1978 China [J]. Forest Policy and Economics, 2004 (6): 71 – 83.

[307] Shi Kunshan. Status of Production & Utilization of Non wood Forest Productionin China [R]. Regional Export Consultation on Non-wood Forest Products, 1991.

[308] Simula M. Financing flows and needs to implement the non-legally binding instrument on all types of forests [R]. Prepared for The Advisory Group on Finance of The Collaborative Partnershipon Forests. The Program on Forests (PROFOR) at the World Bank, Washington, D. C. , 2008.

[309] Slee, B. The socio-economic evaluation of the impact of forestry on rural development: A regional level analysis [J]. Forest Policy and Economics, 2006, 8 (5): 542 – 555.

[310] Sunderlin. W. D, Angelsen A, Belcher B, et al. 2005. Livelihoods, forests, and conservation in developing countries: An Overview [J]. World Development, 33 (9): 1383 – 1402.

[311] UN. The UN Decade of Ecosystem Recovery provides an unprecedented opportunity to create jobs, ensure food security and address climate change [EB/OL]. [2019 – 06 – 10]. https: //www. un. org/sustainabledevelopment/zh/development-agenda/.

[312] UN/FAO. FAOSTAT [DB/OL]. [2019 – 6 – 10]. http: //www. fao. org/faostat/en/#home.

[313] UN/FAO. State of the World's Forests 2014: Enhancing the socioeconomic benefits from forests [R]. Rome, 2014.

[314] US/NASA (the United States, National Aeronautics and Space Administration). China and India Lead the Way in Greening [EB/OL]. (2019 – 01 – 12) [2019 – 06 – 10]. https: //www. earthobservatory. nasa. gov/images/144540/china-and-india-lead-the-way-in-greening.

［315］Van Gossum，P. A. S. B. Forest groups as support to private forest owners in developing close-to-nature management ［J］. Forest Policy and Economics，2005，7（4）：589 － 602.

［316］Whiteman，A. A. A. B. and L. C. A. Global trends in forest ownership，public income and expenditure on forestry and forestry employment ［J］. Forest Ecology and Management，2015，352：99 － 109.

［317］World Bank. Forests sourcebook：practical guidance for sustaining forests in development cooperation ［R］. World Bank，Washington，DC. ，2008.

［318］Xie，L. A. B. P. The effect on forestation of the collective forest tenure reform in China ［J］. China Economic Review，2016，38：116 － 130.

［319］Xu，J. T. Collective forest tenure reform in China：what has been achieved so far? ［R］. World Bank，Washington，DC. ，2010.

［320］Yajie Song，William Burch. New Organizational Strategy for Managing the Forests of Southeast China：The Share Holding Integrated Forestry Tenure（SHIFT）System ［J］. Forest Economics and Policy，1997，23：183 － 194.

［321］Yaoqi Zhang，Jussi Uusivuori，Jari Kuuluvainen. Econometric Analysis of the Causes of Land Use Change in Hainan，China ［J］. Canadian Journal of Forest Research，2000，30：1913 － 1921.

［322］Yi Xie，Peichen Gong. The Effect of Collective Forestland Tenure Reform in China：Does Land Parcelization Reduce Forest Management Intensity? ［J］. Journal of Forest Economics，2014，20（2）：126 － 140.

［323］Yi Xie，Yali Wen. Impact of Property rights Reform on Household Forest Management Investment：An Empirical Study of Southern China ［J］. Forest Policy and Economics，2013（5）：73 － 78.

［324］Yin R. , Newman D. Impacts of Rural Reforms: the Case of the Chinese Forest Sector ［J］. Environment and Development Economics, 1997 (2): 289 – 303.

［325］Yin, R. Central characteristics of reform: measures of the effects of improved property rights, a stable policy environment, and environmental protection ［C］. In Hyde, Belcher, and Xu (eds) China's Forests: Global Lessons from Market Reforms. Washington: Resources for the Future and Center for International Forestry Research, 2003: 59 – 84.

［326］Yin, R. , Yao, S. Huo X. China's forest tenure reform and institutional change in the new century: What has been implemented and what remains to be pursued? ［J］. Land Use Policy, 2013, 30 (1): 825 – 834.

［327］Yin, R. , Liu, C. , Zhao, M. , Yao, S. , Liu, H. The implementation and impacts of China's largest payment for ecosystem services program as revealed by longitudinal household data ［J］. Land Use Policy, 2014, 40: 45 – 56.

［328］Yin, R. Forestry and the environment in China: the current situation and strategic choices ［J］. World Development, 1998, 26 (12): 2153 – 2167.

［329］Zhang, D. China's forest expansion in the last three plus decades: why and how? ［J］. Forest Policy and Economics, 2019, 98: 75 – 81.

［330］Zhang, K. , et al. Natural disasters and economic development drive forest dynamics and transition in China ［J］. Forest Policy and Economics, 2015 (8): 10.

［331］Zhen, N. , Fu, B. , Lu, Y. , Zheng, Z. Changes of livelihood due to land use shifts: A case study of Yanchang County in the Loess Plateau of China ［J］. Land Use Policy, 2014, 40: 28 – 335.